NARRATORI DI OGGI

redazione: Massimo Boschetti

impaginazione: Alessandro Soresini

scelta e cura dei testi: Donatella Ziliotto e Silvana Gandolfi

apparato didattico: Chiara Allegra

disegni: Maria Mantovani

Stampato presso la Rotolito lombarda Pioltello (MI)

Ristampa	Anno
6 7 8 9 10	94 95 96 97

OGGI, IL RACCONTO

a cura di
Donatella Ziliotto
Silvana Gandolfi e
Chiara Allegra

Edizioni Scolastiche Bruno Mondadori

1. La memoria di sé

Chi sono io? Viaggio nell'infanzia e nel passato per un'identificazione del proprio presente.

Natalia Ginzburg

LUNA PALLIDASSI

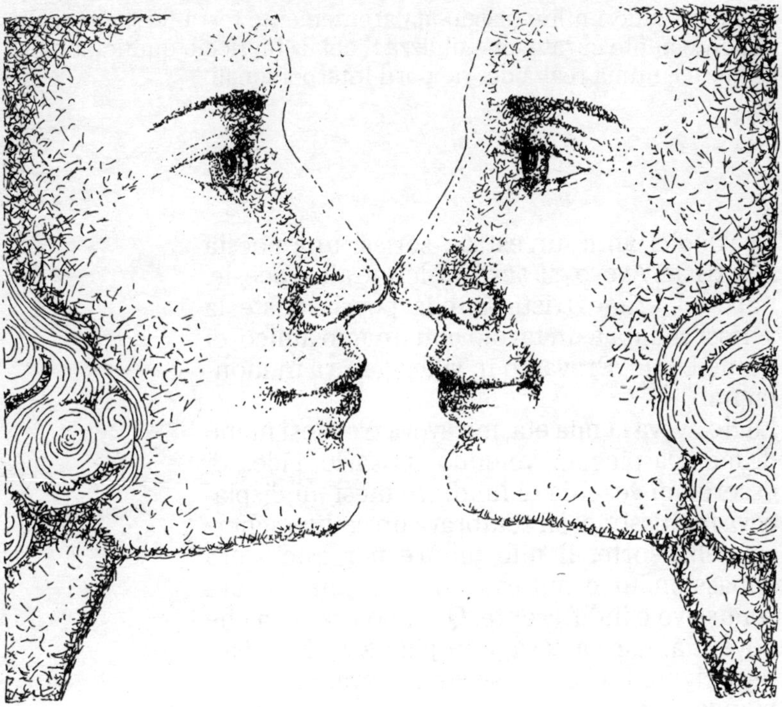

Natalia Ginzburg è nata a Palermo nel 1916 e risiede a Roma. Nel 1938 sposa Leone Ginzburg, letterato antifascista di origine russa col quale vive dal 1940 al 1943 l'esperienza del confino. Il marito morirà torturato in un carcere romano. Nel 1950 si risposa con lo scrittore Gabriele Baldini. Tra i suoi scritti: *Tutti i nostri ieri*, *Le voci della sera*, *Caro Michele*, *La città e la casa*, *Le piccole virtù*, *Mai devi domandarmi* e il saggio *La famiglia Manzoni*. Il suo romanzo più noto rimane il libro di memorie *Lessico famigliare*.

In *Luna pallidassi* troviamo un'analisi acutissima del rapporto fra amiche nella prima adolescenza, quell'età in cui si soffre tra ammirazione e invidia: è sempre la compagna che scrive le poesie più belle, abita le case più interessanti, si muove con più grazia e ha nomi più esotici.
Come in altri suoi scritti, Natalia Ginzburg attinge ai ricordi autobiografici usando un linguaggio apparentemente terra-terra, in realtà sapientemente curato, che utilizza il chiacchiericcio quotidiano per cogliere l'intima realtà dei rapporti interpersonali.

A dodici anni, un'estate, scrissi una poesia triste. Avevo già scritto alcune altre poesie, ma non erano tristi. Quella poesia triste la scrissi seduta a un tavolo con un mio amico, di nome Lucio. Eravamo in villeggiatura in montagna.
Lucio aveva la mia età, ma aveva tre mesi meno di me. Da piccola, volendo sposarlo, l'idea di essere più vecchia di lui di tre mesi mi dispiaceva moltissimo. Mi sembrava un cattivo scherzo della sorte. Il mio amore per Lucio era appassionato e autoritario. Lui con me era remissivo e indifferente. Quando era l'ora che doveva andare a casa, non piangeva. Non batteva ciglio. Pigliava e se ne andava. Io invece piangevo, mi disperavo, mi buttavo per terra, ogni volta che lui se ne andava. Un giorno gli dissi che doveva, se io morivo, o suicidarsi, oppure farsi frate. Mi disse che non avrebbe fatto né l'una cosa né l'altra.
Tutto questo però apparteneva al passato. A dodici anni, non pensavo più di sposarlo. Non ci vedevamo più proprio tutti i giorni.
Scrissi quella poesia triste pensando che il nostro amore era morto. Non ricordo tutta la poesia, ne ricordo solo alcuni versi. Dicevano:

E tu, e tu,
Non sorridere più,
Non vedi che amore finisce
Come d'estate e le rose,
Come tutte le cose?

Lui però non sorrideva. Era seduto dall'altra

parte del tavolo e scriveva anche lui una poesia. Non gli piaceva niente scrivere, ma usava, quando era con me, imitare quello che io facevo. Lucio scrisse una poesia non triste. Era intitolata "Alpini". La ricordo tutta. Diceva così:

Sono alpini
Sotto ai pini
E una fetta
Di salame
Li soddisfa
Dalla fame.
Sono alpini e salvarono l'Italia
Dormendo nelle veglie anche senza paglia.

La sua poesia mi sembrò bella. Ne ebbi invidia. Anche la mia mi piaceva. Sulla mia, lui non fece nessun commento. Era una persona che raramente esprimeva commenti e apprezzamenti. La sua, la portammo a leggere a un mio fratello: il quale osservò soltanto che nelle veglie non si dormiva.
La mia, la ricopiai su un quaderno, dove già erano le altre che avevo scritto. Era un quaderno che tenevo gelosamente nascosto. Le mie poesie non le facevo leggere a nessuno, salvo a Lucio, quando le scrivevo sotto il suo naso.
Io e Lucio, da ormai un anno andavamo al ginnasio,[1] ed eravamo nella stessa classe. Però in classe lui faceva finta di non conoscermi. Anch'io facevo finta di non conoscerlo. Il perché non lo so.
Ritrovandoci insieme in villeggiatura, parlavamo a lungo della nostra scuola. Io e lui sapevamo però che di nuovo, appena saremmo ritornati a scuola, ci saremmo comportati come due estranei, senza mai salutarci, evitando anche di guardarci in faccia.
D'estate, nelle vacanze, la scuola non mi sembrava così orrenda, come mi sembrava orrenda nel corso dell'anno. Io là non avevo nessuna amica, ma nell'estate lo dimenticavo, e dilatavo le poche parole che avevo scambiato con alcune bambine fino a farne intense amicizie. Con Lucio, mi vantavo di essere molto amica della prima e della seconda della classe, che si

1. **ginnasio:** fino al 1962, si chiamava così un corso di studi che comprendeva l'attuale scuola media e il biennio superiore.

chiamavano Chirone e Carena. Chirone aveva i capelli color dell'oro, gli occhi azzurri e la voce squillante; Carena era magra e olivastra, con un ciuffetto nero ondulato al ferro che le penzolava su una guancia e che lei buttava, con un gesto spavaldo, dietro l'orecchio. Chirone si chiamava di nome Dimma; Carena, Giuseppina, ma di soprannome Gipy; trovavo che Chirone aveva un bel nome e un bel cognome: Carena un bel cognome e un soprannome stupendo. Quando ero sola mormoravo a lungo tra me: "Dimma, Dimma, Gipy, Gipy"; ma in classe, non avrei osato chiamarle per nome. Chirone e Carena erano là nella classe, come il sole e la luna, circondate da alcuni satelliti. Io in verità non ero un satellite. Non ero niente. Facevo parte delle cinque o sei più silenziose e timide, disunite e sparpagliate, una specie di sotto-proletariato[2] incapace anche di schierarsi in un gruppo solido e forte.

2. sotto-proletariato: gruppo di persone molto povere e prive di coscienza politica.

Gli unici rapporti che avessi mai avuto con Chirone e Carena riguardavano la ginnastica. Siccome loro erano anche in ginnastica le più brave, la professoressa gli aveva detto di insegnare gli esercizi con le clavette a me e a due o tre altre che li sbagliavano sempre. Così io mi trovai un giorno nel cortile della ginnastica, a fare davanti a Chirone e Carena quegli esercizi odiosi, e a cantare con loro le odiose parole "Mulinello, mulinello, circolo, quattro". Col cuore stretto di gratitudine per la loro immensa bontà, mi trovai le loro mani sul gomito, in atto di correggere le mie mosse sbagliate. Finito questo, io ricaddi, per Chirone e Carena, nelle nebbie dell'indifferenza. Esse erano amiche fra loro, amiche inseparabili: stavano nella scuola trionfanti e radiose, consegnavano i loro compiti scritti in una stupenda calligrafia quasi identica, quella di Chirone un poco più alta e larga, quella di Carena un poco più aguzza e stretta; scherzavano familiarmente col professore, e regnavano sui loro satelliti. Esse erano là come il sole e la luna.

Il nostro professore aveva una barba grigia caprina. Era amato, venerato e temuto. I suoi scherzi e le sue lodi ci sembravano regali

preziosi. A volte gli succedeva d'arrabbiarsi moltissimo. Urlava: «Cani – e scusino i cani». Raccolti in atterrito silenzio, aspettavamo che la sua collera si placasse.
Quando qualcuno faceva un componimento bene, era chiamato accanto alla cattedra a leggerlo forte: e questa fu, a scuola, in quei primi anni, l'unica mia dolcezza, perché la sola cosa che sapevo fare era scrivere, in tutto il resto non valevo nulla. Fui chiamata, alcune volte, a leggere i miei componimenti forte.
Eravamo, in quella classe, molte femmine. I maschi erano non più di quattro o cinque, radunati insieme in un'unica fila, che perciò aveva molti banchi vuoti. Lucio era nel primo banco: aveva i capelli neri, lisciati con la brillantina; aveva i calzoni a sbuffo, calzettoni a scacchi, e quello che lui chiamava "il mio *sueter*"[3] ed era poi una semplice maglia.
Le mie compagne, fra loro, parlavano di ragazzi; ma non di quei ragazzi della nostra classe, che gli sembravano piccoli; di ragazzi di altre classi più avanti, o di ragazzi che avevano incontrato in villeggiatura, o ancora di ragazzi o di uomini che vedevano in tram o dai balconi delle loro case, e che "le guardavano".

3. ***sueter***: italianizzazione dell'inglese *sweater*, maglione.

In seconda ginnasio, avendo io scoperto la tristezza, presi a cullarmi in uno sciame di poesie tristi. Mi sembrava che leggere poesie tristi, o scriverne, o mormorarle tra me, le mie e quelle altrui, o le mie copiarle in bella calligrafia su un quaderno, fosse l'unico modo possibile non di liberarsi dalla malinconia, ma di adoperarla. Nelle mie poesie parlavo di lettere stracciate e di amori morti. In verità l'unico mio amore morto era quello per Lucio, il quale, odiando scrivere, non aveva mai scritto una lettera in vita sua.
Quando volevo immaginarmi un mio amore, non vedevo più Lucio, ma una figura alta in veri abiti maschili, con cravatta e giacca; un viso pallido, ironico, una testa ravviata ma senza brillantina; uno che non avevo mai incontrato, così bello, perfetto e pallido, in nessun luogo; uno che non aveva in comune con Lucio nulla, se non l'indifferenza. Mi sembrava che il fascino

in un uomo fosse nell'indifferenza; a cui però doveva unirsi l'ironia, la statura alta, larghe spalle, molte sigarette fumate in silenzio, una testa beffarda e misteriosa.

C'erano, nel banco davanti a me, due bambine, che si chiamavano Bianca e Rosabianca; io le chiamavo in me sempre per nome, sentendole chiamarsi per nome fra loro due. Erano molto amiche, sembravano infischiarsi di tutte le altre, di Chirone e Carena, e dei vari satelliti. Bianca era piccola, con un viso tondo e due lunghe trecce castane; e a volte, quando il professore spiegava, alzava la mano e diceva con voce nasale: «Non ho capito», cosa che io trovavo sommamente irritante. Rosabianca era alta, timida, con le gonne a pieghe un po' troppo lunghe, con gli occhi a mandorla e con un profilo come avevano gli egiziani nelle illustrazioni del nostro libro di storia; aveva i capelli neri, tagliati da maschio. Siccome mia madre conosceva sua madre, mi sembrava d'aver diritto alla sua amicizia, e per conseguenza anche all'amicizia di quell'altra dalle due trecce: invece non avevano l'aria di voler fare amicizia con me. Anzi mi accorsi che mi pigliavano in giro. Dal mio banco, vidi un giorno che Rosabianca aveva disegnato un asino, e sotto vi aveva scritto: "Quell'asino di..." e lo mostrava alla sua amica; e l'altra, dove c'erano quei puntini, scrisse una parola che mi sembrò il mio cognome.
In preda a un profondo sconforto, mi chiesi perché mai ero per loro un asino. Mi sentivo però un asino dalla testa ai piedi. Un momento pensai che volessero alludere ai miei brutti voti; ma era impossibile, perché loro due ne avevano di eguali o peggiori. Nell'intervallo, mi diedi a interrogarle, se ero io quell'asino del disegno e perché. Non mi rispondevano: si guardavano e ridevano. Soffocavano gran risate nei fazzoletti. Alle loro risate, io non riuscivo a opporre che la mia immensa serietà: pesante come il piombo, interrogativa, affannata e ridicola. Mi sembrava che non avrei potuto ridere mai più.
Invidiavo la loro amicizia disperatamente. Insieme alla malinconia, era nata in me anche

l'invidia; sentivo invidia per tutti. Le uniche persone che non invidiavo erano i miei genitori: perché mi piacevano poco, quanto poco io piacevo a me. Essi abitavano con me nella nostra spregevole casa; si scambiavano discorsi che sapevo a memoria. Facevano parte di quello che più al mondo mi sembrava odioso e squallido, e cioè me stessa; erano colpevoli della mia immensa malinconia, avendola generata insieme con me; e tuttavia non ne capivano nulla, continuando a scambiarsi, su cose di nessuna importanza, parole che mi sembravano di una inutilità rivoltante.
Tuttavia la malinconia mi sembrava uno stato d'animo non miserevole e non vile; e invece i morsi dell'invidia mi sembravano deturpanti, per cui mi affrettavo a gettarli nel cielo sconfinato della malinconia.
Per assomigliare a Rosabianca, un giorno presi le forbici e mi tagliai i capelli da maschio. Mia madre, perché non se ne accorgesse mio padre, mi ravvolse la testa in una sciarpa, e gli disse che avevo il torcicollo. Poi mi portò dal parrucchiere e fece pareggiare i miei capelli tagliuzzati. Mio padre comunque, quando mi vide senza la sciarpa, s'arrabbiò. Detestava i capelli corti, fossero tagliati bene o male.
Rosabianca aveva spesso l'influenza, e faceva lunghe assenze da scuola. La invidiavo. Essere di salute delicata, e ammalarsi spesso, era il sogno della mia vita; sia perché la febbre significava non andare a scuola, sia perché una salute delicata mi sembrava una cosa poetica, seducente e gentile.
La mattina quando andavo a scuola, cercavo di respirare profondamente l'aria nebbiosa, nella speranza che mi si ammalasse la gola. Mi accorsi però che ammalarsi era per me difficilissimo. Riuscivo ad avere, nell'inverno, una o due piccole influenze: ma la febbre mi durava un giorno, il giorno dopo non avevo più niente. Mi toccava tornare a scuola, e ricominciava il vecchio supplizio: la strada nebbiosa, la classe, l'ansia, i compiti con i segni blu e rossi,[4] la cattedra, la barba caprina. Sognavo una polmonite. E mi dicevo come ero caduta in basso, come si era ridotta la mia vita: poiché l'unica

4. segni blu e rossi: un tempo gli insegnanti correggevano gli errori gravi in blu, e gli errori lievi in rosso.

cosa che potevo augurare a me stessa era la tregua d'una malattia.

Avevo, nella settimana, due giorni avvelenati, in cui dovevo tornare a scuola nel pomeriggio per la ginnastica; ma gli altri pomeriggi li passavo a casa. Mia madre mi proponeva di uscire, ma io dicevo che dovevo studiare: aprivo tutti i miei libri di scuola sul tavolo, e avevo così la sensazione di studiare, ma in verità scrivevo poesie; oppure, me ne andavo in giro per la casa a caccia di libri. Cercavo poesie tristi, perché le poesie della mia antologia di scuola mi sembravano poco tristi: inoltre non erano moderne, avevano parole dell'Ottocento che mi piacevano poco, e parlavano della patria. Andavo a caccia di poesie che non parlassero della patria. Nascosto dentro un armadio sotto a delle calze da montagna, trovai *Cléo robe et manteau*, romanzo di Guido da Verona[5] che mio padre aveva definito indecentissimo, e che aveva dato ordine a mia madre di far scomparire: lei l'aveva nascosto male perché io lo trovai senza gran fatica. Non ci capii nulla; ero però orgogliosa d'aver letto un romanzo definito da mio padre indecente. Siccome tutti i romanzi negli scaffali di casa non erano, pensavo, per bambini, perché sennò mia madre me li avrebbe dati da leggere, mi dissi che dovevano essere tutti indecenti, e leggendoli mi arrovellavo per trovare allusioni misteriose; e siccome nella mia testa confusa i misteri degli adulti si mescolavano e si accoppiavano con la tristezza, tutti quei libri che capivo poco mi sembravano tristi: vi bevevo malinconia.
Alcuni anni prima, avevo trovato un volume di poesie di Annie Vivanti;[6] e siccome ce n'era una intitolata *Cocotte*, avevo chiesto a mia madre cosa volesse dire quella parola così strana. Mia madre m'aveva risposto che una cocotte era «una poco per bene, che prendeva i regali dagli uomini». Non capivo cosa ci fosse di male a prendere regali; mia madre aveva aggiunto «poi anche soldi», ma lo stesso non capivo cosa ci fosse di male. Questo però ora apparteneva al passato; avevo ormai l'idea che dietro la parola "cocotte" scorressero fiumi di azioni strane e

5. Guido da Verona: (1881-1939) scrittore di romanzi estetizzanti, oscillanti tra erotismo e sentimentalismo.

6. Annie Vivanti: (1868-1942) scrittrice italiana di romanzi e poesie.

segrete. La parola "cocotte" era per me ormai superata. Nel mio dizionario italiano, venti volte al giorno cercavo la parola "meretrice", accanto alla quale era scritto "donna pubblica", spiegazione che mi sembrava concisa e sibillina.[7] La parola che più amavo, e cioè la parola "puttana", che avevo sentito o letto non so dove, sul mio dizionario non c'era; speravo sempre di trovarla, nei romanzi che leggevo di nascosto: e quando la trovavo, avevo la sensazione d'aver trovato, in un bosco, un fungo porcino.

Quando mia madre rientrava, ero di nuovo al tavolo della mia stanza. Lei posava sui miei compiti uno sguardo benevolo e distratto: mi trovava studiosa, e soprattutto si vantava in giro che ero "brava in italiano"; sapeva anche vagamente che scrivevo poesie.

Un giorno, sentii mia madre che diceva a un mio fratello: «Ma che pathos[8] ebraico le è venuto fuori a quella bambina». Queste parole mi sembrarono, come sempre le parole di mia madre, del tutto inadeguate: però mi riempirono di sollievo. La voce di mia madre aveva sempre su di me un potere insieme irritante e rassicurante: sia che la sentissi discorrere con i miei fratelli, o parlare al telefono con le sue amiche. Nelle parole "pathos ebraico" riconobbi subito la mia tristezza: e pensai che se mia madre ne parlava ad alta voce tranquillamente, voleva dire che forse non era uno strano male che aveva colpito il mio spirito, ma una cosa abbastanza leggera, diffusa e comune. Come mia madre si fosse accorta di quello che chiamava il mio pathos ebraico, non lo so. Io credevo di nascondere a tutti la mia grande tristezza; in casa, il mio atteggiamento abituale era alterigia[9] e disprezzo. A scuola, penso che sembravo un cane frustato; non certo di quei cani feroci, a cui usava alludere il mio professore e con essi scusarsi, quando s'arrabbiava.

Un giorno, Rosabianca mi invitò a casa sua. Mia madre e sua madre si erano incontrate, e avevano deciso che qualche volta ci frequentassimo. Era invitata anche Bianca, ma non venne. Eravamo tutt'e due, Rosabianca e io, molto timide: e io ero inoltre oppressa dal

7. **sibillina**: oscura e incomprensibile come le parole della Sibilla, la profetessa di Apollo.

8. **pathos**: (greco) intensità di sentimenti.

9. **alterìgia**: presunzione di sé, superbia.

pensiero che mi aveva invitata semplicemente per volontà di sua madre. Al principio, vi furono lunghi silenzi. Ma il mio desiderio di piacerle era così forte, che mi diedi a parlare e anche lei parlò.

Scopersi che lei e la sua amica Bianca avevano, come me, riguardo a Chirone e Carena, un gran desiderio di diventare loro amiche, e la sensazione che però questo fosse per sempre impossibile. Parlammo a lungo di Chirone che aveva tutto, i capelli biondo-oro, la carnagione rosea, la voce squillante, e prendeva sempre nove; e di Carena che prendeva sempre nove e aveva tutto, un bel soprannome, la vita sottile, un gesto di buttare i capelli all'indietro così spavaldo e grazioso; e accorgendomi che anche Rosabianca come me si struggeva d'invidia, pensai che l'invidia in lei era una cosa non deturpante, ma innocente e patetica; e che poteva darsi che fosse, allo stesso modo, innocente e patetica anche in me.

La pregai di spiegarmi quell'antico disegno dell'asino. Era passato molto tempo, forse un anno; ma quel ricordo mi bruciava ancora. Mi disse che lei e Bianca mi trovavano un asino, perché pensavano che io non sapevo come nascevano i bambini. Rimasi trasecolata.[10] Le dissi che io sapevo da un tempo infinito come i bambini nascevano, avendomelo spiegato una ragazzina con cui giocavo in villeggiatura; e le dissi che avevo letto *Cléo robe et manteau*, romanzo di cui avevo capito poco e nel quale non mi sembrava vi fosse, sul nascere dei bambini, nulla di illuminante; ma doveva essere però indecentissimo; e le dissi che avevo letto molti e molti altri romanzi che mio padre diceva indecenti.

Le chiesi come mai si erano messe in testa, lei e la sua amica Bianca, quell'idea su di me. Non seppe spiegarmelo. Pensai allora come un mio così grande dispiacere, su cui mi ero arrovellata e di cui ancora sentivo l'offesa, era sorto dal nulla e sul nulla, e tuttavia era indistruttibile: perché la sensazione di essere per lei un asino, rimaneva stampata come un inchiostro indelebile su di me.

Le invidiavo la sua casa, che aveva un giardino,

10. trasecolata: stupita al massimo grado.

delle rose, e un calapranzi;[11] e la sua stanza che aveva alle pareti carta fiorata, e dove c'era una macchina da scrivere, rotta e vecchia ma sua; e i suoi fratelli, uno grande e uno piccolo, che avevano i capelli a spazzola. Avevo anch'io dei fratelli ma erano diversi da quelli; erano grandi e se n'erano andati tutti via da casa salvo l'ultimo: e l'ultimo in casa ci stava pochissimo. Avrei preferito quei fratelli che aveva lei.

Le proposi di scrivere, su quella sua macchina da scrivere, una poesia. Però non mi veniva in mente nulla. Le dettai questo verso: "La luna pallida si leva a notte", ma era un'osservazione che a tutt'e due sembrava poco nuova. Tuttavia lei scrisse, lentamente, "la luna pallidassi leva", poi fummo a un tratto stanche di poesie; e il suo fratello più grande, entrato in corsa con una mantella impermeabile, lesse forte "Luna pallidassi", ghignò e se ne andò via; molti anni dopo, si ricordava ancora "luna pallidassi", quando lo rividi dopo la guerra, in un'altra età.

11. calapranzi: piccolo montacarichi per far salire o scendere le pietanze dalla cucina alla sala da pranzo.

Avevo trovato in una raccolta di poesie, due versi che amavo moltissimo:

O anni, o miei giovani anni,
Dov'è fuggito il vostro cocchio d'oro?

Era quello che pensavo anch'io: il cocchio d'oro dei miei giovani anni, dov'era fuggito?

Mi sembrava che la mia infanzia fosse stata bellissima. Poi la mia vita era precipitata in un gorgo di malinconia. La cosa che trovavo disperante, era che io non potevo diventare un'altra persona: ero io, e mi ero odiosa, e non avevo alcun modo di separarmi da quell'essere odioso. Ero legata a quell'essere odioso, pesante e malinconico, fino alla morte.

Trovavo la mia casa molto triste. Avevo nostalgia del tempo che ci vivevano anche i miei fratelli. Sul corridoio s'allineavano le loro stanze vuote. Andavo nelle loro stanze per cercarvi romanzi. Aprivo anche i cassetti dei loro tavoli e leggevo le loro lettere d'amore, che avevano lasciato là.

Scrissi una poesia per i miei fratelli. Diceva così:

O miei fratelli, o miei dolci fratelli,
Tanto siete lontani
Da non udire i miei singhiozzi vani,
La mia voce, fratelli?

In verità i miei fratelli venivano quasi tutti i sabati. Io non singhiozzavo né quando arrivavano né quando ripartivano. Erano, in quei sabati, sempre occupatissimi a telefonare, fissare appuntamenti, fare il bagno, e brontolare con mia madre per le loro camicie e pigiami, che non erano stati stirati.
Nella poesia per i miei fratelli, mi sembrava che ci fosse un'eco del cocchio d'oro. Appena leggevo una poesia che mi piaceva, mi veniva voglia di farne una quasi uguale.
Avevo la sensazione confusa che non una delle mie poesie fosse proprio mia, ma che fossero tutte un pochino copiate da quelle di altri.
Trovavo che in casa nostra c'erano pochissimi libri di poesie. In fondo anche pochi romanzi. Gli scaffali erano pieni, ma c'era grande abbondanza di libri di mio padre, cioè libri di istologia,[12] biologia e medicina. Mi sentivo in esilio dentro a quella casa, tanto povera di poesie e romanzi. Inoltre quel mio fratello che abitava ancora in casa, cioè vi dormiva ma vi compariva pochissimo, nelle sue rapide apparizioni prendeva romanzi dagli scaffali e andava a venderli essendo sempre senza soldi. Mi disperavo per tutti quei romanzi che da un giorno all'altro sparivano, e non potevo nemmeno lamentarmene con mia madre perché erano romanzi che leggevo di nascosto.

12. istologia: scienza che studia con il microscopio l'organizzazione dei tessuti viventi.

Usavo portare a scuola il mio quaderno di versi, per tirarlo fuori ogni tanto e sfogliarlo. L'avevo dato da leggere a Bianca e Rosabianca; e anzi Bianca ne fu contagiata, perché, come già avevo notato, il far poesie era una cosa attaccaticcia e contagiosa come la tosse.
Bianca si comperò un quaderno identico al mio. Imparò subito a far poesie. Le sue poesie mi accesero d'invidia. Mi sembravano meglio delle mie. Ne scriveva, come me, una al giorno. Bianca andava in villeggiatura ogni anno al

mare, in un paese che si chiamava Laigueglia. Lì si divertiva molto. Le mie villeggiature erano invece sempre molto noiose. Andavamo in montagna.
Da piccola, mi piaceva andare in villeggiatura. Mi divertivo. Cercavo ranocchi nei ruscelli. Ora, me ne stavo dietro a un vetro a guardare piovere, oppure, annoiatissima, dovevo seguire mio padre e mia madre che andavano a fare commissioni in paese. Pensavo che la gente che mi vedeva, poteva anche pensare che io fossi l'unica figlia dei miei genitori; e l'idea che mi credessero senza nessun fratello e figlia unica, non so perché, mi sembrava infamante.
Chirone e Carena villeggiavano in meravigliosi luoghi di mare, e ballavano, la sera, negli stabilimenti. Tornavano in autunno a scuola con molte canzoni; e molti segreti, che sussurravano ai loro satelliti in mezzo a lunghe risate, soffocate nei fazzoletti.
A Laigueglia, Bianca aveva conosciuto un ragazzino, che frequentava la nostra scuola, una classe più avanti. Ne era innamorata, e si mise a scrivere poesie per lui. Lo vedeva quando andava a pattinare. Lei e Rosabianca tutt'e due andavano a pattinare, e mi dissero di andare anch'io: ci andai una o due volte, ma non mi riuscì di imparare a pattinare; e fui là infelicissima, aggrappata per tutto il tempo a un reticolato che circondava la pista.
Bianca ebbe a un tratto l'impressione che quel ragazzino la guardasse di meno, e sovente pattinasse allacciato a una molto bella. Scrisse allora questa poesia:

Che piccola semplice cosa
M'amava e non m'ama più,
Esiste pur sempre la rosa,
Esiste pur sempre il caucciù.

Le chiesi perché il caucciù. Non lo sapeva. Era l'unica rima che aveva trovato. Cambiò infine l'ultimo verso. Scrisse così:

Esiste pur sempre la rosa,
Tutto è com'era, come fu.

Ebbi però l'impressione che, così cambiata, quella poesia diventava identica a infinite altre che già c'erano. Col caucciù era invece diversa da tutte.
Una bambina che veniva da un'altra scuola, fu messa nel banco vicino a me. Era grassotta e quieta; fu con me tenera e materna. Mi offerse i suoi compiti da copiare. Smisi di copiarli quando scoprii che erano molto sbagliati.
Vedendo sul banco il mio quaderno di poesie, mi chiese di leggerle. Poi mi chiese di portarle a casa sua. Un poeta, di nome Ignazio Casali, veniva a casa sua tutte le sere. Lei gliele avrebbe fatte leggere, per averne un giudizio. Sconvolta dall'emozione, le diedi il mio quaderno. Si parlò di far avere a quel poeta anche il quaderno di Bianca. Quella bambina disse però che era meglio uno per volta.
Io non conoscevo nessun poeta. In casa mia non venivano mai poeti. Venivano dei biologi, o dei medici, o dei fisici, o degli ingegneri: amici o dei miei fratelli, o di mio padre. Ma poeti, mai. I biologi parlavano con mio padre di embrioni[13] di pollo, di cellule dei tessuti. Gli ingegneri non erano molto più divertenti. Poi tutti parlavano interminabilmente di politica. Mio padre e mia madre, mi sembrava che ripetessero sempre, in politica, le medesime cose. Trovavo la nostra casa di una noia mortale.

13. embrioni: primo stadio di sviluppo di un uovo animale fecondato.

Mi venne un acuto desiderio di conoscere un poeta, e magari amarlo, poi sposarlo. Quel poeta, Ignazio Casali, non potevo però né amarlo né sposarlo, perché era, a quanto avevo capito, fidanzato d'una sorella di quella mia compagna dall'aria quieta e materna.
Per qualche giorno, attesi ansiosamente il giudizio di Ignazio Casali. Ma non aveva ancora avuto tempo di leggere il mio quaderno. Cosa diavolo facesse di mestiere e come passasse il suo tempo, oltre a far poesie e a andare da quella mia compagna la sera, e che sorta di faccia avesse, non lo sapevo e non lo seppi mai. Non osavo domandarlo.
Infine, una mattina, la mia compagna mi riportò il quaderno, e mise nella mia mano un foglietto rosa, piegato in quattro. Lo lessi. C'era scritto così: «Una sensibilità che non cerca il gusto

formale delle cose esteriori, ma lo trova già compiuto nella sua stessa espressione».
Queste parole mi sembrarono sibilline: ma quanto miele versarono su di me. Le dicevo e le ridicevo dentro di me infinite volte, per assaporarne il miele e capirne il senso. La mia compagna mi disse che, se volevo, potevo venire a casa sua a conoscere Ignazio Casali; però lui veniva solo la sera dopo cena; mi avrebbero permesso i miei di uscire dopo cena?
Persi ogni speranza di vedere mai Ignazio Casali. Non c'era da sognarsi che mio padre mi lasciasse uscire la sera. Non ero mai uscita dopo cena in vita mia. Di invitarlo io a casa mia non se ne parlava. Mio padre, se avessi osato invitare uno sconosciuto, avrebbe fatto crollare la casa. Io non potevo invitare nessuno, se non delle bambine. Non potevo invitare uomini.
Presi il foglio rosa, e lo riposi nel mio cassetto, dentro una scatola di seta a fiori. Quando veniva Bianca da me il pomeriggio, rileggevamo insieme quelle parole enigmatiche e deliziose. Le dicevo che, qualsiasi cosa volessero dire quelle parole, io pensavo però di non meritarle. Le dicevo che le mie poesie non valevano niente. Lei diceva che non valevano niente le sue. Fare avere il suo quaderno a Ignazio Casali, non fu possibile, perché quella bambina dall'aria materna, soffrendo di reumatismi, venne ritirata da scuola a metà anno e non se ne seppe più nulla.
Offrivo alteramente a mia madre la mia fronte, per il bacio della buonanotte. Pensavo che lei non sapeva niente di me. Non sapeva che io "non cercavo il gusto formale delle cose esteriori, ma lo trovavo già compiuto nella mia stessa espressione".
Feci leggere quel giudizio a un mio fratello. Ne speravo una delucidazione. Non mi diede nessuna delucidazione. Si mise a ridere, e disse che era una fortuna che quel poeta non mi avesse vista, perché non gli sarebbe piaciuto per niente il mio naso.
Quel mio fratello usava canzonarmi per il mio naso. Era infatti un naso molto grande e pieno di lentiggini. Per farlo più piccolo e per nascondere le lentiggini, lo coprivo di borotalco.

Non possedevo cipria. Infine mia sorella mi regalò una scatoletta di cipria, con lo specchietto. In quel minuscolo specchietto, osservavo il mio naso e lo incipriavo ogni mezz'ora. Sennò non avevo il cuore tranquillo. Anche Bianca, col suo naso, faceva così.

Rosabianca diventò a un tratto molto bella, molto alta, e molto elegante. Aveva un cappotto foderato d'agnellino bianco. Aveva ora dei vestiti così belli, che venivano a guardarli perfino Chirone e Carena. Aveva ora i vestiti più belli di tutte. La invidiavo tanto, che la mia invidia era quasi venerazione. Faceva lunghe assenze da scuola. Diceva che forse i suoi l'avrebbero tolta da scuola e messa a studiare in casa, con professori privati. Un giorno diede a casa sua una festa, invitando l'intera classe. Mi sembrava che avesse smesso di essere timida. Poi le venne una polmonite. Arrivavano notizie della sua febbre, era una polmonite molto grave. Poi la portarono in convalescenza a Mentone. Le mie ragioni di invidia si moltiplicavano e mi straziavano. Quel suo fratello con la mantella impermeabile, che faceva la prima liceo, fu arrestato per antifascismo. Invece i miei fratelli non erano ancora mai stati arrestati. Appena fu libero, la loro famiglia si trasferì a Parigi. Da Mentone, Rosabianca partì per Parigi, e io non la rividi mai. Da Mentone mi aveva mandato una piccola lettera, dove mi raccontava della sua polmonite. Per molti anni conservai quella lettera dentro la scatola a fiori, con il giudizio di Ignazio Casali. Con Bianca, seguitarono a scriversi. Bianca era rimasta la sua più cara amica.

Rosabianca usava prendermi in giro su Ignazio Casali. Diceva che era il mio futuro fidanzato. Lo chiamava "il *poveta*" per canzonarlo e canzonarmi con lui. Quando volevo ricordarla dicevo fra me "il *poveta*" e l'avevo di nuovo davanti a me, con le sue gonne un po' lunghe, gli occhi a mandorla, i denti bianchi. Aveva le gonne sempre un po' troppo lunghe, anche quando era diventata così elegante.

Chirone diventò la mia più cara amica. Come accadde, non lo so. Facevamo la strada insieme, perché abitavamo vicine. Diventammo amiche facendo ogni giorno quel breve tratto di strada. Veniva, il pomeriggio, a casa mia. Scrivemmo una poesia insieme. Era una poesia che cominciava così: "Sfiderei la neve e il vento / per vederti transitare". L'avevamo scritta per un ragazzo del liceo che le sembrava bello. A me non piaceva. Mi sembrava che mi sarebbe stato impossibile innamorarmi di qualcuno che vedevo dentro o intorno a quella scuola. Mi sembrava che quella scuola impiastricciasse tutti di qualcosa di bambinesco e noioso. Gli uomini da amare erano altrove. Dov'erano, non lo sapevo. In qualche momento mi coglieva il terrore che non esistessero in nessun posto. La parola "transitare" non mi piaceva. Ma a Chirone piaceva, e io tacqui. Ero con lei vile. Mi ricordavo sempre che era la prima della classe. Io la diciannovesima. Non m'era mai riuscito di essere un poco più avanti nella graduatoria. All'ultimo momento, quando stava per chiudersi il trimestre, mi andava male qualcosa per cui rotolavo in fondo.

Perché non pensasse che stavo con lei per interesse, non le chiesi mai di darmi un compito da copiare. A volte lei me lo proponeva e io rifiutavo. Evitavo di farle domande sui compiti. I suoi compiti erano là, sul mio tavolo, posati accanto alla sua sciarpa, e io pudicamente ne distoglievo lo sguardo. Pensai più tardi, che imbecille ero stata.

Tuttavia la sua amicizia mi riempiva di vanità. Non finivo di esserne fiera, felice e stupefatta. Se ricordavo i miei primi anni di scuola, quanto mi era sembrata irraggiungibile quella risplendente bambina, ammiravo il destino che poteva compiere così strani miracoli. In classe, Chirone mi parlava pochissimo, per non ingelosire Carena, che era sempre, agli occhi di tutti, la sua amica inseparabile. Con me, non parlava mai di Carena. Non la nominava quasi mai. Era però chiaro per me che in classe mi trattava freddamente per quel motivo. Così nessuno sapeva quanto amiche eravamo lei e io. Ci vedevamo a casa mia quasi ogni pomeriggio. Mi dispiaceva che non lo sapesse nessuno, e soffrivo per i suoi modi con me così freddi in

classe; ma in qualche momento pensavo che questo rendeva la mia fortuna ancora più preziosa e più strana.
Però adesso la chiamavo sempre Dimma, anche in classe. D'altronde, oramai avevamo preso l'abitudine di chiamarci tutte per nome. Gipy, Gipy, Gipy, si sentiva sempre sussurrare, anche dai banchi lontani, abitati da bambine che non avevano con Carena nessuna familiarità.
Come Carena era venuta a sapere della mia amicizia con Chirone, non lo so. Si mostrò a un certo punto gelida con me. Poi venne a casa mia un pomeriggio, che io e Dimma stavamo studiando. Era la prima volta che studiavamo insieme. Dovevo essere interrogata il giorno dopo, e lei mi chiedeva i verbi latini. Era proprio la prima volta.
Per non umiliarmi, faceva finta di saperli poco. Era del resto una sua civetteria, fingere di non sapere mai niente e di avere una gran paura. Arrivò Carena. Usava venire a volte a casa mia così, senza avvertire, con aria sbadata e spavalda. Sembrò disposta a ripetere quei verbi anche lei. Poi fece una scenata di gelosia. Era una scenata in chiave ironica. Vi tornava con insistenza la parola "preferita". Non capivo bene se rimproverava a me di averle preferito Chirone, o se rimproverava a Chirone di averle preferito me. Il ciuffetto nero si agitava. La bocca era beffarda. Restammo, io e Chirone, in perfetto silenzio.
Poi loro se ne andarono via insieme. La parola "preferita" martellava con un suono cupo nel mio cuore. Avevo la sensazione che mi fosse crollata sulle spalle una gran disgrazia. Chirone non sarebbe venuta più da me il pomeriggio. M'avrebbe lasciata cadere. La nostra amicizia era nata su basi troppo casuali e fragili. Lei non poteva perdere per me la sua amica inseparabile. E non potevo io competere con Carena. Era una cosa impossibile.
Sedetti a cena con i miei genitori. Essi erano là tranquilli. Mia madre mi chiese se mi ero divertita con le mie amiche. Le aveva incontrate sulle scale. Mio padre, Chirone e Carena, non sapeva nemmeno chi fossero.
Bianca diventò la mia più cara amica. Scoprim-

mo che in fondo eravamo amiche da molto tempo. Forse da sempre. Mi disse che in fondo, anche quando aveva scritto il mio nome sotto al disegno dell'asino, le ero simpatica. Ma quando c'era Rosabianca, non si riusciva a essere amiche, perché era difficile essere amiche in tre. C'era sempre una che si sentiva messa in disparte e soffriva. Allo stesso modo, io le dissi, mi sarebbe stato difficile stare bene con Chirone e Carena insieme. In più questo l'avrei trovato per me una fatica stremante. Come essere costantemente fra il sole e la luna.

Stare con lei non era faticoso. La trovavo assai simile a me. Le sue superiorità su di me, come il saper ballare e pattinare, non mi opprimevano. Gliele invidiavo, ma era un'invidia senza dolore. Potevo in qualunque momento confessarle le mie invidie.

Provammo il gran piacere di dirci in continuazione delle verità. Le chiesi come giudicava il mio naso. Mi chiese come giudicavo il suo.

Le dissi che quando alzava una mano e diceva «Non ho capito» era sommamente irritante.

Mi disse che quando ero sulla pista di pattinaggio, aggrappata al reticolato, ero sommamente comica.

La nostra classe disse addio, piangendo, al professore con la barba caprina. Eravamo ora in ginnasio superiore, al piano di sopra. Usavamo, nell'intervallo, scendere un piano di scale e affollarci intorno a lui. Poi a poco a poco smettemmo. Non poteva lui in eterno consolarci del fatto che avevamo un altro professore, e che lui aveva un'altra classe.

La mia amicizia con Bianca durò molti anni. In quegli anni, passavamo lunghe ore insieme, leggendoci le nostre poesie, copiandole in bellissima calligrafia sui nostri quaderni, e confidandoci i nostri amori infelicissimi.

I tempi in cui andare a scuola mi rendeva così infelice mi sembravano remoti. Adesso ne entravo e ne uscivo con indifferenza. Mi sedevo là per pensare ai casi miei. Vi imparavo assai poco.

Le mie infelicità nascevano e crescevano altrove. A scuola ero diventata sprezzante come in

casa. Non ero più là come un cane frustato. La paura di ridiventare a un tratto un cane frustato, mi faceva avere modi sempre più sprezzanti. M'accorsi a un tratto che quei modi sprezzanti m'avevano reso, anche nello spirito, dura e sprezzante. Allora mi spaventai.
Smisi a un tratto di scrivere poesie. Smisi anche di essere amica di Bianca. Non avevo più né amori, né lagrime, né malinconia, né amicizie. L'universo mi sembrò una pianura brulla e arida. Su quella pianura brulla e arida, mi fermai a un tratto aspettando che succedesse qualcosa, che mi sparisse dallo spirito quell'arida e insopportabile indifferenza.

Da: Natalia Ginzburg, *Opere*, A. Mondadori su licenza Einaudi.

Maria Bellonci

IL PRESEPIO DI PIAZZA MAZZINI

Maria Bellonci è nata a Roma nel 1902, dov'è morta nel 1986. Ha descritto narrativamente personaggi storici ricreando ambienti ed epoche come in *Lucrezia Borgia*, *I segreti dei Gonzaga*, *Tu vipera gentile*, *Rinascimento privato*, romanzo quest'ultimo in cui l'autrice, narrando in prima persona, ha tracciato un grandioso ritratto di donna. A lei dobbiamo la fondazione, insieme col marito Goffredo, di uno dei massimi premi letterari italiani, lo Strega (1947), di cui è stata la presidente fino alla morte.

Molto spesso non vediamo i posti per quello che sono, ma per quello che ci ricordano: una piazza di Roma non particolarmente interessante risveglia in chi scrive tutta un'epoca, un'atmosfera, un terrore: chiamata a compiere un'azione da staffetta partigiana dimenticò la parola d'ordine. Ed è affascinante notare come un'autrice dal linguaggio sapiente, complesso, ricercato, sappia qui "ridurre" il racconto all'essenziale: prima la piazza squallida, poi la miseria e la paura di quegli anni, poi il bar, gli scalini, la saletta, quel trovarsi a tu per tu con un uomo che può risultare amico o spia. Infine il blocco della memoria, come la sintesi di una paralisi portata dalla guerra. «Ogni narratore è in realtà uno storico» è la premessa della Bellonci, sia per i grandi romanzi che per un racconto breve.

Non mi accade spesso di passare per piazza Mazzini (abito in tutt'altra parte); e passandoci, ora, mi accorgo che il luogo sta prendendo carattere. Un tempo noi dicevamo piazza Mazzini come per dire il peggio che si potesse immaginare per un quartiere dove l'inerzia della qualità urbanistica[1] si alleava con lo squallore dei palazzotti. Oggi scopriamo che almeno quel tracciato aveva una certa larghezza di respiro, non stringeva le strade tra cubi di cemento dalle mura troppo sottili e dalle stanze soffocanti per minima cubatura.[2] L'anonimato degli abitanti di quei casoni non era ancora assoluto e rabbioso come è oggi nei quartieri nuovi di periferia; circolava persino un fiato di cordialità, seppure un po' stentato. Ma che sto cercando nella sera, al riparo di questa artificiosa isola di verde nel centro della piazza? Sto cercando un presepio.

1. qualità urbanistica: modo di progettare, costruire e decorare una città.

2. cubatura: volume interno.

Quel Natale era dolente per tutti; e tutti avevamo paura e speranza mescolate in dosi contrastanti per le quali si diventava coraggiosi o disperati, e coraggiosi e disperati insieme. Era il 1943. Sapevamo che il peggio doveva ancora venire e non ci arrischiavamo a prevedere come sarebbe venuto. Ma il Natale faceva pausa, una breve pausa di pace, e tutti cercavamo di offrirci qualche segno che ci aiutasse reciprocamente a testimoniare la nostra presenza. A me capitò di dover portare un pacchetto per una persona nascosta: non conteneva cose importanti, solo piccoli doni, sigarette, cognac, cioccolato, sapone da barba; e tuttavia anche un foglietto, anche un nome in quel tempo potevano fare di un cittadino libero un prigioniero esposto a rappresaglie.[3] Mi fu detto che avrei dovuto portare il pacchetto in un piccolo caffè del centro e che, avvicinata da qualcuno, avrei dovuto pronunciare una parola d'ordine alla quale mi sarebbe stata data una certa risposta. Mi misi in cammino e mi accorsi che era proprio Natale, sebbene in sordina:[4] a tratti si sollevavano le spesse porte imbottite delle chiese e s'intravedevano luci di candele, un brillare d'oro, rami verdi e persino fiori. Quell'aria dorata delle chiese di Roma illuminate nel pomeriggio d'inverno, così dolce, lievemente sopraffattrice, aria congeniale al Bernini della Santa Teresa,[5] mi avvolgeva quasi smemorandomi. Tutti i felici Natali della mia infanzia mi venivano in mente, e la gioia esaltante dell'albero vertiginoso di luci, e quella favolosamente narrativa del presepio con le statuine che ci portavamo giorno per giorno a casa, strette tra le mani guantate di lana e gonfie di geloni. La regìa del presepio era mia, l'architettura di mio fratello Leo, l'ammirazione delle sorelline più piccole.

Arrivai al caffè; e non era un caffè ma una latteria nella quale si discendeva per certi gradini ripidi: poche donne vi si avvicendavano a comprare il latte avaramente misurato dal razionamento,[6] e non mi guardarono neppure, intente com'erano a sorvegliare i bollini delle tessere. Nel fondo, un po' deviato a sinistra si apriva un vano col soffitto a volta dipinto di un celeste crudo che scendeva sulle pareti fino allo zoccolo di mattonelle bianche. Tutto appariva squallido e umido, e l'umidità e lo squallore piovevano sui tre tavolini che parodiavano[7] l'intimità di un caffè. Due innamorati, assolutamente soli, parlavano fitto in un angolo. Un uomo leggeva il giornale. Al terzo tavolino mi sedetti, sempre attanagliata dalla pena del presente, dal passato e dal futuro. Stavo inerte, come in una corrente desolata dalla quale emergeva solo il desiderio di essere a casa. Passò un tempo senza tempo e vidi l'uomo

3. **rappresaglie**: violente reazioni di vendetta di un esercito nemico.

4. **in sordina**: in modo attutito.

5. **Bernini... Teresa**: si tratta di una famosa statua, languida e patetica, intitolata *L'estasi di Santa Teresa*, scolpita da Gian Lorenzo Bernini (1598-1680) e conservata a Roma nella chiesa di Santa Maria della Vittoria.

6. **razionamento**: in tempo di guerra, i pochi alimenti venivano razionati tra la popolazione e venduti sulla base di tessere alimentari.

7. **parodiavano**: imitavano ridicolizzandola.

ripiegare il giornale, guardarmi di sfuggita, alzarsi; a passo lento mi si avvicinava; mi domandò un fiammifero, e d'improvviso smarrii, totalmente smarrii, la memoria della parola d'ordine. Guardavo l'uomo biondo, anzi innaturalmente biondo come molti bruni che si ossigenavano per cambiare i propri segni di riconoscimento, gli occhi lontani, il viso liscio come se avesse ritirato in sé la sua espressione. Sorridendo solo con la bocca mi domandò se poteva sedersi al mio tavolino: aveva una voce sgradevole. Era lui? O era un galante qualsiasi, incoraggiato dal vedere una donna sola in quella grotticella? E se fosse stata una spia? Rabbrividii.

«Ha freddo?» domandò lo sconosciuto con la sua voce sgradevole. «Questo luogo è umido. Vuole qualche cosa di caldo?»

No, non volevo niente.

«Ha visto il presepio?» riprese. «Si fanno ancora presepi in questa città.»

Tacevo, immersa in una specie di caos angoscioso. Finalmente balbettai:

«Il presepio? Quale presepio?»

«*All'angolo di piazza Mazzini*» mormorò noncurante l'uomo.

«All'angolo di piazza Mazzini!»

Era la parola d'ordine, la frase che avrei dovuto dire io.

Improvvisamente provai un soprassalto di gioia. Uscii dalla paura con un balzo.

«È un bel presepio» risposi. «E *passa un'automobile verde*.»

Questa era la risposta che mi si doveva dare. Sorridemmo appena. L'uomo prese il pacchetto ed io tornai a casa. Non seppi mai chi fosse né ci pensai più. Ma quando d'inverno mi capita di passare per piazza Mazzini mi sorprendo come adesso a girare lo sguardo in cerca di un presepio.

Da: Maria Bellonci, *Segni sul muro*, A. Mondadori.

Edith Bruck

SILVIA

Edith Bruck è nata a Tiszabércl, in Ungheria, nel 1932. Durante la seconda guerra mondiale visse la tragica esperienza della detenzione nei lager nazisti. Dopo la deportazione Edith Bruck visse in diversi paesi tra cui Israele e dal 1954 abita a Roma. Ha pubblicato un libro autobiografico: *Chi ti ama così*, i romanzi *Le sacre nozze*, *Transit*, *Mio splendido disastro*, i volumi di racconti *Andremo in città* e *Due stanze vuote* e due raccolte di poesie. Ha svolto attività giornalistica, radiofonica e televisiva e diretto due film.

Nata in Ungheria, ma ormai da tutti considerata una scrittrice italiana, Edith Bruck ha tratto dai ricordi della sua deportazione, avvenuta quand'era ancora bambina, infinita ispirazione per la sua arte narrativa e poetica. Il racconto che proponiamo, scritto con un linguaggio semplice, venato di nostalgia, nonostante i suoi retroscena di orrore, è quasi una fiaba consolatoria: Robert, figlio di un aguzzino nazista, nasconde una bambina sfuggita miracolosamente agli spaventosi treni su cui viaggiavano gli ebrei destinati ai campi di concentramento. A guerra finita sarà lei a soccorrere Robert rimasto senza genitori.

Abitavamo in una piccola città di nome Bamberg, non lontano da Norimberga, quando mio padre ci lasciò dopo pochi giorni di licenza premio più che meritata per la sua condotta esemplare di ufficiale superiore del Grande Reich.[1]

Non ricordo di avere avuto la gioia di vedere mio padre a casa con noi a lungo, e mai l'ho visto togliersi la splendida divisa che commuoveva tanto mia madre. Io in casa contavo poco, e ancora meno da quando mio fratello aveva ricevuto il consenso paterno di arruolarsi nella Hitler Jugend.[2] Così, l'orgoglio di madre e di sposa della mamma non aveva limiti. Nella nostra cittadina eravamo rispettati e conosciuti, e la domenica a messa tutti riverivano la famiglia del colonnello Schultz; solo io mi mortificavo sentendomi inutile tra due uomini così grandi e così forti come mio padre e mio fratello. Camminavano assieme con un ritmo preciso e scandito, quasi una musica che gli venisse dal didentro e che avvertivano solo loro. Per quanto mi sforzassi, io sbagliavo sempre il passo e correvo per raggiungerli come un agnello che ha perso il gregge. Mi additavano mio fratello a esempio, ripetendomi che mancavo di scatto. Le poche volte che eravamo tutti riuniti, la mamma prendeva sempre la via più lunga per andare in chiesa e percorreva sempre nuove strade raccogliendo inchini e saluti calorosi.

«Hai quasi dodici anni e non vuoi proprio crescere» mi diceva mia madre. «Se penso al figlio della signora Hass! Ha la tua età ma tu

1. **Grande Reich:** detto anche Terzo Reich, è l'impero costituito da Adolf Hitler dal 1933 al 1945.

2. **Hitler Jugend:** Gioventù hitleriana, era un'associazione giovanile nazista.

sembri il suo fratellino minore.»
Io avrei voluto che mio padre e mio fratello fossero sempre a casa con noi, e quando li vedevo partire felici per il fronte pensavo proprio che non mi amassero.
Mia madre era alta e ossuta, di carattere remissivo, bastava uno sguardo di mio padre per farle inghiottire le lacrime quando lo accompagnavamo alla stazione. Ma era anche forte la mamma e la notte, quando non riusciva a prendere sonno, si metteva a pulire i pavimenti o a lucidare l'argenteria che teneva in due grandi valigie sopra l'armadio della camera da letto.
«Perché non ti fai aiutare da Hilde?» chiedevo io, pensando che volesse risparmiare la nostra vecchia cameriera che era la sola persona di servizio rimasta con noi in quegli anni di guerra.
«È stanca poveretta, e posso fare io... Tanto, non ho sonno» rispondeva la mamma.
«Perché metti via quella roba? Partiamo anche noi?» insistevo io.
«Siamo in guerra, Robert, e da un momento all'altro può capitare di tutto. Anche di dover salvare le nostre cose più preziose.»
«Raccontami qualcosa della guerra» dicevo alla mamma «qualcosa di vero, non le favole. Quando sei sola con me mi tratti come un bambino piccolo. Sei tu che mi fai sentire più piccolo.»
«Nella vita ci sono dei doveri» ripeteva mia madre «doveri di uomo. E quando sarai grande non mancherai neanche tu verso questi doveri.»
«E quali sono questi doveri?»
«Devi amare la patria sopra ogni cosa. Devi essere fiero di tuo fratello e di tuo padre e non devi piagnucolare ogni volta che ripartono, attaccandoti al collo di tuo padre come un sacco vuoto. L'amore tra noi è forte ma solo la speranza di vincere ci dà la forza di stare divisi e lontani. La guerra non è soltanto gloria, la gloria deve essere meritata, e noi l'avremo, Robert!»
«Vorrei che tu dormissi vicino a me, mamma, quando la notte sento passare gli aerei. Non ti ho mai detto che ho paura perché nessuno di voi sembra avere paura.»

«Sei un bambino grande ormai, Robert.» Ma quella notte la mamma si infilò accanto a me. Era uno dei momenti felici della mia infanzia, come quando giocavo a scacchi con mio padre e la mamma gli sussurrava di lasciarmi vincere almeno una volta, ma lui si irritava e rispondeva che la gloria bisogna meritarsela e che per vincere bisognava imparare e volere.
«Hai ragione tu papà» dicevo io. Allora i suoi occhi celesti si illuminavano e con una mano si accarezzava i bei capelli castani che portava divisi sulla fronte. Era basso e forte, con la pelle chiara, la faccia rossiccia e le mani squadrate. Una volta la mamma osò alzare la voce dandogli del contadino, poi si chiuse in un lungo silenzio per far meglio sentire la sua origine aristocratica.
La nostra casa era spaziosa e al piano superiore non dormiva nessuno, da quando era scoppiata la guerra ci eravamo sistemati tutti in basso perché in caso di allarme era più facile raggiungere il bunker[3] che mio padre aveva fatto costruire sul retro, dalla parte del giardino.
I miei giocattoli stavano ancora tutti allineati in camera mia al primo piano ma io salivo raramente perché quella fuga di stanze abbandonate da anni mi faceva paura e tristezza. Non mi andava neanche più di giocare e il mio divertimento, dopo la scuola, era di recarmi al passaggio a livello per vedere i treni che disegnavo poi a casa. Amavo camminare sui binari e salutare i viaggiatori sconosciuti. Spesso mi nascondevo nel bosco, a pochi passi dai binari, preparavo le palle di neve, da lanciare contro i vagoni e cercavo di colpire i finestrini. La gente rideva o si arrabbiava. Erano treni che non fermavano mai al casello ma una volta venne una lamentela da parte di un viaggiatore e la mamma mi chiuse nella camera di Hilde, uno stanzino buio con una branda di ferro, dove io mi addormentai. Mi aprì il giorno dopo e per quella notte la vecchia Hilde dovette stare seduta in cucina accanto alla stufa, brontolando più del solito che ormai era di peso a tutti. Pregava di poter morire presto, soprattutto da quando la mamma aveva cominciato a soffrire di insonnia e si alzava a lavare i pavimenti nel

3. **bunker**: stanza con pareti in cemento armato costruita al fine di resistere allo scoppio delle bombe.

bel mezzo della notte. Era stato il casellante a fare la spia e io imparai a girare alla larga e a nascondermi meglio nel bosco dove mi sentivo padrone dei binari e da dove potevo osservare la casetta bianca col passaggio a livello e il pozzo per l'acqua. Un giorno che come al solito correvo in equilibrio su una rotaia sentii tremare il binario sotto i miei piedi come se stesse per arrivare un treno. Era un pomeriggio buio e nebbioso, feci appena in tempo ad allontanarmi che vidi sbucare un nero convoglio trainato da due locomotive che andò a fermarsi davanti alla casa del cantoniere. Mi buttai sulla neve e guardai verso un vagone che un soldato armato stava aprendo. Ne scesero due uomini portando un secchio per ogni mano e il soldato li spinse col calcio del fucile ripetendo: «Schnell! Schnell!»[4]

Da lontano quel soldato mi sembrò mio padre e io venni fuori correndo dal bosco per vedere meglio: era un uomo tarchiato e l'uniforme nera era la stessa, non riuscivo a distinguere bene la faccia ma il modo di camminare, il suo comportamento mi fecero gridare: «Papà, papà!» e intanto saltavo affondando nella neve.

«Vattene a casa!» mi urlò il cantoniere, mentre il soldato che non era mio padre ma gli assomigliava molto mi afferrava per un braccio e mi spingeva bestemmiando verso il margine del bosco. Sprofondai fino al collo nella neve ma i miei occhi non potevano staccarsi dal vagone dove tante braccia si agitavano fuori delle sbarre e delle voci da dentro di uomini, donne e bambini invocavano e supplicavano: «*Bitteschön*» ripetevano «*Wasser, Wasser, bitte.*»[5]

Stringevo ancora in pugno una palla di neve e non sentivo il gelo. Per un attimo pensai di lanciarla contro il finestrino, ma esitavo e il treno si allontanò lentamente sparendo nella nebbia. Ero solo e le voci di prima mi ronzavano negli orecchi, crescevano, raddoppiavano paurosamente d'intensità come un lamento collettivo, e io mi sentii bruciare le mani bagnate. Provavo vergogna di non aver lanciato quella palla di neve come avevo sempre fatto tutte le altre volte per gioco. Barcollando uscii dalla buca e mi diressi verso casa, ripetendo: «Mam-

4. **«Schnell!»**: (tedesco) in fretta!

5. **«Bitteschön... Wasser, bitte»**: (tedesco) per favore, acqua.

ma... mamma...» Davanti alla porta non volevo più vedere nessuno, neanche mia madre, ed entrai come un ladro.
«Sei tu, Robert?» chiese la mamma dalla cucina.
Ero in piedi, in mezzo al salotto, col solo pensiero di sparire dietro qualche mobile e con le voci che rimbombavano ancora nel cervello invocando acqua, acqua.
«L'acqua Robert! Mi stai sporcando il tappeto» gridava la mamma. «Hai le scarpe piene di neve, e guardati le mani... Oh, Dio, come ti sei conciato!»
E intanto la mamma mi spogliava mentre Hilde correva con una borsa d'acqua calda e una coperta di lana. Mi misero a letto e delirai tutta la notte. Mi sorvegliarono per diversi giorni ma evitavano di rispondere quando chiedevo di conoscere la verità sul treno. La mamma diventò severa, minacciò di schiaffeggiarmi e di scrivere a mio padre, alternava le premure e i baci alle minacce.
La mamma portava i pantaloni, diceva che era per il freddo, e che in tempo di guerra non si bada troppo a come uno veste, ma io la vedevo dura come un uomo. La sopportavo così poco che decisi di scappare; un mattino saltai dalla finestra nella neve del giardino e istintivamente mi misi a correre verso il casello della ferrovia.
Il sorvegliante stava dormendo su una branda. Portava un'uniforme verde diversa da quella di mio padre e aveva un fucile appoggiato al ventre abbondante, che saliva e scendeva con il respiro. Non fiatai e rimasi a fissarlo per un tempo molto lungo, nel timore di svegliarlo e nel desiderio che si svegliasse naturalmente, finché si scosse e scattò in piedi afferrando il fucile. «Chi è?» urlò.
«Sono il figlio del colonnello Schultz» dissi io.
Non si quietò trovandosi di fronte a un bambino.
«Ti ho cacciato già una volta, si può sapere che diavolo stai facendo qui di nuovo?»
«Voglio che mi dici chi erano quei viaggiatori...»
Mi guardò con antipatia, poi tornò a sedere ma appoggiò il fucile contro il muro.
«Non so niente» disse il cantoniere. «Io faccio

il mio dovere, quello che mi ordinano i superiori come tuo padre. Sono un soldato coscienzioso, io eseguo gli ordini...»
Interruppe la sua lezione. «Ma tu» dissi «sei un soldato o un capostazione?»
«Sono un ferroviere che veste l'uniforme. Volevo sempre essere capostazione e ora finalmente hanno costruito questa baracca, passano solo quei treni della malora... Hanno preso la mia casa per un cesso!»
Sputò per terra la cicca spenta che teneva incollata sul labbro inferiore e continuò a sputare dei getti di saliva bruna. Poi riprese: «Se tu sentissi che puzza! Alla mia età mi fanno ancora fare il soldato ma preferirei il fronte a questa merda delle merde che devo seppellire due volte al giorno. Che umiliazione!»
«Passano due treni al giorno?» dissi io. Dovevo averlo guardato con apprensione perché rispose subito.
«Questo è quando la seppellisco, ma i treni sono molti di più» disse. Poi si corresse: «Vai a casa invece di continuare con le tue domande idiote. Io sono un soldato e ti ordino di non farti più vedere da queste parti. Intesi? e ora marsch!»
Da fuori venne il rumore di un treno e il casellante scattò in piedi, prese il fucile e aprì la porta, poi mi fece passare per primo allungandomi uno scapaccione. Invece di tornare a casa raggiunsi di corsa il bosco dove rividi la stessa scena di qualche giorno prima. Questa volta i soldati armati erano due, uno stava vicino al finestrino e con la punta della baionetta feriva le mani che si agitavano in cerca di acqua.
Presi la neve a manciate, ne feci delle palle e le lanciai contro le sbarre di un altro vagone non sorvegliato, ma la sentinella se ne accorse, imbracciò il fucile e sparò un colpo nella mia direzione facendomi rotolare lungo il pendio nevoso. Tremavo dalla paura e rimasi a lungo con la faccia e il corpo mezzo sepolti dalla neve, incapace di muovermi. Mi sembrava che non solo il treno ma tutto il bosco si lamentasse. Finalmente quando rialzai la testa, il treno era ripartito ma il lamento continuava, più debole ora e più vicino. Stavo piangendo solo io? Mi

toccai le guance bagnate, non sapevo se di lacrime o di neve, poi mi incamminai nel silenzio assoluto del bosco. Il gemito ricominciò, sempre più fiacco ma vero. Seguii la direzione da dove mi sembrava venisse quella voce, correndo inciampai in un mucchio di neve; il lamento era lì sotto e io strillai: «Chi è?» Nessuno rispose, ma quel mucchietto di neve si mosse e io vidi un braccio esile uscire faticosamente e una manina agitarsi e poi un'altra, e mi chinai per convincermi che non era un incubo. Scavai con furia e vidi davanti a me una bambina infagottata in un cappotto gelato come i suoi capelli e le sopracciglia. Le ripulii la faccia dalla neve ma le lacrime gelate erano come gocce di cera di una candela e non si volevano staccare. La feci alzare, mi tolsi il cappotto sciarpa e guanti e la coprii con i miei indumenti. Era una bella bambina ancora viva e mi guardava con due occhi spalancati.
«Come ti chiami?» dissi. «Da dove vieni? Chi sei? Perché non parli?»
Stava in piedi, rigida e immobile, e io cominciai a strofinarla e a scaldarle le mani e la faccia col mio fiato.
«Vieni» dissi «vieni a casa mia. Devo andare dalla mamma che mi aspetta.»
Gli occhi incominciarono a muoversi e a inumidirsi ma non parlava. La sollevai prendendola in braccio, era leggera come una piuma, pesava più il mio cappotto di lei. Non avevo la forza di portarla fino a casa, sentivo battere il mio cuore e tremare i denti dal freddo. Le sorrisi prima di metterla giù e le spiegai che c'era ancora poco da camminare, ancora qualche passo e saremmo stati al caldo. Mi guardò spaurita. Le presi una mano per timore che mi scappasse e la trascinai per il sentiero gelato. Cercò di liberarsi ma il movimento brusco e l'impaccio dei due cappotti la fecero cadere sul ghiaccio. Mentre tentavo di rialzarla sentii la voce della mamma e poi quella di Hilde che mi cercavano.
«Siamo qui» urlai «vieni mamma, vieni!»
Quando mia madre vide la bambina impallidì e mancò poco che cascasse pure lei.
«Robert» disse la mamma debolmente «chi è

questa vestita con la tua roba?»
«Non so» risposi io «l'ho trovata nel bosco. Non parla, forse è muta.»
«Sei pazzo» gridò la mamma «vuoi rovinare tuo padre e tutta la famiglia! Entra in casa, nascondiamoci presto.»
Mentre parlava la mamma, con le dita che le tremavano, sbottonò i cappotti della bambina ma le bastò aprire il mio per trovare subito quello che cercava e con un movimento brusco strappò la stella gialla[6] cucita sul soprabitino. Io non feci in tempo a protestare che mia madre appallottò il pezzetto di stoffa gialla mentre coi tacchi scavava una buca nella neve per seppellire la stella. Poi calpestò la neve per un tempo che mi parve interminabile. Sembrava un cane che seppellisce i suoi bisogni, era così buffa che mi venne da ridere.
«Hai sempre voluto una bambina» dissi alla mamma che mi guardava senza muoversi «ecco una figlia per te e una sorellina per me.»
«Oh Robert... Robert...» disse la mamma sottovoce e scoppiò a piangere.
Eravamo in casa, nella mia stanza, attorno al mio letto dove avevo voluto che fosse sistemata la bambina. Hilde andava su e giù dalla cucina, rinnovando la borsa di acqua calda, portando un brodo o della frutta sciroppata. Pregai la mamma di darle da mangiare, d'imboccarla, ma sembrava assente anche lei e io mi davo da fare con la vecchia Hilde che brontolava ma con una voce insolitamente dolce.
Un cucchiaio per volta Hilde imboccava la bambina che ora sembrava sorridermi mentre inghiottiva sempre più veloce. Intanto raccontavo come e dove io l'avevo trovata, e che non poteva essere muta perché io avevo sentito i suoi lamenti, come avevo sentito i lamenti della gente nel treno.
«Ci vuole un medico» io insistevo «non è muta, è malata. Dobbiamo aiutarla a parlare, vero Hilde?»
«Sarà la nostra signorina, se anche voi volete» rispose Hilde che sembrava molto attiva quella sera. Solo la mamma non riusciva a ragionare, e improvvisamente urlò staccandomi dal letto: «Lasciala stare, non toccare quella bestia!»

6. stella gialla: il distintivo che gli ebrei erano costretti a cucirsi sui vestiti nella Germania nazista.

«Non dir così mamma» risposi io «lei è piccola, non vedi che già dorme? Hai sempre detto che volevi una figlia che si chiamasse Silvia. Da oggi la chiameremo "Silvia".»
E avvicinandomi di nuovo al letto io dissi forte: «Nel nome del Padre del Figliolo e dello Spirito Santo io ti battezzo Silvia Schultz...»
«Sei un malato di mente» singhiozzò la mamma «fai quello che vuoi, tieni il tuo giocattolo. Finché arriva tuo padre...»
Da quel giorno non andai più al casello della ferrovia e non sentii più il lamento ronzarmi nella testa. Volevo ancora più bene a Silvia che ora diceva qualche parola di tedesco ma che non voleva o poteva esprimersi altrimenti. Sembrava che avesse dimenticato la sua lingua. Diventava bella e vivace, sapeva scrivere i numeri fino a dieci e si era confidata con me dicendomi la sua età: aveva sei anni. Io avevo riaperto la stanza al piano superiore dove giocavamo tutto il giorno. Dormivamo in due letti gemelli, ero anche riuscito a convincere la mamma a dare la buonanotte a Silvia. Ma non dovevamo mai uscire di casa, questo io l'avevo promesso alla mamma in cambio che lei fosse buona e premurosa con Silvia. Non potevo però evitare che la toccasse con una certa ripugnanza. Del resto era Hilde che la vestiva e la metteva a letto ogni giorno.
Silvia incominciò a girare da sola per la casa, ogni tanto si fermava come se cercasse qualcosa e toccava un mobile, accarezzava un oggetto, palpava le pellicce della mamma affondandovi le manine e addirittura ne infilava una e correva a guardarsi allo specchio.
«Dille di smettere» faceva la mamma «mi rovina la mia pelliccia, me la sporca.»
«Perché non le parli tu?» rispondevo io. «Lei capisce tutto.»
La mia sorellina ingrassava e ogni tanto le spuntava un rapido sorriso sulle guance paffute. Ma di notte, quando era sola con me, piangeva spesso e io dovevo starle vicino per consolarla. Una volta mi abbracciò e mi diede un bacio in presenza della mamma.
«Dai un bacio alla mamma» dissi a Silvia.
Mia madre si irrigidì e guardò con cattiveria la

bambina che non si era mossa, poi infilò la pelliccia dicendomi che andava alla posta per fare un telegramma a papà. Io corsi dietro alla mamma e le dissi sulla porta: «Silvia resterà con noi finché c'è la guerra poi cercheremo i suoi genitori».
«Se li trovi» aggiunse la mamma con voce strana.
Passarono pochi giorni e mio padre tornò dal fronte.
«Proprio ora mi chiamate» disse papà «quando più hanno bisogno di me, coi russi e gli americani alle porte del Grande Reich.»
Era chiaro che la mamma non aveva ancora trovato il coraggio di dirgli la vera ragione del telegramma.
Non sembrava essersi accorto di Silvia che stava in un angolo, spaurita, con gli occhi freddi e fermi sugli stivali di mio padre. «Il tappeto, caro» disse la mamma fissando anche lei gli stivali zuppi di neve che avevano fatto due macchie scure sul tappeto.
Mio padre alzò lo sguardo in direzione di Silvia che non smetteva di fissarlo. Io e la mamma avevamo gli occhi incollati al tappeto dove le macchie si allargavano.
«Chi è quella bambina?» disse mio padre con voce grave. « Parlate!» urlò d'improvviso. «Grete che sta succedendo nella mia casa? Sta diventando una sinagoga?[7] Un posto di rifiuti? Di scampoli?»
«L'ho trovata io» dissi a papà che sembrava voler distruggere mia madre «era nel bosco, vicino alla ferrovia dove passano i treni... quei treni...»
Non mi lasciò finire e con uno schiaffo mi fece volare accanto a Silvia che stava impietrita come un coniglio davanti al fucile del cacciatore. Le presi una mano, tremava tutta. «Non toccarla papà» dissi piangendo «non sei suo padre. Sono qui io, battimi.»
Levò la mano per colpirmi di nuovo ma la mamma si frappose e mio padre scaricò su di lei la collera battendola selvaggiamente.
«Perdonami» implorava mia madre «avremmo perso Robert... forse per sempre, portandogliela via. Fritz, calmati Fritz, cerchiamo di ragionare.»

7. sinagòga: chiesa ebraica.

«Sapevi che è un'ebrea o no?» Mio padre parlava di nuovo con calma.
«Sì che lo sapevo» rispose la mamma «l'ho capito non appena li ho visti uscire dal bosco, prima di far sparire la stella gialla. Chi altro poteva esser nel bosco? L'avranno smarrita, o i genitori l'avranno buttata giù dal vagone per salvarla. Ma non parla...»
Mio padre fece cenno alla bambina di avvicinarsi ma Silvia non si mosse.
«Andate di sopra» disse mio padre a me e alla mamma «e tu Hilde» aggiunse «non muoverti dalla cucina.»
Con la mamma restammo fuori dalla porta, immobili, in attesa angosciosa.
Sentii mio padre gridare mentre interrogava Silvia, chiedendole nome età e provenienza come se avesse di fronte un soldato. «Sei polacca? Ungherese?» diceva con rabbia. «Rumena? Con quale trasporto sei arrivata?»
«Non ricordo» balbettava lei.
«Devi precisarmi e ricordare, se vuoi rivedere i tuoi genitori, parla!» E dopo un lungo silenzio insopportabile esplose la voce di mio padre: «Non hai la lingua? Che il diavolo ti porti all'inferno! Seguimi», urlò papà, «che ti spedisco dove sono i tuoi!»
L'uscio si spalancò di colpo e mio padre apparve tenendo Silvia per il bavero, sospesa da terra come un gattino.
«Non ricordo...» ripeteva Silvia.
«Ti porterò nel bunker e la memoria ti tornerà prima di domani mattina.»
Mi slanciai contro mio padre. «Ti denuncio!» gridavo. «Non mi vedrai mai più.»
Mio padre portò Silvia nel bunker e ritornò subito dopo sorridendo. La sua collera sembrava completamente svanita. Ci guardò con tenerezza, ora che la ragione del nostro dissenso non era più davanti ai suoi occhi. Capivo che in quel momento voleva dimenticare e cercare di essere conciliante con mia madre e con me.
«Grete, dammi gli scacchi» disse mio padre. «Vieni Robert, vediamo un po' chi vince. Difenditi bene.»
E mi guardava con aria di sfida, dove c'era però una punta di orgoglio per la mia volontà che

per la prima volta si misurava con la sua.
La mamma gli versò un bicchierino di cognac e poi si sedette in poltrona accanto a noi, non per seguire il gioco come faceva di solito ma per leggere i giornali che papà aveva portato.
Dovevo vincere, avevo messo tutte le mie forze in quella partita come se fosse in gioco la vita di Silvia.
«Fritz» disse la mamma dopo un lungo silenzio «non mi dici niente di Helmuth? Ora che sono rientrati in Germania non potrebbe tornare a casa? In fondo non è che un ragazzo...»
«Ma proprio ora vuoi che torni? Stai crollando anche tu?» disse mio padre senza alzare gli occhi dagli scacchi. Poi aggiunse: «Hai messo i viveri nel bunker?» La mamma lo rassicurò e io ero segretamente felice per Silvia.

Quella notte dopo tanto tempo, tornai a dormire solo nella mia stanza. Mi sentivo tranquillo perché Silvia era al sicuro e papà in casa con noi. Mi addormentai presto con la soddisfazione di aver battuto mio padre agli scacchi.
Sognai male, mi sembrava che la terra tremasse, con il mio letto e che gli alberi del bosco, cadendo, avessero bloccato i binari della ferrovia. Anche la mia finestra tremava e uno schianto più forte fece volare in pezzi i vetri. Mi svegliai di colpo. Dalla finestra spalancata vedevo un cielo livido mentre un rumore assordante mi stordiva. Saltai dal letto in pigiama urlando: «Papà!» e in quel momento un fragore improvviso mi accecò e tutto piombò nel buio.
Mi risvegliai al rumore di colpi battuti sul muro. Doveva essere passato molto tempo e non sapevo più dove mi trovavo; una debole luce filtrava attraverso il groviglio di travi e di calcinacci. Una voce metallica, in lingua da me sconosciuta, risuonava a intervalli ripetendo sempre le stesse parole. Volevo muovermi ma ero imprigionato da qualcosa che mi stringeva le gambe come in una morsa. Ero stordito e incominciai a piangere e a gridare invocando aiuto. Con le mani intanto mi liberavo dal terriccio, dai mattoni e da uno strato di polvere dove sicuramente ero caduto. I colpi ripresero più vicini e più distinti, sentivo il rumore dei

picconi e dei badili e delle voci straniere che sembravano guidare quei colpi. Finalmente il cielo sopra di me si aprì e vidi apparire delle teste e poi due soldati in uniforme e un uomo in camice bianco. Essi parlavano ma io capivo solo i loro gesti e i sorrisi di incoraggiamento. L'uomo col camice si calò per primo dentro l'apertura e dopo avermi liberato dalla morsa mi prese tra le braccia e uscimmo alla luce del sole.

Rimasi per un lungo istante quasi accecato. Ora i miei occhi erano spalancati ma rifiutavano di vedere; davanti a me non c'erano che fumo e macerie, la mia casa era inghiottita in un cratere di cenere e l'aria era piena di voci d'altoparlanti e di sirene della Crocerossa. Balbettavo: «Dove sono? Mamma... mamma...»

Tra le tante voci incomprensibili che si incrociavano e sembravano dare ordini sentii chiamare: «Robert!» Mi voltai e vidi davanti al bunker intatto ma con la porta scardinata Silvia che mi correva incontro tenuta per mano da una giovane infermiera. Silvia aveva un cartellino appeso al collo con un cordoncino dove c'era scritto: «Myriam Lewy - born 1939 - Budapest». Restai senza fiato mentre la guardavo per assicurarmi che era proprio lei, Silvia, e indicavo interrogativamente quel cartello. «Sono io, Robert, sono io!» mi rassicurò Silvia.

«Dov'è la mamma?» gridai singhiozzando. «E papà...» istintivamente avevo abbassato la voce. «Dove sono?»

«Mi hanno trovata nel bunker» disse Silvia «ero sola nel bunker.»

«Dove sono?» gridai «voglio cercarli.»

Mi dibattevo per liberarmi dallo sconosciuto che mi teneva ancora in braccio. I soldati e l'infermiera discutevano guardando ora me ora Silvia.

Incominciai a tremare dalla paura, avevo paura di tutto e di tutti e non riuscivo a pronunciare il mio nome che l'infermiera per l'ennesima volta mi chiedeva tenendo in mano un cartello nuovo e una matita.

«*What is your name*?»[8] ripeteva la giovane donna mentre ci portavano verso la macchina della Crocerossa.

8. «What is your name?»: (inglese) come ti chiami?

Silvia rispose per me: «Robert».
«*Robert... Robert, only Robert*?»
L'infermiera mi tese un pezzetto di cioccolata e restò in attesa.
«Robert Lewy» disse Silvia sorridendo. Poi rivolgendosi a me disse in tedesco: «Sei fratellino, vero?»

Da: Edith Bruck, *Andremo in città*, Lerici.

Rosetta Loy

LA NUOVA CASA

Rosetta Loy è nata a Roma nel 1931 da madre piemontese e da padre romano. Ha pubblicato tre romanzi: *La bicicletta*, *La porta dell'acqua*, *L'estate di Letuquè* e un volume di racconti: *All'insaputa della notte*. L'ultimo romanzo, *Le strade di polvere*, premiatissimo, l'ha finalmente affermata anche tra il grande pubblico.

Il trasloco che fa da sfondo a questo racconto segna nella memoria dell'autrice il trapasso dalla casa dell'infanzia a quella dell'adolescenza. In primo piano è l'affacciarsi ibrido, scontento, della femminilità, con l'amore-scontro col fratello, mascolinità impenetrabile di fronte a una ribellione femminile ancora introversa.

Seduto alla toilette[1] dorata inzuppava la fetta del ciambellone nell'ovomaltina e la fetta appesantita dal latte si spezzava cadendo con un tonfo nella tazza. I capelli arruffati sulla testa, schiacciati ancora dal cuscino dove dormiva dei sogni di pietra, si levavano in una cresta pallida. Sedeva di spalle e nella penombra, avvolte nella vestaglia scozzese, dove i gialli e i marroni si intrecciavano ai viola, affioravano le scapole alate. Poca ginnastica, esercizi eseguiti svogliatamente; quasi una falsa fragilità per commuovere gli ingenui. La mamma ancora a letto fermava con la mano l'ampio scollo della liseuse[2] mentre la luce dell'abat-jour, una luce illividita dal primo chiarore del mattino, faceva risplendere sulla toilette la scatola di latta del ciambellone. Un ciambellone duro, sbricioloso, ma pur sempre un ciambellone. Privilegio raro il tuo, Ludovico, le cui origini si perdevano nella notte dei tempi come le antiche franchigie[3] o i diritti a cacciare nella tenuta reale.

Mangiava vorace e il latte gli sbrodolava sul mento, gocciolava sul ripiano di specchio della toilette. Entravo trafelata, l'autobus della scuola già suonava sotto e la mamma dal letto allungava la testa per guardare dentro la tazza di Ludovico: «Il latte» diceva «mi raccomando, bevilo caldo...» e le labbra rosse di un rossetto che non se ne andava mai del tutto si chiudevano dolcemente su quel caldo. Provavo una invidia feroce. E invece di chinarmi su di lei per baciarla dicevo un «Ciao» frettoloso, poi rivolta a Ludovico diventavo aspra: «E tu spicciati, arriverai tardi come sempre». Neanche mi rispondeva, con la bocca gonfia di ciambellone mi dava appena uno sguardo, e quegli occhi sempre arrossati che sembravano portare tutto

1. **toilette**: (francese) qui inteso come tavolino con specchio, dove in genere si appoggia il necessario per pettinarsi e truccarsi.

2. **liseuse**: (francese) giacchetta di lana da indossare a letto.

3. **franchigie**: esenzione da tasse o dazi.

il peso degli anni a venire destavano tenerezza e rabbia. Impotenza. Me ne andavo sbattendo la porta. Afferrata la cartella trascinavo giù per le scale mia sorella più piccola.
Era ancora scuro, l'aria umida la respiravamo di corsa, poi dentro l'autobus dai vetri appannati ogni giornata diventava simile all'altra. Il percorso era lungo, l'autobus si fermava parecchie volte. Visi smorti, cosparsi di pedicelli,[4] tracce di caffellatte agli angoli della bocca. Man mano che l'autobus si riempiva cresceva il baccano e le più piccole, quando non c'era più posto, salivano in grembo alle grandi che le pizzicavano, le facevano piangere, ridevano. Sballottata sui sedili avrei voluto che l'autobus non imboccasse mai quel cancello di ferro dove le lamiere nere salivano alte a coprire il cielo.
«Ecco Paperone con la balia» dicevano i compagni, parafrasando il suo cognome quando Ludovico arrivava in macchina accompagnato dall'autista. Se pioveva l'autista aveva l'ordine di scortarlo fino al portone con l'ombrello ma lui di proposito si metteva fuori dalla cupola, sotto l'acqua, e entrava nel grande atrio di marmo con l'impermeabile bagnato e la sua aria di profeta in esilio. Chiuso nel vocabolario si portava *L'Intrepido* o *L'Avventuroso*, che se i preti l'avessero trovato rischiava la sospensione. Ma i preti non avevano occhi sufficienti anche se ne avevano molto più degli altri comuni mortali e dietro le lenti spesse di privazioni e divieti, di superbie illimitate, le loro pupille ai margini di ogni colore frugavano oltre il visibile. Ma c'erano dei limiti anche per loro; e il cuore di Ludovico, quel cuore lievemente ansimante (aveva un "soffio organico", ma cosa è un "soffio?" si domandava lui ogni tanto, attonito, esausto dopo una corsa) restava nascosto, al riparo fra le costole magre. E se sospettato sollevava gli occhi dal banco e diceva «Quale giornale, che cosa, non capisco...» e innocente porgeva il grosso vocabolario, le mani lunghe da angelo di Cimabue[5] aperte come un leggìo. E il prete dopo un istante di incertezza passava oltre sfilando veloce fra i banchi con la nera veste svolazzante.

4. pedicelli: foruncoli.

5. Cimabue: pittore italiano (seconda metà XII sec. - dopo 1302).

Anche io entravo in un grande vestibolo grigio dove gli armadi a scorrere sbattevano con fracasso e i grembiuli scivolati giù dai ganci erano sempre pieni di polvere. Dai vetri opacizzati il giorno continuava a essere uguale al precedente e in fretta mi infilavo il grembiule nero perché non c'era mai tempo di nulla, già suonava la campanella.
La giornata era lunga, non uscivo che alle sei, quando fuori dal portone mi investiva una raffica umida e le luci scintillavano nelle pozzanghere. Per strada c'era gente che chiacchierava e scuoteva via l'acqua dagli ombrelli, io sentivo tutti gli odori di quelle ore evaporarmi intorno: la minestra di cavolo, l'incenso della Benedizione, il gesso e il sudore. Ma soprattutto l'odore delle "interne" che mentre noi venivamo chiamate per tornare a casa si incolonnavano in silenzio per la cena. E fra tutti quello era l'odore che prevaricava. In seguito dovevo ritrovarlo all'improvviso; nella guardiola di un portiere, vicino a un malato. Era un odore di saliva. O forse era solo quello della disgrazia perché niente sembrava peggiore del dovere restare là dentro mentre fuori, anche se pioveva, c'era l'odore della felicità, che era un'aria fredda, leggera, punteggiata di luci.
Tornata a casa buttavo la cartella sulla cassapanca, le cerniere rigavano il legno e quello era il segno della mia padronanza, rientravo nei miei diritti. Aprivo la porta della camera di Ludovico e mi buttavo sul suo letto afferrando uno dei giornaletti abbandonati sul comodino. Ludovico seduto alla scrivania non alzava neanche gli occhi e prima che aprissi bocca mi diceva di non rompergli le scatole. Subito mi veniva voglia di vedere cosa stesse facendo.
Re dei Ditteri, dei Coleotteri e dei Lepidotteri,[6] Ludovico chino nel cono della lampada sollevava degli occhi nei quali io ero assente. Cervi Volanti di una perfezione nera e lucida, il tozzo Scarabeo Stercoraro dalla corazza convessa: della sua opera era possibile solo l'ammirazione. Inutile cercare di seguirlo, capirlo. Non uno sbaglio, non una correzione, il suo viso composto in una serietà inespressiva non suggeriva nulla tanto la vita si era rifugiata in quel

6. Ditteri... Lepidotteri: tre famiglie di insetti.

pennino che incideva la carta come un bisturi. Il suo respiro era leggero, appena avvertibile simile a un fiato che appannasse uno specchio. Ogni tanto scuoteva via dalla penna l'inchiostro di china e questo si asciugava lentamente sul vetro della scrivania con riflessi di sangue.
Il suo amore era una giovane principessa di casa Savoia[7] dai capelli corti e scuri. Ne aveva ritagliato la fotografia da un giornale e la teneva incollata a un cartone sul comodino. La principessa giocava a tennis, vestita di bianco, e il viso era volto in alto in attesa di un'ipotetica palla. «L'hai mai vista dal vero?» chiedevo. «No, mai, ma che importa.» Si può amare solo l'impossibile, come fanno a capirlo queste stronze delle sorelle pronte a contendersi il primo ragazzetto conosciuto su una spiaggia. «Ma tu, scusa, come pensi di poterla incontrare?» e ancora sempre le stesse sciocche domande mentre lui si chiudeva a ogni ulteriore spiegazione rimettendo dritto il cartone con la sua principessa: oscillava il braccio tondo levato in aria con la racchetta, la bocca dischiusa nell'attesa. Si può amare senza toccare; il dente che Ludovico si è spezzato tanto tempo fa dà qualcosa di crudele al suo disprezzo. Come inseguire amore e bellezza in questa casa piena di donne aspre, tenere, litigiose, mani che accarezzano, graffiano, e voci che se lo contendono, lo sgridano, lo cercano, lo incalzano?
Appoggiata alla sua spalla continuo a seguire il movimento della mano, lui mi lascia fare, non si interessa più neanche alla principessa in attesa con la racchetta levata. Una comunione di abitudine e violenze, di oggetti strappati, di rabbie e felicità ci avvolge confondendoci nelle goccioline di pioggia ai vetri, nella notte che dirada lentamente i rumori. Ora di nuovo le parole e i gesti si scontrano e si uniscono con la casualità degli eventi naturali mentre la sua sovranità tanto spesso contrastata e avvilita torna ad allargarsi come un mantello di porpora. Guardo la penna stridere sul foglio quadrettato: diramazioni nervose, chele,[8] occhi dove si gonfiano pupille mostruose, così sono gli occhi di certi insetti ingigantiti. Le mosche,

7. Savoia: la famiglia dei re d'Italia, dal 1861 al 1946.

8. chele: appendici a pinza di molti crostacei e degli scorpioni.

le libellule. Io porto ancora la divisa di scuola, blu con il colletto bianco, e sfioro cauta i suoi pennini, le boccette dell'inchiostro, io maldestra, io pressapochista. Ludovico avverte la mia presenza, i suoi occhi sono verdi come due bruchi, la sua pazienza è infinita. Da che mi viene tanta felicità nel silenzio della sua camera. Mi basta essere qui. «Non te ne andare» mi dice appena mi tiro indietro e la mia ombra esce dal cono di luce. Succhio la punta di una penna. I miei segni sul foglio assomigliano a una stella.

Traslocavamo. La signora Della Seta era in piedi e reggeva fra le mani un pesce su un piatto di metallo, a ogni movimento la pancia del pesce tremava inargentandosi. Era il loro addio, l'addio dei Della Seta. Nella stanza invasa da una luce prevaricante[9] e impietosa la signora sorrideva porgendo il suo dono: una spigola lessa per noi ragazzi, un pranzo leggero e sano ora che la nostra cucina era già smontata e il tubo del gas penzolava giù inerte. Il suo sorriso raccolto da una rete di rughe sottili era quasi una nebbia che doveva poi confonderlo con altri sorrisi fino a farlo riemergere, a distanza, come un emblema.[10] Tra i dentini la spigola stringeva un mazzetto di prezzemolo e lei la riparava con la mano per proteggerla dalla polvere sollevata dai facchini.

Nel caos nel quale stavamo precipitando quel pesce diventava il simbolo di un ordine perduto per sempre. Era e sarebbe stato il segno della catacomba,[11] messaggio fra i primi cristiani costretti a una vita pagana, di sperpero. Tra le pareti vuote le voci rimbombavano confondendosi ai rumori della strada, grida e chiasso salivano dalla tromba delle scale, entravano dalle finestre spalancate e si ripercuotevano attraverso le porte lasciate aperte, divelte dai cardini per far passare i mobili più massicci. Come esposti su una pubblica piazza eravamo in balìa del primo venuto che si affacciava per curiosare, inciampava nelle casse piene di trucioli.

Era luglio, il portiere intento a scegliere in mezzo a un mucchio di scarti sudava e le mani rovistavano fra gli oggetti che tutti avevano

9. prevaricante: invadente, aggressiva.

10. emblema: simbolo.

11. il ... catacomba: i primi cristiani dipingevano spesso sui muri dei loro cimiteri sotterranei (detti catacombe) l'immagine di un pesce, simbolo di Cristo.

avuto una loro collocazione, un loro valore, e ora si sparpagliavano sul pavimento in una promiscuità dissacrante.[12] Lui teneva in mano, incerto se prenderla o meno, la scodella amata e sofferta durante tanti semolini, tapioche, anellini e avemarie, e riluceva nel fondo la volpe che si tendeva invano verso l'uva. Poi Domenico la rimetteva giù, non la voleva. Questa improvvisa degradazione suggeriva l'idea di una pestilenza mortale: tutti noi, tutti noi così un giorno. Anche se adorati e avvolti amorosamente nelle coperte dopo la preghiera serale. Si affannava Domenico aumentando il disordine di quella giornata, e quanto sceglieva lo infilava veloce e furtivo in un sacco.
Partiva il pianoforte tra le grida dei facchini, scendeva faticosamente giù dalle scale sostando a ogni pianerottolo. Scendeva la toilette dorata, veloce, lucente, portandosi via tra gli specchi l'immagine di Ludovico avvolto nell'aberrante[13] vestaglia scozzese. Vuota la casa era laida,[14] imbarcava afa e polvere e la tappezzeria strappata scivolava giù sul grigio del muro. Angoli tenuti nascosti con cura che ora chiunque poteva impunemente[15] guardare. I mobili in camera della mamma erano già stati portati via e potevamo vedere, dopo tanti anni di sospetto, la finestra nascosta dall'armadio. Ma nessun segreto si chiudeva dietro le persiane murate e i ragni nati e cresciuti nel buio fuggivano via con le loro acrobatiche gambe filiformi. Tra le mani della signora Della Seta solo quella spigola splendeva di una bellezza lunare, la vita perduta stretta fra i dentini con il prezzemolo. Anche lei, la signora, sarebbe di lì a poco salita su un camion, il vento di ottobre a sventagliare nella sua dolce gonna plissé.[16] Salita su un camion tedesco insieme al ragazzo dei Levi con i calzoni alla zuava e la bicicletta.
Ludovico saliva sul furgone che portava l'ultimo carico, quello che trasportava le valigie e la cappelliera rossa. Teneva in mano un falchetto impagliato e l'aria calda, bituminosa, gli sollevava i capelli dalla fronte. Il falchetto aveva le ali aperte e gli occhi gialli di vetro, ad ogni curva gli artigli gli pungevano il braccio nudo. La signora Balbescu che assolveva il difficile

12. **promiscuità dissacrante**: mescolanza irriverente.

13. **aberrante**: strana e brutta.

14. **laida**: volgare e ripugnante.

15. **impunemente**: senza il timore di punizione.

16. **plissé**: (francese) pieghettata.

compito di insegnarci francese e buona educazione, entrava a prenderci calpestando i trucioli sparsi in tutte le stanze, disorientata anche lei dal vuoto che le si apriva intorno, da quella luce che sciabolava da ogni parte. Per l'ultima volta salutavamo la signora Della Seta con il suo viatico[17] in mano e i suoi occhi erano bianchi e lattiginosi, la sua pelle velata da una brina sottile.

Con la signora Balbescu scendevamo le scale invase da un tanfo di sudore. La portiera a metà tragitto dal suo bassofondo urlava al figlio di Levi di non lasciare la bicicletta nell'androne, la sua voce squittiva da lontano, prepotente. La signora Balbescu la chiamava perché noi la salutassimo e da quell'utero buio lei veniva su asciugandosi le mani nel grembiule. Gli occhi di un azzurro cupo, splendente, seguivano lungo la scala il ragazzo dei Levi che reggeva faticosamente la bicicletta con il braccio. Sì, lei portiera ma ariana,[18] era stata ubbidita; e con un sospiro che non voleva dire nulla, né dispiacere per la nostra partenza né sollievo di non doverci più vedere caracollare[19] rumorosamente giù per le scale, porgeva la sua mano calda, molle di bucato. E dei suoi occhi stupiva ogni volta che avessero potuto conservare quel colore nel sotterraneo dove lei trascorreva le giornate, con le finestre a pelo del marciapiede chiuse da una rete polverosa, infetta di sputi e di pipì di cani.

La signora Balbescu ci incitava a una passeggiata attraverso Villa Borghese, di lì saremmo passati davanti al Giardino Zoologico per poi arrivare alle strade ampie e silenziose dove era la nuova casa, tra prati e giardini. Lungo la strada avremmo potuto vedere quelli che sarebbero stati i nostri nuovi negozi. Il giornalaio, il bar. Ma il tram, cigolando, aveva affrontato la curva e noi eravamo corse verso la fermata. Che la passeggiata la facesse lei, se proprio ci teneva. E il tram, dopo aver fatto una sosta per permettere alla signora di salire, era ripartito scaracollando semivuoto sulle rotaie.

I mancorrenti[20] erano tiepidi e unti e noi avevamo cambiato posto un paio di volte per sfuggire il sole che bruciava i sedili. Le strade

17. viàtico: provvista e incoraggiamento per il viaggio. È detto anche dell'estrema unzione data ai moribondi.

18. ariana: secondo la folle teoria nazista, la razza superiore, in contrapposizione alle altre, soprattutto a quella ebraica.

19. caracollare: volteggiare con il cavallo, qui nel senso di saltare su e giù.

20. mancorrenti: sostegni del tram.

si facevano sempre più deserte e il tram slittava via veloce. Alla fine eravamo rimaste sole e il conducente si era messo a chiacchierare con la bigliettaia, la bigliettaia si era tolta il berretto e si pettinava con un mozzicone di pettine, le gambe nude, pelose, incrociate sotto il sedile. Strade sconosciute, giardini cinti da alte mura da cui traboccavano siepi di rampicanti, persiane socchiuse e merli. Il tram ora saliva coprendo il frinire delle cicale e dai finestrini aperti entrava un odore nuovo, di foglie e di erba. La signora Balbescu contava le fermate; dal lungo gilet lavorato ai ferri usciva la sua camicetta di seta ingiallita dalle lavature e l'onda argentea dei capelli le calava pesante sulla fronte, scossa dalle oscillazioni del tram. Stava immobile schiacciata dal sole sul suo sedile solitario e il sudore le si raccoglieva agli angoli del naso mentre il suo sguardo era ostinatamente fisso fuori, indifferente ai nostri continui spostamenti. Guardavo i suoi piedi un po' gonfi, stretti nelle vecchie scarpe scalcagnate, e provavo pena e vergogna di noi.

Con la sera, dileguate le facce sconosciute, erano ricomparse le facce antiche, quelle che ci avevano seguito dalla vecchia casa. Pallide, disfatte dal caldo e dalla fatica, Irene e Argia giravano inquiete sui pavimenti di marmo tra i mobili che nessuno aveva osato scartare. Ludovico aveva appoggiato il falchetto sul davanzale del terrazzo come fosse stato un uccello vivo e guardava giù nell'orto di guerra[21]: nel primo fresco del crepuscolo uno degli operai che aveva costruito la casa innaffiava le piante aiutato dalla moglie e dai bambini. I pomodori erano alti e rigogliosi e loro prelevavano l'acqua da una vasca di mattoni usando dei barattoli vuoti a cui avevano applicato dei manici di fil di ferro. I bambini battevano le mani per cacciare via i merli. Dopo la confusione della giornata i pini, l'erba del prato e il volo degli uccelli, appartenevano a una galassia alla quale eravamo approdati lasciando un mondo di giocattoli e usura.[22] Da un convento, oltre il muro di cinta, si levavano in alto dei piccioni bianchi. Ludovico prendeva la mira e fingeva di

21. orto di guerra: durante la seconda guerra mondiale, zona di terreno in un centro abitato incolta o destinata a giardino, adattata a orto.

22. usura: logoramento.

sparare. A chi? Che cosa? Il fucile a piumini puntava in basso e lui inquadrava nel mirino il barattolo bianco che versava l'acqua sui pomodori.

Il mio bagno era scuro, foderato di mattonelle blu come il fondo di un lago; e forse così doveva essere un bagno. Ma il silenzio era spaventoso. Davanti allo specchio recitavo scene d'amore strazianti, mi sorridevo, inventavo la disperazione, e amore e morte si raggelavano sulla scura superficie delle mattonelle. Bellissima e desiderata, insultata, ferita, moribonda, io mi adoravo ritta di fronte al lavandino. Lungo il viale alberato inondato da una luna che non si vedeva una macchina navigava lontano nel silenzio. Il fischio del treno verso Via Salaria. Intorno tutto era fresco e inanimato, le pareti, le stoffe, gli apparecchi igienici dai riflessi bluastri. «Che fai?» Ludovico era comparso sulla porta e rideva di me davanti allo specchio. Mi ero girata: «Niente». Si era steso lungo sul mio letto, i sandali sporchi di terra macchiavano la coperta nuova. Aveva acceso una sigaretta e la brace rossiccia durava e durava come se avesse dovuto riempire di fumo l'anima. Quale anima, dove l'anima? Tossiva e nella penombra il viso assecondava quella tosse, sua da sempre. «Merda questa casa...» diceva. Ma come poteva dire una cosa simile, quella casa era meravigliosa. Il mio bagno. «La tua è la felicità delle galline» mi diceva «guarda dove siamo andati a finire...» La villa di fronte era bianca, immersa nel buio delle querce. «Che stavi facendo, là, prima, davanti allo specchio?» ridacchiava, vedevo il suo dente spezzato.

Non aveva mangiato Ludovico il pesce della signora Della Seta, aveva distolto lo sguardo da quella bocca da cui usciva, ormai appassito, il mazzetto di prezzemolo, e ancora aveva distolto lo sguardo quando era calata la posata fra le branchie e gli occhi erano rotolati nel piatto, due palline bianche e dure. Lui non mangiava mai pesce o pollo, qualche volta lo imbrogliavano col pollo e gli dicevano: prendi, prendi è vitella.

Se non aveva mangiato il pesce, certo dei Della Seta avrebbe ricordato altre cose. Quando gli erano corsi incontro per sollevarlo la volta che era scivolato per le scale o i piccoli regali che la signora gli aveva portato ogni giorno la volta che era stato a letto con la difterite.[23] O forse invece la penosa ascesa del vecchio quando, dopo le leggi razziali,[24] la portiera gli negava l'uso dell'ascensore e mentre lui apriva il gabbiotto con il pallone da football sotto il braccio, il vecchio appoggiato alla ringhiera iniziava la sua salita lentamente, le gambe irrigidite nei pantaloni troppo grandi.

Da lontano arrivava in un crescendo veloce un battito sottile di tacchi. Con un balzo Ludovico chiudeva a chiave la porta. Cigolavano le molle del letto mentre ripiombava giù nel disfacimento delle coperte. Alla mamma che bussava non rispondeva facendomi cenno di non muovermi e immobile aspirava veloce la sigaretta. La mamma bussava sempre più forte, da minacciosa a implorante, poi sospendeva un attimo: odorava dalle fessure.

Ludovico lanciava la cicca fuori dalla finestra, la brace descriveva un arco rossiccio contro il buio degli alberi. Aprivo la porta e mentre la mamma entrava fiutando il fumo, lui come colto da un bisogno improvviso andava a chiudersi in bagno. Sentivamo, io e la mamma, i suoi colpi di tosse. «Stava fumando, vero?» mi chiedeva lei. Non rispondevo. «Ma non capisci che fai il suo male, così, con quel cuore...» Accendevo la lampada sul comodino, la luce improvvisa la brutalizzava, lei sbatteva gli occhi, bella, bruna, le curve piene delle guance.

«Allora è vero, stava fumando?» «No, non stava fumando.» Mentivo spudoratamente, mai, per nessuna ragione al mondo, avrei fatto la spia. «Allora che facevate chiusi a chiave?» la sua voce era piena di collera e anche di dolore. Ma non c'era niente che io potessi spiegarle e le voltavo le spalle per chiudere la serranda. Un rumore nuovo, fragoroso, un rumore a cui abituarsi. Lei se ne andava e la sentivo spegnere la luce nel corridoio.

«Se n'è andata?» Ludovico aveva in mano un rossetto che tenevo nascosto in bagno: «E questo?» chiedeva. «Dammelo, è mio.» Mi prendeva il viso con una mano e mi passava il

23. difterite: malattia infettiva.

24. leggi razziali: le leggi che sottoponevano a una serie di odiose angherie le razze cosiddette inferiori, in particolare gli ebrei, leggi introdotte dal regime fascista in Italia nel 1938.

rossetto sulle labbra. Andavo a guardarmi allo specchio e la mia bocca maldipinta, con il rosso che sbavava sulla pelle, aveva qualcosa di ibrido[25] ed equivoco. Ludovico lasciava cadere il rossetto sul lavandino; lo sentivo, nel corridoio, sbattere contro un ostacolo imprevisto. Un grande fracasso di oggetti rovesciati, poi subito un silenzio in cui si perdeva l'ultima eco di qualcosa che rotolava. Di colpo davanti a quello specchio provavo una paura terribile. Correvo fuori: Ludovico stava sparendo in fondo al corridoio. Dio, meno male, non gli era successo niente!

25. ibrido: mescolato, impuro.

Da: "Nuovi argomenti", febbraio 1988. (Pubblicato con il titolo *Ludovico*).

Alberto Vigevani

UN COPRICAPO POLITICAMENTE SOSPETTO

Alberto Vigevani, libraio antiquario ed editore, è nato a Milano nel 1918. Ha pubblicato romanzi e racconti: *Estate al lago*, *Le foglie di San Siro*, *Un certo Ramondès*, *L'invenzione*, *Fine delle domeniche*, *Il grembiule rosso*, *All'ombra di mio padre*, *La casa perduta*.

"Sommesso, lucido e favoloso viaggio di ritorno nella città della propria infanzia e adolescenza - la Milano degli anni venti": così è presentato il libro *All'ombra di mio padre* da cui è tratto questo episodio-racconto. Qui la visita dal neurologo, nel quale il piccolo Alberto vede dilatata la sua passeggera nevrosi, si arricchisce di un significato politico, perché il cappello che il medico porta - a tesa larga e a cupola schiacciata - è quello che distingue i vecchi antifascisti, lo stesso di Giolitti e di Turati. Proprio questo "medico dei matti", come lo scrittore apprese più tardi, aveva infatti aiutato Turati a fuggire dall'Italia nel 1926.

Se si eccettua un "esaurimento nervoso" - espressione allora in voga per una quantità di disturbi non facilmente diagnosticabili - che all'età di dieci anni mi ridusse pelle e ossa (il mio organismo rifiutava di assimilare ogni cibo che mi venisse somministrato) e le consuete malattie dell'infanzia, dal morbillo agli orecchioni, la mia salute non ebbe mai a destare preoccupazioni eccessive. Tuttavia, per l'apprensività dei miei e il loro culto dei medici e della medicina, dovevo di quando in quando essere passato in rivista dal fiuto clinico dell'uno o dell'altro dei luminari cittadini. Divenni così esperto dei loro rituali che confusamente ritenevo appartenere a una forse benefica e di sicuro molto ossequiata magia.

Ma già un anno o due prima dell'esaurimento, rimasto nel mio ricordo come la stagione più triste dell'infanzia, cominciarono a frequentarmi tic, come li chiamavano, o fobie[1] che in famiglia si pensò dapprincipio potessi dominare con la "volontà", mentre, senza che ne fossi io stesso lontanamente consapevole, rappresentavano la manifestazione superficiale di una nevrosi - dovuta probabilmente al fatto che sentivo più che mai la mancanza di mia madre - tutt'altro che superficiale. Strizzavo gli occhi, raggrinzavo il naso, mi toccavo la fronte in continuazione, saltavo, camminando, le giunture dei selci che limitavano i marciapiedi o pavimentavano le strade; facevo su ogni cosa "pensieri" che mi costringevano a ripetere certi gesti o parole un determinato numero di volte, per lo più tre o un suo multiplo. Insomma,

1. **fobie**: paure irrazionali.

ero avviluppato in una rete di fissazioni e di superstizioni che, a ripensarci – sebbene nemmeno adesso me ne sia del tutto liberato –, mi paiono peculiari[2] della mentalità primitiva, "impermeabile all'esperienza" e dominata dalla categoria del sovrannaturale, secondo Durkheim o Lévy Bruhl,[3] piuttosto che della mentalità d'un comune prodotto d'una abbastanza laica famiglia milanese negli anni venti.
Il vecchio medico di famiglia – al corrente solo dei sintomi esteriori e non della "mentalità primitiva" che l'avrebbe altrimenti sconcertato, fedele adepto[4] dei tre Oli Cardinali (d'oliva, di ricino, di fegato di merluzzo), avendoli sperimentati su di me senza risultato, oltre alla nausea che mi destavano i due ultimi, scoraggiato finì col limitarsi a prescrivermi di giocare tutti i giorni all'aria aperta coi coetanei, di cui però continuavo a rifiutare, non so se per orsaggine, timidezza o spirito di contraddizione, la compagnia. Così che mio padre decise di tentare con un suo amico, famoso "medico dei matti" ("psichiatra" era parola da evitarsi come sconveniente o di malaugurio), il professor Paolo Pini, il cui nome si legge ora sulla fronte del reparto neurologico del Policlinico.

Rammento una, forse la prima, delle visite che ebbero luogo nel suo studio. A una parete era appeso il consueto ritratto (mio padre mi disse poi che il Pini aveva avuto come pazienti alcuni fra i superstiti artisti della Scapigliatura),[5] destinato come al solito alla quadreria dell'Ospedale Maggiore, eppure non sono in grado di figurarmi il suo volto in riposo, come doveva evidentemente apparire nel dipinto. Alto, assai magro, le spalle incurvate che sussultavano mentre parlava, saltando febbrilmente da un argomento all'altro che inframmezzava di silenziose risate o brevi rictus,[6] ogni suo tratto si frantumava senza interruzione in fremiti indipendenti, talora contrastanti. Alzava ed abbassava in fulminee escursioni le foltissime sopracciglia brizzolate, unico pelo nella faccia accuratamente rasata. Stiracchiava le labbra, incavava le guance, succhiandone fra i denti i solchi profondi. Non so dire se quel perpetuo

2. peculiari: tipiche, caratteristiche.

3. Durkheim e Lévy Bruhl: Émile Durkheim (1858-1917), sociologo francese, e Henry Lévy-Bruhl (1857-1939), filosofo ed etnologo francese.

4. adepto: seguace, discepolo.

5. Scapigliatura: movimento artistico vivacemente contestatore collocato nella seconda metà dell'Ottocento.

6. rictus: contrazione dei muscoli facciali che crea l'apparenza di un sorriso.

movimento anticipasse o invece seguisse i suoi pensieri che, accendendosi nei vivissimi occhi, sembravano scaricare un fluido elettrico in tutta la fisionomia, persino nelle sue membra disarticolate di longilineo.

Un "caso", insomma, assai più interessante del mio. Soffriva più o meno delle medesime turbe, in misura però macroscopica.[7] Io sbattevo le palpebre, aggrinzavo il naso, mi toccavo il mento o la fronte, seduto sull'alto tabouret[8] dello studio che non permetteva di appoggiare i piedi a terra, davanti a lui che mi fissava negli occhi senza lasciarmi un istante. Si sarebbe detto che, scimmiottandoci a vicenda, comunicassimo per segni, in un dialogo mimetico che doveva essergli consueto al punto che, a quanto rammento, dopo un po' ne perdeva il controllo. Non immaginavo fin quando potesse durare quella scena muta. Alla fine, con un sorridente ammicco di complicità, si lisciava a lungo le guance con le dita riunite, premendole come a imporre un freno al moto dei muscoli facciali e al suo gesticolare. Penso si rendesse a un tratto conto che specchiarmi nel suo volto tormentato poteva farmi apparire più gravi i miei tic.
Tutt'altro che divertito dal nostro eccezionale numero, mio padre ci osservava interdetto.[9] Riteneva di aver forse compiuto un passo falso, conducendomi da un "medico dei matti" che, secondo la tradizione, sembrava più matto dei propri pazienti. Eppure il Pini riuscì, nei miei riguardi, in ciò che non gli era evidentemente riuscito per sé - posto l'avesse tentato -, prescrivendo qualche cucchiaino d'un dolciastro sciroppo a base di bromuro[10] e soprattutto ginnastica da compiere mattina e sera davanti a un grande specchio, stringendo un bastone fra le mani.

Alternando piegamenti delle gambe ed estensioni delle braccia, le mani che impugnavano la canna da passeggio di mio padre, l'esercizio doveva durare un quarto d'ora. Costretto a quell'ininterrotto e grottesco confronto con me stesso, dopo le prime sequenze mi annoiavo

7. macroscòpica: molto evidente.

8. tabouret: (francese) sgabello.

9. interdetto: sbalordito.

10. bromùro: sostanza chimica con effetto calmante.

mortalmente. Avrei voluto far boccacce, digrignare i denti, tirar fuori la lingua, ma la rapida, obbligata cadenza (era, penso, il segreto della terapia) rendeva inutili anche i più tenaci tentativi di rifarmi ai miei tic. Nemmeno potevo smettere la ginnastica prima del tempo, perché mio padre di tanto in tanto si affacciava alla porta.
Seguitando a fissarla, la superficie dello specchio sembrava appannarsi, divenire un uggioso[11] stagno davanti ai miei occhi sempre un po' gonfi di sonno, all'inizio e al termine della giornata. Così che adesso, nel figurarmi laggiù con quel bastone fra le mani, non colgo la fisionomia d'un ragazzino con le orecchie a sventola e il naso troppo grande sul volto affilato. Scorgo invece, come oltre un velo, l'allampanata[12] figura del mio guaritore.
Pare un fantasma che venga dall'Aldilà. Cammina soprappensiero, le braccia ciondoloni, il lungo pastrano aperto e un grigio, morbido feltro dalla larghissima tesa sbadatamente sollevato sulla fronte rugosa. Se presto quest'ultima immagine, riflessa dentro un'altra, si dilegua, per qualche istante continua ad affiorare, sull'appannata superficie dello specchio, quasi un messaggio che insista per essere captato, l'indizio di una eccentricità più significativa - in un tempo di tetro conformismo - di quella di un semplice copricapo. E ad un tratto, dopo averlo dimenticato per anni, rammento che i vecchi antifascisti portavano, quasi una bandiera o un nostalgico distintivo, un cappello più o meno come quello, a tesa larga e a cupola schiacciata, che già a me bambino pareva superstite d'un mondo che andava scomparendo. Quello di Giolitti[13] e di Turati,[14] che ho conosciuto soltanto in fotografie, ma anche di avvocati come Nino Levi, Maffi o Gonzales che mio padre salutava mentre lo seguivo nei corridoi del Tribunale, e che io confondevo tra loro proprio a causa del comune cappello d'una foggia antiquata che non sapevo politicamente sospetta.
Mondo e cappello che appartenevano di diritto anche al professor Pini che aveva favorito, lo seppi più tardi, la romanzesca fuga di Turati

11. uggiòso: noioso.

12. allampanata: magra e secca.

13. Giolitti: Giovanni Giolitti (1842-1928), uomo politico italiano.

14. Turati: Filippo Turati (1857-1932), uomo politico italiano, uno dei fondatori del Partito socialista italiano.

dall'Italia, imprestandogli la sua automobile. Infatti quando, in genere in occasione dell'inaugurazione della Fiera, il re o Mussolini venivano a Milano - raccontava mio padre - due questurini in borghese si presentavano in corso Magenta, nello studio del famoso luminare, per attaccarsi alle sue costole, seguendolo a passo a passo nelle visite e persino nelle corsie dell'ospedale. Custodi davvero angelici, temperavano lo sgradito incarico - chi non aveva un parente bisognoso d'esser prima o poi affidato alle cure del professore? - con le più premurose attenzioni. Alla fine il Pini, appena correva voce della partenza del personaggio, ricambiava, invitandoli al Savini o alla Fiaschetteria Toscana per una cena di commiato, che terminava con un sarcastico brindisi (immagino sottolineato dall'ospite con l'improvvisazione di boccacce, d'un frenetico strizzare gli occhi e corrugare la fronte) a Colui ch'era stato causa, con l'augusta venuta, dell'altrimenti non prevedibile incontro fra i modesti tutori dell'ordine e quello del più umano e profondo disordine.

Da: Alberto Vigevani, *All'ombra di mio padre*, A. Mondadori.

Beatrice Solinas Donghi

I GUAI DI CASA D'ALTRI

Beatrice Solinas Donghi è nata a Serra Riccó (Genova) nel 1932 da madre inglese e da padre genovese. Collabora a importanti riviste letterarie come *Paragone* e *La Fiera Letteraria*. È autrice di favole innovatrici: *Le fiabe incatenate* e *La gran fiaba intrecciata*, e di numerosi saggi sulla letteratura infantile. Fra le sue opere narrative: *L'estate della menzogna*, *L'uomo fedele*, *Le voci incrociate*, *Gli sguardi*, *L'aquilone drago*.

L'autrice in questo racconto ci dà un'acuta analisi dell'animo di una ragazzina negli anni della guerra. Il contrasto tra la narratrice, che proviene da una famiglia ricca, della borghesia "illuminata", e la figlia degli Scoccimarro, coppia meschinella, che vive in una casa buia che sa di chiuso e di fascismo, fa risaltare la diversità dei caratteri: lo spirito vivace, fantasioso e libero dell'autrice, di fronte all'altra, vittima destinata, rinchiusa in se stessa, rinunciataria. Eppure questa amicizia va avanti, in modo sorprendente. I legami dell'adolescenza amano tuttavia nutrirsi anche di ombre, giocare con gli spettri, ricamare su frammenti di vita, ma soprattutto non vogliono venir toccati troppo da vicino. Così, quando il dramma della casa si condensa in un tentato suicidio, la narratrice prende le distanze, fino a liquidare l'amica del cuore, anche se da quell'amicizia rimarrà profondamente segnata.

Il puzzo di tristezza veniva incontro fin dalla sala d'ingresso, grande, ma cieca e quasi vuota, con la cassapanca, il portaombrelli e le due savonarole[1] nere. Non era soltanto il leggero odore di umido e stantio di una casa poco esposta al sole, o il tanfo grassetto di una cucina lasciata in mano a una donna ad ore; c'era questo, ma anche dell'altro, che sentii, molto vagamente, fin dalla prima volta che vi entrai. Era ancora in vita allora il mio carissimo vecchio zio, tanto intuitivo e spiritoso, il quale chiamava "l'abitante" quel qualche cosa di vivo che sembra appiattarsi nelle case anche quando non ci sia nessuno; quello che a volte, entrando al crepuscolo in una stanza vuota, dà l'impressione momentanea di una presenza. Ebbene, mi ricordo, in quel giorno d'aprile del '41 con il rumore della pioggia e la luce acquosa che venne dalla vetrata della sala quando Maria, nell'atto di accompagnarmi di là in camera sua, girò l'interruttore della luce – mi ricordo di aver pensato che "l'abitante" di questa casa era tetro, era noioso e insomma aveva un cattivo odore, e che avrei fatto volentieri a meno della sua ulteriore conoscenza.

1. **savonarole**: sedia "a forbice" senza schienale.

Perché, invece, sentii il bisogno di approfondirla? Perché nei mesi seguenti, fino ai nostri esami di maturità, presi il vizio dell'appartamento della mia compagna Maria Scoccimarro, al punto da tornarci puntualmente almeno

quattro pomeriggi feriali alla settimana e, quasi, di non saper più studiare altro che lì?
C'erano, come è naturale, delle ragioni pratiche. Maria, che non era mai stata particolarmente mia amica durante i sette e più anni trascorsi insieme dalla prima ginnasio in su, era molto brava nelle materie matematiche, nelle quali io invece peccavo un po'. Brava in tutto, del resto, senza preferenze apparenti; molto intelligente, soltanto intelligente, direi, se non ne avessi rimorso; una ragazza magrolina, con gli occhiali, che di corpo era niente, era un grembiule nero scolastico piatto e liscio davanti come dietro, e per il viso era tutta nell'espressione acuta e aperta con cui alzava la fronte e si abbassava sul naso gli occhiali, dicendomi: «Questo mi sembra chiaro. Ci siamo? Andiamo avanti?»
Era gentile, e faceva parte volentieri della sua sapienza. Da parte mia, io le servivo un po' da stabilizzatore, credo; pativa infatti di un eccessivo scrupolo nervoso che la costringeva a languire ansiosamente sui libri molto più a lungo del necessario, e qualche volta negli anni del ginnasio le aveva fatto il brutto scherzo di chiuderle completamente il cervello al momento di una interrogazione. Io me ne ricordavo, e la trattavo male per il suo bene, strappandole i libri di mano, e di bocca la promessa che non li avrebbe più aperti in tutta la serata. Maria esitava a farmela; mi ricordo come, salutandola in quell'ingresso scuro dove la luce non pareva mai accesa al momento giusto, io insistessi a cercare l'onesto chiarore dubbioso dei suoi occhi: «Allora, promesso sì o no?»
«Promesso, se proprio ci tieni» finiva col dire. Dalla porta accostata, mentre seguiva con lo sguardo i miei primi passi giù per le scale, qualche volta le scappava ancora detto, come una cosa più forte di lei: «Appena appena un'occhiata alla fisica!»
Mi faceva pena; mentre io, spesso, la facevo ridere. Fu così che cominciò. In questo studio comune, però, né l'una né l'altra perdeva il suo tempo; che i nostri cervelli lavorassero bene insieme lo avevamo constatato fin dalle prime

volte; e se poteva succedere che Maria si prodigasse[2] senza ricevere in compenso da me nessun lume particolare, certo, in barba alle promesse, finiva per ricompensarsene da sola alla sera dopo cena, seduta al tavolino ovale coi libri e l'abat-jour di perline azzurre e la bomboniera dalle roselline di porcellana ingrigite a fondo tra i petali, nel bel mezzo del centrino ricamato di disegni spigolosi a punto pieno. Non spostava mai niente, non toccava niente, come non si accorgesse di avere una casa intorno, e che la casa fosse un posto da viverci. Le bastava di trovare quel poco di spazio per mettersi davanti i libri, tre uno dentro all'altro magari, e in cima il libretto degli appunti; le dicevo che avrebbe studiato anche in piedi, su una mensola attaccata al muro, come i cavalli alla mangiatoia. Accettava il tavolino ovale troppo piccolo e basso per fungere utilmente da scrivania, semplicemente perché sua madre gliel'aveva messo in camera, alla stessa stregua della poltroncina di vimini a spalliera, assai comoda per la verità, dove al pomeriggio faceva sedere me, e del letto basso coperto di una tela neutra a fioretti rossi, su cui si arrovesciava in preda al singhiozzo, stringendo perdutamente un cuscino fra le braccia e scoprendo le gengive, quando la facevo ridere. Sapeva, perché c'era stata in una o due occasioni, che io avevo una bellissima casa; mi aveva anzi detto chiaro che era troppo bella e ricca, la disturbava, e lei per studiare non ci si trovava bene; ma la coda di paglia,[3] nei riguardi della sua, la mostrava soltanto coll'astenersi dal farmene gli onori. Mai una volta che mi offrisse, che so io, una merenda, un biscotto; se mi capitava di dire, quando fui in confidenza: «Io ho quasi fame, tu no?», oppure: «Potrei avere un bicchier d'acqua?», levava da seduta gli occhi fermi: «Lo sai bene dov'è la cucina. Io non ne ho di cameriera che ci serva il tè». Questo snobismo alla rovescia era un tratto del suo carattere che non cessò di urtarmi i nervi fino alla fine della nostra intimità.

Andavo in cucina dunque, che dava sul "vuoto": così si chiamano a Genova, non so altrove, quelle corti profonde e strette come pozzi su

2. si prodigasse: si desse da fare con tutte le sue energie.

3. coda di paglia: senso di colpa, vergogna.

cui, nei caseggiati di costruzione non molto recente, si aprono le finestre dei vani più sacrificati, ingressi, gabinetti eccetera. Io ho l'abitudine, appena metto piede in una stanza, di andare subito alla finestra (credo con la speranza subcosciente di trovare un albero lì fuori, o qualche pianta fiorita) e rimasi male, la prima volta; ma non soltanto di questo.
La cucina degli Scoccimarro mi respingeva, aveva quella puzzetta ambigua (di nuovo! ma come si fa a dirlo altrimenti?) dei vani di servizio dove si sente la fatica ottusa di una povera serva e la mancanza di interesse della padrona: dove il pavimento è lavato a guazzo[4] e i piatti messi in ordine a scolare sul lungo acquaio di marmo alla genovese, ma la cappa è sudicia e c'è un pugno di immondizie sotto la scopa appoggiata nell'angolo tra muro e credenza: fiammiferi spenti, grumi di polvere umida, pelature di cipolle, un batuffolo di capelli neri dall'aria di bestiolina ripugnante. Mio Dio, non è che andassi in giro a fare l'esame con la lente; a quel tempo poi in casa mia, subissati di servitù come eravamo e come rimanemmo fino ai tempi magri del '43, per le faccende domestiche non avevo occasione di alzare un dito; dico quello che so adesso, più di quel che vidi allora. Però mi ricordo benissimo che quando tirai le maniglie di un paio di cassetti cercando qualcosa da mangiare, li trovai disordinati e insieme quasi vuoti, con una confusione di spaghi, briciole, tappi e foglie appassite d'alloro. C'erano davvero in quella casa, non me li invento io, i segni di un'avarizia abitudinaria e gretta,[5] del tipo che conserva i piatti malamente sbeccati per scrupolo di buttarli, finché lo scrupolo stesso diventa pigrizia; un insieme sgradevole; ancora una volta mi domando come mai ci tornassi così spesso.
Non certo per la matematica, e nemmeno per il gusto di far ridere Maria; benché ci fosse un fascino di sazietà in certe fini di pomeriggio quando bastava meno di una parola per farla ricominciare, domandandomi misericordia; a quell'ora aveva meno resistenza di quel che non abbia al solletico una bambina. Le citavo

4. a guazzo: lanciando secchiate d'acqua.

5. gretta: meschina.

i discorsi folli di Orazio ipnotizzato, da *Topolino e Orazio nel castello incantato*: «Non contate i vostri polli prima che arrivino le vacche!... Ma come, come li faranno i buchi nel formaggio svizzero?» Le dicevo: «Tu a ridere ti gonfi». Quando andavo via, quelle sere, spesso un po' più tardi di quanto avessi promesso a casa, anch'io mi sentivo gonfia come d'un gas. Ma, ripeto, non era per quello che ci tornavo.

Il fatto è che ci sono delle tristezze congeniali,[6] delle ripugnanze che allettano:[7] così era per me quell'appartamento. Era forse la prima abitazione piccolo-borghese di cui diventassi intima, però ero già stata in casa di altre compagne e avevo visto di lì quel che fosse nell'arredamento la moda di quegli ultimi anni; ricordo vagamente le cristallerie angolose e massicce, gli oggetti di corno lavorato. Questa, montata, immagino, una ventina d'anni prima, al tempo del matrimonio degli Scoccimarro, non aveva più subito modifiche di rilievo. Anche la camera da signorina della mia amica Maria era stata messa insieme con la roba che si trovava già in casa, ne facevano fede quel centrino tanto "anni venti" (che non erano di moda allora, erano soltanto sorpassati), il paralume, anche la carta delle pareti, rigata di chiaro e scuro, con un disegno a roselline violacee nelle righe chiare.

Era un appartamento grande, o pareva tale a me che non lo conobbi mai tutto: due o tre porte che mi rimasero sempre chiuse avrebbero potuto aprirsi indifferentemente su una dispensa, una camera da letto in soprannumero, una stanza di sbratto[8] con bauli e pile di *Domeniche del Corriere* e lumi d'ottone pre-1914, all'ombra perpetua delle persiane. Stava dietro corso Torino, in quel reticolato di strade diritte e corte che portano i nomi delle antiche colonie genovesi, via Caffa, via Tolemaide eccetera: un zona costruita, direi, prima della guerra mondiale, con parecchie pretese per le facciate dei caseggiati sulle strade principali, molto meno per il tergo;[9] e con un concetto dello spazio tutto diverso da quello di oggigiorno, con soffitti alti d'aria e ingressi ampi simili ad antisale. A un primo piano, da quelle parti, c'è

6. congeniali: che si adattano bene al carattere di qualcuno.

7. allettano: attirano.

8. sbratto: stanza usata come magazzino.

9. tergo: retro.

adesso lo studio di un fotografo da cui passo, a rari intervalli, per qualche commissione di mia madre. Non ci vado mai senza ricordarmi di Maria.

Fin quasi dalla prima volta, quando, entrando, mi si era stretto così forte il cuore, avevo cominciato ad adoperare l'appartamento di Maria come sfondo a certe mie fantasticherie su una reclusa volontaria, una pazza magari, che vivesse al suo terzo piano senza mai scendere, guardando dagli squarci delle case il girare interrotto del sole nelle diverse ore della giornata, come se non ci fosse altro mondo. Mi capitava, allora, di avere di queste idee un po' morbose;[10] e ricordo che per qualche tempo presi a prestito e introdussi in questi sogni la figura fisica della madre di Maria. Mi veniva bene: era una donna magretta, biondina, dall'aria spesso un po' sperduta, che entrando da noi mentre studiavamo si fermava appena dentro l'uscio scorrendo nervosamente da un discorso all'altro, come se non ricordasse più che cosa fosse veramente venuta a dirci. Si pettinava con un nodo di capelli allungato sul collo, chiamato, mi pare, *cadogan* in una rivista francese a cui ero abbonata; ma non sapevo se avesse adottata quella pettinatura quando era venuta di moda, cioè un paio di anni prima, o se ne avesse sempre avuta una consimile. Aveva dei bei capelli, ma terribilmente fini e sdrucciolevoli; il nodo le si allentava facilmente, e le si gonfiava allora intorno alla testa quella nuvola di fili sparsi che fa venire il solletico a vederla; una sua maniera particolare di toccare e spingere indietro con le dita incerte e snervate la ciocca sopra l'orecchio, mi dava l'idea di incapacità, non sapevo se patetica o irritante. Mi figuravo che fosse di salute delicata, e accomodandomela mentalmente in quelle mie fantasie la vestivo sempre di robe ampie e flosce, per esempio una princesse[11] di lana avorio e una stola[12] lilla all'uncinetto. Tutto al contrario, invece: era sempre vestita da città, in tailleur color sabbia con le maniche lunghe fino a giugno, e non faceva altro che uscire.

Uscire e rientrare, veramente. Scendeva in

10. morbose: malate, eccessive e compiaciute.

11. princesse: (francese) abito semplice di un pezzo solo.

12. stola: scialle rettangolare.

corso Buenos Aires per commissioni, magari due volte in un pomeriggio, per lo più rincasando senza neppure un pacchetto al dito.
«Guarda le vetrine» mi disse un giorno la figlia, con un sorriso di distacco, «è tutto lì il suo grande impegno. In fondo, sai, non ha niente da fare.»
Sul tardi, quando io me ne andavo, spesso si ricordava di essere a corto per la cena e scendeva alla bottega sottocasa a rimediare un filoncino fuori tessera[13] o un paio d'etti di formaggio, aggrottando e distendendo meccanicamente la fronte mentre mi parlava, giù per le scale, delle restrizioni e della guerra. Ai primi tempi della mie visite in casa, in aprile, quando il tempo era sovente piovoso, era un continuo vederle prendere e posare l'ombrello di seta marrone e cambiarlo di mano mentre parlava e appenderselo al braccio per i cordoni; ci veniva a interrompere il filo dello studio per dirci, tentennando al solito sulla soglia, che non l'aveva portato con sé, ma aveva trovato rifugio in un portone dall'acquata di poco fa; oppure suonava alla porta tre colpi precipitosi, perché aveva portato l'ombrello ma dimenticata la chiave.
Del resto non era mai una casa molto tranquilla. Aveva un che di affrettato, di improvvisato, che stancava a starci in mezzo. Sbattevano porte, si accendevano acri discussioni a distanza tra la signora Scoccimarro - Elvira, si chiamava - e la donna a mezzo servizio, una tipa bassotta e tenebrosa che acciottolava piatti fino a tardi nella cucina senza luce, oppure, in altri giorni, quando arrivavo io già non c'era più. Spesso il campanello squillava e la signora volava ad aprire, «Vado io!», anche con la spazzola in mano e le forcine in bocca; erano le sue sorelle, due signorine brune di petto abbondante, vestite come lei sempre in tailleur, ma di blu o di nero, con un fiore artificiale sul risvolto della giacca. Trovandosi insieme diventavano subito loquaci, rubandosi le parole di bocca tutt'e tre con le voci forti, spesso in un brutto genovese imborghesito che aveva la cadenza dei paesi di ponente, Pegli, Cogoleto o giù di lì. Criticavano certi ritagli di giornali di

13. filoncino fuori tessera: filone di pane da comprare oltre la quantità a cui si aveva diritto (quella segnata sulla tessera alimentare) in tempo di guerra, quando il cibo era scarso e veniva razionato.

mode che una o l'altra aveva sempre nella borsetta, poi si aggiungevano sulla faccia molta cipria rosa, si spazzolavano via a vicenda - ma non sempre - il di più che poteva esser caduto sulle spalle della giacca, e uscivano di nuovo, con la Elvira nel mezzo, che, esile fra le altre due, sembrava non soltanto la più giovane ma anche la meno sposata.

Credo che passassero il meglio dei loro pomeriggi in qualche piccolo caffè, di quelli meno cari, mangiando panna artificiale e guardando il passaggio della gente. «Un po' di animazione» diceva la signora Elena, la maggiore e più grassa, pronunciando la zeta come esse, «un po' di movimento, si sa, ci vuole per non morire di malinconia.» Quando erano pronte e incipriate mostravano tutte e due nel viso pieno, liscio e compiaciuto una piccola bocca resa gretta dalla calcatura del rossetto. A me erano piuttosto antipatiche.

Queste uscite e incipriature valgono per quando non era in casa il padre di Maria, un meridionale, come dice anche il cognome, che si sentiva a volte chiamare: «Elvira!» da una camera all'altra con una voce senza timbro, tutta di prepotenza; a sentirla mi si rimescolava il sangue nelle vene. Pareva che non avesse precisi orari di lavoro, perché lo si vedeva circolare, indossando al posto della giacca un gilè di lana scura a maglie fittissime, in ore quando per lo più gli altri uomini sono all'ufficio o in negozio; credo che fosse un viaggiatore di commercio, o qualche cosa di simile.

Le cognate lo evitavano; quando dormiva, al pomeriggio, forse per compensare il sonno perduto nei suoi spostamenti, la signora Scoccimarro si attaccava al telefono in corridoio e teneva per mezzo di quello, abbassando la voce, delle lunghissime conversazioni oscillanti e piene di spazi vuoti. Per ore, mentre io e Maria studiavamo, ci sembrava di ascoltare quel mormorio in sottofondo. Poi però, riagganciato il telefono, era difficile che, gira e rigira, donna irrequieta com'era, non finisse per andare di là in camera del marito: tipo "Toccami Tonio", pensavo, senza però da parte mia metterci nessuna malizia. Si sentivano nel corridoio i suoi passi rapidi e avventati,[14] come di una che corre senza aver ancora deciso dove va; un'altra particolarità che aveva era di entrare quasi con l'intenzione di venirsene via immediatamente, tirandosi dietro la porta senza girare la maniglia, di modo che quasi mai le si chiudeva del tutto. Passando in corridoio allora si vedeva un angolo della tappezzeria di carta, di quelle dette "a broccatello", gialloscura con un disegno pesante di palmette marrone, e qualche volta la luce accesa, che così in pieno giorno dava un senso di caldo e di soffocamento. Quando la porta era chiusa, veniva di là dentro un silenzio greve e spesso da tagliarsi col coltello. Una volta, mentre passavo per prendermi un bicchier d'acqua in cucina, mi uscì addosso la signora, che arricciava e stendeva la ruga nervosa della fronte come quando parlava di cose pratiche, ma intanto si stringeva nelle spalle, guardando indietro, con un'affettazione un po' frusta,[15] quasi una specie di civetteria; quando mi vide arrossì. Mi venne in mente di aver assistito, per così dire, alla metà di una intimità coniugale, rientrata o no, e diventai rossa anch'io, per non so quale pudore o fastidio del matrimonio altrui.

La signora non usciva finché il marito rimaneva in casa; si vede che lui la pretendeva tutta assidua e casalinga. Non sapevo se questi fossero usi portati dal paese d'origine, o se fosse geloso ed esigente per natura: i meridionali di classe impiegatizia erano ancora relativamente poco numerosi a Genova, io non ne conoscevo altri e non potevo fare confronti.

Non si sarebbe detto a vederlo, ma dei due il più casalingo era lui, a modo suo: lo vidi più di una volta dedicarsi a qualche lavoretto di precisione, per esempio quello di cambiare la carta nei cassetti, sorridendo sarcastico come per accusare l'irrequietudine e la svagatezza della moglie; cosa in cui poteva anche aver ragione, dopo tutto. In cucina andava se c'era lei, per starle dietro le spalle a criticare, con sarcasmo e amarezza, e infine con rabbia se non riceveva risposta. Non credo, con questo, che la signora fosse una cuoca proprio esecrabile;[16] vedevo che erano golose, sia lei che le

14. avventati: compiuti senza riflettere.

15. affettazione un po' frusta: mancanza di naturalezza poco originale.

16. esecràbile: condannabile, disprezzabile.

sue sorelle, e questo vuol dire già molto; probabilmente con i coniugi Scoccimarro avveniva lo scontro tra una cucina ligure fatta in economia, di verdure a funghetto,[17] di pesti, di "zemin",[18] e una qualche cucina meridionale chissà quanto piccante e straniera. Stringendosi nelle spalle, tenendo d'occhio il fiasco dell'olio, la moglie cucinava per abitudine le sciatte e svelte pietanze di sempre. Se lo vedeva adirato, gli andava dietro passo passo: «Senti, Nino...»; era invece: «Sì, Nino?», come se venisse da mille mondi di lontananza, levando la fronte bianca e corrugata, se era il primo a parlarle. Probabilmente, annoiata di non poter uscire, si sfogava e passava il tempo, nella casa che sotto il velo dell'abitudine doveva esserle quasi odiosa, con quei modi tormentosi e futili. Litigavano, anche; si sentiva ridere lei in maniera calcata e sprezzante, o la sua voce incalzare, in qualche altro angolo della casa, dentro una stanza chiusa, come occupata in una lunghissima lista di amarezze rinfacciate. «E poi,» diceva, salendo di tono, «e poi... e dopo... e ancora...» Finiva col piangere: «Guarda che non te la perdono! Non te la perdonerò mai!»

17. a funghetto: a pezzetti con aglio, olio e prezzemolo.

18. "zemin": (genovese) cumino.

Poi, spesso, calava di nuovo il coperchio di quel silenzio soffocante.

Erano così impegnati a convivere, loro due, che non si vedeva come fra le loro due vite contigue[19] potesse rimaner posto per quella della figlia. Difatti non pareva che per riguardo a lei si fossero mai astenuti da un litigio, o dalla loro maniera di fare la pace. Fuggire insieme nella camera più lontana, chiudersi dentro quasi ansando per la fretta di sbranarsi indisturbati, questo sì; ma dubito che in quei frangenti trovassero modo di pensare a Maria, o magari alla mia presenza in casa loro.

19. contigue: accostate, che si toccano.

La cosa mi scocciava, francamente, e un giorno, non resistendo più a far finta di niente, domandai alla mia amica, con tatto mi auguro, se i suoi genitori non andassero d'accordo.

«Al contrario» mi rispose, sollevando leggermente il labbro superiore sui denti pallidi, «figurati che si adorano.»

Credetti ad un sarcasmo, e non esitai a rimproverarglielo. Mi lasciò dire, poi fece: «Te lo

ricordi per caso, quando eravamo in ginnasio, quello che soffrivo per rispondere alle interrogazioni?»
«Eccome no. Sembrava che stessi per svenire. Perché?»
«Pensa un po' che a quei tempi io vivevo per i miei affetti; cioè per papà e mamma, in conclusione. Non sognavo altro che di prendere dei bei voti, perché papà ci teneva, li pretendeva anzi, un voto mediocre gli sembrava un disonore da doverlo nascondere ai vicini. Ma il risultato di tenerci tanto era quello che sai. Così ho visto che per me è meglio lasciarli da parte, gli affetti, cioè, non dargli tanta importanza, e adattarmi a vivere come se non ne dovessero avere. Intanto probabilmente non mi sposerò mai, e dunque...»
«Ma che idee! Perché poi?»
«Perché sì. Se non altro, perché sono brutta.»
«E sì che io sono bella!»
«Tu sei ricca, però!» Che cosa diavolo si risponde a un discorso di questo genere, supposto che si abbia un filo di sensibilità? «E poi» proseguì Maria «un po' meglio di me lo sei»; era tanto vero che di nuovo non seppi che dire, e lasciai che concludesse, accennando di là col mento: «Del resto, non c'è molto da farsi tentare, ti sembra? Gli affetti, le passioni: non lo senti che cosa sono?»
Lo sentivo benissimo, ma cercai ugualmente di combattere il pessimismo di Maria, che non era poi una sorpresa per me; lo sapevo da un pezzo che il suo non era un carattere molto allegro e che le sue risa singhiozzanti erano una debolezza dell'età forse già sul finire. Con l'idea di scuoterla e incoraggiarla le feci molto seriamente la morale anche sui suoi eccessi di studio e sulla lettura di quelli che chiamai, mi ricordo, "i russi malinconiosi", fatti apposta secondo me per dare una visione deprimente della vita. Non aveva quasi altro che quelli, insieme ai libri di testo, in una sua piccola libreria con una seta verdone a pieghine tubolari tesa dietro la griglia: Tolstoi, Dostoievski e così via; li avevo sfogliati qualche volta, e il fatto che avessero le pagine gialle e la costa ricucita e fossero sparsi di nomi quali Anna Andreievna

e Vassilli Nicolaievic, mi dava sul serio un'uggia, una malinconia da piangere. Non ero poi allegrissima nemmeno io, a quell'età: capace di farmi una croce[20] dell'idea che le ragazze del medioevo fossero condannate ai matrimoni d'interesse; tanto per dare un esempio.

20. farmi una croce: affliggermi, addolorarmi.

Devo ancora dire, di quel giorno, che la signora Elvira venne, dopo, con un velo di cipria sulla faccia infuocata, a far finta che niente fosse stato. Era una madre quanto mai inefficiente, ma un certo scrupolo nei riguardi di Maria mostrava di averlo, a mente sgombra. Le si chinò sopra, toccandole incerta le spalle: «Avete ancora molto? Fin dove dovete arrivare?»

Maria si vergognava di fronte a me e teneva le spalle basse, cercando di prendere il meno possibile di quella specie di carezza. Prima mi aveva lasciata che predicassi a mio piacere, ma quando rimanemmo di nuovo sole alzò un po' gli occhi, senza raddrizzarsi, e mi mandò quasi senza volerlo un'occhiata eloquente, un po' patetica; credo che volesse dire: hai visto? ti pare che abbia tutti i torti? mettiti un momento al mio posto: ti pare che abbia tanto da stare allegra?

Ma di mettermi al suo posto io non me la sentivo proprio. Mi faceva vagamente pena, come ai primi tempi, ma in quel suo sguardo l'avevo sentita di nuovo tanto più adulta di me, tanto impegnata in problemi che grazie a Dio non erano i miei, tanto diversa, da domandarmi che cosa ci facessi io lì tutti i santi pomeriggi o poco meno, che cosa venissi a cercare così puntualmente tra il letto a fiori rossi e la poltroncina, da questa ragazza che nell'intimo mi era lontana mille mondi. Non era stata una buona idea quella di averle chiesto delle confidenze; anche se lei aveva fatto male a darmele e certamente ne era già pentita. Ci sentivamo più divise, per quei discorsi fatti a caldo che raffreddando provocavano a tutt'e due una leggera nausea fastidiosa. Andai via, quella sera, nel dubbio e già quasi nel rimorso di non tornare mai più.

Si capisce che ci tornai invece fin dall'indomani. L'abitudine ormai era vecchia di due mesi, e vi trovavo mescolato dentro anche un affetto per

Maria più forte di quello che avrei creduto. Del resto, ci avvicinavamo agli esami, e ciò che importava adesso era di studiare.
«Quanto studiate, poverine!» ci compassionava la signora Elvira facendo le sue apparizioni sulla soglia, non più in tailleur finalmente, ma sbracciata in un vestito leggero, bianco a fogliami grigi. «Come vi caricano!»
Invece dell'ombrello, una borsa bianca di paglia intrecciata, ripulita di recente con una pasta polverosa, stava ad indicare quando lei era sul punto di uscire: quasi sempre, direi, da quel che me ne ricordo adesso. Si sentiva la sua voce al telefono per dei mezzi pomeriggi di seguito, come una mosca sperduta sotto i soffitti nell'ombra delle persiane più che mai chiuse: poi, appena libera, appena uscito il marito, eccola a dirci: «Povere bambine, quanto studio, sarete stanche» con gli occhi già vaghi e febbrili sviati dietro a pensieri di fuori. Succedeva, ad onor del vero, che si trattenesse ancora il tempo di farci una tazza di tè; si trovava ancora il tè nel '41, si trovava di tutto, praticamente, per noi a Genova era ancora guerra comoda, a parte il grosso bombardamento isolato del 9 febbraio.
«Grazie, mamma», «Grazie, signora»: mentre si chinava a posare le tazze sul tavolino, mi tiravano l'occhio le sue braccia nude e chiare, di carni morbide, di quelle che prendono facilmente i lividi e sembrano sempre incipriate. Era questa dunque la signora Scoccimarro, quando non si teneva coperta? Ma avevo perduto da un pezzo il vizio di intrecciare romanzi intorno alla sua figura, e la guardavo quasi come un mobile, storcendo intanto i piedi nudi (i sandali mi facevano caldo e li buttavo via appena cominciavamo a studiare) per sentire anche sul dorso la frescura relativa del pavimento.
Un giorno che forse potevo essere arrivata un po' in anticipo, venne ad aprirmi lei: il marito non doveva esserci; Maria, mi disse, era a pranzo dalle zie ma a momenti sarebbe stata di ritorno. Mi dette l'impressione che l'avesse mandata là in ritardo e imprevedutamente, forse a causa di qualche litigio più grave del

solito che le aveva fatto dimenticare anche i preparativi dei pasti. Ci tenne a farmi passare in sala, che era tutta in ombra come un mausoleo[21] soffocante e odorava acutamente di una piramide di ciliegie stramature in una fruttiera: insistendo a offrirmene, le piluccava lei, quasi senza accorgersene. Forse non aveva mangiato affatto.

Con questa idea, la vidi pallida; era un po' scollata davanti, oltre che sbracciata; molto bianca, così presa in mezzo tra il buffet e il controbuffet di legno scurissimo scolpito a testine di sfingi, o di quel che fossero. Mi ripeté che Maria sarebbe venuta quasi subito e ci compianse un'altra volta per tutto quello che eravamo costrette a studiare.

«A me sembra che ci sia anche dell'esagerazione: delle creature così giovani, pretendere che stiano sempre sui libri! Già, però, che a voi due sembra che non dispiaccia. Sarò io che non so giudicare: quando ero ragazza, si sa, era diverso. Si studiava un po' il piano...»

Incominciò a divagare, piluccando ciliegie con una mano e muovendo a scatti le spalle e le sopracciglia con la sua vivacità nervosa; era più sciolta del solito nel parlare, si vede che senza volerlo l'avevo pescata in un momento espansivo.

«Allora non veniva in mente che una signorina di famiglia avesse bisogno di prepararsi a una professione; il mio povero papà, poi, a noi non l'avrebbe mai permesso in nessun caso. Provvedeva a tutto con il suo lavoro - era molto quotato, l'ingegner Croce, sai? - e ci teneva come tre perle. Se avesse avuto il maschio, con lui può darsi che sarebbe stato più esigente, ma a noi tre ragazze, rimaste senza mamma tanto presto, non c'era pericolo che negasse mai niente. Che bei tempi! Come ci divertivamo! L'operetta, la commedia... Ci entusiasmava la Duse,[22] specialmente a me.»

Mi faceva ridere che avesse detto "l'ingegner Croce" come se non ne fosse mai esistito un altro a Genova di questo cognome; però le stavo attenta, mi sono sempre piaciute molto le giovinezze degli altri, quando ho trovato chi me le raccontasse. Non succede tutti i giorni,

21. **mausoléo**: grandioso sepolcro monumentale.

22. **Duse**: Eleonora Duse (1858-1939), grande attrice drammatica italiana.

la gente ha così poca memoria!
«Ci chiamavano, pensa, "le tre belle Croce". Belle nel vero senso della parola può darsi che non lo fossimo, ma appariscenti e piene di spirito, specialmente le mie sorelle. Io ero la più fine, non mi portavano invidia per questo, anzi, maggiori di me come sono, mi hanno sempre dato tutti i vizi, meglio di due mamme. Andavamo tanto d'accordo! Che bel ridere facevamo insieme, senza gelosia, quando ci venivano intorno dei giovanotti; noi di corteggiatori non volevamo sentir parlare, eravamo fiere e facevamo il carnevale dietro a tutti; ci pareva di essere regine, di essere le padrone del mondo, a quella bella età! Mah!» soggiunse, e rimase a pensare, un po' spenta.
Ebbi sulla punta della lingua di domandarle come mai, allora, avesse sposato lo Scoccimarro, che poteva mostrare, è vero, una specie di grave e un po' tronfio concetto di sé, come una volta che l'avevo visto in divisa del Fascio; ma altre volte, visto in casa, con quel gilè sciatto e scuro, pareva proprio un pover'uomo, specie quando si alzava con la barba un po' lunga da qualche ora di sonno pomeridiano. Aveva una barba di quelle nerissime e ostinate che danno al viso il colore del piombo; e per di più, dato che in casa mia vigeva quello che potrei chiamare un antifascismo benpensante, il fatto che lui lo fosse, fascista, mi pareva una inferiorità evidente. Ma non chiesi niente, si capisce. La signora Elvira, intanto, aveva scovato delle fotografie: le sorelle giovani e lei ragazzetta, sporte dalla ringhiera di un balconcino, prese dal basso e ridenti; lei giovane, in un giorno d'estate, con le mani allacciate sulla gonna chiara, accanto a un cespo di ortensie in fiore.
«Qui sono in villeggiatura, si vede un po' della casa dietro i fiori; era un villino alla svizzera che il papà aveva comprato per passarci i mesi d'estate, sopra a Mele, sul passo del Turchino, li conosci quei posti?»
Allora no; adesso, come le mie tasche; e credo perfino di aver individuato dietro una barriera di ortensie azzurre quello che potrebbe essere il preciso villino delle tre belle Croce di un tempo, di stile finto chalet,[23] appunto, con le

23. chalet: (francese) villetta con il tetto a punta, in legno o pietra.

finte travi di un bruno sbiadito e gli smerli[24] bruni traforati sotto la grondaia del tetto. Il celeste malaticcio dei fiori di ortensia, attraversato di vene più cupe, e l'ombra di un giardino borghese troppo fitto di abeti, piantato solo in vista dei mesi caldi, li trasferisco adesso al ritratto della giovinetta Scoccimarro - no, Croce - sorridente all'obbiettivo con un po' di posa e un po' di timidezza vera. Una villeggiatura quasi suburbana, tranquilla, con lunghe sieste nelle ore calde e passeggi tardivi delle tre ragazze col caro papà, quando la luce del sole è già rossa fra i tronchi degli abeti e più su, nei boschi, attraversa come un incendio le acacie sottili: incendio breve, perché il sole cala presto dietro la spalla alta del monte; estati lunghe infinite quelle dei diciott'anni, dei diciannove, dei venti. Noiose, anche? Non più di quel che si possa sopportare con un pigro piacere; ma quelle degli anni che vengono poi? Il caro papà invecchia un pochino; non è severo in niente fuorché nello scegliere le nostre compagnie, ma in questo, bisogna pur dirlo, un vero cerbero;[25] le sorelle sempre prospere, brune, entusiaste, forse adesso accetterebbero di sposarsi, se capitasse l'occasione d'oro.

Pensavo a questo, più vagamente di adesso, ma pure ci pensavo, mentre la signora mi mostrava le fotografie; e non mi pareva più una stranezza così grande il matrimonio tra uno Scoccimarro senza prestigio, oscuro immigrato meridionale, e una signorina Croce arrivata ai venticinque anni, la bionda, la fine di casa, la minore dopo due sorelle di cui, senza che mostrino segni di appassimento, quasi ad un tratto si può prevedere che rimarranno zitelle. Chissà, poteva esserle preso l'affanno: succede a tante, e lei non mi pareva più coraggiosa o più intelligente di un'altra. Non è soltanto il tramonto sulle acacie del Turchino che sembra, a volte, un incendio fittizio e precipitoso; la vita intera può fare questo effetto, da buttarsi alla disperata, senza più farsi domande, dopo essersene fatte tante: quelle brusche decisioni, tipo "morta per morta", che lasciano allibita una famiglia. Tutte ipotesi mie, queste. Comunque, una cosa adesso la sapevo di sicuro: che se in casa di

24. smerli: elementi ornamentali con rientranze a punta o rotonde.

25. cèrbero: guardiano feroce e arcigno.

Maria c'era una stanza in particolare da cui usciva quel vapore di tristezza carnale e irritante, questa era la camera matrimoniale. Era lì il difetto: lì, meglio che altrove, si sarebbe forse potuto trovare "l'abitante" appiattato come un insetto domestico in qualche angolo di sporcizia dimenticata.

Oh Dio: non escluderei proprio di aver provato una certa voglia di andare a frugare; l'avrei capito, credo, il gusto di scoprire degli odi e dei rancori più forti, più neri, più intimi di quelli che sapevo immaginare da me. Ma erano tentazioni tutte di fantasia. Che per natura non fossi curiosa dei fatti degli altri doveva essere dimostrato in seguito, e anche abbastanza presto. Per il momento avrei potuto dire soltanto che la signora Elvira, tutto sommato, "mi faceva venire il latte alle ginocchia".[26] Più mi attraeva l'immagine sbiadita della sua giovinezza, meglio sentivo che, se il Tempo ci avesse voluto coetanee, non saremmo state amiche. Doveva essere una ragazza pretenziosina, al tempo dell'istantanea fra le ortensie; parecchio principessa e cocca di casa, limitata e "gné gné". Evviva Maria, al confronto; e se era vero che la nostra amicizia lavorativa si basava sugli esami, viva anche gli esami.

Finiti quelli, in gloria per Maria, mica malaccio per me, mi si presentava l'occasione, che un mese prima avevo quasi desiderato, di allentare alquanto i nostri rapporti. Macché: mi mancava, si vede, quel poco di vigliaccheria occorrente per lasciare che accada la cosa più opportuna. Ero io, anzi, che mettevo una puntigliosa fedeltà nel mantenere i contatti; qualche volta a spingermi al telefono era quella curiosa anticipazione di rimorso che già una volta avevo provato.

«Come va? Ci vediamo? Vengo io o vieni tu?»

L'abitudine al suo appartamento si era interrotta bruscamente, e adesso era quasi sempre lei a venire da me. Maria in vacanza pareva una disoccupata e finiva per lasciarsi tirare a fare a modo mio. Per motivi di guerra e per l'assenza di mio padre, quell'anno non sarei andata in montagna, anzi finì che non mi mossi per tutta l'estate, all'infuori di tre settimane passate in

26. il latte alle ginocchia: faceva passare ogni interesse ed entusiasmo.

campagna da una mia amica, senza uscire dalla provincia di Genova. Fu l'anno che scopersi l'estate dei nostri paesi, bell'e intera, lunga e calda, e riempii tre pagine fitte di un mio taccuino di descrizioni delle foglie del fico grande. Certe volte quando sedevamo lì sotto parlando di libri, mi veniva rabbia contro Maria che, con centinaia di quelle foglie sopra il capo, non aveva mai l'idea di alzare un momentino gli occhi; le dicevo che era una talpa, che non si accorgeva nemmeno di essere viva.
Un giorno mi telefonò. La aspettavo per poco più tardi, e benché per lei non mi fossi mai scomodata a fare preparativi, pure mi seccò sentirle dire che non sarebbe venuta.
«Ma perché?» chiesi, un po' acerba.
Mi rispose in fretta che sua madre non stava molto bene e che sarebbe stato per un'altra volta.
«Domani?»
«Eh?... Ti telefonerò. Scusa se non ti ho avvisato prima, ma c'era un po' di confusione; mi è passato di mente.»
Staccò di botto, prima che potessi domandarle che genere di confusione volesse intendere, e anche (non fosse che per educazione) che cosa avesse di preciso sua madre.
L'indomani pomeriggio ero in centro per commissioni, proprio nella zona piazza Tommaseo-corso Torino, e dato che Maria non si era poi fatta viva mi venne in mente di salire un momento da lei a rimediare di persona l'impressione un po' dura che potevo averle fatta al telefono. Ci voleva tanto poco: ma avevo un destino contrario in queste cose, e a tutt'oggi è raro che simili impulsi di gentilezza non mi vadano storti in una maniera o nell'altra.
Appena entrata dubitavo già di essere poco opportuna. Mi aveva colpito in modo forte e sgradevole l'atmosfera dell'appartamento; ora che non era più la droga di tutti i giorni: c'era il solito mezzo buio triste e spesso con le solite persiane chiuse, ma insieme un senso di confusione, passi, porte lasciate aperte e improvvisi fasci di luce afosa che accendevano il pulviscolo, a sproposito, si sarebbe detto, come se qualche persiana si fosse ribattuta indietro da

sé. Maria era fuori, a quanto pareva; la donna a mezzo servizio, che era venuta ad aprire col grembiule bagnato della rigovernatura, si illuminò tutta di una luce tetra quando le chiesi, come era abbastanza naturale, se la signora stesse meglio. C'è gente che prende questo aspetto di esaltazione luttuosa per dare l'annuncio di un decesso, ma qui pareva trattarsi soltanto di una storia minuziosissima di pillole e telefonate, che rinunciai subito a seguire. La donna era cupa già di per sé, come credo di aver detto, ma dovevo scoprire allora che aveva il gusto dei particolari forti; mi descrisse, schiacciando la voce, quanto aveva vomitato la signora; «ma è stata la sua salvezza, se non le vomitava moriva». Mi attaccava in faccia, dicendo questo, gli occhi grossi di un nero denso e come oleoso; bassa di statura qual era, parecchio meno alta di me, per fissarmi meglio torceva un po' indietro il collo corto e grasso, che faceva la piega. Io ero occupata a pensare: ma che donna sgradevole; e continuavo a seguirla male.

Ci uscì addosso, da una delle porte aperte, la signorina Elena, la sorella maggiore di Elvira, e vedendomi insieme con la donna, immediatamente diventò scarlatta. Era seccatissima, si vedeva; due righe fonde e dure le si incisero dagli angoli della bocca ai lati del mento, irrigidendo perfino la carne molle del sottogola. Ma mi sorrise (povera donna, che sforzo) e mi sequestrò subito, portandomi in sala.

Avevo capito o non avevo capito, a questo punto? In un caso come nell'altro, non potevo decentemente fare a meno di ripetere: «Sta meglio, allora, sua sorella?» Lo dissi, sentendomi diventar rossa a mia volta, perché, capito o meno, sentivo di camminare sui gusci d'uovo. Sempre congestionata in faccia, con un'aria spersa e fuor di sé da far pensare a una portinaia un po' bevuta, o qualche cosa di simile, la zia di Maria cominciò a rispondermi con le frasi più innocue: meglio, grazie; ormai non ha più niente; sta riposando, ma più tardi si alzerà; le dirò che ci sei stata, le farà piacere. «Maria? È uscita Maria, l'ho mandata fuori io per forza a vedere di farla svagare un po',

proprio per scrupolo, perché è così mummia, quella figliola! Io non sono capace a capirla. Vuoi crederlo? Ieri con quello che è successo, lei è stata solo buona a chiudersi in camera coi libri, come se non fossero fatti suoi. Prima, va bene, mi ha telefonato, a questo c'è arrivata, e veramente credevo che si fosse impressionata anche troppo, a vederla il primo momento, tanto che mi son sentita scappare il sangue, ho pensato subito al peggio; ma dopo, quando si è stancata di stare con le mani in mano nel corridoio, ha preso su e se ne è andata in camera, e un momento che mi è venuto nell'idea di andarci a guardare, perché, non si sa mai!, l'ho vista che si teneva le dita nelle orecchie per non essere disturbata, capisci a che punti?... Non si è nemmeno scomodata a farsi da mangiare; alle sei passate mi spunta in cucina, pallida come una morta, a cercare pane e formaggio.»
Queste Croce dovevano essere proprio un po' corte di cervello per sbottonarsi con la prima venuta (o quasi); la signorina Elena, che da principio aveva cercato di metter pezze con le sue risposte prudenti, nel giro di due minuti si era lasciata prendere la mano dall'abbondanza delle parole e si trovava sull'orlo di farmi uno sfogo completo, a me che avevo diciott'anni, la conoscevo poco e tra l'altro non l'avevo nemmeno simpatica. È vero che su quello che più contava doveva già credermi informata dalla donna di servizio.
«Mah!» disse. «Che cose!»; e improvvisamente, mentre si strizzavano fuor delle ciglia due lacrime scintillanti, aggiunse con forza: «Già, mia sorella è sempre stata una stupida. Il mio povero papà se l'era ben immaginato subito che la cosa non andava; l'aveva ben avvertita "non è uomo per te"; non ne voleva sapere di questo matrimonio, e aveva ragione. Quanto l'ho sentito gridare che mai e poi mai, che non se ne parlasse neanche; e mia sorella a piangere come se si svenasse. Si era intestata: era innamorata! La prendevamo con le buone, noi due maggiori, a convincerla che, lasciando perdere che fosse di un'altra razza, anche solo per la condizione sociale non era adatto». (Diceva

"condissione sociaaale" con la cantilena rivierasca di Ponente, eppure non dubitai che una disparità in quel matrimonio ci fosse stata davvero: la borghesia è borghesia e i soldi, soldi, e mariti e buoi dei paesi tuoi, eccetera.)
«"Sta' attenta a quello che fai" io le dicevo; "noi non possiamo conoscerlo come sia veramente, sarà anche geloso alla maniera dei paesi di laggiù, ti farà una vita impossibile." E difatti, e difatti: se i muri potessero mai parlare!... Lei che aveva scartato tante occasioni senza paragone meglio di questa, non c'era buon senso a volersi rovinare così. Se non le ha fatto stentare la vita in questi anni, non è stato merito suo di sicuro. Ma che cosa è mai l'amore! Non c'è stato verso, l'ha voluto per forza.»
E naturalmente, pensai in un lampo di chiaroveggenza, davvero mica male per l'età che avevo – naturalmente è da allora che cerca di fargliela pagare. Quante volte glielo aveva rinfacciato, in vent'anni, di aver sceso per amor suo quel benedettissimo scalino, o scalino e mezzo? Era questo che intendeva, quando gridava: «non te lo perdonerò mai»? D'un tratto sentii di parteggiare così forte per il disgraziato Scoccimarro, che quando la signorina Elena soggiunse: «Era un bell'uomo, allora, devi sapere», io ribattei, a collo rigido: «Lo è ancora. Trovo, almeno».
Ma mi sentivo venir freddo all'idea di imbattermi un'altra volta nella sua faccia di piombo livido, con la barba da fare, e magari dovergli trovare gli occhi arrossati. La cosa, per i miei gusti, stava diventando troppo reale; mi si stava facendo troppo vicina; come la donna, poco fa, che insisteva a darmi delle toccatine furbesche sulle braccia e le spalle, per spiegarsi meglio, e io, dài, un passo indietro, un altro passo indietro, come se avesse una brutta malattia...
Decisamente non l'avevo questa curiosità di conoscere, diretti e crudi, i guai di casa d'altri. Respirarne l'atmosfera, seguirne fantasticando le tracce quasi visibili sulle tappezzerie scurite delle stanze, questo sì; "se i muri potessero parlare" aveva detto la signorina Elena, ed erano tre mesi infatti che io stavo ad ascoltarli. Ma se la signora Elvira quando si attaccava al

telefono parlasse a un amante, se avesse inghiottito le pastiglie per morire o far finta di morire, se, stanca della sua normale occupazione di dilaniare[27] il marito ed esserne dilaniata, avesse cercato di meglio per mezzo dell'infedeltà o del suicidio o di tutt'e due - queste erano le cose che non mi importava di sapere. Preferivo, tutto sommato, preoccuparmi dell'infelicità coniugale delle donne nel medioevo.

27. dilaniare: fare a pezzi.

In qualche modo avrò pur preso congedo, ma non me ne ricordo. Moralmente, la cosa sta così: che scappai come una lepre, lasciando nelle peste Maria. Poverina, pensavo intanto; aveva avuto ragione: c'era davvero un amore tra i suoi genitori, per disgrazia loro e sua. La capivo tanto, adesso, se aveva preso il partito di planare in un mondo suo, più secco e austero, fatto di studio e di idee astratte. Ma non potevo far niente per lei: sarebbe stato troppo imbarazzante per entrambe dirle: «Hai avuto ragione». La lasciai nella sua malinconica autosufficienza; la mollai, per usare il verbo che ci vuole.

Dovevo, appunto, in quel periodo, andare in campagna da quell'altra mia amica, che venne a prendermi con l'auto nera dei suoi nonni e l'autista-giardiniere che legava con le cinghie sul portabagagli certe curiose valigie fatte apposta per l'automobile, nere anche loro a forma appiattita. Proprio con quella macchina percorsi per la prima volta la strada del Turchino, ignorantemente, senza informarmi del nome. Era tutto nuovo e splendido; le acacie, gli abeti, belli come apparizioni del momento; nelle visioni di case velate dagli alberi e subito annullate dalla curva seguente, nessuno, per quel che io pensassi, era mai vissuto un'estate. A Maria spedii poi una cartolina dalla campagna; due, anzi.

Da: Beatrice Solinas Donghi, *L'Aquilone drago*, RCS Rizzoli Libri.

2. La memoria degli altri

Chi sono io rispetto agli altri? Attraverso incontri e confronti un ampliamento della coscienza di sé.

Antonio Tabucchi

I TRENI CHE VANNO A MADRAS

Antonio Tabucchi è nato a Pisa nel 1943. Docente di letteratura portoghese all'Università di Genova, ha tradotto l'opera dello scrittore portoghese Fernando Pessoa, sul quale ha scritto anche numerosi saggi critici. Sue opere: *Piazza d'Italia*, *Il piccolo naviglio*, *Il gioco del rovescio*, *Donna di Porto Pim*, *Notturno indiano*, *I volatili del Beato Angelico*, *Piccoli equivoci senza importanza*, *Il filo dell'orizzonte*.

Come in quasi tutti i suoi racconti, Tabucchi fa parlare in prima persona il protagonista, il viaggiatore che decide di andare in treno da Bombay a Madras per gustare fino in fondo un'esperienza esotica, aperta a incontri imprevedibili.
Il suo compagno di scompartimento risveglia fin dal primo istante la sua e la nostra curiosità: l'uomo che sa conversare in modo così colto e amabile rivela una personalità sfuggente e inquietanti qualità ambigue. Non a caso il suo nome sul falso passaporto è Peter Schlemihl, il personaggio del romanzo di Chamisso costretto a vivere senza la propria ombra.

I treni che da Bombay vanno a Madras partono dalla Victoria Station. La mia guida assicurava che una partenza dalla Victoria Station vale da sola un viaggio in India, e questa era la prima motivazione che mi aveva fatto preferire il treno all'aereo. La mia guida era un libretto un po' eccentrico[1] che dava consigli perfettamente incongrui,[2] e io lo stavo seguendo alla lettera. Il fatto era che anche il mio viaggio era perfettamente incongruo, dunque quello era il libro fatto apposta per me. Trattava il viaggiatore non come un predone avido di immagini stereotipe[3] al quale si consigliano tre o quattro itinerari obbligatori come nei grandi musei visitati di corsa, ma alla stregua di un essere vagante e illogico, disponibile all'ozio e all'errore. Con l'aereo, diceva, farete un viaggio comodo e rapido, ma salterete l'India dei villaggi e dei paesaggi indimenticabili. Con i treni di lunga percorrenza vi sottoporrete al rischio di soste fuori programma e potrete anche arrivare un giorno più tardi del previsto, ma vedrete la *vera* India. Però, se avrete la fortuna di prendere il treno giusto, sarà puntualissimo e confortevole, avrete cibo eccellente e un servizio perfetto, e un biglietto di prima classe vi costerà meno della metà di un biglietto aereo. E poi non dimenticate che sui treni indiani si possono fare gli incontri più imprevedibili.
Queste ultime considerazioni mi avevano definitivamente convinto; e forse mi era anche capitata la fortuna del treno giusto. Avevo attraversato paesaggi di rara bellezza, o comunque indimenticabili per l'umanità che avevo visto; il vagone era di un conforto eccezio-

1. **eccentrico**: strano, anticonvenzionale.

2. **incongrui**: sproporzionati e inadatti.

3. **stereòtipe**: convenzionali.

nale, l'aria condizionata gradevole, il servizio impeccabile. Stava calando il crepuscolo e il treno attraversava un paesaggio di montagne rosse e scabre. Il servitore entrò con uno spuntino su un vassoio di legno laccato, mi porse una salvietta umida, mi versò il tè, mi informò con discrezione che ci trovavamo in mezzo all'India. Mentre mangiavo sistemò la mia cuccetta, specificò che il vagone ristorante restava aperto fino alla mezzanotte e che se desideravo cenare nel mio scompartimento bastava che suonassi il campanello. Lo ringraziai con una piccola mancia e gli restituii il vassoio vuoto. Poi restai a fumare guardando dal finestrino quel panorama ignoto, pensando al mio strano itinerario. Andare a Madras a visitare la Società Teosofica,[4] per un agnostico,[5] e per di più fare due giorni di treno, era un'impresa che probabilmente sarebbe piaciuta agli strambi autori della mia stramba guida di viaggio. Ma la verità era che una persona della Società Teosofica mi avrebbe potuto fornire un'informazione alla quale tenevo moltissimo. Era una tenue speranza, forse un'illusione, e non volevo bruciarla nel breve spazio di un viaggio aereo: preferivo cullarla e assaporarla con un certo agio, come si ama fare con le speranze alle quali teniamo molto e che sappiamo hanno poche possibilità di realizzarsi.

La frenata del treno mi strappò alle mie considerazioni, forse al mio torpore. Probabilmente mi ero appisolato per qualche minuto e il treno era già entrato in una stazione senza che potessi leggere il nome sul cartello. Avevo letto sulla guida che una delle fermate intermedie era Mangalore, o forse Bangalore, non ricordavo bene, ma ora non avevo voglia di mettermi nuovamente a sfogliare il libro per cercare l'itinerario della strada ferrata. Sotto la pensilina c'erano rari viaggiatori: indiani vestiti all'occidentale dall'aspetto di persone facoltose, un gruppo di donne, alcuni facchini affaccendati. Doveva essere una città importante e industrializzata. In lontananza, oltre i binari, si vedevano le ciminiere di una fabbrica, grandi edifici e viali alberati.

4. Teosòfica: che si occupa di una dottrina religioso-filosofica, la quale predica la ricerca del contatto diretto con la divinità.

5. agnòstico: persona indifferente al problema religioso.

L'uomo entrò mentre il treno si stava rimettendo in movimento. Mi salutò frettolosamente, verificò che il numero della cuccetta libera corrispondesse a quello del suo biglietto e dopo avere constatato che non c'erano errori mi chiese scusa dell'intrusione. Era un europeo di una grassezza flaccida, portava un completo blu abbastanza fuori luogo dato il clima e un cappello elegante. Come bagaglio aveva soltanto una valigetta ventiquattrore di cuoio nero. Si sedette al suo posto, trasse di tasca un fazzoletto candido e si pulì con cura gli occhiali da vista, sorridendo. Aveva un'aria affabile ma riservata, quasi compunta.[6] «Anche lei va a Madras?» mi chiese senza aspettare la mia risposta, «questo treno è molto puntuale, arriveremo domani mattina alle sette.»

Parlava un buon inglese con accento tedesco, ma non mi parve tedesco. Olandese, mi venne da pensare senza sapere perché, o forse svizzero. Aveva l'aria di un uomo d'affari, così a prima vista pareva sulla sessantina, ma forse era più vecchio. «Madras è la capitale dell'India dravidica,[7]» aggiunse, «se non c'è mai stato avrà cose straordinarie da vedere.» Parlava con disinvoltura un po' staccata degli europei che conoscono l'India, e mi preparai a una conversazione basata sulle banalità. Decisi che era opportuno informarlo che potevamo cenare nel vagone ristorante, preferendo intercalare i prevedibili luoghi comuni dell'inevitabile dialogo con i necessari silenzi previsti da un pasto consumato civilmente.

Mentre camminavamo nel corridoio mi presentai scusandomi per la distrazione di non averlo fatto prima. «Oh, le presentazioni sono diventate una formalità inutile, ormai,» affermò con la sua aria affabile.

Accennò un lieve inchino con la testa. «Mi chiamo Peter» concluse.

A cena si dimostrò un esperto prezioso. Mi sconsigliò le cotolette vegetali sulle quali mi stavo orientando per pura curiosità, «perché i vegetali devono essere molto variati e lavorati,» disse, «ed è difficile che ciò possa verificarsi nelle cucine di un treno». Tentai timidamente altri cibi a caso, suscitando sempre la sua

6. **compunta**: che mostra afflizione o pentimento.

7. **dravidica**: i dravidi sono una popolazione antichissima, che già abitava l'India prima dell'invasione degli arii.

disapprovazione. Alla fine acconsentii al *tandoori* di agnello che egli aveva scelto per sé, «perché l'agnello è un cibo nobile e sacrificale, e gli indiani hanno il senso della ritualità del cibo».

Parlammo molto delle civiltà dravidiche, anzi, parlò quasi sempre lui, perché i miei interventi si limitavano alle domande tipiche dell'inesperto, a qualche timida obiezione, perlopiù al consenso incondizionato. Mi descrisse con dovizia di dettagli i rilievi rupestri di Kancheepuram e l'architettura dello Shore Temple, mi parlò di culti arcaici e ignoti, estranei al panteismo[8] induista, come quello delle aquile bianche di Mahabalipuram; del significato dei colori, dei riti funebri, delle caste. Gli esposi con qualche esitazione quello che sapevo: le mie conoscenze della penetrazione europea sulle coste del Tamil; parlai della leggenda del martirio di San Tommaso a Madras, del fallito tentativo dei portoghesi di fondare un'altra Goa su quelle coste, delle loro guerre con i reami locali, dei francesi di Pondicherry. Egli completò le mie informazioni e corresse certe mie inesattezze sulle dinastie indigene citando nomi, date, luoghi e avvenimenti. Parlava con sicurezza e competenza, e la sua erudizione denotava una vastità di conoscenze che lo facevano supporre un esperto qualificato, forse un professore universitario o uno studioso illustre. Glielo chiesi in modo diretto, con una certa ingenuità, sicuro di una risposta affermativa. Egli sorrise non senza finta modestia e scosse il capo. «Solo un semplice amatore,» disse, «è una passione che il destino mi ha invitato a coltivare.»

La sua voce aveva una nota struggente, mi parve, come un rimpianto o una pena. I suoi occhi erano lustri, e il volto glabro[9] pareva più pallido sotto la luce del vagone ristorante. Aveva mani delicate e i gesti stanchi. C'era una sorta di incompiutezza, nel suo aspetto, qualcosa di dimidiato,[10] ma era difficile dire che cosa: pensai a qualcosa di infermo e di nascosto, come una vergogna.

Tornammo nel nostro scompartimento continuando a conversare, ma ora la sua verve[11] si

8. **panteismo**: dottrina filosofico-religiosa secondo cui Dio si identifica con la natura del mondo.

9. **glabro**: senza peli.

10. **dimidiato**: dimezzato.

11. **verve**: (francese) brillantezza nel parlare, eloquenza.

era affievolita e il nostro colloquio era intercalato da lunghi silenzi. Mentre ci disponevamo a prepararci per la notte, solo per dire qualcosa, senza una ragione specifica, gli chiesi perché viaggiasse in treno, piuttosto che in aereo. Pensavo che per una persona della sua età sarebbe stato più agevole e comodo usare l'aereo, invece di sottoporsi a un viaggio così lungo; e probabilmente mi aspettavo la confessione del timore di un simile mezzo di trasporto, come a volte accade a persone che non vi furono abituate nella giovinezza.

Il signor Peter mi guardò perplesso, come se non ci avesse mai pensato. Poi si illuminò all'improvviso e disse: «Con l'aereo si fanno viaggi comodi e rapidi, ma si salta la vera India. Certo con i treni che fanno lunghi percorsi c'è il rischio di arrivare anche con un giorno di ritardo; ma se si ha la fortuna di indovinare il treno giusto si può fare un viaggio molto confortevole e arrivare con estrema puntualità. E poi sul treno c'è sempre il piacere di una conversazione che l'aereo non permette».

Fu più forte di me e mormorai: «India, a travel survival kit».[12]

«Come?» disse lui.

«Niente,» risposi, «mi era venuto in mente un libro.» E poi dissi con sicurezza: «Lei non è mai stato a Madras».

Il signor Peter mi guardò con candore.[13] «Per conoscere un luogo non è sempre necessario esserci stati,» affermò. Si tolse la giacca e le scarpe, infilò la sua valigetta sotto il cuscino, tirò la tenda della sua cuccetta e mi augurò la buona notte.

Avrei voluto dirgli che anche lui aveva una tenue speranza, e per questo aveva preso il treno: perché preferiva cullarla e assaporarla a lungo, invece di bruciarla nel breve spazio di un viaggio aereo, ne ero certo. Ma naturalmente non dissi niente, spensi la luce centrale, lasciai la *veilleuse*[14] azzurra, tirai la mia tenda e gli augurai la buona notte.

Ci svegliò il fastidio della luce accesa all'improvviso e una voce che chiedeva qualcosa. Dal finestrino si vedeva una baracca di tavole ri-

12. a travel survival kit: (inglese) manuale di sopravvivenza per il viaggiatore.

13. candore: ingenuità.

14. *veilleuse*: (francese) lampada dalla luce fioca.

schiarata da una luce fioca, con un cartello incomprensibile. Il controllore era accompagnato da un poliziotto molto scuro dall'aria sospettosa. «Stiamo entrando nel paese Tamil Nadu,» disse il controllore con un sorriso, «è una pura formalità.» Il poliziotto tese la mano e disse: «Documenti, prego».
Guardò il mio passaporto con aria distratta e lo richiuse subito. Sul documento del signor Peter si trattenne con maggiore attenzione. Mentre lo esaminava mi accorsi che era un passaporto israeliano. «Mister... Shi... mail?» sillabò faticosamente il poliziotto.
«Schlemihl,» corresse il mio compagno di viaggio. «Peter Schlemihl.»
Il poliziotto ci restituì i documenti, spense la luce e si accomiatò freddamente. Il treno aveva ripreso a correre attraverso la notte indiana, la luce della lampada azzurra creava un'atmosfera di sogno, restammo a lungo in silenzio, poi alla fine io parlai. «Lei non può avere questo nome,» dissi, «esiste un solo Peter Schlemihl, è un'invenzione di Chamisso,[15] e lei lo sa perfettamente. Una cosa del genere va bene per un poliziotto indiano.»
Il mio compagno di viaggio non rispose. Poi mi chiese: «Le piace Thomas Mann?»
«Non del tutto,» risposi.
«Che cosa?»
«I racconti, alcuni romanzi brevi, *Tonio Kröger, Morte a Venezia.*»
«Non so se conosce una prefazione al *Peter Schlemihl*,» disse lui, «è un testo ammirevole.»
Il silenzio cadde di nuovo. Pensai che il mio compagno si fosse addormentato, ma non poteva essere, certo. Aspettava solo che parlassi io, e io parlai.
«Che cosa va a fare a Madras?»
Il mio compagno di viaggio non rispose subito. Tossì leggermente. «Vado a vedere una statua,» sussurrò.
«È un lungo viaggio, per vedere una statua.»
Il mio compagno non rispose. Si soffiò il naso a più riprese. «Voglio raccontarle una piccola storia.» Parlava sommessamente e la sua voce mi giungeva attutita da dietro la tenda. «Molti anni fa, in Germania, conobbi un uomo. Era

15. Chamisso: Adalbert von Chamisso (1781-1838) è uno scrittore franco-tedesco. Nella sua *Meravigliosa storia di Peter Schlemihl* (1814) racconta di un uomo che cede al diavolo la sua ombra in cambio di una borsa magica che produce oro; egli si pente però amaramente dello scambio, perché tutti hanno orrore di un uomo senza ombra e lo evitano.

un medico, e doveva visitarmi. Stava seduto dietro una scrivania e io stavo in piedi nudo davanti a lui. Dietro di me c'era una fila di altri uomini nudi che egli doveva visitare. Quando ci avevano condotti in quel luogo ci avevano detto che noi servivamo al progresso della scienza tedesca. Accanto al medico c'erano due guardie armate e un infermiere che riempiva delle schede. Egli ci poneva delle domande precise concernenti le nostre funzioni virili, l'infermiere procedeva a certe analisi sui nostri corpi, e poi scriveva. La fila procedeva svelta, perché quel medico aveva fretta. Quando avevo già superato il mio turno, invece di proseguire verso la stanza in cui ci conducevano, indugiai qualche attimo, perché il mio sguardo fu attratto da una statuetta che il medico teneva sulla scrivania. Era la riproduzione di una divinità orientale, ma io non l'avevo mai vista. Rappresentava una figura danzante, con le braccia e le gambe in posizioni armoniche e divergenti iscritte in un circolo. C'erano solo pochi spazi aperti in quel circolo, piccoli vuoti che aspettavano di essere chiusi dall'immaginazione di chi la guardava. Il medico si accorse del mio rapimento e sorrise. Aveva una bocca sottile e beffarda. Questa statua rappresenta il circolo vitale, disse, nel quale tutte le scorie devono entrare per raggiungere la forma superiore della vita che è la bellezza. Le auguro che nel ciclo biologico previsto dalla filosofia che concepì questa statua lei possa avere, in un'altra vita, un gradino superiore a quello che le è toccato nella sua vita attuale.»
Il mio compagno di viaggio tacque. Nonostante il rumore del treno potevo avvertire perfettamente la sua respirazione pausata e profonda.
«Vada avanti, la prego,» dissi.
«Non c'è molto da aggiungere,» disse lui, «quella statua era l'immagine di Shiva[16] danzante, ma io allora non lo sapevo. Come vede non sono ancora entrato nel circolo del riciclaggio vitale, e la mia interpretazione di quella figura è un'altra. Ci ho pensato ogni giorno, è l'unica cosa a cui ho pensato in tutti questi anni.»
«Quanti anni sono passati?»
«Quaranta.»

16. Shiva: principale divinità della religione indù.

«Si può pensare a una sola cosa per quarant'anni?»
«Credo di sì, se si è provata su di noi la turpitudine.»[17]
«E quale è la sua interpretazione di quella figura?»
«Credo che essa non rappresenti affatto il circolo vitale. Rappresenta semplicemente la danza della vita.»
«In che cosa consiste la differenza?» chiesi io.
«Oh, è molto diverso,» sussurrò il signor Peter. «La vita è un cerchio. C'è un giorno in cui il cerchio si chiude, e noi non sappiamo quale.» Si soffiò di nuovo il naso e poi disse: «E ora mi scusi, sono stanco, se permette vorrei cercare di dormire».

17. turpitudine: malvagità, umiliazione.

Mi svegliai nei dintorni di Madras. Il mio compagno di viaggio era già rasato e pronto nel suo impeccabile vestito blu. Aveva un'aria riposata e sorridente, aveva rialzato la sua cuccetta e mi indicava il vassoio della colazione posato sul tavolo accanto al finestrino.
«Ho aspettato che si svegliasse per prendere il tè insieme,» disse. «Non ho voluto disturbarla, dormiva così bene.»
Entrai nello stanzino del lavabo e feci rapidamente la toeletta mattutina, raccolsi le mie cose, sistemai il mio bagaglio e mi sedetti davanti alla colazione. Cominciavamo a percorrere un luogo abitato, una zona di villaggi popolosi con le prime avvisaglie di città.
«Come vede siamo in perfetto orario,» disse il mio compagno, «sono le sette meno un quarto.» Piegò con cura il suo tovagliolo. «Mi piacerebbe che anche lei andasse a vedere quella statua,» aggiunse, «si trova nel museo di Madras. Mi piacerebbe sapere cosa ne pensa.» Si alzò in piedi e prese la sua valigetta. Mi tese la mano e mi salutò col suo tono affabile. «Sono grato alla mia guida di viaggio che consigliava questo mezzo di trasporto,» disse, «è vero che sui treni indiani si possono fare gli incontri più inattesi: la sua compagnia è stata per me un piacere e un conforto.»
«È un piacere reciproco,» replicai, «sono io che sono grato ai consigli della mia guida.»

Stavamo entrando nella stazione, davanti a un marciapiede brulicante di folla. Il treno azionò i freni e il convoglio si fermò dolcemente. Gli cedetti il passo ed egli scese per primo, facendomi un cenno di saluto con la mano. Mentre si allontanava lo chiamai e lui si voltò.
«Non so dove potrei eventualmente comunicarle la mia opinione,» gridai, «non ho il suo indirizzo.»
Lui tornò sui suoi passi, con quell'aria perplessa che già gli conoscevo, e rifletté un istante. «Mi lasci un messaggio all'American Express,» disse, «passerò a raccoglierlo.»
Poi ciascuno di noi si perse tra la folla.

A Madras restai solo tre giorni. Furono giorni intensi, quasi febbrili. Madras è una città enorme di case basse e di immensi spazi incolti, ingorgata da un traffico di biciclette, di autobus sconnessi e di animali; per percorrerla da una punta all'altra ci vuole molto tempo. Assolti gli obblighi che mi aspettavano mi restò un solo giorno di libertà, e al museo preferii una visita ai rilievi rupestri di Kancheepuram, che distano molti chilometri dalla città. La mia guida, anche in quell'occasione, si rivelò una preziosa compagnia.
La mattina del quarto giorno mi trovavo in una stazione degli autobus che fanno il percorso per il Kerala e per Goa. Mancava un'ora alla partenza, faceva un caldo torrido e le pensiline dell'enorme hangar[18] della stazione erano l'unico rifugio contro la calura delle strade. Per ingannare l'attesa comprai il giornale in lingua inglese di Madras. Era un giornale di appena quattro fogli, dall'aspetto di giornale di parrocchia, con molti annunci di ogni specie, riassunti di film popolari, cronaca cittadina. In prima pagina, con molto rilievo, c'era la notizia di un omicidio avvenuto il giorno precedente. La vittima era un cittadino di nazionalità argentina che viveva a Madras dal 1958. Era descritto come un signore schivo e discreto, senza amicizie, settantenne, che viveva in una villetta nel quartiere residenziale di Adyar. La moglie era deceduta tre anni prima per cause naturali. Non avevano figli.
Era stato ucciso con un colpo di pistola al cuore. Era un omicidio apparentemente inspiegabile,

18. hangar: capannone – normalmente per gli aerei – con il tetto a forma di volta a botte.

perché l'assassino non aveva agito a scopo di furto. La casa risultava in ordine, senza tracce di scassi. L'articolo descriveva l'abitazione come una residenza semplice e sobria, con alcuni pezzi d'arte di buon gusto e un piccolo giardino. Pareva che la vittima fosse un intenditore di arte dravidica; il giornale menzionava alcuni servigi resi nella catalogazione del locale museo e riportava la fotografia di uno sconosciuto: il viso di un vecchio calvo, con gli occhi chiari e la bocca sottile. Era una descrizione neutra e anodina.[19] L'unico particolare curioso era la fotografia di una statuetta abbinata al volto della vittima. Si trattava certo di un abbinamento plausibile, perché la vittima era un intenditore di arte dravidica e la danza di Shiva è il pezzo più noto del museo di Madras, una specie di simbolo. Ma quell'accostamento plausibile suscitò in me un altro accostamento. Mancavano ancora venti minuti alla partenza, cercai un telefono e feci il numero dell'American Express. Mi rispose una signorina gentile. «Vorrei lasciarle un messaggio per il signor Schlemihl,» dissi. La signorina mi pregò di attendere un attimo e poi disse: «Per il momento non abbiamo nessuna persona con un recapito a questo nome, ma se lo desidera può lasciare ugualmente il suo messaggio, gli sarà consegnato appena passerà».
«Pronto, pronto,» ripeté la telefonista che non sentiva più la mia voce.
«Un attimo, signorina,» dissi, «mi lasci riflettere un attimo.»
Che cosa potevo dire? Pensai al ridicolo del mio messaggio. Forse che avevo capito? E che cosa? Che per qualcuno il cerchio si era chiuso? «Non ha importanza,» dissi, «ho cambiato idea.» E riattaccai.
Non escludo che la mia immaginazione abbia lavorato più del consentito. Ma se avessi indovinato quale era l'ombra che il signor Schlemihl aveva perduto; e se mai gli capitasse di leggere questo racconto, per lo stesso strano caso che ci fece incontrare quella sera in treno, vorrei che gli giungesse il mio saluto. E la mia pena.

19. anòdina: impersonale.

Da: Antonio Tabucchi, *Piccoli equivoci senza importanza*, Feltrinelli.

Mino Milani

QUELLE STAGIONI FORSE

Mino Milani è nato a Pavia nel 1928, collabora a numerosi giornali e ha diretto, tra il 1977 e il 1978, quello della sua città, "La Provincia Pavese". Autore di romanzi e racconti d'avventura, di serie di fumetti ormai considerate classiche e di rigorose monografie storiche, Milani ha tra l'altro firmato una grande biografia critica di *Garibaldi*, il suo eroe. Alla sua città ha dedicato le inquietanti pagine dei romanzi *Fantasma d'amore* e *Selina*. Tra i suoi tanti libri per ragazzi vanno ricordati *Tommy River*, *Le isole della paura* ed *Efrem*.

Milani si presenta nei panni di un intervistatore curioso dell'esistenza di un grande chirurgo. Lo seguiamo passo passo, nello struggente "museo dei ricordi"; una stanza in cui sono stati raccolti gli oggetti appartenenti a un'infanzia felice: la vecchia culla, le pagelle scolastiche, la pelle del primo coniglio cacciato, i libri di avventure.
Ma, mano a mano che l'ospite commenta i cari ricordi, l'infanzia esemplare che ci viene proposta acquisisce una strana e ambigua luce. Sarà la moglie del chirurgo a spiegare quale seguito si nasconde sotto questo morboso attaccamento ai ricordi.

Era una di quelle villette lungo il viale della vecchia circonvallazione; grigia, a un solo piano, con una cancellata e un giardinetto: come le altre, tutte costruite più o meno cinquant'anni fa, quando s'usava così, e quello era un angolo tranquillo di periferia. La targa d'ottone immacolata recava il suo nome inciso, Rinaldi, così, semplicemente, senza alcun titolo, alcuna qualifica. Suonai; attesi un poco, la porta si socchiuse e una donna vestita di nero mi guardò, dall'alto dei tre gradini, come attendendo una risposta. Dissi: «Ho un appuntamento con il professore».
«È il giornalista?» domandò.
«Sì. Il professore...», cominciai; uno scatto, e il cancello si aprì; la donna scese un gradino, e m'accorsi solo allora del grembialino candido e dei guanti di filo bianco, non immaginavo che potessero esserci ancora cameriere vestite così. Con un sorriso, e come a chiedermi scusa fece: «Il signor professore non c'è. Ma venga, entri», scese un altro gradino, e recitò: «Il signor professore si scusa, ma è trattenuto in clinica per un intervento d'urgenza.»
«Posso tornare più tardi» risposi stando sul cancello; fece segno di no, preoccupata: «No, signore. S'accomodi», e risalì i gradini aprendo del tutto la porta. Mentre entravo riprese: «Il signor professore ha detto d'aspettarlo nel suo studio e se gradisce un caffè».
«Grazie, no» e la seguii per un corridoio lucido e in penombra, un lungo tappeto a terra, quadri alle pareti; bei quadri, mi parve, ma non me ne intendo molto di pittura. C'era silenzio, e lieve

odore di cera. La donna aprì l'uscio. «S'accomodi. Ha detto che non dovrebbe tardare.»
Feci segno di sì, ed entrai.
Era uno studiolo non molto spazioso, con pareti scaffalate e piene di libri, una piccola, vecchia e probabilmente preziosa scrivania, due poltroncine imbottite. Dalla finestra si vedeva un muro completamente ricoperto di vite canadese lucida di umidità. Incorniciato dagli scaffali, sulla destra, un vano aperto, quasi un invito a passare oltre. Va bene, diamo un'occhiata qui, pensai, cominciamo a vedere che cosa legge il nostro uomo. Libri di storia, soprattutto della seconda guerra mondiale, romanzi classici e moderni; e andando avanti vidi, non senza una certa sorpresa, libri per bambini, ma sì, *Pollicino*, *Peter Pan*, *Senza Famiglia*, *Pinocchio* eccetera; e più oltre tutto Salgari, in bella edizione rilegata, tutto Stevenson, un sacco di roba di Jules Verne, tutto Conrad. Già. Questo mi andava bene: il grande chirurgo che, nel suo studio privato, non ha testi di medicina o fasci di cartelle cliniche, ma libri di storia, fiabe, romanzi d'avventura. Avrei potuto anche cominciare l'articolo così; e di scaffale in scaffale, intanto, ero arrivato a quel passaggio, e vidi l'altra stanza. Mormorai: «Ma guarda», e non entrai subito, e cercai di imprimerla nella mente così come la vedevo. Quello sì che sarebbe valsa la pena di raccontarlo.
Era un locale vasto almeno il doppio dello studio, mi parve; sul fondo una vetrata che s'apriva, come vidi poi, sul piccolo giardino dietro la casa; a sinistra un camino, con alari[1] in ferro battuto e un vaso di rame colmo di fiori al posto della legna: ma la piastra e i refrattari[2] erano neri di fumo, e quello era certamente un camino che, nella stagione giusta, veniva acceso. Davanti, tre poltroncine messe a semicerchio; un divano, contro una parete, un tavolo rotondo, con sopra una quantità di piccoli oggetti d'argento e a terra, anziché tappeti, bianche e soffici pelli di orso. Ma quella che avevo visto subito, e che mi aveva incuriosito, era quella pelle di coniglio, sulla parete, vicino alla vetrata.
Entrai, diedi un'occhiata da vicino. Sì, una

1. **alàri**: arnesi di metallo usati nei caminetti per sostenere la legna.
2. **refrattari**: parte del caminetto fatta in un materiale che non assorbe calore.

vecchia e lisa pelle di coniglio inchiodata al muro: la testa non c'era più, la coda era ridotta a un povero batuffolo. Questa non me l'aspettavo. Roba da ragazzi, no?, la pelle d'un coniglio non è un trofeo da ragazzi? Non so come abbassai gli occhi: c'era una rozza culla di legno, messa su una grossa lastra di granito: mai vista roba del genere, pensai, deve essere una vecchia culla contadina. Mi piegai sulle ginocchia, la toccai. Oscillò per un attimo. Era netta e senza un granello di polvere. Tirandomi su, mi trovai proprio di fronte a quella che m'era parsa una incisione, ed era invece una vecchia fotografia, in una cornice dorata: un gruppo di bambini, tutti quanti benvestiti, ciascuno con in mano una grossa immagine della Madonna; alle loro spalle, benvestiti anch'essi, degli uomini; i nonni, gli zii, i padrini, insomma. Certo: la foto ricordo della prima Comunione. Cercai tra quelle piccole facce serie e stupefatte una che mi ricordasse quella del professore, ma rinunciai subito. Già. Doveva essere roba di cinquantacinque anni prima.

Senza muovermi, esaminai la parete, sentendomi invadere piano dalla calda e confortante sensazione d'aver sottomano qualche buon argomento. O sbagliavo di grosso, o quello era il... sì, il museo dell'infanzia del professor Rinaldi: e allora ecco che la pelle di coniglio aveva un senso. C'erano altre foto, tutte incorniciate con cura: gli scolari di una terza o di una quarta elementare, blusa nera e colletto bianco, compostamente seduti attorno a una maestra dal volto giovane, ovale e senza sorriso; una folla di ragazzini che si stringeva sorridente intorno a un paio di preti, contro uno scenario di cime nevose: ma sicuro, la gita dell'oratorio. Il ritratto, un po' sbiadito, d'una ragazzina, grembiale bianco da scuola, occhi spalancati e un po' malinconici: il primo amore, o forse una sorellina morta giovane. Andai a sedere su una delle poltroncine davanti al caminetto. Inutile prendere appunti. Così, il professor Rinaldi s'era costruito, in quella casa, il suo angolo di ricordi, di nostalgie e di certezze.

Avrei scritto che tutto questo, alla fine, deve essere necessario, per un chirurgo che quasi

ogni giorno se la vede con la morte, e per il quale la previsione è, se non impossibile, certo difficilissima.
Ripresi il viaggio attorno a quella stanza. C'era, in una bacheca di cristallo messa a muro, una completa divisa da balilla.[3] Pantaloncini grigioverde, camicia nera, fazzoletto azzurro, fez, medaglione col profilo del duce. C'erano tre pagelle scolastiche: sei, sei, sei, sette, buono in religione, nove in condotta: non molto brillante, il professore, a scuola. Probabilmente sarà andato meglio in università, mi dissi, e cercai l'inevitabile diploma di laurea. Non c'era; non c'era nulla che riguardasse l'università: solo cose d'infanzia e d'adolescenza, e tutte sistemate come, che so?, potrebbero essere sistemati in un museo i ricordi di Napoleone bambino. Un basso tavolo dal piano di cristallo conteneva una fionda, un vecchio temperino dal manico tenuto insieme con lo spago, una vecchia automobile a molla, con la sua brava chiavetta; in una ciotolina d'argento, qualche piccolo dente: ma sì, una volta, il papà e la mamma davano non so bene se dieci o cinquanta centesimi per ogni dente che si cambiava, no? C'erano due consunti guantoni da portiere, ricordo di remote partite di calcio; ed anche la foto della squadra, e Rinaldi doveva essere quel ragazzotto con berretto, con guantoni, appunto, e ginocchiere, sdraiato a terra davanti agli altri con il pallone sotto il gomito. Alternate a quadri tutti della stessa mano, e tutti raffiguranti paesaggi collinari, altre foto: un contadino grosso e tozzo, bocca sdentata e pipa in mano; delle donne e dei bambini tra filari grondanti di grappoli d'uva; un ragazzo in bicicletta, ma questa foto era corrosa dall'umidità. Un'altra fotografia, l'ultima, e qui Rinaldi lo si distingueva benissimo: eccolo, il terzo da sinistra, faccia abbronzata e ridente, calzoni corti, basco messo un po'alla ribalta, fucile a tracolla, bombe a mano alla cintura, il deserto alle spalle, gran sole. La guerra. Sì, sapevo che aveva combattuto[4] volontario in Africa Occidentale. E quella foto era, in un certo senso, la conclusione: dell'infanzia, della prima gioventù e del museo, anche. Non c'era niente

3. balilla: in epoca fascista erano i ragazzi tra otto e quattordici anni, inquadrati in formazioni paramilitari.

4. combattuto: allude ai combattimenti della seconda guerra mondiale.

altro, nessun cimelio più. No: vidi ancora, sulla mensola di marmo bianco del camino, sotto un gran quadro, una medaglia d'oro, in una semplice cornice in legno nero. Con stupore mi resi conto che era una medaglia al valore militare. Sta' a vedere che, adesso, è anche medaglia d'oro.
Tornai a sedere. C'era sempre quel gran silenzio, come se la casa sorgesse nel mezzo d'un grande parco, o di un immenso prato; sì, a ripensarci, anche da fuori dava quell'impressione di luogo di pace, anche se un po' polveroso e patetico; di luogo fuori dal tempo: ed era invece la dimora di un uomo immerso totalmente nel suo, nel nostro tempo. Mi sarebbe piaciuto visitarla tutta. Forse Rinaldi mangiava in vecchi piatti e in pesanti scodelle bianche, e dormiva nel letto dei suoi vecchi: questo sì che l'avrei scritto...
...E in quel momento sentii dei rumori, dei passi, delle voci; mi alzai, tornai nello studiolo e l'uscio si aprì e apparve il professore.
Era alto, asciutto, il collo un po' lungo, la testa forse piccola sulle spalle larghe; piccola la bocca, sotto quel gran naso. Mi guardò con occhi azzurroacqua e mi tese la mano.
«Abbia pazienza» disse, «abbia pazienza! Un bambino in condizioni disastrose, peritonite,[5] Dio sa come possano accadere ancora certe cose. Tutto bene, ad ogni modo» aggiunse, mettendo la mano sulle spalle della donna minuta e sottile che era entrata seguendolo, «tutto bene. Lei non conosce mia moglie, non c'era al congresso...»

5. peritonite: infiammazione della membrana che riveste i visceri e la cavità addominale.

Dissi qualcosa alla signora, che sorrise; e Rinaldi aveva continuato: «... ho fatto aspettare anche mia moglie, ma aspetta sempre, in certi casi, lo scriva pure; aspetta per delle ore, per poi portarmi a casa in macchina. Io» seguitò con un gran sorriso e andando a sedere alla vecchia sedia di vimini dietro la scrivania, «non so guidare, e non me ne importa niente, il mio autista, ce l'ho. Dovrei imparare, dice qualche collega, ma» sventolò con noncuranza la mano bella, perfetta, elegante «troppo tardi, troppo tardi.»

«Vedendola, professore» risposi, ed era banale ma era vero, «non si direbbe proprio che sia troppo tardi.»
«Già, già, ma gli anni sono quelli che sono. Così» riprese, dopo una pausa, «lei vuole sapere qualcosa da me. La sua rivista...»
«Lei rappresenta l'avanguardia, professore.»
«... seguo certi problemi, lo so. L'avanguardia? Esiste una avanguardia, da noi?, o non ci limitiamo a cercare di colmare dei ritardi? Non lo so, vuole qualcosa, un caffè, qualcosa da bere? Vuoi pensarci tu, Giulia?»
«Certamente» rispose la moglie, e scivolò fuori prima che potessi dirle che non volevo nulla. Avevo già preparato le domande, naturalmente. Tirai fuori dalla borsa il taccuino e cominciai. Rispose a tutto senza nessuna esitazione, sicuramente, puntualmente, con una sorta di candore accademico[6] e sconcertante. Pensai che non si doveva comportare diversamente in sala operatoria: aveva la risposta giusta per ogni domanda; ma non per la sua concretezza svanì quel tanto di suo fascino un po' nebbioso, né quella malinconia che non si curava di dissimulare. Si mantenne sempre sull'argomento, la chirurgia vascolare, una sola volta alluse a una certa stanchezza. Sua moglie - doveva più o meno avere la sua stessa età, e recava ancora i segni d'una bellezza quieta e saggia - aveva ascoltato senza intervenire mai, annuendo, solo, di tanto in tanto, e poi abbassando la testa come in attesa paziente. Ma la alzò di scatto, e sentii il suo sguardo, quando a concludere non so che discorso, dissi:
«E... questo spiega la sua casa, professore».
«Spiega la casa?» domandò lei, un po' cauta. Risposi: «Nel senso che questa casa sembra fatta apposta per chiudere fuori il mondo. Non so se riesco a spiegarmi». Rinaldi fece segno di sì: «Si spiega benissimo. Sì, qui è tranquillo. È un viale fuori moda, e sono d'accordo. Ma gli autocarri non ci passano. E io del resto non sarei capace di vivere in un condominio. Non ho mai vissuto in un appartamento, capisce?, ma sempre in una casa».
«Certo. Sa, professore?, intanto che l'aspettavo» e accennai «ho dato un'occhiata al suo... sacrario.»

6. candore accademico: ingenuità di chi vive nell'ambiente scientifico.

Sentii ancora, inquieto, lo sguardo della donna; Rinaldi rise alzandosi: «Sacrario? Già, perché non chiamarlo così?»
«Lei deve avere avuto una infanzia e una adolescenza felici.» A queste mie parole, parve che il sorriso, pur restandogli sulle labbra, gli scomparisse dagli occhi; ma fu solo un attimo, o solo una mia impressione. Annuì, rispose: «Sì. Sì, giusto. Ho avuto » aggiunse adagio, «una infanzia e una adolescenza felici». Tacque. Sua moglie aveva abbassato la testa; provai la sgradevole sensazione d'aver commesso una gaffe,[7] ma una rapida critica a ciò che avevo detto me lo fece escludere. Niente che potesse offendere. Il professore continuò:
«Esatto. Ho avuto due stagioni... si può dire così?, felici».
«E che lei ama. E che forse» azzardai, «rimpiange.»
Ancora la signora mi fissò. Ma che cavolo avevo detto, alla fine?
«Li rimpiango. Giusto. Non diversamente» e Rinaldi andò sulla soglia dell'altra stanza, «da ogni uomo della mia età. Forse lei è troppo giovane per capire fino in fondo.»

7. **gaffe**: (francese) atto o parola incauta, maldestra o inopportuna.

Lo raggiunsi: «Questo naturalmente non ha alcuna attinenza con la chirurgia vascolare, professore» dissi, «ma ho visto, mentre aspettavo, una medaglia d'oro, e...» m'interruppi, vedendo che aveva increspato le sopracciglia e le labbra, e mi guardava come preoccupato. Intervenne, gentile, sua moglie: «Mio marito non gradisce che si sappia. Non lo scriva, per favore. Sì. Si è meritato una medaglia d'oro, in Cirenaica».[8]
«Se non vuole, non lo scriverò, professore. Peccato.»
«Venga, venga» fece lui e varcò la soglia, «sì, questa è la stanza che amo di più. Che vivo di più. Mi piacerebbe che lei venisse a trovarmi d'inverno, quando il camino è acceso, il fuoco dà tutto un altro senso alle cose. Anche per questo, perché non hanno caminetti, detesto quei condomini vetroacciaiocemento.»
«Lei non è di qui, vero, professore?»
«No, ci sono venuto durante la guerra. In

8. **Cirenaica**: il nome dato alla Libia nel periodo in cui fu colonia italiana.

convalescenza, per essere precisi, e non me ne sono più andato. Ero stato... diciamo ferito» aggiunse a bassa voce e come riluttante, «e non avevo più casa. Tramezzino. Mai sentito nominare, eh?, naturalmente. Era la frazione dove abitavo. Per una combinazione, ma sì, come di quelle che si trovano nei romanzi, e che sembrano assurde, proprio mentre venivo ferito in Cirenaica, un grappolo di bombe... sfuggito per errore, perché non è possibile pensare sia stato sganciato deliberatamente... sì, è andato a cancellare, cancellare, guardi, è la parola giusta, quel posto. Non lo hanno ricostruito. Non c'è più nessuna frazione Tramezzino, cerchi pure sull'annuario del Touring. Tutto» soggiunse dopo un attimo, «distrutto.»
«La guerra...» cercai di dire; e lui riprese, con un sorriso amaro: «Così capisce perché, una volta guarito, non mi sono mosso da qui. Dove avrei potuto andare? Avevo diciannove anni, allora».
La signora ascoltava in silenzio, in piedi accanto al camino. Proprio a trarmi dal silenzio che era sceso, feci: «Sa?, mi ha incuriosito quella pelle di coniglio...»
«Ah, quella!» esclamò, sorridendo ancora scuotendo la testa, «be', sa come sono i ragazzi, in campagna, specialmente. L'ho ucciso con la fionda, povera bestia: ma allora, ero fierissimo del colpo. La fionda me l'aveva regalata Toni, quel contadino» e accennò alla foto dell'uomo sdentato e con la pipa, «mio grande amico.»
«L'ho vista, la fionda. E anche i guantoni. Giocava in porta, eh, professore?»
«Sì, nella squadra dell'oratorio, nel paese vicino. Me la cavavo, anche! Poi» ebbe un gesto come di stanchezza, «la guerra... Ah, e la foto della prima Comunione, l'ha vista? Ero bello, eh?, sette anni. Mi ha riconosciuto, dica?»
«Devo ammettere di no. Se potessi avere queste foto per il servizio, potrebbero interessare, credo.»
«Ma no, ma no, a chi vuole che interessino? E la divisa da balilla?, un vero cimelio storico, sa?... Una infanzia felice, ha detto? Sì. Il mondo era diverso, allora. Una infanzia contadina, povera, e guardi, non sono qui a farle il solito discorsetto sul recupero della cultura contadi-

na e simili sciocchezze: abbiamo fatto una scelta industriale, indietro non si torna. Ha visto» e attraversò la stanza, «la mia culla? Scavata a mano in un tronco, sa?, e c'è stato mio padre, ci sono stati i miei zii, vorrei poter dire che c'è stato anche mio nonno. Ma non ne sono certo.»

Tornò a sedere, invitandomi con un cenno a fare lo stesso:
«Una infanzia preziosa. Se fosse vero che l'uomo non è che la continuazione del bambino... chi l'ha scritto? Alfieri,[9] no?»
«Già, Alfieri, mi pare proprio» mentii, «sia stato lui.»
«Ecco, se fosse vero, sarei migliore di quello che sono. Ho imparato molte cose, tra quelle colline. Molte me le ha insegnate Toni. Mi prendeva per mano, ricordo ancora quella mano grande, forte, dura, e mi conduceva in giro per i boschi. Stavamo via tutto il giorno, certe volte. Mi ha insegnato lui a rispettare i nidi, a trovare i funghi, a non preoccuparmi della pioggia. Ad amare molte cose. A fare» aggiunse, con un sorriso un po' remoto, «il pane arrosto.»
«Pane arrosto?»
«Sì, e se un giorno viene a pranzo da me, le faccio vedere come si fa. Ho imparato molte cose, le dico. Non ho più ucciso conigli, dopo quello... anche se Toni non era d'accordo. Amore per la vita, filosofia e biologia insieme, mi capisce? Potrei raccontarle un sacco di cose, su quegli anni... felici.»
«Ma al signore, probabilmente...» intervenne la moglie. Rinaldi si strinse nelle spalle: «Poi, la guerra, che s'è presa tutto. Casa, parenti, amici: il paese. Questo è tutto quello» accennò, vagamente, «che sono riuscito a trovare: la roba che una famiglia superstite aveva raccolto e conservato per me. Mi è rimasto da allora, il desiderio, il bisogno» corresse a bassa voce, e come parlando a se stesso, «della casa, nel suo volume singolo, capisce, come la mia; dei ricordi: che cosa è, un uomo senza ricordi di infanzia, di adolescenza? O un uomo senza casa? Chi non è stato bambino, ragazzo... eh,

9. Alfieri: Vittorio Alfieri (1749-1803), scrittore e tragediografo.

via! Alfieri o no, come potrebbe essere uomo? Bene, per questo la mia casa è così. Un sacrario, un museo?, ma sì, se vuole. Ma non» seguitò con un ampio ma breve sorriso, «a mia esaltazione e a edificazione degli altri! No. A mia consolazione, invece. O a mia conferma. Sì, conferma» ripeté. «Io sono un uomo positivo, come potrebbe un chirurgo non esserlo?, ma anche il pensiero ha i suoi limiti, e cosa sarebbero dei ricordi, se non fossero sostenuti dall'immagine, dall'oggetto? E allora... la pelle di coniglio, la culla, la fionda, le pagelle, la divisa da balilla... queste banalità, queste cose», aveva parlato con voce sempre più bassa e concluse in un soffio: «sacre».
Chiesi subito: «E poi?»
Levò gli occhi: «E poi cosa?»
«La guerra, quella foto...»
«Non c'è nessun poi» mi interruppe asciutto. «Poi, la comune vita di uno studente di medicina, le borse di studio, la trafila: assistente, libero docente, aiuto, la cattedra, eccetera. Una storia, questa, di cui è inutile appendere ai muri le... testimonianze.»
Non parlammo più. La luce s'appannava, fuori; cercai di immaginare quella piccola casa borghese, con qualche finestra illuminata nella sera brumosa. Sì. Davvero un rifugio. Un uomo lascia il bisturi, sveste il camice, torna a casa, torna indietro nel tempo, a camminare nei boschi, tenuto per mano da un contadino. A cacciare conigli selvatici con la fionda. A marciare vestito da balilla, a giocare al calcio, a fare la vita con i preti dell'oratorio...

Mentre riponevo i fogli, s'udì il telefono; e la cameriera venne a dire che chiamavano da Roma, dal ministero. Il professore disse: «Sì, vengo subito», si alzò e mi tese la mano. «Mi spiace: se è chi credo che sia, mi terrà al telefono mezz'ora.»
«No, tutto a posto, professore. Grazie.»
«Se potessi dare un'occhiata...»
«Stia tranquillo, riceverà una copia dell'intervista, così potrà, non so, aggiungere, togliere, sistemare: come vorrà.»
«Grazie, arrivederci. Accompagni tu il signore,

Giulia?» chiese, e se ne andò.

Camminando, seguendo la signora dissi: «È un uomo straordinario, il professore. Quella culla, quei ricordi... se potessi mandare qui un fotografo... presentare, oltre allo scienziato , l'uomo e la sua casa...»
Non rispose, mi guidò lungo il corridoio fino alla porta e fino al cancello. Insistetti: «Sì, dicevo, domani dopo manderei un fotografo per...»
«No», mi interruppe dolcemente, «no, la prego. Non lo faccia. Lui le direbbe di sì, potrebbe raccontare una storia per ognuna di quelle foto, di quegli oggetti, ma...» sorrise a fatica e, mi parve, come sul punto di piangere, «ma non gli farebbe bene» concluse, «dopo tutto.»
Chiesi: «Non gli farebbe bene? Ma la sua infanzia...» Mi guardò, con gli occhi pieni di coraggio. Domandò sommessamente: «Oh, ma lei ha capito, non è vero? Lei ha capito!»
«Capito?» balbettai, improvvisamente preso dal panico. Arretrò di un passo, alzando le mani quasi a coprirsi la bocca, e debolmente esclamò: «Oh Dio! Ma allora, quelle due domande?... io ho pensato che lei avesse capito...»
«Capito... che cosa?» domandai stupefatto. «Che cosa?», ed ella seppe che, ormai, non avrebbe più potuto tacere. Mi fissò negli occhi:
«Non lo scriverà» mormorò, e non fu una domanda, né una minaccia. Risposi: «Non lo so...» e tacqui spaventato. Si stava torcendo le mani; mormorai: «No, se lei non vuole, non lo scriverò».
«Gli farebbe del male» disse subito, col tono di chi non chiede e non pretende e non spera più nulla, «e del male inutilmente. Mio marito ha meritato la medaglia d'oro perché ha salvato cinque suoi compagni feriti, che un carro armato stava andando deliberatamente» e sottolineò questa parola, «a schiacciare. Lo ha affrontato con una sola bomba a mano, distrutto. Nell'esplosione non ha avuto ferite ma...» esitò; poi levando fieramente il capo proseguì: «ma ha avuto una ferita invisibile, ha avuto una vita cancellata per sempre. Infanzia e adolescenza, come ha detto lei. Cancellate del

tutto, e quelli che avrebbero potuto aiutarlo a ricostruirle... morti, cancellati anche loro. La sua vita e i suoi ricordi sono ripresi a diciannove anni. Prima è il buio. Assoluto» disse questa parola con fermezza.
«Il buio assoluto?» mormorai esterrefatto. «Ma quelle cose... la pelle di coniglio, la fionda, la foto» accennai col pollice, «sì, quei ricordi... e anche quello che ha detto, potrebbe scrivere una storia...»
«La sua storia, oh, certo. La sua favola. La storia della sua infanzia e della sua adolescenza felici, e di questa casa. Se la racconta sempre, non vuole accettare il nulla, ne ha paura. Un uomo come lui» seguitò piano dopo una pausa, «ha paura. Forse quelle sue stagioni sono state davvero così. Forse. Quelle cose, la culla, le foto, la fionda... trovate e comperate di nascosto. Toni?, oh, forse c'è stato. Forse no, lo ha costruito lui, capisce?, si è dato delle radici, lo ha sentito, non sopporta di non essere stato bambino... Quelle radici, sì. Vuole» chiese d'un tratto, e dolcemente, e arrendendosi, «strapparle?»
«No» risposi subito, e non l'avrei mai fatto; ripetei: «no», e su questa parola me ne andai, e scendeva piano la nebbia, e avvolgeva la piccola casa, con qualche finestra illuminata.

Francesca Sanvitale

BARBARA DEL MARE

Francesca Sanvitale nasce a Milano nel 1928 da famiglia emiliana. Studia, vive e lavora a Firenze fino agli anni sessanta quando si trasferisce a Roma. Ha scritto i romanzi *Il cuore borghese*, *Madre e figlia*, *L'uomo del parco*, i racconti *La realtà è un dono* e numerosi saggi su argomenti di narrativa contemporanea italiana e straniera. Ha lavorato per molti anni alla televisione occupandosi di programmi culturali.

È difficile presentare questo racconto se non con ciò che il racconto stesso non dica già; fin dalla prima frase: "Un grande spazio vuoto ci separa dai bambini". E dalla lontananza di questo grande spazio Francesca Sanvitale osserva l'amore di due bambini, che svolge con tutta la subitaneità e il tormento di un amore adulto, tanto più ricco di turbamento perché dei sentimenti si arriva all'essenziale, senza le mascherature che l'età insegna.

Un grande spazio vuoto ci separa dai bambini. Ci vergognamo a parlare seriamente di loro e non ci avviciniamo con la dovuta cautela ai piccoli corpi. Non vogliamo sapere che cosa pensano e sentono davvero. Ma non per buoni sentimenti e rispetto bensì per un'abietta paura: forse scoveremmo in quei minuscoli esseri cose importanti che non possediamo, qualche bene vitale che abbiamo calpestato e che vorremmo rubare e inghiottire.
Seguiva tali pensieri fissando all'orizzonte le nuvole. Era seduto sulla terrazza dell'appartamento preso in affitto per agosto e da quella invidiabile posizione osservava le chiome degli alberi, intorno alle villette che formavano la pacifica vita della strada, piegarsi e drizzarsi ondeggiando investite dal vento sempre più forte. Stava per arrivare la prima bufera dell'estate.
La striscia di mare, che in mattinata luccicava di sole nella forcella del grosso tronco lasciato senza rami per fare da primo piano al panorama, era in seguito diventata verde e bianca di schiuma; adesso si mostrava gialla come in un punto del Pacifico. Il vento caldo spazzava il litorale da Fiumicino a Santa Marinella.
Il paesaggio cambiò ancora: nuvole di sabbia nascosero la striscia di mare. A folate vennero su per la strada e investirono i giardini, impolverarono alberi, siepi, fiori. Cartacce e foglie strisciavano insieme, segnali di disordine, di una zona sudicia nascosta, arrivati fino alle candide villette nell'ordine del quartiere tranquillo.
Il vento lo straniva. La madre gli aveva raccontato una volta: anche da neonato; così era

adesso, da vecchio. Si affollavano nella sua testa pensieri e ricordi che formavano cerchi collegati tra loro dall'insensatezza, dell'ansimo propri del vento. Vorticosamente pensieri e ricordi apparivano e sparivano; restavano nel cuore un eccitamento angoscioso e ansia. L'attacco del vento, della minacciosa tempesta lo isolava in un vuoto impastato di trepidazione e di delirio.
Si alzò e rientrò nell'appartamento per eseguire alcune azioni. La sua giornata era piena di azioni meticolose che portavano a compiaciuti o mesti giudizi di sé e tessevano trame infinite e esili lungo il tempo della vita, liane gettate dall'alba alla notte.
La vita che scorre in silenzio diventa per chi la vive un racconto con pause, capitoli, punteggiature, personaggi. È un insieme ininterrotto di fatti che si collegano per semplice necessità gli uni agli altri come in un libro lunghissimo. Nasconde tutti i possibili romanzi in una fabulazione[1] muta, assurda, che cerca gli abitanti del creato.
Mangiò fagioli e tonno. Controllò i gesti perché non fossero maleducati o volgari. Il giorno stava passando. Il vento continuava la sua corsa. La luce si era fatta scialba, tediosa[2] in un crepuscolo senza sfumature purpuree.
Accese il televisore: per l'anniversario di Hiroshima simulavano una guerra atomica. Si vedeva il gelo che sarebbe caduto sul genere umano. Si vedevano tempeste di vetri che avrebbero straziato gli uomini senza riparo. Poi spighe contorte e deformi. Vicino a questi grovigli tronchi spellati, acuti come spade.
Ma ciò che immaginava con insistenza, al di là della totale distruzione, era ancora un vuoto sidereo[3] sul quale frusciando come l'ala enorme del diavolo passava quello stesso vento polveroso che ora lo assediava.
Cigolò un cancello e il suono gli sembrò a un passo, dietro la nuca. Trillò il campanello di una bicicletta. Rientravano i ragazzi della villa accanto. Tutto era sotto controllo, familiare, equilibrato.
Però il vento aveva unificato nella sua mente varie immagini attraverso le quali si risaliva

1. **fabulazione**: susseguirsi frenetico di parole.

2. **tediosa**: noiosa.

3. **sidéreo**: degli spazi celesti.

indietro fino a un'estate così remota che non pareva vissuta; piena di apatica[4] felicità, di colori smorzati, di sentimenti che ripensava semplici e bene accetti. Era il '65, viveva ancora con la moglie e i figli e aveva cinquant'anni. Oggi rivedeva il suo corpo, il suo viso e il suo atteggiamento verso la vita come se fossero stati quelli di un ragazzo.

Prima pensò a Barbara: portava un paio di mutandine rosse di spugna, scolorite, che facevano una piega sul piccolo sesso e teneva le braccia mingherline un po' scostate dal corpo, pronte a scattare. Nel torace stretto e diritto le costole segnavano la pelle sotto l'ombra impercettibile dei capezzoli. La mamma le fermava i capelli biondi, corti e diritti, con un fiocchetto che lei rimetteva a posto con un colpo ben dato delle manine. Non aveva espressione nelle pupille chiare di gatto. Fissava tutti senza richieste ed eccessive curiosità, con un'acutezza da bestiola, da furetto, da puzzola. Era un esserino privo di bisogni, rapido, che correva in largo e in lungo sulla spiaggia e si fermava a dondolarsi o su un pattino o di fronte a gruppi scelti a caso. Una bambina selvaggia, poetica, che non aveva amici.

Barbaraaa... La voce della madre echeggiava in un richiamo lamentoso, fisso, inascoltato, che faceva sorridere i villeggianti sotto gli ombrelloni.

Era ancora piacevole villeggiare in Versilia. Un tran tran quieto che portava tutti i giorni le famiglie con carrozzine e passeggini, bambini per mano dall'interno verde, umido, ombroso verso lo stradone del litorale sbiancato di sole e al di là verso la larga spiaggia pulita. Rassicurava, placava quella distesa dorata che si stendeva a destra e a sinistra a perdita d'occhio. C'era l'intesa di una conciliazione comune, di una pace benefica e artificiale che si sarebbe dissolta con l'autunno nella violenza della vita in città.

Si ricordò anche del bambino: tranquillo, seduto vicino alla mamma a costruire castelli di sabbia, buchi e gallerie. Ancora grassoccio, con il ventre rotondo perché conservava qualche tratto indefinito benché avesse più di

4. **apàtica**: indifferente, senza emozioni.

cinque anni: un poco incerto quando correva verso l'acqua, quando si univa agli altri bambini come se si chiedesse di continuo che cosa veramente preferiva, che cosa veramente gli piacesse fare. Era docile, non per paura ma piuttosto per una finezza d'animo, per un modo generoso di stare con gli altri, inerme senza vergogna. Federico: eppure quel nome serio e fuori moda gli stava bene, addosso a lui sembrava naturale.

Un giorno che il vento spazzava la spiaggia e in compenso il sole era particolarmente gentile, qualche famiglia rimase più a lungo nel pomeriggio ad aspettare il tramonto.

Queste sono sempre giornate speciali, se si riesce a coglierle. I bambini e le madri lo sanno. Si godono beatitudini interiori, senza contatti. I gesti di ognuno si staccano, si definiscono in una bella eternità tra mare e cielo: le magliette colorate si gonfiano sui corpi in corsa o in sosta contro gli schizzi delle onde che si rompono. I giochi si inventano meglio. Le voci umane diventano musicali.

Barbara si fermò e rimase a dondolarsi davanti a Federico che scavava una galleria. Lui proseguì nel suo lavoro. Faceva finta di niente. Lei si avvicinò di più. Le mani grassocce di Federico stavano a pochi centimetri dai piedi magri di lei.

«Come ti chiami, bambino?» chiese Barbara.

«Federico» rispose lui e si alzò.

Restarono per un momento l'uno di fronte all'altro. Dovevano riconoscere qualche dato, afferrare i segnali di un linguaggio che si articolava in maniera sconosciuta agli adulti. Come due gatti. Come due esotici[5] guerrieri.

«Io mi chiamo Barbara» disse la bambina. Senza aggiungere altro, si girò e spiccò la corsa. Con uno scarto fulmineo Federico la seguì. Correvano verso il mare. Davanti al mare si fermarono a guardarlo, sciaguattando con i piedi nell'onda che subito si ritirava.

Così era nato quell'amore. Rivedeva le due figurette contro luce, contro il sole che tramontava. Barbara prendeva la mano di Federico e poi dall'immobilità concentrata si scatenavano in corse. Sparivano insieme e riappari-

5. esòtici: appartenenti a una cultura lontana e molto differente.

vano. Ansanti, si mettevano a sedere nella stessa sedia a sdraio tenendosi abbracciati e si rialzavano per correre di nuovo.
Federico cambiò i suoi comportamenti subito, senza passaggi: da bambino lento e riflessivo diventò rapido e pronto. La sua risata scoppiava fortissimo, con un timbro di trionfo e di potere. Proprio queste risate e i gridi acuti si sentivano da lontano: segnali di battaglia, di gioia pazza, di uno scatenamento primitivo dell'anima. Molti osservavano e riconoscevano il loro amore con sorrisi dubbiosi perché era un fatto strano, senza rimandi.
Adesso che ricordava, ricordava anche di avere seguito questo amore fino alla conclusione con continui sobbalzi del cuore, in una incomprensibile angustia.[6]
L'amore aveva isolato i due bambini da tutto il resto e li aveva trasformati in esseri misteriosi, aveva dato ad ogni loro azione comune necessità e completezza. Leccavano il gelato piano piano, tirando fuori la lingua come buffoni, ridendo e fissandosi, studiando il modo uno dell'altro. Federico andava all'assalto del mare con un ramoscello alzato e Barbara applaudiva e gridava forsennata, morsa da una tarantola. Saltavano dai pattini in secco per atterrare sulla sabbia e vi iscrivevano segni cabalistici.[7] Ripetevano i salti con identici gridi decine e decine di volte fino a che, per un interno segnale, scattavano di corsa altrove. O s'incamminavano lenti, dinoccolati, abbracciati come vecchi amanti verso le cabine.
Li aveva visti nella penombra di una cabina aperta: lui seduto sulle ginocchia di lei o viceversa. Federico diceva, se interrogato, che giocavano a marito e moglie o a madre e figlio. Forse avevano una loro sessualità ma era inutile tentare di capirla, di violentarla, di descriverla.
Il bacio cauto, morbido, sommesso che si scambiavano prima di lasciarsi la sera, piegando subito la testa sul mento e non guardandosi più, e la corsa affannosa alla mattina quando si ritrovavano facevano supporre che temevano le tenebre, il destino, la notte che li avrebbe potuti dividere per sempre.

6. angùstia: angoscia.

7. cabalistici: misteriosi, indecifrabili come le tecniche dell'arte magica della cabala.

Tutto definiva qualche cosa di sconosciuto, di innocente e grande che rendeva i due bambini intoccabili e ignoti. Con questa grandezza non ci si poteva misurare: era perduta per gli adulti, come l'Eden.

Ritornò sulla terrazza. Nere nuvole, vento, cigolìi, ma di fronte, iscritte nell'aria di seppia,[8] due larghe finestre di diversa misura saettavano da due ville vicine luci di regni incantati. Vedeva interni a colori: arancioni, azzurri, bianchi assoluti e stoffe perfette di divani, lacche di poltrone. Intravedeva davanti ai due teatrini i prati nel solco della luce dei lampadari di tela giapponese, di paglia. Spiava, osservava la felicità di stanze arredate, di matrimoni ricchi, di vite iscritte nella soddisfazione del buon gusto realizzato, ma sapeva bene che la strada che divideva la sua terrazza da quelle ville era il solco incolmabile che divide ogni uomo dai suoi miraggi.

Guardava le due finestre e i due soggiorni e non poteva che rivedere, ossessivamente, il piccolo Federico in quella mattina che Barbara tardò troppo a venire al mare.

Nello spiazzo di ghiaia dove si posteggiavano le macchine e le biciclette, Federico si era appoggiato al pennone[9] che portava la bandierina dello stabilimento e stava immobile, sotto il sole a picco, trasformato in una disperata sentinella. Teneva gli occhi fissi al di là dello stradone, dove sfrecciavano le macchine, verso il punto da dove Barbara sarebbe dovuta apparire. Rimase quasi tre ore senza staccare gli occhi da quel punto. A turno andavano i genitori a convincerlo, poi a supplicarlo. Promettevano caramelle, giochi. Federico non rispondeva neppure e loro non avevano la forza di strapparlo di lì. Verso l'una Barbara arrivò.

Attraversò lo stradone per mano alla madre già fissando Federico da lontano, ma non ci furono corse. Si incontrarono in una zona neutra, quasi che la gioia troppo intensa, un sollievo totale e la sicurezza di esserci invadesse le loro braccine, le gambe esili, le testoline accostate. Entrarono nello stabilimento come una coppia di lillipuziani[10] emigranti che si ritrovano dopo aver capito che cos'è la distanza dell'oceano,

8. **seppia**: del colore marroncino-grigiastro del liquido delle seppie.

9. **pennone**: asta portabandiera.

10. **lillipuziani**: le creature minuscole incontrate da Gulliver in uno dei suoi viaggi (v. Swift, *I viaggi di Gulliver*, 1726).

dei continenti diversi e la dismisura del mondo. Poi settembre arrivò, con tutto ciò che di bello settembre porta per chi resta al mare. Doni di luce, di colori soavi, di onde rallentate, di brividi benefici che fanno infilare leggeri maglioni marinari. Si pedala lentamente sulle biciclette, verso sera, attraverso i paesi che si avviano a ritornare muti. Gli ombrelloni vengono chiusi presto perché il sole non è più nemico. La sabbia è umida se appena si scava. Infine le famiglie di Barbara e Federico si salutarono l'ultimo giorno, prima di ritornare in città.

Spiava nel buio le due finestre e i due interni di fronte e l'aria color seppia mescolava quella pace speciale della vecchiaia solitaria al dolore acerbo che ancora dopo tanti anni riusciva a sentire. Così deve essere il ricordo di una esecuzione o di una tortura. Gli si chiudeva la gola solo a ripensare a quel giorno.

Le due madri avevano detto ai bambini: «Datevi un bacio. Salutatevi».

I due bambini si erano avvicinati, avevano girato le braccia uno al collo dell'altro e si erano baciati nel loro modo consueto, cauto. Ma quando le due madri avevano detto "andiamo" ed avevano tentato di dividerli, le braccia di tutti e due erano strette come pinze di ferro, erano scoppiati singhiozzi acuti e gli urli, gli urli li risentiva da un corpo unico che stanno spezzando, che vogliono tagliare in due. Vedeva le due faccine deformate dallo sforzo, le bocche piene di saliva, gli occhi lacrimosi fissi all'altro per la paura che sparisse. Si urlavano i loro nomi come in un naufragio e ripetevano «No!» «No!»

Li avevano staccati a forza, allontanando le unghie dalla carne, portandoli di corsa nelle diverse automobili. Poi lungo la strada tutto si era quietato. Federico almeno si comportò in questo modo. Certo anche Barbara. Barbara del mare: per molti anni, a distinguerla dalle altre Barbare incontrate all'asilo, a scuola e dopo nella vita, Federico l'aveva sempre chiamata così.

Suo figlio, suo figlio amato, suo figlio perduto: Federico viveva in America, adesso. Aveva com-

piuto venticinque anni. Dove potevano essere finite quelle vecchie fotografie? Si vedevano Federico e Barbara mentre saltavano dal pattino, mentre si tenevano per mano o stavano abbracciati, mentre Federico assaltava il mare. Un caro amico fotografo aveva voluto regalare a sua moglie una serie di istantanee, ricordo di quell'amore. Non c'era più neanche lui. Morto, inghiottito dal vento, dal nulla.
agosto 1985.

Da: Francesca Sanvitale, *La realtà è un dono,* A. Mondadori.

Marcello Venturi

IL CAPOSTAZIONE INNAMORATO

Marcello Venturi è nato in Versilia nel 1925 e vive nel Monferrato. Nei suoi primi libri: *Dalla Sirte a casa mia*, *Bandiera bianca a Cefalonia*, e nel volume di racconti *Gli anni e gli inganni* si è ispirato alla guerra seguendo la linea del neorealismo. Con gli altri libri: *La terra di nessuno*, *Il padrone dell'agricultura*, *Sconfitta sul campo* si è occupato dei problemi dei contadini. Per ragazzi e per tutti ha scritto *L'ultimo veliero*, dove la forza di una grande illusione poetica libera i protagonisti dal peso della vecchiaia e della miseria.

IL CAPOSTAZIONE INNAMORATO

Il paesino di Vigaffio emerge dal lontano 1911 come un presepe di ricordi: tutto animato da brava gente, contadini, boscaioli, che trascorrono i lunghi inverni guardando la vita passare, fra partite di scopone e bevute. Aurelio, capostazione arrivato al paese da una grande città, partecipa di questa semplicità e si incanta di fronte alla statuaria e severa bellezza di Gelsomina.
In questo paesino-presepe ogni notte avviene un miracolo: un treno passa e porta con sé la magia di città lontane, dove la vita scorre con ritmo diverso. A Vigaffio non si ferma mai. Aurelio oserà per amore il grande gesto; fermerà il treno, e con esso ciò che per definizione non è arrestabile: il fascinoso, il fantastico, il sogno, l'avventura, e ne otterrà in cambio l'amore di Gelsomina. È la storia dei nonni dell'autore.

Vigaffio era un paese degli Appennini, se paese si poteva chiamare, fatto di quattro case nere e basse che, quando soffiava la tramontana, pareva dovessero prendere il volo e calare come uccellacci nella vallata. La sua gente viveva nei boschi, a raccogliere castagne o funghi, a seconda della stagione; o a spaccar legna, che poi portava a vendere nelle città della pianura. Alla domenica, nella piazza dinanzi alla chiesa, gli uomini quando faceva bel tempo giocavano alle bocce; quando pioveva giocavano lo scopone dentro l'unica osteria del paese. Per le donne non esisteva neppure la domenica. Tutt'al più le ragazze si cambiavano d'abito, mettevano quello buono delle feste, e sostituivano la pezzola nera con quella colorata. Fu tra quella gente, in quel paese da lupi, che mio nonno Aurelio Caputi fu sbattuto a fare il capostazione. Perché allora - anno 1911 - Vigaffio si trovava lungo una linea ferroviaria ancora in funzione, e mio nonno Aurelio era, appunto, un dipendente delle Ferrovie dello Stato.
Alto, bello, - diceva lui - con due baffi appuntiti; elegante nel suo abito nero coi bottoni d'oro, il berretto rosso bordato di giallo, egli era sceso a Vigaffio un mattino di primo settembre, inconsapevole del destino cui stava andando incontro.
(Questa storia me l'avrà raccontata non so quante volte, sempre allo stesso modo, con le

stesse parole: mi ritorna alla memoria, ogni volta che prendo un treno qualunque e che scorgo - dal treno in corsa - un capostazione sconosciuto, fermo sotto una pensilina fuggente).
Era sceso lassù, - mi raccontava - in quel silenzio, in quel cimitero: lui, un tipo che a Firenze frequentava, tutte le sere e i pomeriggi liberi, il Circolo Ricreativo Ferrovieri; un tipo che, modestamente, era conosciuto da tutte le commesse e le sartine del rione San Gallo. La stazione di Vigaffio gli era apparsa, a lui abituato al movimento di Santa Maria Novella, una specie di casello da cantoniere, col marciapiedi di ghiaia, l'aiuola fiorita, la pompa dell'acqua. Il lavoro consisteva in qualche treno merci, che scendeva o saliva cigolando come un vecchio barroccio; un accelerato al mattino, uno al pomeriggio; e il diretto 27 della notte. Roba da sbadigliare tutto il giorno. Lui e il Marchelli, il manovale, si mettevano seduti sul piazzale, con le scarpe sopra le traversine sporche di carbone, a guardare la valle o gli Appennini. Per non morire di noia, tra un merci e l'altro, piantavano lì la stazione, prendevano lo schioppo a due canne del Marchelli e andavano a caccia per boschi, ché il manovale conosceva i passi delle folaghe e altre astuzie del genere essendo un montanaro.
Oppure il nonno si arrampicava all'osteria, a bere un bicchiere di un vinello locale, asprigno come le sorbe, e dove, dietro quel piccolo banco di legno tarlato, c'era la Gelsomina.
Pareva scolpita nel legno, la Gelsomina, - raccontava nonno Aurelio - tanto diventava dura e rigida mentre gli versava da bere. Lui si appoggiava al banco con un gomito, buttava indietro il berretto da capostazione, si prendeva con due dita le punte dei baffi.
«Una ragazza come voi,» attaccava «Gelsomina, perde il suo tempo, a starsene tappata quassù.»
«Perché, come sono io?» chiedeva Gelsomina secca.
«Siete merce fine, Gelsomina,» sussurrava mio nonno, ammiccando, un sorriso malizioso tra i baffi. «Lasciatemelo dire, a me che vengo dalla città. Ho l'occhio esperto, io, per certe cose.»

E lei: «State attento a non consumarvelo, l'occhio, a forza di guardare più del dovuto.»
Riponeva il fiasco sulla mensola, in un gesto da statua antica, il petto teso nell'allungo del braccio; poi scompariva nel retrobottega, tra le pentole e i fornelli della cucina, lasciando lì mio nonno tutto solo, con l'occhio ancora pieno di quella vista.
«Beh, Gelsomina, quant'è?» chiedeva dopo un lungo silenzio.
Gelsomina neppure si affacciava sull'uscio.
«Ormai dovreste saperlo, capo,» gridava dall'altra stanza.
Mio nonno metteva il soldo sul banco, tossicchiava, si schiariva la voce. Non riusciva a mandarla giù che una montanara lo trattasse con tanto disprezzo: trattasse con tanto disprezzo – precisava, – il capostazione Aurelio Caputi, 31 anno, altezza un metro e ottantacinque, aspetto distinto, che nel rione San Gallo le aveva tutte ai suoi piedi. Ci doveva riflettere sopra un po', ogni volta prima di uscire; e intanto ritardava con la speranza che lei si ravvedesse, riapparisse dietro il banco almeno per rispondere al suo saluto o a riscuotere il soldo. Alla fine mio nonno si spazientiva: «Me ne vado, Gelsomina,» gridava. «Arrivederci e....» aggiungeva con tono d'ironia, fermo un attimo sulla soglia «abbiatevi riguardo.»
«Ci penso da me,» gli rispondeva Gelsomina dal retrobottega.
Mio nonno sbatteva la porta a vetri, e imboccato di passo svelto il sentiero della stazione, meditava a come farle pagare quelle arie.
«Si dava più arie lei di una signorina di città» precisava mio nonno; «dura era, come il legno da cui sembrava uscita.»
«Ma anche dolce,» aggiungeva «dolce di occhi, gentile di portamento: merce fine, insomma, anche se di montagna.»
E lui l'aveva capito sin dal primo giorno, mi ripeteva ogni volta.

Nelle prime ore della notte a rompere la monotonia di Vigaffio transitava il diretto 27. Allora accadeva un curioso fenomeno, un fenomeno che, la prima volta, colse di sorpresa

persino mio nonno. Come il diretto appariva in lontananza, coi fanali accesi, e il vento ne portava il rumore di ferraglie, il fischio lungo della locomotiva, il battito degli stantuffi, i paesani uscivano dalle loro casupole e correvano a schierarsi dinanzi la cabina-movimento, come a un mercato, per assistere allo spettacolo del passaggio. C'era anche la Gelsomina, tra le ragazze venute a vedere il treno; e anche i suoi occhi dolci si accendevano di una misteriosa luce nel buio della notte appenninica. Mio nonno, che quella stranezza dei vigaffesi aveva finito per accettarla, camminava avanti e indietro sul marciapiedi, nero nel suo abito nero, consultando l'orologio alla catena del panciotto, scrutando verso la galleria della linea, entrando in cabina a telefonare, uscendone con aria grave e preoccupata.
«Gli scambi sono a posto?» chiedeva al Marchelli.
«A posto, capo.»
«Tutto regolare?» insisteva mio nonno.
«Regolare, capo.»
Il capostazione Aurelio Caputi faceva un po' di scena, per darsi tono agli occhi di Gelsomina, ma ancora non aveva capito cosa effettivamente rappresentasse, per la Gelsomina e per tutta quella gente, il diretto 27. Che cosa ci fosse di tanto bello da vedere, nel suo passaggio.
Il diretto arrivava in stazione sbuffando, simile a un mostro scintillante, a testa bassa sulle rotaie, che pareva se le mangiasse dalla rabbia. Faceva tremare le pareti, il marciapiede, la terra e tutta Vigaffio. Una folata di vento, che sapeva di legno e di ferro, investiva i vigaffesi come per buttarli fuori di là. Subito dopo restava il vuoto, mentre i fanali verdi di coda rimpicciolivano lentamente, fino a scomparire inghiottiti dalla montagna. Una lunga pausa di sbigottimento, quasi di delusione per tanta rapidità: si udiva ancora il battito delle ruote sui binari e il sussulto delle traverse; qualche contadino, qualche donna che diceva: «Milano! Parigi!»; poi la gente tornava alle proprie case. Lo spettacolo era terminato. La Gelsomina, con la testa eretta nel buio, se ne andava senza neppure guardarlo mio nonno; anche lei in-

cantata solo dal treno, da quel treno per lui incomprensibile.

«Ma che gli sembra, un treno d'oro?» chiedeva mio nonno al Marchelli, accennando ai vigaffesi che sciamavano via per i sentieri.

Sopra la stazione, tornata deserta e spenta, passavano banchi di nuvole, con la voce dei boschi bisbiglianti che non smetteva mai. «Vede, capo,» gli spiegava il manovale, fatto anche lui malinconico, «questo treno va a Milano, va a Parigi, entra in terra di Francia. Va in giro per il mondo,» diceva.

«E allora?» chiedeva mio nonno, che ancora non capiva. Intanto avvertiva le altre stazioni della linea, batteva sul telegrafo il segnale di "via libera": «attenzione, attenzione, treno diretto 27 transitato in orario.»

«E allora,» continuava il manovale, «ne vede un bel po' di cose. Lei mi capisce.»

Mio nonno guardava gli occhi tristi del manovale; no, non riusciva a capirlo.

«Lui,» diceva il manovale fissando il vuoto dinanzi a sé «non è costretto a vivere quassù, tra questi monti come noialtri, fuori dalla vita civile. Lui corre.»

Poi venne l'inverno, con la neve; le selve furono cancellate, e i sentieri; il vento si fermò. Dai tetti di Vigaffio si alzava il fumo dei focolari, che aveva sapore di legna e di castagne abbrustolite. Le folaghe non migrarono più, il cielo rimase pulito.

Ora mio nonno passava la maggior parte del giorno all'osteria, immalinconito dal ricordo della città. Pensava al bar del Circolo Ricreativo Ferrovieri, alle commesse e alle sartine del rione San Gallo, ai rumori e alle voci di una grande stazione. L'osteria si riempiva di contadini, di boscaioli; tutti mangiavano semi salati, scolavano litri di quel vino asprigno. Giocavano lo scopone dalla mattina alla sera, in attesa che l'inverno passasse.

La Gelsomina era costretta a stare al banco quasi di continuo; e mio nonno, in tanta malinconia di ricordi, se ne riempiva la vista. La Gelsomina portava i capelli neri legati dietro, a ciuffo, ma una banda le si incurvava sull'occhio

sinistro, simile all'ala di una rondine.
«Gelsomina, mi sembrate un quadro» diceva mio nonno. «Di quelli che stanno nella Galleria degli Offizi. Ne avete mai visti?» «No? Mai stata a Firenze?»
Ghignava, mio nonno, una luce sinistra gli accendeva le pupille. Col pollice e l'indice si faceva la punta ai baffi, bagnava i polpastrelli con la saliva.
«Parola mia, siete merce sprecata,» diceva, abbassando la voce «Non mi stancherò mai di ripetervelo. Voi siete nata per fare la cassiera in un localino appropriato.»
Gelsomina gonfiava le belle guance rosate, sbuffava.
«La cassiera al Circolo Ricreativo Ferrovieri del rione San Gallo,» proseguiva mio nonno.
Gelsomina buttava la testa all'indietro stizzita, ridendo agra; nel ridere metteva in mostra il collo lungo e bianco; e il petto pareva le ridesse anch'esso per conto suo. All'improvviso smetteva di ridere; tornava dura, scolpita nel suo legno.
«Io sono nata per fare la moglie,» diceva. E così dicendo fissava, aggressiva, i baffi di mio nonno; il quale si staccava a disagio dal banco, volgeva lo sguardo altrove come in cerca di aiuto.
«La moglie, la moglie,» bisbigliava. «Che c'entra il matrimonio con l'osteria? Io parlo di mestiere, parlo di merce.»
«C'entra,» ribatteva Gelsomina, sempre più irrigidita. «Io lo so, voialtri cittadini, dove volete arrivare con le vostre chiacchiere.»
«Dove?» chiedeva mio nonno con aria innocente. «Dove vogliamo arrivare?»
Qualcuno dei contadini o dei boscaioli gli si portava accanto; lo chiamavano da un tavolo: «Capo, perché non ci fermate il treno, una notte di queste?»
Mio nonno stavolta si metteva a ridere lui; ma la Gelsomina dietro le sue spalle non rideva affatto, restava seria al pari degli altri, i clienti dell'osteria. L'osteria aspettava una sua risposta. Un silenzio teso gli si creava attorno; occhi neri e lucidi lo tenevano sotto il loro fuoco.
«Siete ammattiti?» chiedeva mio nonno con un filo di voce.

Sentiva, sulla nuca, lo sguardo, adesso lungo e dolce, di Gelsomina: quello sguardo gli andava diritto al cuore, gli piegava le gambe. Doveva tenersi al banco.

«Dico,» diceva, con una voce diventata appena udibile. «Volete che la Direzione mi spedisca in Calabria?»

Gli occhi di Gelsomina si riempivano di un tenero umidore, che il capostazione Aurelio Caputi sentiva scorrere lungo il filo della propria schiena. Fermare il diretto 27 senza un motivo di servizio: solo per permettere alla Gelsomina, e ai vigaffesi, di rimirarselo un poco da fermo, il treno dei loro sogni, delle loro aspirazioni: quel treno che passava via ignorando loro e il loro paese come se neanche esistessero. Questo si chiedeva da lui, e, insieme, qualcosa di più, ormai mio nonno l'aveva capito. Gli si chiedeva una prova di coraggio, una dimostrazione di forza nei confronti della Direzione, un gesto di solidarietà.

«Lasciamo perdere,» diceva la Gelsomina, a interrompere il filo dei pensieri del capostazione Caputi. «A chiacchiere andiamo bene. Sono i fatti che mancano!»

Mio nonno si voltava a guardarla; gli occhi di Gelsomina avevano riacquistato il primitivo splendore freddo, con dentro, in più, un barlume di sfida. La bella faccia aveva ripreso l'abituale maschera di indifferenza e di disprezzo.

Oltre la porta a vetri passava qualche donnetta infreddolita, ravvolta nello scialle nero; una mucca magra; un ragazzino con gli zoccoli di legno. "Vigaffio, paese da lupi!" pensava mio nonno. Veramente che quel treno nella notte aveva un suo significato per tutti loro; anche per lui. Bisognava fermarlo, almeno una volta: fargli vedere che esistevano anche loro, a questo mondo: il paese, i paesani, la stazioncina; esistevano, pur non essendo segnati su nessuna carta geografica, coi loro sogni e le loro aspirazioni.

«Voi mi sfidate, Gelsomina,» sibilava mio nonno, cercando gli occhi di lei. «Voi credete che io, cittadino, non abbia né polso né cuore. Non è così?»

Gelsomina alzava le spalle. «Io credo quello che vedo,» rispondeva.
«Ebbene,» disse mio nonno, «accetto la sfida.»
E quella sera, al Marchelli, che rimase un attimo a bocca aperta per la meraviglia, ordinò di mettere semaforo rosso. Poi corse sul marciapiedi agitando la lanterna, ad avvertire i paesani, e i paesani si mossero dalle case, avanzarono silenziosi sulla neve. Il treno gridò dalla montagna, in collera per il semaforo rosso; le luci rallentarono. Il muso della locomotiva entrò ringhiando sul piazzale, mentre la gente di Vigaffio sembrava trattenere il respiro.
Le solide vetture azzurre, rigate di acqua, sfilarono lente, si arrestarono cariche di silenzio. Dietro i finestrini appannati, tra le tendine pendenti, c'era qualche volto scolorito. Nessuno parlò, dei vigaffesi. Neppure mio nonno. Restarono immobili a guardare le scure carrozze, coi cartelli bianchi attaccati sopra: "Milano" "Paris," e le poltrone ricamate degli scompartimenti, gli specchietti, le lampade interne che emanavano una luce discreta.
"Ecco," pensò soddisfatto e impaurito mio nonno; e si voltò a cercare, in mezzo alla gente, la taglia eretta della Gelsomina; la quale gli sorrise, un bianco sorriso a tutta bocca come non ne aveva mai visti, di tanto belli, neppure tra le commesse e le sartine del rione San Gallo.
«Che succede?» gridò il capotreno scendendo dal bagagliaio. Il macchinista non era sceso; si affacciò lassù in alto, dalla cabina di guida, il volto nero di carbone, mentre il fornello della caldaia mandava riflessi di fuoco intorno.
Il capotreno corse verso mio nonno.
«Qualche incrocio?» chiese.
«No,» disse il capostazione Aurelio Caputi.
«Un guasto alla linea?»
Mio nonno sorrise. «È una cosa lunga da spiegare,» disse.
Il capotreno lo guardò incuriosito, guardò la folla anonima dei vigaffesi sul marciapiede.
«Lunga e difficile,» riprese mio nonno, dopo un momento di incertezza. «Non si tratta di una questione di servizio, si tratta di una questione

sentimentale.»
Il capotreno disse di sì, che credeva di capirlo perfettamente. Disse che non c'era niente di male a fermare un treno per motivi sentimentali; era previsto perfino dai regolamenti. Forse il capostazione Aurelio Caputi se ne era dimenticato? Si era dimenticato i regolamenti? Che stesse tranquillo: anche lui, ogni tanto, fermava il treno qua e là, dove gliene saltava il ticchio.
Dette un colpetto sulla spalla di mio nonno, prima di avviarsi al suo bagagliaio, come a fargli coraggio, a rassicurarlo; poi salì sul predellino, gridò qualcosa al macchinista.
Dolcemente il diretto si mosse; piano, liscio, imboccò la galleria, scomparve. Le luci si riaccesero sulla costa del monte, verso Milano, verso Parigi. Era rimasto il vuoto. Un silenzio ancora più vasto; e nel silenzio il telegrafo di stazione, che chiedeva ticchettando, con insistenza: "Il 27 si è addormentato per strada? È transitato da Vigaffio? Qui niente in vista. Date notizie."
Il capostazione Aurelio Caputi passò dinanzi alla folla ammirata; e, anche se nessuno accennò un gesto, gli sembrò di sentirne l'applauso. Udì anche, in quel silenzio perfetto, le parole chiare e squillanti di Gelsomina, che nella notte gli gridava: «Aurelio Caputi, sei l'uomo dei miei sogni!»
O così parve a lui che gridasse: giacché mia nonna Gelsomina (si erano sposati in Calabria) sempre negò di avergli detto parola, quella notte famosa del treno 27.

Da: "Amica", n. 49, 1963.

Gesualdo Bufalino

INTERVISTA A MIA MADRE

Gesualdo Bufalino nasce a Comiso (Ragusa) nel 1920. Si rivela come narratore a sessant'anni con il breve romanzo *Diceria dell'untore*, in cui evoca una degenza in sanatorio nell'immediato dopoguerra. I suoi mezzi stilistici sono così ricchi da rasentare il barocco. Altre sue opere: *Argo il cieco* e *Le menzogne della notte*. Oltre a un libro di poesie (*L'amaro miele*) e uno di memorie (*Museo d'ombre*), ha scritto un *Dizionario dei personaggi di romanzo. Da Don Chisciotte all'Innominato.*

Alla ricerca delle proprie origini più profonde, l'autore interroga la vecchia madre. Sono ricordi dolorosi, ma anche ricchi, di un'epoca nella quale la gioia era un sentimento raro, un'apparizione fugace nella miseria quotidiana. Il fidanzamento, il matrimonio, i figli, tutto è ricordato con la nostalgia che non disconosce la pena di quegli anni difficili.

Un fiume. La voce di un fiume. Che coli così quietamente da sembrare immobile; dove, anzi, minimi mulinelli e riflussi déstino l'illusione d'un movimento a ritroso, il paradosso d'un ritorno alla fonte... Questo è il suono che mi sento brusire[1] al fianco ogni sera da un rigido seggiolone, e so che è mia madre, nel buio, che parla.

Mia madre è nata nel penultimo anno del secolo scorso e dalla lunga guerra con gli anni ha riportato feroci benché non indegne ferite. Salva l'integrità della mente, non altrettanto quella delle orecchie e degli occhi. Sicché, davanti al video, la sera, mentre io tengo basso il volume e col telecomando corro a zig zag fra una sparatoria e una copula,[2] ansioso di risparmiargliene le crudezze più decisive, lei si rintana volentieri nell'ovatta della sua nebbia e s'abbandona a un monologo[3] tenero, un *improvviso*, metà favola metà sognamento, dove passano e ripassano, infine piegano assopite le ali, i fantasmi della sua gioventù.

È l'occasione che attendo per spegnere l'apparecchio e dispormi in silenzio all'ascolto, non senza intromettere qualche rada parola, quando mi piaccia, non dico dirigere, ma per un poco orientare il deflusso, ora col porgli argini, ora con l'attirarne le acque dove mi serve che vadano. Insomma, non da semplice "spalla"[4] ma da occulto regista: con l'attenzione rivolta a talune peripezie[5] di cui sono curioso, sia per farne confronto con visioni e immagini mie, sia perché gli son debitore della mia stessa esistenza. Così m'è venuto ieri sera di chiederle come si conobbero, lei e mio padre, e in virtù di quale caso o destino io avvenni dal niente e irruppi involontario nel mondo.

1. **brusire**: produrre un brusio.

2. **còpula**: accoppiamento.

3. **monòlogo**: discorso al quale non prende parte nessun interlocutore.

4. **spalla**: attore con un ruolo minore, che serve solo a far risaltare il protagonista.

5. **peripezie**: vicende intricate e con finale inatteso.

«Lui era tornato dalla guerra, la guerra era finita appena, nel paese c'era la "spagnola".[6] Sai, la "spagnola", quanti morti fece in paese, una porta no e una sì, nella mia strada morirono tanti. A noi sorelle mia madre diede una polvere grigia, disinfettante, da tenere in un sacchetto al caldo fra le mammelle, come un santino. Così tre di noi si salvarono, ma a Stellina non bastò, che aveva due anni e morì di giugno. Rammento il dottore Secolo, non volle visitarla nemmeno, tanta paura del contagio aveva.
Si fermò sul marciapiede al sole, davanti all'uscio aperto e la guardava da lontano, nel fondo dell'alcova[7] dov'era. Disse: "Datele acqua e cannella" e sparì nel sole. Lo stesso giorno, poche porte più in là, morì Peppa *'a modda*,[8] la paralitica, tanto povera che i suoi figli le costruirono la cassa con quattro assi del letto strette insieme con una corda e la portarono a dorso di mulo fino alle soglie del camposanto. Morì, dirimpetto a noi, Pasqualina Calafiore, ch'era la bella del quartiere, con milioni di ricci corti e neri e una ruga strana fra i cigli. Com'era fiera e bella, quando ci passava davanti la domenica, per andarsene a messa! Il signorino Caruso le stava dietro, il figlio del cavaliere, ma lei non lo vedeva nemmeno... Anch'io ero bella, nel diciannove...»
«Sì, ma con papà, come fu?»
«Oh, lui mi vide per caso, ai funerali di Stellina, e cominciò a pensarmi. Lui era fabbro ferraio ma era istruito, gli piacevano i libri, il teatro, la musica di piazza. Io, mio padre era sarto, noi ragazze cucivamo dall'alba al tramonto i pantaloni e i gilè dei clienti signori, sedute davanti all'uscio, parlando nel frattempo, e cantando. Lui passava dopo il lavoro, dopo che s'era lavato e vestito a puntino, con la paglietta, le ghette.[9] Passava e guardava. Era estate e noi parlavamo, cantavamo, parevamo una nuvola di uccelli. Le mie sorelle dicevano: "Chissà per chi passa don Biagio". Ma io senza saperlo sapevo ch'era per me.»
«Poi?»
«Poi una sera che c'era il cantante Oliviero a teatro, e cantò *Gira, rigira, biondina*, io stavo

6. **spagnola**: epidemia di influenza che causò molti milioni di morti in tutt'Europa nel 1919.

7. **alcòva**: letto matrimoniale.

8. ***'a modda***: la molle.

9. **ghette**: gambaletto che si calzava sopra la scarpa, tipico dell'abbigliamento maschile elegante di inizio secolo.

in un palchetto con mio cognato Di Pietro. Allora tuo padre, che gli era amico, salì su dalla platea con la scusa di salutarlo, e mi disse parole. Belle, ma non te le dico. L'indomani venne in casa compare Turi La Perna, familiare suo e nostro, a fare l'ambasceria. Io, la mia dote era a dodici...»
«Che vuol dire?»
«Dodici lenzuola, camicie, tovaglie, mutande...»
«Tutto qui, la dote?»
«Che altro? Il sensale[10] mercanteggiò, si capisce. Pretendeva anche la macchina da cucire, tedesca, di marca Dietrich, ma mio padre si mise a urlare. La macchina serviva in sartoria, o che eravamo alla fiera? Così tuo padre s'accontentò.»
«Subito, vi sposaste?»
«Ci fu prima la "riconoscenza". Ciò vuol dire che il fidanzato entra in casa. Lui veniva ogni sera, io capivo ch'era lui da come bussava. Correvo ad aprirgli e così, nell'aprirgli, in un fulmine, di nascosto mi baciava. Infine ci sposammo e nascesti tu, ma la gioia fu un "tocca e vola", un anno dopo a mio padre venne un grano di cancro alla lingua, lo portammo a Catania e morì.»
«A soldi, come stavate?»
«Miseria, non puoi credere quanta. Tu eri nato da poco e un giorno tuo padre mi lasciò senza né un soldo né una provvista. Dovetti chiedere in prestito un uovo alla vicina Nicodema e fu la prima volta di tante. Finché lei non mi fece il rifiuto, non me lo posso scordare, s'era accorta che le rendevo uova più piccole. Mi rinfacciò che lo facevo apposta...»
«Era vero?»
«Era vero. Lei aveva meno bisogno di noi. Tu non hai mai avuto un giocattolo, ti ricordi?»
«Io mi ricordo di un pupo di Francia...»
«Orlando? Te lo cucii io con due pezze, tuo padre forgiò sull'incudine la spadina, la corazza, i gambali. Ma era tutto di ferro e pezza, senza colore, con due bottoni di *paletot* a servirgli da occhi. Lo buttasti via subito. Preferivi giocare coi nomi delle strade, tirarmi dietro con la mano per le strade del paese a leggere i nomi delle targhette, ognuna col filetto celeste attor-

10. **sensale**: mediatore, qui di matrimoni.

no, come piatti di Caltagirone...»
«Chissà che ci trovavo, nei nomi...»
«Ti piaceva sentirmeli leggere, tu non sapevi leggere ancora. Era come sfogliare un vocabolario. Via Ciro Menotti, via Conte di Torino... Mi domandavi chi erano, io non lo sapevo, t'inventavo storie a cui non credevi...»
«Nessun giocattolo, dunque...»
«No, ma giocavi a pensare. Ti mandavo a comprare da donna Liberata una cosa e tu fantasticavi per via, arrivavi fino alla bottega e meccanicamente tornavi senza esserci nemmeno entrato, a mani vuote. Sì, un giocattolo ti ci sarebbe voluto...»
«Così poveri eravamo, dunque...»
«Così poveri. Pensa che tuo padre voleva emigrare in America. Avevamo le carte pronte, il passaporto, la fotografia. Io non ero contenta, dicevo a tuo padre: "*Pedi ca nun annau - nun si ruppi e nun truppicau*" (Piede che non andò, non si ferì e non inciampò). Ma lui non voleva sentire ragione. Poi all'improvviso le cose cambiarono, cominciò a vendere zappe e falci per tutta l'isola, era un colosso, tuo padre.»
«Ma non avete avuto anche spassi, letizie?»
«Come no. S'andava al mare, d'estate, una settimana, a Scoglitti, a Mazzarelli... E c'erano i balli, d'inverno. Con la comitiva, Mario Intieri, Peppino Cassarino, Michele Arcerito... Che polke, che valzer! In primavera si facevano gite in campagna, da tuo zio, e si tornava tardi, ch'era già scuro. Tuo padre teneva la chitarra a tracolla e cantava, che mi veniva perfino da piangere, certe sere che c'era la luna...»
Come viene da piangere a me, riconoscendo al passo le care ombre sommerse; e sotto i capelli bianchi, mirando il capo, che per poco ancora le ospita, appesantirsi nel sonno: minacciato ostello[11] di cenere, in bilico sull'orlo estremo del vuoto... Riaccendo allora la televisione, inondo la stanza di luci. Lei sembra non accorgersene, continua con gli occhi chiusi a parlare. Sebbene dal suo pozzo, laggiù, si levino bisbigli sempre più fiochi.

11. ostello: luogo che dà ricovero.

Da: Gesualdo Bufalino, *La luce e il lutto*, Sellerio.

3. Un’altra realtà

Chi sono gli altri? Esistono altri luoghi,
altri tempi, altre persone.

Primo Levi	**PIOMBO**
Claudio Magris	**PAOLO DI CANIDOLE**
Carlo Sgorlon	**DON PEDRO DE CALLEGOS**
Giulio Cisco	**LA FAME IN PARADISO**
Mario Rigoni Stern	**SEGNI NELLA NEVE**

Primo Levi

PIOMBO

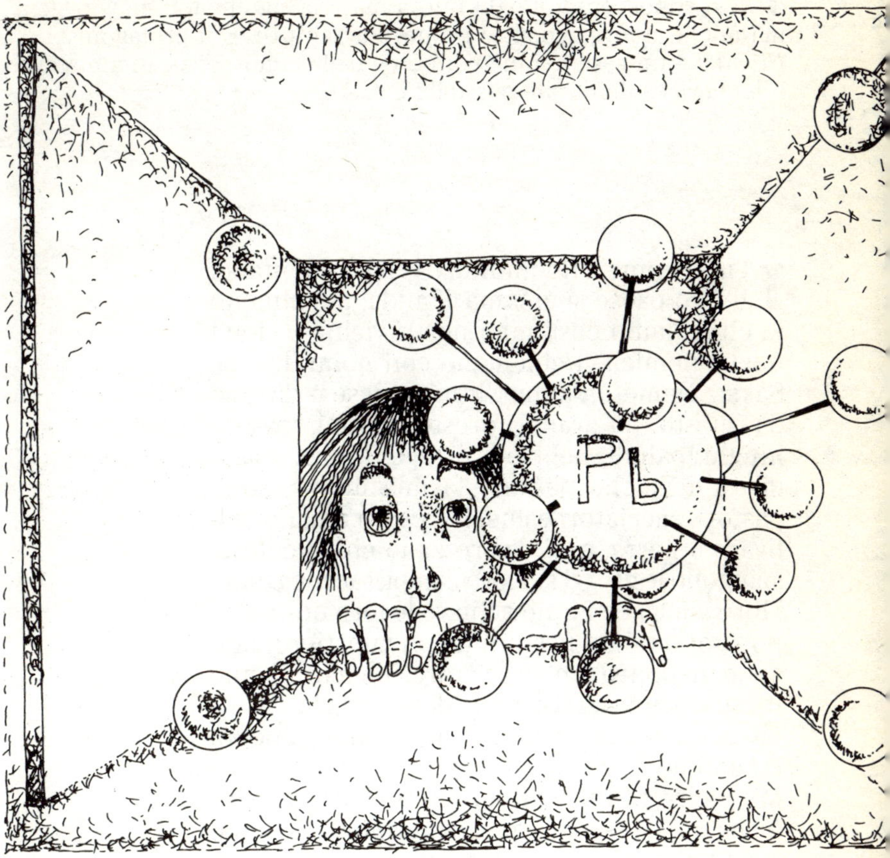

Primo Levi nacque a Torino nel 1919 dove è morto nel 1987. La sua professione fu quella di chimico. Il primo romanzo, *Se questo è un uomo* (1947), testimonia della sua prigionia nei campi di concentramento nazisti e della lotta per la sopravvivenza; in *La tregua* seguiamo il suo avventuroso ritorno attraverso l'Europa appena liberata. In *La chiave a stella* Levi assume come protagonista un operaio, emulo dei grandi artigiani di un tempo. Il romanzo *Se non ora, quando?* è un ritorno ai temi della guerra e dell'ebraismo.

Ne *Il sistema periodico*, da cui è tratto questo racconto, Primo Levi ha reso ventun freddi elementi chimici protagonisti ognuno di una vicenda, di un'atmosfera particolare, di un momento della civiltà, così da farne una romanzesca serie di appassionanti incontri con la materia. In *Piombo* risentiamo l'aria greve di un mondo alle origini, dove la conoscenza di ogni nuova materia significava nuovi oggetti ma anche nuove scoperte e nuove avventure. E il protagonista di *Piombo* è un essere antico, un eroe della conoscenza, una materia umana ricca di infinite possibilità.

Il mio nome è Rodmund, e vengo di lontano. Il mio paese si chiama Thiuda; noi almeno lo chiamiamo così, ma i nostri vicini, e cioè i nostri nemici, ci chiamano con nomi diversi, Saksa, Nemet, Alaman. Il mio paese è diverso da questo: ha grandi foreste e fiumi, inverni lunghi, paludi, nebbie e piogge. I miei, voglio dire quelli che parlano la mia lingua, sono pastori, cacciatori e guerrieri: non amano coltivare la terra, anzi disprezzano chi la coltiva, spingono le greggi sui loro campi, saccheggiano i loro villaggi e fanno schiave le loro donne. Io non sono né un pastore né un guerriero; non sono neppure un cacciatore, benché il mio mestiere non sia poi molto diverso dalla caccia. Mi lega alla terra, ma sono libero: non sono un contadino.

Mio padre, e tutti noi Rodmund in linea paterna, facciamo da sempre questo mestiere, che consiste nel conoscere una certa pietra pesante, trovarla in paesi lontani, affocarla[1] in un certo modo che noi conosciamo, e cavarne il piombo nero. Presso il mio villaggio c'era un giacimento grande: si dice che fosse stato scoperto da un mio proavo, che chiamavano Rodmund Denti Azzurri. È un villaggio di fabbri del piombo: tutti lo sanno fondere e lavorare, ma soltanto noi Rodmund sappiamo trovare la pietra, ed assicurarci che è vera pietra da piombo, e non una delle tante pietre pesanti che gli Dei hanno seminato nelle montagne per ingannare l'uomo. Sono gli Dei che fanno crescere sotto terra le vene dei metalli, ma le tengono segrete, nascoste; chi le trova, è quasi loro pari, e perciò

1. **affocarla**: arroventarla.

gli Dei non lo amano, e tentano di confonderlo. Non amano noi Rodmund: ma noi non ce ne curiamo.

Ora, in cinque o sei generazioni il giacimento si è esaurito: qualcuno ha proposto di seguirlo sotto terra scavando gallerie, ed ha anche provato con suo danno; infine il parere dei più prudenti ha prevalso. Tutti gli uomini hanno ripreso i vecchi mestieri, ma io no: come il piombo, senza di noi, non vede la luce, così noi senza piombo non possiamo vivere. La nostra è un'arte che rende ricchi, ma fa morire giovani. Qualcuno dice che questo avviene perché il metallo entra nel sangue e lo smagrisce a poco a poco; altri pensano piuttosto che sia una vendetta degli Dei, ma in ogni modo a noi Rodmund importa poco che la nostra vita sia breve, perché siamo ricchi, rispettati e vediamo il mondo. Infatti, il caso di quel mio proavo dai denti azzurri è eccezionale, perché era eccezionalmente ricco il giacimento che lui aveva scoperto: in generale, noi cercatori siamo anche viaggiatori. Lui stesso, mi hanno raccontato, veniva da molto lontano, da un paese dove il sole è freddo e non tramonta mai, la gente abita in palazzi di ghiaccio, e nel mare nuotano mostri marini lunghi mille passi.

Così, dopo sei generazioni di sosta, io ho ripreso a viaggiare, alla ricerca di pietre da fondere, o da far fondere da altre genti, insegnandogli l'arte contro oro; ecco, noi Rodmund siamo negromanti:[2] mutiamo il piombo in oro. Sono partito da solo, verso sud, quando ero ancora giovane. Ho viaggiato per quattro anni, di contrada in contrada, evitando le pianure, risalendo le valli, battendo col martello, trovando poco o nulla: d'estate lavoravo nei campi, d'inverno intrecciavo canestri o spendevo l'oro che mi ero portato con me. Da solo, ho detto: a noi le donne servono per darci un figlio maschio, che la razza non si spenga, ma non ce le portiamo dietro. A che servirebbero? La pietra, non imparano a trovarla, e anzi, se la toccano quando hanno le loro regole,[3] si scioglie in sabbia morta e in cenere. Meglio le ragazze che si incontrano per via, buone per una notte o per un mese, con cui si fa baldoria

2. negromanti: indovini, maghi.

3. regole: mestruazioni. Questa era una diffusa superstizione.

senza pensare al domani, come invece fanno le mogli. Il nostro domani, è meglio viverlo da soli: quando la carne comincia a farsi flaccida e pallida, il ventre a dolere, i capelli e i denti a cadere, le gengive a diventare grigie, allora è meglio essere soli.

Sono arrivato in un posto da cui, nei giorni sereni, si vedeva a sud una catena di montagne. A primavera mi sono rimesso in cammino, deciso a raggiungerle: ero pieno di noia per quella terra appiccicosa e molle, buona a nulla, buona a far ocarine[4] di coccio, priva di virtù e di segreti. In montagna è diverso, le rocce, che sono le ossa della terra, si vedono scoperte, suonano sotto le scarpe ferrate, ed è facile distinguere le diverse qualità: le pianure non fanno per noi. Io chiedevo in giro dov'era il valico più agevole; chiedevo anche se avevano piombo, dove lo comperavano, quanto lo pagavano: più caro lo pagavano, più cercavo nelle vicinanze. Qualche volta, non sapevano neppure che cosa fosse, il piombo: quando gli mostravo il pezzo di lastra che mi porto sempre nella bisaccia, ridevano a sentirlo così tenero, e per derisione mi domandavano se al mio paese si fanno di piombo anche i vomeri[5] e le spade. Il più delle volte, però, non riuscivo né a capirli né a farmi capire: pane, latte, un giaciglio, una ragazza, la direzione da prendere l'indomani, e basta.

Ho superato un largo valico in piena estate, col sole che a mezzogiorno era quasi a picco sulla mia testa, eppure c'erano ancora chiazze di neve sui prati. Poco più in basso c'erano greggi, pastori e sentieri: si vedeva il fondo della valle, tanto in basso che sembrava ancora immerso nella notte. Sono disceso, trovando villaggi, uno anzi piuttosto grande, sul torrente, dove i montanari scendevano a scambiare bestiame, cavalli, formaggio, pellicce, e una bevanda rossa che chiamavano vino. Mi scappava da ridere a sentirli parlare: il loro linguaggio era un barbugliare[6] rozzo e indistinto, un bar-bar animalesco, tanto che c'era da stupirsi a vedere che invece avevano armi e attrezzi simili ai nostri, alcuni anzi anche più ingegnosi ed elaborati. Le donne filavano come da noi; costruivano

4. **ocarine**: strumenti a fiato di forma ovoidale.

5. **vòmeri**: lame dell'aratro per tagliare in senso orizzontale la terra.

6. **barbugliare**: parlare in modo confuso.

case di pietra, non tanto belle ma solide: alcune invece erano di legno, sospese a qualche palmo dal suolo perché appoggiavano su quattro o sei ceppi di legno sormontati da dischi di pietra liscia; credo che questi ultimi servano ad impedire l'ingresso dei topi, e questa mi è sembrata un'invenzione intelligente. I tetti non erano di paglia, ma di pietre larghe e piatte; la birra non la conoscevano.

Ho visto subito che in alto, nelle pareti della valle, c'erano fori nella roccia e colate di detriti: segno che anche da quelle parti c'era qualcuno che cercava. Ma non ho fatto domande, per non destare sospetti; un forestiero come me ne doveva già destare troppi. Sono sceso al torrente che era abbastanza impetuoso (mi ricordo che aveva l'acqua torbida e bianchiccia, come se ci fosse mescolato del latte, cosa che dalle mie parti non si è mai vista), e mi sono messo con pazienza a esaminare le pietre: questa è una delle nostre malizie, i sassi dei torrenti vengono da lontano, e parlano chiaro a chi sa capire. C'era un po' di tutto: pietre focaie, sassi verdi, pietre da calce, granito, pietra da ferro, perfino un po' di quella che noi chiamiamo galmeida, tutta roba che non mi interessava; eppure, avevo come un chiodo in testa che in una valle fatta come quella, con certe striature bianche sulla roccia rossa, con tanto ferro in giro, le pietre da piombo non dovevano mancare.

Me ne andavo giù lungo il torrente, un po' sui massi, un po' guadando dove si poteva, come un cane da caccia, con gli occhi inchiodati a terra, quando ecco, poco sotto alla confluenza di un altro torrente più piccolo, ho visto un sasso in mezzo a milioni di altri sassi, un sasso quasi uguale a tutti gli altri, un sasso bianchiccio con dei granelli neri, che mi ha fatto fermare, teso e immobile, proprio come un bracco che punta. L'ho raccolto, era pesante, accanto ce n'era un altro simile ma più piccolo. Noi è difficile che ci sbagliamo: ma a buon conto l'ho spezzato, ne ho preso un frammento come una noce e me lo sono portato via per saggiarlo. Un buon cercatore, uno serio, che non voglia dire bugie né agli altri né a se stesso, non si deve fidare delle apparenze, perché la pietra, che sembra morta, invece è piena di inganni: qualche volta cambia sorte addirittura mentre la scavi, come certi serpenti che cambiano colore per non farsi scorgere. Un buon cercatore, dunque, si porta dietro tutto: il crogiolo d'argilla, la carbonella, l'esca, l'acciarino, e un altro strumento ancora che è segreto e non vi posso dire, e serve appunto a capire se una pietra è buona o no.

A sera mi sono trovato un posto fuori mano, ho fatto un focolare, ci ho messo sopra il crogiolo ben stratificato, l'ho arroventato per mezz'ora e l'ho lasciato raffreddare. L'ho rotto, ed eccolo, il dischetto lucido e pesante, che si incide con l'unghia, quello che ti allarga il cuore e fa sparire dalle gambe la stanchezza del cammino, e che noi chiamiamo "il piccolo re".

A questo punto non è che uno sia a posto: anzi, il più del lavoro è ancora da fare. Bisogna risalire il torrente, e ad ogni biforcazione cercare se la pietra buona continua a destra o a sinistra. Ho risalito per un bel po' il torrente più grosso, e la pietra c'era sempre, ma era sempre molto rara; poi la valle si restringeva in una gola talmente profonda e ripida che non c'era neanche da pensare a risalirla. Ho chiesto ai pastori, lì intorno, e mi hanno fatto capire, a gesti e a grugniti, che non c'era proprio modo di aggirare lo scoscendimento, ma che, ridiscendendo nella valle grande, si trovava una stradina, larga così, che superava un valico a cui loro davano un nome come Tringo e scendeva a monte della gola, in un luogo dove c'erano bestie cornute che muggivano, e quindi (ho pensato io) anche pascoli, pastori, pane e latte. Mi sono messo in cammino, ho trovato facilmente la stradina e il Tringo, e di qui sono disceso in un bellissimo paese.

Proprio di fronte a me che scendevo, si vedeva d'infilata una valle verde di larici, e in fondo montagne tutte bianche di neve in piena estate: la valle terminava ai miei piedi in una vasta prateria punteggiata di capanne e di armenti. Ero stanco, sono sceso e mi sono fermato dai pastori. Erano diffidenti, ma conoscevano (fin troppo bene) il valore dell'oro, e mi hanno ospitato per qualche giorno senza farmi angherie. Ne ho approfittato per imparare qualche parola della loro lingua: chiamano "pen" le montagne, "tza" i prati, "roisa" la neve d'estate, "fea" le pecore, "bait" le loro case, che sono di pietra nella parte bassa, dove tengono le bestie, e di legno sopra, con appoggi di pietra come ho già detto, dove vivono loro e tengono il fieno e le provviste. Erano gente scontrosa, di poche parole, ma non avevano armi e non mi hanno trattato male.

Essendomi riposato, ho ripreso la ricerca, sempre col sistema del torrente, ed ho finito con l'infilarmi in una valle parallela a quella dei larici, lunga stretta e deserta, senza pascoli né foresta. Il torrente che la percorreva era ricco di pietra buona: sentivo di essere vicino a quello che cercavo. Ci ho messo tre giorni, dormendo all'addiaccio: anzi, senza dormire affatto, tanto ero impaziente; passavo le notti a scrutare il cielo perché nascesse l'alba.

Il giacimento era molto fuori mano, in un canalone ripido: la pietra bianca affiorava dall'erba stenta, a portata di mano, e bastava scavare due o tre palmi per trovare la pietra nera, la più ricca di tutte, che io non avevo ancora mai vista ma mio padre mi aveva descritta. Pietra compatta, senza scoria, da lavorarci cento uomini per cento anni. Quello che era strano, è che qualcuno lì ci doveva già essere stato: si vedeva, mezzo nascosto dietro una roccia (che certo era stata messa lì apposta), l'imbocco di una galleria, che doveva essere molto antica, perché dalla volta pendevano stalattiti[7] lunghe come le mie dita. Per terra c'erano paletti di legno infracidito e frammenti d'ossa, pochi e guasti, il resto dovevano averlo portato via le volpi, infatti c'erano tracce di volpi e forse di lupi: ma un mezzo cranio che sporgeva dal fango era certamente umano. Questa è una cosa difficile da spiegare, ma è già successa più di una volta: che qualcuno, chissà quando, venendo di chissà dove, in un tempo remoto magari prima del diluvio, trova una vena, non dice niente a nessuno, cerca da solo di cavare la pietra, ci lascia le ossa, e poi passano i secoli. Mio padre mi diceva

7. stalattiti: depositi di carbonato di calcio che nelle grotte forma come delle lunghe e sottili colonne pendenti.

che, in qualunque galleria uno scavi, trova le ossa dei morti.
Insomma, il giacimento c'era: ho fatto le mie prove, ho fabbricato così alla meglio una fornace lì all'aperto, sono sceso e tornato su con la legna, ho fuso tanto piombo da poterlo portare in spalla e sono tornato a valle. Alla gente dei pascoli non ho detto niente: ho ripreso il Tringo e sono sceso nel grande villaggio dall'altra parte, che si chiamava Sales. Era giorno di mercato, e mi sono messo in mostra col mio pezzo di piombo in mano. Qualcuno ha incominciato a fermarsi, a soppesarlo e a farmi domande che capivo a mezzo: era chiaro che volevano sapere a cosa serviva, quanto costava, da dove veniva. Poi si è fatto avanti un tale con l'aria svelta, con un berretto di lana intrecciata, e ci siamo intesi abbastanza bene. Gli ho fatto vedere che quella roba si batte col martello: anzi, seduta stante ho trovato un martello e un paracarro, e gli ho fatto vedere quanto è facile ridurlo in lastre e fogli; poi gli ho spiegato che coi fogli, saldandoli su di un lato con un ferro rovente, si possono fare tubi; gli ho detto che i tubi di legno, per esempio le gronde di quel paese Sales, perdono e marciscono, gli ho spiegato che i tubi di bronzo sono difficili da fare e che quando si usano per l'acqua da bere fanno venire il mal di ventre, e che invece i tubi di piombo durano in eterno e si saldano l'uno sull'altro con facilità. Un po' alla ventura, e facendo una faccia solenne, ho tirato anche il colpo di spiegargli che con un foglio di piombo si possono anche rivestire le casse dei morti, in modo che questi non fanno i vermi, ma diventano secchi e sottili, e così anche l'anima non si disperde, che è un bel vantaggio; e sempre col piombo si possono fondere delle statuette funebri, non lucide come il bronzo, ma appunto, un po' fosche, un po' velate, come si addice agli oggetti di lutto. Siccome ho visto che queste questioni gli interessavano molto, gli ho spiegato che, se si va oltre le apparenze, il piombo è proprio il metallo della morte: perché fa morire, perché il suo peso è un desiderio di cadere, e cadere è dei cadaveri, perché il suo

stesso colore è smorto-morto, perché è il metallo del pianeta Tuisto, che è il più lento dei pianeti, cioè il pianeta dei morti. Gli ho anche detto che, secondo me, il piombo è una materia diversa da tutte le altre materie, un metallo che senti stanco, forse stanco di trasformarsi e che non si vuole trasformare più: la cenere di chissà quali altri elementi pieni di vita, che mille e mille anni fa si sono bruciati al loro stesso fuoco. Queste sono cose che io penso veramente, non è che me le sia inventate per stringere l'affare. Quell'uomo, che si chiamava Borvio, stava a sentire a bocca aperta, e poi mi ha detto che doveva proprio essere come io dicevo, e che quel pianeta è sacro ad un dio che nel suo paese si chiama Saturno, e viene dipinto con una falce. Era il momento di venire al sodo, e mentre lui stava ancora rimuginando i miei imbonimenti[8] gli ho chiesto trenta libbre d'oro, contro la cessione del giacimento, la tecnologia della fusione e istruzioni precise sugli usi principali del metallo. Lui mi ha controfferto delle monete di bronzo con sopra un cinghiale, coniate chissà dove, ma io ho fatto l'atto di sputarci sopra: oro, e niente storie. D'altronde, trenta libbre sono troppe per uno che viaggia a piedi, tutti lo sanno, e io sapevo che Borvio lo sapeva: così abbiamo concluso per venti libbre. Si è fatto accompagnare al giacimento, il che era giusto. Tornati a valle, mi ha consegnato l'oro: io ho controllato tutti i venti lingottini, li ho trovati genuini e di buon peso, ed abbiamo fatto una bella sbornia di vino per solennizzare il contratto.

Era anche una sbornia d'addio. Non è che quel paese non mi piacesse, ma molti motivi mi spingevano a riprendere il cammino. Primo: volevo vedere i paesi caldi, dove si dice che crescono gli olivi e i limoni. Secondo: volevo vedere il mare, non quello tempestoso da dove veniva il mio avo dai denti azzurri, ma il mare tiepido, di dove viene il sale. Terzo: non serve a niente avere l'oro e portarselo sulla gobba, col terrore continuo che di notte, o durante una sbornia, te lo portino via. Quarto e complessivo: volevo spendere l'oro in un viaggio per mare, per conoscere il mare e i marinai,

8. imbonimenti: discorsi con cui si cerca di convincere qualcuno della bontà della propria merce, anche imbrogliandolo.

perché i marinai hanno bisogno di piombo, anche se non lo sanno.
Così me ne sono andato: ho camminato per due mesi, scendendo per una grande valle triste, fino a che questa è sboccata nel piano. C'erano prati e campi di grano, e un odore aspro di sterpi bruciati che mi ha fatto venire nostalgia del mio paese: l'autunno, in tutti i paesi del mondo, ha lo stesso odore, di foglie morte, di terra che riposa, di fascine che bruciano, insomma di cose che finiscono, e tu pensi "per sempre". Ho incontrato una città fortificata, grande come da noi non ce n'è, alla confluenza di due fiumi; c'era un mercato di schiavi, carne, vino, ragazze sudice, solide e scarmigliate, una locanda con un buon fuoco, e ci ho passato l'inverno: nevicava come da noi. Sono ripartito a marzo, e dopo un mese di cammino ho trovato il mare, che non era azzurro ma grigio, muggiva come un bisonte, e si avventava sulla terra come se la volesse divorare; al pensiero che non aveva mai riposo, non l'aveva mai avuto da quando c'è il mondo, mi sentivo mancare il coraggio. Ma ho preso ugualmente la strada verso levante, lungo la spiaggia, perché il mare mi affascinava e non mi potevo staccare da lui.
Ho trovato un'altra città, e mi ci sono fermato, anche perché il mio oro volgeva alla fine. Erano pescatori e gente strana, che veniva per nave da vari paesi molto lontani: comperavano e vendevano, di notte si accapigliavano per le donne e si accoltellavano nei vicoli; allora anch'io mi sono comperato un coltello, di bronzo, robusto, colla guaina di cuoio, da portare legato alla vita sotto i panni. Conoscevano il vetro, ma non gli specchi: cioè, avevano soltanto specchietti di bronzo levigato, da quattro soldi, di quelli che si rigano subito e falsano i colori. Se si ha del piombo, non è mica difficile fare uno specchio di vetro, ma io gli ho fatto cadere il segreto molto dall'alto, gli ho raccontato che è un'arte che solo noi Rodmund conosciamo, che ce l'ha insegnata una dea che si chiama Frigga, e altre sciocchezze che quelli hanno bevuto come acqua.
Io avevo bisogno di soldi: mi sono guardato

intorno, ho trovato vicino al porto un vetraio che aveva l'aria abbastanza intelligente, e mi sono messo d'accordo con lui.
Da lui ho imparato diverse cose, prima fra tutte che il vetro si può soffiare: mi piaceva tanto, quel sistema, che me lo sono perfino fatto insegnare, e un giorno o l'altro proverò anche a soffiare il piombo o il bronzo fuso (ma sono troppo liquidi, è difficile che riesca). Io invece ho insegnato a lui che, sulla lastra di vetro ancora calda, si può colare il piombo fuso, e si ottengono degli specchi non tanto grandi, ma luminosi, senza difetti, e che si conservano per molti anni. Lui poi era abbastanza bravo, aveva un segreto per i vetri colorati, e gettava delle lastre variegate di bellissimo aspetto. Io ero pieno d'entusiasmo per la collaborazione, ed ho inventato di fare specchi anche con le calotte di vetro soffiato, colandogli il piombo dentro o spalmandolo di fuori: a specchiarcisi dentro, ci si vede molto grandi o molto piccoli, oppure anche tutti storti; questi specchi non piacciono alle donne, ma tutti i bambini se li fanno comperare. Per tutta l'estate e l'autunno abbiamo venduto specchi ai mercanti, che ce li pagavano bene: ma intanto io parlavo con loro, e cercavo di raccogliere più notizie che potevo su di una terra che molti di loro conoscevano.
Era stupefacente osservare come quella gente, che pure passava in mare metà della sua vita, avesse idee così confuse circa i punti cardinali e le distanze; ma insomma, su un punto erano tutti d'accordo, e cioè che navigando verso sud, chi diceva mille miglia, chi ancora dieci volte più lontano, si trovava una terra che il sole aveva bruciata in polvere, ricca di alberi ed animali mai visti, abitata da uomini feroci di pelle nera. Ma molti avevano per certo che a metà strada si incontrava una grande isola detta Icnusa,[9] che era l'isola dei metalli: su quell'isola si raccontavano le storie più strane, che era abitata da giganti, ma che i cavalli, i buoi, perfino i conigli e i polli, erano invece minuscoli; che comandavano le donne e facevano la guerra, mentre gli uomini guardavano le bestie e filavano la lana; che questi giganti

9. **Icnusa**: antico nome greco della Sardegna.

erano divoratori d'uomini, e in specie gli stranieri; che era una terra di puttanesimo, dove i mariti si scambiavano le mogli, ed anche gli animali si accoppiavano a casaccio, i lupi con le gatte, gli orsi con le vacche; che la gravidanza delle donne non durava che tre giorni, poi le donne partorivano, e subito dicevano al bambino: «Orsù, portami le forbici e fai luce, che io ti tagli il cordone». Altri ancora raccontavano che lungo le sue coste ci sono fortezze di pietra, grandi come montagne; che tutto in quell'isola è fatto di pietra, le punte delle lance, le ruote dei carri, perfino i pettini delle donne e gli aghi per cucire; anche le pentole per cucinare, e addirittura che hanno pietre che bruciano, e le accendono sotto a queste pentole; che lungo le loro strade, a sorvegliare i quadrivi,[10] ci sono mostri pietrificati spaventosi a vedersi. Queste cose io le ascoltavo con compunzione,[11] ma dentro di me ridevo a crepapelle, perché ormai il mondo l'ho girato abbastanza, e so che tutto il mondo è paese; del resto, anch'io, quando ritorno e racconto i paesi dove sono stato, mi diverto a inventare stranezze; e qui se ne raccontano di fantastiche sul mio paese, per esempio che i bufali da noi non hanno le ginocchia, e che per abbatterli basta segare alla base gli alberi a cui si appoggiano di notte per riposare: sotto il loro peso, l'albero si spezza, loro cascano distesi e non si possono rialzare più.

Sul fatto dei metalli, però, erano tutti d'accordo; molti mercanti e capitani di mare avevano portato dall'isola a terra carichi di metallo greggio o lavorato, ma erano gente rozza, e dai loro discorsi era difficile capire di che metallo si trattasse: anche perché non parlavano tutti la stessa lingua, e nessuno parlava la mia, e c'era una gran confusione di termini. Dicevano per esempio "kalibe", e non c'era verso di capire se intendevano ferro, o argento, o bronzo. Altri chiamavano "sider" sia il ferro, sia il ghiaccio, ed erano così ignoranti da sostenere che il ghiaccio delle montagne, col passar dei secoli e sotto il peso della roccia, si indurisce e diventa prima cristallo di rocca e poi pietra da ferro.

10. quadrìvi: incrocio di due strade.

11. compunzione: serietà e rispetto.

Insomma, io ero stufo di mestieri da femmina, e in quest'Icnusa ci volevo andare. Ho ceduto al vetraio la mia quota dell'impresa, e con quel denaro, più quello che avevo guadagnato con gli specchi, ho trovato un passaggio a bordo di una nave da carico: ma d'inverno non si parte, c'è la tramontana, o il maestrale, o il noto, o l'euro,[12] pare insomma che nessun vento sia buono, e che fino ad aprile la cosa migliore sia starsene a terra, ubriacarsi, giocarsi la camicia ai dadi, e mettere incinte le ragazze del porto. Siamo partiti ad aprile. La nave era carica di anfore di vino; oltre al padrone c'era un capociurma, quattro marinai e venti rematori incatenati ai banchi. Il capociurma veniva da Kriti[13] ed era un gran bugiardo: raccontava di un paese dove vivono uomini chiamati Orecchioni, che hanno orecchie così smisurate che ci si avvolgono dentro per dormire d'inverno, e di animali con la coda dalla parte davanti che si chiamano Alfil e intendono il linguaggio degli uomini.

Devo confessare che ho stentato ad avvezzarmi a vivere sulla nave: ti balla sotto i piedi, pende un po' a destra e un po' a sinistra, è difficile mangiare e dormire, e ci si pestano i piedi l'un l'altro per mancanza di spazio; poi, i rematori incatenati ti guardano con occhi così feroci da farti pensare che, se non fossero appunto incatenati, ti farebbero a pezzi in un momento; e il padrone mi ha detto che delle volte succede. D'altra parte, quando il vento è propizio, la vela si gonfia, e i rematori alzano i remi, sembra proprio di volare, in un silenzio incantato; si vedono i delfini saltare fuori dall'acqua, e i marinai sostengono di capire, dall'espressione del loro ceffo, il tempo che farà domani. Quella nave era bene impiastrata di pece, e tuttavia si vedeva tutta la carena[14] sforacchiata: dalle teredini,[15] mi spiegarono. Anche nel porto avevo visto che tutte le navi alla fonda[16] erano rosicchiate: non c'è niente da fare, mi ha detto il padrone, che era anche il capitano. Quando una nave è vecchia, la si sfascia e si brucia; ma io avevo una mia idea, e così anche per l'ancora. È stupido farla di ferro: si mangia tutta di ruggine, non dura due anni. E le reti da pesca?

12. tramontana... euro: nomi di venti rispettivamente da nord, da nord-ovest, da sud e da sud-ovest.

13. Kriti: Creta.

14. caréna: la parte della nave immersa nell'acqua.

15. terédini: tipo di mollusco.

16. alla fonda: ancorate o alla boa lontano dalla riva.

Quei marinai, quando il vento era buono, calavano una rete che aveva galleggianti di legno, e sassi per zavorra.[17] Sassi! se fossero stati di piombo, avrebbero potuto essere quattro volte meno ingombranti. Chiaro che non ne ho fatto parola con nessuno, ma, l'avrete capito anche voi, pensavo già al piombo che avrei cavato dal ventre dell'Icnusa, e vendevo la pelle dell'orso prima di averlo ammazzato.

17. **zavorra**: peso.

Siamo arrivati in vista dell'isola dopo undici giorni di mare. Siamo entrati in un piccolo porto a forza di remi: intorno, c'erano scoscendimenti di granito, e schiavi che scolpivano colonne. Non erano giganti, e non dormivano nelle proprie orecchie; erano fatti come noi, e coi marinai si intendevano abbastanza bene, ma i loro sorveglianti non li lasciavano parlare. Quella era una terra di roccia e di vento, che mi piacque subito: l'aria era piena di odori d'erbe, amari e selvaggi, e la gente sembrava forte e semplice.

Il paese dei metalli era a due giornate di cammino: ho noleggiato un asino col suo conducente, e questo è proprio vero, sono asini piccoli (non però come gatti, come si diceva nel continente), ma robusti e resistenti; insomma, nelle dicerie qualcosa di vero ci può essere, magari una verità nascosta sotto veli di parole, come un indovinello. Per esempio, ho visto che era giusta anche la faccenda delle fortezze di pietra: non sono proprio grosse come montagne, ma solide, di forma regolare, di conci[18] commessi[19] con precisione; e quello che è curioso, è che tutti dicono che "ci sono sempre state", e nessuno sa da chi, come, perché e quando sono state costruite. Che gli isolani divorino gli stranieri, invece, è una gran bugia: di tappa in tappa, mi hanno condotto alle miniere, senza fare storie né misteri, come se la loro terra fosse di tutti.

18. **conci**: pietre squadrate.

19. **commessi**: congiunti, incastrati.

Il paese dei metalli è da ubriacarsi: come quando un segugio entra in un bosco pieno di selvaggina, che salta di usta[20] in usta, trema tutto e diventa come stranito. È vicino al mare, una fila di colline che in alto diventano dirupi, e si vedono vicino e lontano, fino all'orizzonte, i pennacchi di fumo delle fonderie, con intorno

20. **usta**: traccia odorifera degli animali selvatici.

gente in faccende, liberi e schiavi: e anche la storia della pietra che brucia è vera, non credevo ai miei occhi. Stenta un po' ad accendersi, ma poi fa molto calore e dura a lungo. La portano là di non so dove, in canestri a dorso d'asino: è nera, untuosa, fragile, non tanto pesante.

Dicevo dunque che ci sono pietre meravigliose, certamente gravide di metalli mai visti, che affiorano in tracce bianche, viola, celesti: sotto quella terra ci dev'essere un favoloso intrico di vene. Mi sarei perso volentieri, a battere e scavare e saggiare: ma sono un Rodmund, e la mia pietra è il piombo. Mi sono messo subito al lavoro.

Ho trovato un giacimento al margine ovest del paese, dove penso che nessuno avesse mai cercato: infatti non c'erano pozzi né gallerie né discariche, e neppure c'erano segni apparenti in superficie; i sassi che affioravano erano come tutti gli altri sassi. Ma poco sotto il piombo c'era: e questa è una cosa a cui spesso avevo pensato, che noi cercatori *crediamo* di trovare il metallo con gli occhi, l'esperienza e l'ingegno, ma in realtà quello che ci conduce è qualcosa di più profondo, una forza come quella che guida i salmoni a risalire i nostri fiumi, o le rondini a ritornare al nido. Forse avviene per noi come per gli acquari,[21] che non sanno che cosa li guida all'acqua, ma qualcosa pure li guida, e torce la bacchetta fra le loro dita.

21. acquari: o rabdomanti, cercatori di vene d'acqua.

Non so dire come, ma proprio lì era il piombo, lo sentivo sotto i miei piedi torbido velenoso e greve, per due miglia lungo un ruscello in un bosco dove, nei tronchi fulminati, si annidano le api selvatiche. In poco tempo ho comperato schiavi che scavassero per me, ed appena ho avuto da parte un po' di danaro mi sono comperata anche una donna. Non per farci baldoria insieme: l'ho scelta con cura, senza guardare tanto la bellezza, ma che fosse sana, larga di fianchi, giovane e allegra. L'ho scelta così perché mi desse un Rodmund, che la nostra arte non perisca; e non ho perso tempo, perché le mie mani e le ginocchia hanno preso a tremare, e i miei denti vacillano nelle gengive, e si sono fatti azzurri come quelli del mio avo che veniva dal mare. Questo Rodmund nascerà sul finire del prossimo inverno, in questa terra dove crescono le palme e si condensa il sale, e si sentono di notte i cani selvaggi latrare sulla pista dell'orso; in questo villaggio che io ho fondato presso il ruscello delle api selvatiche, ed a cui avrei voluto dare un nome della mia lingua che sto dimenticando, Bak der Binnen, che significa appunto "Rio delle Api": ma la gente di qui ha accettato il nome solo in parte, e fra di loro, nel loro linguaggio che ormai è il mio, lo chiamano "Bacu Abis".[22]

22. Bacu Abis: paese sardo in provincia di Cagliari.

Da: Primo Levi, *Il sistema periodico*, Einaudi.

Claudio Magris

PAOLO DI CANIDOLE

Claudio Magris, germanista e critico, è nato a Trieste nel 1939. Prima ordinario di lingua e letteratura tedesca all'Università di Torino, è ora docente alla Facoltà di Lettere di Trieste. Traduttore di Ibsen, Kleist e Schnitzler, ha pubblicato saggi riguardanti soprattutto la letteratura mitteleuropea: *Il mito asburgico*, *Lontano da dove*, *Dietro le parole*, *L'anello di Clarisse*; un romanzo: *Illazioni su una sciabola* e *Danubio*, giornale di viaggio tra letteratura e storia.

Claudio Magris ci narra del suo incontro con Paolo, uno degli ultimi abitanti dell'isolotto di Canidole nell'alto Adriatico, diventato una sorta di eroe per aver tenuto in scacco le autorità militari quando negli anni cinquanta l'isola divenne jugoslava.
Dopo aver sentito il racconto del vecchio, Magris ne pubblica la storia sul *Corriere della Sera*. Due anni più tardi, ritornato sull'isola, sentirà Paolo raccontare la propria storia con parole nuove, le stesse usate nell'articolo.
Quando Magris confesserà di essere l'autore del pezzo, il vecchio resterà del tutto indifferente perché "la storia comunque è sua", perché nella realtà l'aveva scritta lui, e poco importava chi l'aveva trascritta.

Anche Paolo di Canidole ha avuto il suo giorno e la memoria di quest'ultimo è custodita, fra la gente delle isole, nei racconti che tramandano la sua piccola storia ripetendo sempre le stesse frasi e le stesse parole, come le formule e gli epiteti stereotipi[1] della letteratura orale. Canidole - in croato, Vele Srakane - è un isolotto del Quarnaro, nell'alto Adriatico, pochissimi chilometri a ovest di Lussino, coperto di canne e sempre più deserto. Trent'anni fa c'erano ancora circa 150 persone, ora ve ne sono solo dodici, quasi tutti vecchi; d'estate vi ritorna per un paio di settimane, a trovare i parenti, qualcuno emigrato sul continente o in America e vi approda, per un paio d'ore, qualche barca di villeggianti.
Le altre isole intorno a Canidole sono deserte o realmente popolate, vivono l'immemorabile vita del mare, delle risacche e delle maree, o la stagione delle vacanze, degli alberghi e dei caffè aperti da maggio a settembre. Sulle altre isole non vive nessuno oppure vive, per alcuni mesi o per tutto l'anno, gente inserita, come tutti, nella concatenazione e nella prosa del mondo. Canidole è rimasta fuori, vive la sua vita antica e immutata, che va spegnendosi. Non vi sono alberghi, bar, villeggianti, la scuola costruita qualche decennio fa è in rovina e sui muri delle classi messi a nudo si leggono, in italiano e in croato, frasi scurrili[2] o dichiarazioni d'amore scritte dagli scolari d'un tempo. A Canidole ci sono molte canne, qualche fico,

1. **epìteti stereòtipi**: aggettivi ricorrenti e convenzionali.

2. **scurrili**: volgari.

qualche pecora e qualche vite che basta appena per i dodici abitanti, i quali d'inverno, quando sul Quarnaro la bora[3] è forte, restano tagliati fuori da Lussino, l'isola madre e capitale, per due o tre settimane, ad attendere il sereno e il pane fresco.

La breve distanza che separa la gente di Canidole da Lussino è tanto più grande delle centinaia o migliaia di chilometri che corrono fra Lussino e Monaco o New York, perché quella breve distanza implica una lontananza di decenni, che presto sarà cancellata dall'estinzione totale dei suoi abitanti, la quale ha già reso deserto l'isolotto vicino, Canidole Piccola, Male Srakane. La morte farà di Canidole un'isola come le altre, meravigliosa per l'indicibile colore del mare, meta di poche ore per turisti, e inserita, grazie alla morte, nell'organizzazione del mondo e dell'estate.

Alcuni anni fa, in luglio, un loquace e sentenzioso[4] barcaiolo ci aveva raccontato, portandoci ad altre spiagge, la breve storia di Paolo. Agli inizi degli anni Cinquanta, la Repubblica Federale di Jugoslavia, da poco signora di quelle isole prima appartenenti all'Italia, lo aveva richiamato per il servizio militare. Paolo considerava già un sopruso i quattro anni passati al fronte durante la seconda guerra mondiale – nonostante fosse l'unico sostegno della madre vedova – per l'opinabile[5] gloria del Duce e dell'Impero, grazie alle cui iniziative la sua isola aveva cambiato bandiera. Si era rifiutato di presentarsi alle autorità militari jugoslave ed era rimasto a casa, ad assistere la vecchia madre. La polizia, venuta a prenderlo, non lo aveva trovato, perché si era nascosto; era sbarcato allora un reparto dell'esercito, che aveva setacciato a ventaglio e invano l'isolotto di 1,2 kmq, mentre Paolo, nascosto – in dicembre – in mare, fra gli scogli, tenendo fuori dall'acqua solo gli occhi, aveva osservato le infruttuose ricerche.

Il paese aveva assistito muto alla caccia, con l'istintiva ostilità della selvaggina verso i cacciatori; il maestro elementare, interrogato, aveva replicato che lui, se faceva il maestro, non poteva fare anche il poliziotto e tale risposta

3. **bora**: vento di nord-est, tipico della zona attorno a Trieste.

4. **loquace e sentenzioso**: chiacchierone e amante delle frasi di saggezza proverbiale.

5. **opinàbile**: discutibile.

viene ancora citata, fra le isole, con precisione filologica.[6] Il comandante del reparto, rientrato alla base, aveva comunicato che Paolo non si trovava a Canidole, ma Paolo aveva mandato a dire che lui, sull'isola, c'era. Più tardi - ma qui i racconti si facevano confusi - l'autorità militare jugoslava, dimostrando un'intelligenza benevola che raramente si associa al potere, era venuta - tramite i buoni uffici di un comprensivo tenente - a un onorevole compromesso col suo antagonista,[7] che aveva accondisceso a un breve periodo di richiamo.

Paolo aveva tenuto in iscacco la polizia e l'esercito, un esercito che aveva vinto i tedeschi e conquistato la Venezia Giulia. Quando, alcuni giorni dopo, un'altra barca ci portò a Canidole, andammo a cercarlo.

Sull'isola non si sentivano i soliti suoni della vita, voci di bambini, rumori di lavoro. Le case sbriciolate o con le finestre murate sembravano tombe. Un vecchio sedeva immobile su una sedia, con un fiore in mano; nel volto grinzoso gli occhi erano due fessure oblique, come se si fossero stretti a furia di stringersi per tanti anni davanti al sole. Seduto per terra, all'ombra di un muro, un minorato dal sesso indefinibile guardava il mare, l'arrivo e la partenza di qualche barca, e rispondeva al saluto con un mugolìo, agitando due braccia informi, e con una smorfia che, sotto la bava, era un sorriso gentile e anche sereno. Imperturbabili e mitici come le pietre dell'isola, quegli uomini grandeggiavano su di noi, banali visitatori che si trovavano imbarazzati nei loro costumi da bagno, nel loro privilegio e nella loro vacuità.[8] Non indossavamo divise e non ci fu quindi difficile, fra poche case e dodici persone, trovare Paolo. Era vecchio, molto più invecchiato della sua età, con la barba incolta e il corpo oscillante per un continuo tremito; dietro gli occhiali c'era un occhio solo e lui si puliva, con un gesto continuo e incerto, uno spurgo nella cavità dell'occhio mancante.

Era gentile, compiaciuto e indifferente. Ripeteva la sua storia con le stesse parole del barcaiolo, compresa la famosa dichiarazione del maestro, come se anch'egli l'avesse appresa da lui

6. filològica: attenta a ogni singola parola.

7. antagonista: avversario.

8. vacuità: vuotezza, superficialità.

e imparata a memoria.
Eravamo avvolti dall'aura[9] di quelle lontananze, di quel mare incorruttibile dinanzi al quale si poteva credere di essere ancora dèi, di essere immortali. Quel mare e quelle isole erano un incanto perfetto, così intenso da essere quasi insostenibile, perché non siamo dèi e anche se lo siamo stati, come dice Kipling,[10] ce ne siamo dimenticati. Intanto l'eroe di Canidole, scosso dal suo tremito, raccontava di come avesse perduto fra le canne l'occhio di vetro e di come anche la vista dell'altro andasse cedendo. Quando gli chiedemmo se aveva il diabete, Paolo rispose in tono incoraggiante, soddisfatto dell'acutezza diagnostica:[11] Sì, ecco, bravi, bravi, proprio diabete, giusto, bravi. E riprese a parlare del fico, le cui radici avevano danneggiato la cisterna, e che avrebbe dovuto tagliare.
L'eroe di Canidole attendeva, opaco, la morte e, prima, la probabile cecità, perché non c'era nessuno, sull'isola, che potesse fargli le necessarie iniezioni d'insulina.[12] Un'anonima eutanasia,[13] lenta e sicura, stava provvedendo all'ex eroe, ormai inutile a qualsiasi società. Guardando quel vecchio, che aveva sfidato un esercito e non riusciva più a radersi, si capiva che è inevitabile dimenticarsi d'essere stati dèi.
Ma nel suo torpido abbandono alla distruzione c'era qualcosa di regale, la tranquillità. Sul viso intimidito della moglie, che si teneva a distanza e offriva quasi con timore una brocca d'acqua fresca, si leggeva invece soltanto un'antica sottomissione al basto[14] e alle percosse della vita, una gentilezza spezzata, la spenta rassegnazione di chi non ha avuto il suo giorno, di chi non ha avuto niente. Quel volto confutava[15] l'armonia di quel mare e di quel cielo perfetto; l'attimo di pianto che salì agli occhi di chi mi stava vicino era come la lacrima di Achab,[16] il capitano di *Moby Dick*, che scivola nel Pacifico e di cui Melville dice che essa vale più di tutte le ricchezze e le perle del fondo dell'oceano.
La donna raccontava di un figlio morto bambino; aggiunse solo, con un piccolo orgoglio, di avere fratelli e sorelle in America, che ogni tanto le mandavano dei dollari. Aveva l'aria di chi chiede scusa di esistere, ma si rinfrancava

9. **aura**: atmosfera, suggestione.

10. **Kipling**: Joseph Rudyard Kipling (1865-1936), scrittore inglese di libri avventurosi.

11. **diagnostica**: arte di individuare le malattie.

12. **insulina**: sostanza necessaria a curare il diabete.

13. **eutanasia**: uccisione di una persona molto malata per evitarle ulteriori sofferenze.

14. **basto**: la sella degli asini.

15. **confutava**: smentiva, contraddiceva.

16. **Achab**: protagonista del romanzo di Herman Melville *Moby Dick* (1851). Achab insegue per tutta la vita e per tutti i mari la balena bianca Moby Dick per vendicarsi di lei, ma nella lotta finale muore.

un po' ascoltando un nostro amico, che le si rivolgeva con un affettuoso e rispettoso riguardo, per il quale, nel giorno del giudizio, molto gli sarà perdonato. Appassiva accanto al suo uomo, all'eroe abbattuto e fragile, placido come un tronco corroso, ancora maestoso nel suo pacifico dissolversi. Ma forse la corona più vera posava, nascosta, sul capo della donna senza nome e senza storia, perché il peso che lei aveva portato era più duro della caccia di un esercito e la gentilezza che il suo volto aveva saputo conservare era una regalità ancora più alta di quella di Paolo, l'eroe di Canidole.
Anche su quella giornata scese, com'è giusto, la sera, e con essa vennero la barca, il ritorno, tante altre sere confuse una nell'altra. Appartengo a coloro per i quali vivere è sinonimo[17] di scrivere e non è quindi strano che, qualche tempo dopo, la storia di Paolo apparisse con la mia firma sulla terza pagina del *Corriere della Sera*. Ma dopo ogni storia c'è un epilogo,[18] come nei vecchi romanzi d'avventure. Due anni dopo, tornammo a Canidole. Paolo era di nuovo a casa da pochi giorni, dopo un lungo ricovero all'ospedale di Lussino; era un po' più vecchio e molto più malandato, raccontava di una pianta d'orzo che era cresciuta per caso, un po' mangiata dagli uccelli e un po' soffocata dalle pietre, come nella parabola evangelica. A un certo punto, con orgoglio, mi disse che lui "era apparso sul giornale". Evidentemente alcuni turisti avevano letto il mio articolo sul *Corriere* e, incuriositi, lo avevano cercato, portandogli il ritaglio. «Una bella storia, bella» disse Paolo con orgoglio, e mi raccontò di nuovo la sua famosa vicenda, ma stavolta con le mie parole, che aveva letto sul *Corriere*, col ritmo del mio periodo, con la mia sintassi. Lo ascoltavo e riconoscevo i miei tic linguistici, l'antica e insistente predilezione[19] per avverbi perplessi e congetture[20] abusive. «Una bella storia» ripeteva Paolo, lodando l'articolo. Alla fine, cedendo alla vanità, gli dissi che l'avevo scritto io. «Bravo, bravo» mi rispose con indifferenza, e continuò il racconto. Non era per nulla colpito da quella notizia, come non lo sarei stato io apprendendo il nome del proto[21]

17. **è sinonimo**: significa la stessa cosa.

18. **epìlogo**: conclusione.

19. **predilezione**: preferenza.

20. **congetture**: ipotesi, supposizioni.

21. **proto**: in una tipografia, colui che compone la pagina.

di turno che aveva composto al *Corriere* il mio elzeviro.[22] La storia era sua, perché nel mondo, nella realtà l'aveva scritta lui, con la sua vita, e poco importava chi l'aveva trascritta. Ulisse piange quando sente alla mensa di Alcinoo[23] l'aedo[25] che canta le sue gesta, che ormai non gli appartengono più. Paolo era contento, perché a Canidole anche un vecchio *Corriere* è già qualcosa, ed egli non temeva certo che quel foglio gualcito potesse rubargli la sua storia, la sua vita.

22. **elzevìro**: articolo di argomento culturale, in genere posto in terza pagina.

23. **Alcinoo**: mitico re dei feaci che, nell'*Odissea*, accoglie Ulisse nel suo palazzo.

24. **aedo**: cantore dei poemi epici nel mondo greco antico.

Carlo Sgorlon

DON PEDRO DE CALLEGOS

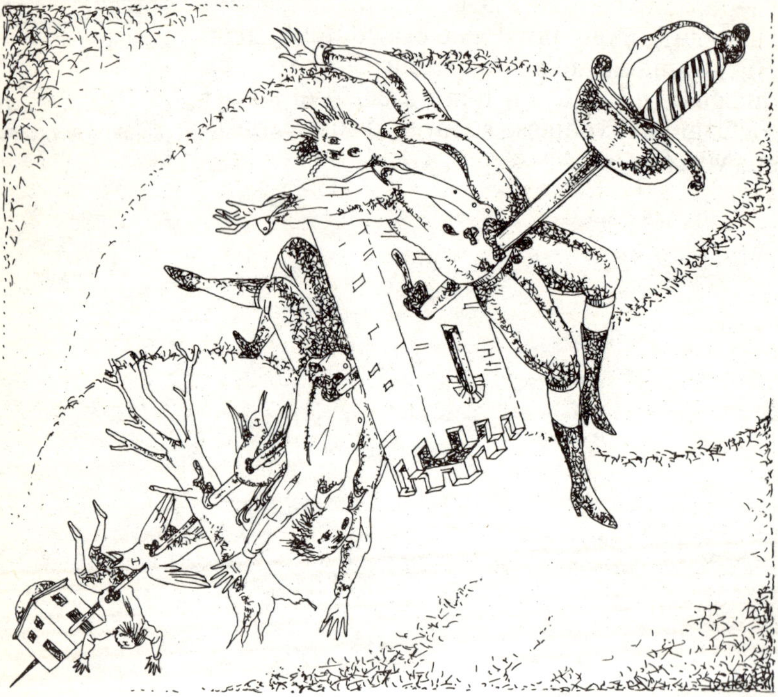

Carlo Sgorlon è nato nel 1930 a Cassago (Udine), luogo dove ha trascorso l'infanzia, fonte di ispirazione per le sue opere nelle quali si rintracciano elementi del mondo contadino e di quello artigianale. I suoi riferimenti letterari sono Montale, Buzzati, la Morante, e tra gli stranieri Kafka. Tra le sue opere: *Il trono di legno*, *La regina di Saba*, *L'armata dei fiumi perduti*. Per ragazzi ha scritto *Il paria dell'universo* e *Il colpo di pistola*.

Il protagonista del racconto, ambientato in Spagna alla fine del XV secolo, ha fatto dell'arte della scherma "il perno intorno al quale far girare la ruota della sua vita". Dopo innumerevoli scontri e una lunga ricerca, vince in un duello interminabile anche l'ultimo, il più grande rivale. Questa vittoria segnerà per lui la perdita del senso stesso della vita. Tornerà al castello che aveva abbandonato ancora ragazzo, prenderà il posto del padre, mentre intorno a lui tutto frana e si disgrega in una Spagna "piena di sogni e di antiche glorie".

A dodici anni non trovai di meglio per costringere il Conde mio padre a lasciarmi uscire dal nostro grigio castello, ai piedi della Sierra de Gredos, che cercare di convincerlo della mia vocazione al sacerdozio. Quando parlai di seminario, il Conde mi chiese se volessi quello di Salamanca o quello di Avila, dove si recava una volta all'anno come in pellegrinaggio, a vedere la casa di Teresa.[1]

«No, quello di Siviglia» risposi con fermezza.

Il Conde mi guardò con gli occhi ridotti a due nere fessure. Pareva volesse strapparmi dall'anima un segreto velenoso, un germoglio maligno lasciatovi cadere da qualche nemico di Dio.

Non rispose subito. Vidi assai di rado il suo volto per due giorni, e quando riprese a girare per le stanze capii che aveva meditato a lungo una cosa dentro di sé. Mi disse che se un bambino come me aveva parlato con tanta sicurezza di una città mai vista, ciò non poteva accadere senza il consenso di Dio, e che il mio desiderio sarebbe stato esaudito.

Per un poco temetti di essere stato troppo avventato. Ma quando la carrozza giunse nella valle del Guadalquivir, quando vidi i verdi campi di Andalusia, il cuore mi si allargò. Sentii che la vita era una cosa grande, attraente, avventurosa, infinitamente più vasta di quello che potevo supporre guardando la *meseta*[2] dalle finestre del castello.

Quando il portone del seminario si chiuse alle mie spalle, mi sentii spaesato ed evanescente. Poi la vita collettiva mi assorbì.

Non fui infingardo. Studiai con rigida passione

1. **Teresa**: Santa Teresa d'Avila (1515-1582), mistica spagnola.

2. ***meseta***: (spagnolo) altopiano.

i testi di latino, di teologia e di morale, le formule della logica e tutto il resto. Ma all'ora di scherma mi trasformavo. Per gli altri giovani era solo una specie di gioco e talvolta una fatica che cercavano di evitare inventando fantasiose slogature. Per me invece era il momento più intenso della giornata, quello cui anelavo, con la gola secca e gli occhi bruciati dal sole. Spesso la mia mente divagava, lasciava perdere il latino e gli schemi della Scolastica[3] per arroccarsi ansiosa nel momento in cui avrei finalmente stretto la mia destra attorno all'elsa del fioretto. Quando accadeva, il mio corpo diventava un asciutto fascio di muscoli, trasformato in una macchina perfetta per inventare finte e parate. Il maestro ben presto non ebbe più niente da insegnarmi. La lode più bella che ricevetti in tutto quel periodo fu questa: «Don Pedro, voi siete assolutamente diverso quando tirate di scherma. Un miracolo di sveltezza. No, non basta. Siete inventivo, fantasioso come un poeta. Siete come Gongora,[4] come Quevedo...»[5]
Non finì. Mi abbracciò. Una lacrima brillò sulla faccia di quell'uomo d'armi colto e raffinato, che veniva come me da qualche angolo remoto della *meseta*. Subito dopo però un'ala di preoccupazione, di ammirato spavento velò la sua faccia sghemba. Cercò di convincermi a restare nell'ombra del chiostro, durante l'ora di scherma, a rileggere una novella esemplare o un atto del grande Lope.[6] «Vedete, don Pedro,» mi disse «voi fate scomparire gli altri. La vostra bravura potrebbe ferire malamente il loro orgoglio. Un giorno potrebbero odiarvi. Pensate quale sventura sarebbe, qui, dove si formano gli operai del Signore.»
Lo amavo, quel maestro. Per quanto mi costasse, feci ciò che mi chiese, e stavo a guardare gli altri, mentre il sole disegnava la loro ombra sulla ghiaia del cortile, quella goffa della loro veste, quella aguzza e saettante del fioretto. Però un'invidia vicina alla malinconia mi devastava l'anima assetata di pianto. Non resistevo, mi struggevo. Era più forte di me. Fu un sivigliano, Blasco Gutierrez, ad aprirmi finalmente la porta di quel purgatorio.

3. **Scolastica**: complesso di dottrine filosofiche elaborate a partire dal Medioevo in base alle teorie aristoteliche.

4. **Gongora**: Luis de Gongora y Argote (1561-1627), poeta barocco spagnolo.

5. **Quevedo**: Francisco de Quevedo (1580-1645), scrittore barocco spagnolo.

6. **Lope**: Lope de Vega (1562-1635), drammaturgo e poeta spagnolo.

«Ma che fai lì impalato? Vieni, tira di scherma.» Gli spiegai la ragione per cui il maestro preferiva di no. Si mise a ridere, facendo brillare i suoi denti cavallini. Aveva una grande bocca, troppo grande per la sua faccia scura, come se fosse pronto a ingoiare tutto ciò che la vita offre avaramente. Forse aveva nelle vene sangue di *moriscos*.[7] La sua cordialità era impetuosa, e travolgeva infallibilmente tutto ciò che gli stava davanti, come l'Alberche[8] quando si scioglie la neve dei Gredos. Aveva la tendenza a trasformare tutto in divertimento, e ogni tanto scoppiava in risate persino da solo, per qualche improvviso assalto del ricordo. Non credo che avesse mai preso sul serio neppure la mia passione e bravura per la scherma.

7. ***moriscos***: (spagnolo) gli arabi che vivevano in Spagna, fino alla cacciata nel 1492.

8. **Alberche**: fiume della Spagna centrale, affluente del Tago.

Una notte mi accorsi che il letto di Blasco era vuoto, e solo una coperta e un cuscino simulavano goffamente il suo corpo, sotto il lenzuolo. Il sangue svaporò per la sorpresa e guardai attentamente attorno a me come per cogliere i segni palesi e diffusi di un ordine violato. Niente. Due lucciole entravano dalla finestra aperta del camerone, e nell'aria si diffondeva il tranquillo russare dei seminaristi. Quando Blasco rientrò, tenni gli occhi sopra la sua veste striata di fango e di calce, e quasi non osavo alzarli su di lui, mentre si spogliava silenziosamente.
«E se ti scoprono? Ti possono processare...» gli dissi.
Lui alzò le spalle.
«Non scherzare. Può essere una faccenda da Inquisizione».[9]
«Sai qual è il tuo guaio?» mi sussurrò. «Prendi tutto troppo sul serio.»
«Dove sei stato?»
«Io sono nato in campagna. Non riesco a stare a lungo nel chiuso. Ho bisogno di vento, dell'aria umida del fiume...»
Non replicai. Una volta lo supplicai di lasciarmi andare con lui, ed egli mi accordò il suo consenso. Ma appena scavalcato il muro del cortile, si liberò quasi contemporaneamente di me e della veste. La nascose sotto un cespuglio, dicendomi che la sua amicizia non poteva

9. **Inquisizione**: il famigerato tribunale ecclesiastico che dalla metà del XVI secolo accrebbe enormemente il numero e la spietatezza delle condanne nei confronti di presunti eretici.

arrivare più in là. Lui doveva andare per i fatti suoi, e anche per due amici come noi le strade non potevano correre sempre parallele.

Non sapendo cosa fare, andai giù verso il fiume, attraversando stradine con file di case dal cui interno la miseria sembrava trasudare attraverso le fessure di porte e finestre. Pochi parevano dormire, nella notte sivigliana. Voci sussurravano attraverso i portoni, al mio passaggio porte socchiuse venivano spinte di colpo. L'aria sonnolenta mi portava mescolati lontani accordi di chitarre e suono di schiaffi generato nel tentativo di uccidere una zanzara alla cieca. Col cuore agitato arrivai fino al porto e mi sedetti su una panca di legno.

L'acqua morta dell'ansa sciabordava mollemente intorno allo scafo di un galeone, legato alla banchina come un vecchio cane alla catena. La luna chiara come una porcellana illuminava le sue assi vecchie e sconnesse; ogni traccia di colore era scomparsa, e il legno era inaridito dal sole. I cannoni erano rugginosi e incrostati di sale, e le corde annerite a forza di scorrere tra le mani sporche di marinai su tutte le rotte dell'Atlantico.

Da quanto tempo era fermo nel porto? Da quanto non tagliava con i suoi fianchi di badessa le onde dell'oceano? Forse in altri tempi era stato la nave ammiraglia di qualche flotta, e adesso era lì a marcire, come un vecchio in un ospizio. Per associazione d'idee, mi chiesi dove fossero i segni della grandezza della Spagna, di cui tante volte avevo sentito parlare mio padre, i maestri o i nobili rampolli che studiavano con me. I loro discorsi spesso si aggiravano intorno alle nostre terre d'oltre Atlantico, tanto vaste che uno poteva girare per tutta la vita senza riuscire a conoscerle almeno un poco; citavano deserti grandi come la Castiglia, selve più vaste della Spagna, e fiumi vicino ai quali il Tago e il Guadalquivir somigliavano a rigagnoli insignificanti.

Ogni volta che riflettevo a queste cose, mi sentivo stranamente irrigidire. Ma ci pensavo solo un istante, perché ero giovane, e i pensieri non mettevano a lungo radici nel mio sangue sempre in fermento.

Quella di fuggire di notte dal seminario per tornare quasi all'alba divenne una pericolosa abitudine. Io e Blasco eravamo abilissimi nello scalare, nel travestirci, nel simulare. Immaginavo vagamente quello che faceva lui. Io giravo per la città vecchia, piena di conventi e di chiese, di taverne e di prostitute, di mendicanti e di gitani. Passavo delle ore ai tavoli delle osterie, dove c'erano sempre qualche vecchio soldato monco o sciancato, che raccontava con le lacrime agli occhi vittorie militari ottenute dai nostri eserciti molti decenni prima che lui nascesse, o vecchi marinai che ripetevano storie già narrate un secolo e mezzo prima da Hernán Cortes, Bernal Diaz del Castillo, o Alvar Cabeza de Vaca.[10] Si ubriacavano di gloria e di grandezza, e magari non sapevano come avrebbero cenato quella sera.

Il mondo si allargava intorno a me. Facevo una doppia vita, quella in seminario e quella in Siviglia, e non sapevo quale delle due fosse reale. Forse l'una e l'altra erano sogni, tanto mi parevano strane quando cercavo di confrontarle tra loro.

Mi accorsi che il rettore del seminario guardava spesso me e Blasco, emergendo dall'ombra discreta di qualche soglia. Il giorno di san Isidoro ci fece chiamare nel suo studio. Congiunse le dita sopra le labbra e si mise a guardare il soffitto, dopo averci spinto sotto gli occhi una carta con poche righe: una lettera anonima di uno che evidentemente possedeva non grandi conoscenze di castigliano, ma aveva buona vista per seguire le nostre fughe notturne. Un terrore di vaghi pericoli si scatenò dentro di me. Mi parve che le pareti dello studio vacillassero come fossero di gelatina. Invece le cose andarono in maniera imprevista, forse perché il rettore, prima di farsi prete, era stato un gentiluomo e un soldato, e aveva persa la sua famiglia nell'incendio di un quartiere di Toledo.

«Per fortuna siamo in tempo ad aggiustare un errore che tra due anni diventerebbe irrimediabile. Tu, Blasco, sposa la ragazza che vai a trovare e diventa un buon padre di famiglia. Tu, Pedro, fatti soldato. Solo da soldato potrà

10. Hernàn... Vaca: sono i nomi di tre "conquistadores", condottieri nelle spedizioni di conquista dell'America del Sud, che lasciarono relazioni delle loro imprese.

accadere che la tua non diventi una passione rovinosa. Solo usandola al servizio del *rey* e del nostro Paese. Ma dovete andarvene subito da qui.»

Così ci trovammo fuori dal seminario, con poco bagaglio e meno soldi, disorientati e frastornati perché gli avvenimenti erano stati assai più rapidi delle nostre speranze o dei nostri segreti pensieri. Blasco si adattò subito alla nuova situazione. Rise di continuo, mentre cercavamo una locanda che avesse una camera passabile da starci qualche giorno. Quando mi tornò un minimo di chiarezza d'idee, capii che non sarei più potuto vivere nel nostro castello, per vedere soltanto caprai e processioni religiose tre o quattro volte all'anno. Per fortuna nella lettera che mi fece arrivare insieme a una grossa somma, il Conde mio padre diceva che mi ero ingannato e l'avevo ingannato, che si asteneva da qualsiasi giudizio, ma certo era meglio se d'ora in poi tra le nostre vite ci fossero stati meno fili che era possibile. Fui subito d'accordo con lui.

Ma appena cominciò la mia vita in Siviglia, mi accorsi che ero come una ruota che abbia perduto il suo perno. Non sarei diventato un sacerdote, né un soldato, né uno studioso. Non potevo fare il castellano come mio padre. Pareva che nel mio Paese non ci fosse alcuna attività nella quale potessi inserirmi. Scoprii che il fondo della mia anima era triste e inquieto. Non c'era nessuna cosa, tranne una, di cui io, vedendola, potessi dire con intima convinzione: «È mia. Sono nato per essa!» Ma quell'una non poteva esplicarsi, e quand'anche, non sarebbe servita a niente e a nessuno. Blasco faceva del suo meglio per farmi uscire da quello stato.

«Tu dimentichi che esiste la donna» diceva «la creatura più splendida del creato».

Non sposò quella per cui era stato cacciato dal seminario, e del resto dubito molto che si trattasse di una soltanto. I primi tempi uscivamo insieme di notte e di giorno, con le spade pendenti alla cintura, e giravamo per le strade, pei vicoli, nel lungofiume. Io tornavo a casa avvilito e sconfitto, mentre Blasco spariva prima o poi dentro l'ombra di qualche patio[11] e confondeva la sua risata con un'altra mezzo soffocata da una nera mantiglia.[12] Roventi pensieri sconvolgevano la mia mente. Adesso era anche peggio che al seminario, poiché lì c'era almeno la lezione di scherma, mentre ora le mie giornate erano vuote.

11. patio: cortile interno delle case spagnole.

12. mantiglia: sciarpa o mantellina da portare sul capo, tipica del costume femminile spagnolo.

Tutto ciò durò fino a una sera, poco prima della campana di notte, mentre il sole traeva stanchi bagliori dalle piccole onde del fiume. Stavo in piedi, presso un muro bianco, e guardavo il decrepito galeone che non navigava più. Pensavo a mio padre, a don Blasco, e soprattutto al nuovo *rey*, Carlos *segundo*,[13] deforme e malaticcio, che doveva passare tristemente la sua vita nell'Escorial[14] come un ergastolano nella sua prigione. Avevo sentito dire che guardava sempre con molto astio tutte le facce nuove che capitavano a corte, come fossero quelle di inviati per spiare da vicino i segni della sua decadenza. All'improvviso, accanto a me, sentii un gruppo di gentiluomini che discorrevano proprio di Sua Maestà. Uno di loro, con baffi e pizzo, dall'accento tra basco e catalano, affermava che di Carlos si rideva in tutte le corti d'Europa, e che l'unico interesse che egli offriva era l'attesa della sua morte, per vedere chi e come si sarebbe impadronito dei suoi possessi.

13. Carlos *segundo*: Carlo II (1661-1700).

14. Escorial: palazzo reale, 40 chilometri a nord-ovest di Madrid, fatto costruire da Filippo II nel XVI secolo.

«Voi siete un vile!» gli gridai, mettendomi davanti a lui.
Le labbra dell'uomo tremarono.
«Potete sostenere che ho affermato il falso?»
«Siete ugualmente vile. Nessun coraggioso parlerebbe così del proprio sovrano.»
Fu costretto a sguainare la spada. Dentro di me si versò un'onda di energia che dormiva in qualche misterioso angolo, uno dei tanti che formano quel mistero più vasto che siamo noi stessi. Capii che dovevo vincere per forza, perché il senso della mia vita era appunto in quella vittoria.
Le lame guizzarono per un po' cautamente, per saggiarsi a vicenda. Sentivo tutti gli occhi degli altri su di me e la mia spada, e anche la loro ardente attesa che io cadessi nel fango. Non

avevo amici in Siviglia e quindi in tutta la Spagna e nel mondo intiero. Persino Blasco da un po' mi evitava, ero troppo noioso per lui, e quando ci incontravamo cercava di nascondere gli sbadigli e di simulare una cordialità che la mia vicinanza gli uccideva. Dovevo vincere perché tutto ciò che possedevo, proprio tutto, era il mio onore. Vidi subito che il gentiluomo era indispettito dalla mia resistenza. Evidentemente, nessuno era riuscito a fare altrettanto nelle molte capitali d'Europa nelle quali era vissuto. Lo seppi poco dopo, mentre lo portavano via gli amici, e il sangue disegnava sulla sua camicia, sotto la spalla destra, una macchia che somigliava vagamente alle isole inglesi, come le avevo viste nell'atlante di Waldseemüller che usavamo al seminario. Due di essi però rimasero. Si misero la mano sul cuore, fecero alcuni strani giuramenti, ricordarono Nuestra Doña di Guadalupe e del Pilar, e dissero alla fine che dovevo battermi anche con loro.
«Se siete stanco, si può rimandare» aggiunsero.
«Non lo sono.»
Ormai la luce era scarsa. Nuvole di zanzare venivano su dall'aria umida del Guadalquivir. La gente diventava sempre più numerosa attorno a noi, e molte facce erano apparse dietro finestre dalle tendine sollevate. Nessuno spagnolo può sottrarsi al piacere istintivo di apprezzare l'arte della scherma. Sapevo che mi odiavano, ma nello stesso tempo non potevano impedirsi di apprezzare le mie finte e i miei attacchi, carichi di quell'inventività che aveva provocato l'abbraccio del mio maestro. Sono certo che molti di loro pensavano che se c'erano ancora giovani che tiravano di scherma come me, nulla importava, né che galeoni marcissero nelle acque del fiume, né che un re semipazzo intristisse nella *meseta*, a dieci leghe da Madrid.
Con gli altri due la mia vittoria fu anche più clamorosa. Non li toccai: solo che, a un certo punto, videro la propria spada volare alcune braccia lontano, come per uno scherzo del Maligno. Se ne andarono guardandosi in giro sospettosi, come per controllare che intorno a loro la realtà fosse sempre la stessa: il fiume al

suo posto, le case e i palazzi nel loro. La vischiosa sera sivigliana li inghiottì, mentre dalla parte dell'oceano venivano su grandi nuvole, come neri cavalloni.

Da quella sera gli oziosi e i gentiluomini della città ebbero un argomento in più sul quale parlare. Me ne accorgevo dai mormorii che la mia presenza provocava, che si accendevano appena venivo riconosciuto, e si velavano al mio passaggio, per riprendere subito dopo. La ruota della mia vita aveva trovato il perno intorno al quale girare. Conobbi momenti di autentica felicità. Ogni tanto dall'acqua morta della mia noia, astratta e irreale, esalava una bolla iridescente, che durava un attimo, ma era intensa come un fulmine. Non volli mai il sangue. Quando ne versai, fu soltanto per disgrazia. La mia vita diventava vera soltanto quando avevo una spada sguainata davanti a me. Il resto era un dormiveglia informe, popolato di sogni senza senso.

Chi non è spagnolo difficilmente può capire cosa spingesse i giovani sivigliani a seguirmi per le strade soffocate dagli odori di fogna, a guardarmi da lontano in silenzio. Ben presto non furono più necessarie sfide, frasi di cerimonia, liturgie del duello. Quando vedevo un giovinotto pallido che mi guardava con insistenza, come volesse impedirmi il passo, capivo subito e perfettamente quello che gli passava nell'anima.

Non è del tutto esatto dire che erano solo gli altri a cercarmi, ero anch'io a cercare gli altri. Anch'io avevo ogni volta da dimostrare qualcosa. Che cosa? Che ero il più forte? Che ero un custode invincibile del mio onore? Che sapevo sempre vivere sull'orlo di un baratro? O che rappresentavo ciò che di più perfetto poteva calarsi nel reale dell'idea platonica[15] della scherma? Erano tutte queste cose insieme, ed era qualcosa di più, che io stesso non avrei saputo dire.

Alla corrida, al *paseo*,[16] lungo la Calle Mayor le donne mi guardavano con occhi brillanti. In me si svegliò un pensiero che mi parve un postumo[17] prodotto dell'amicizia con Blasco: perché rinunciare ad avere le signore più in

15. idea platonica: modello perfetto e astratto.

16. *paseo:* (spagnolo) passeggio.

17. postumo: conseguenza di qualcosa ormai scomparsa.

vista? Cominciai a mutare vita anche in questo campo. La mia solitudine prima era interrotta soltanto dalla presenza di povere ragazze che battevano la strada e si disprezzavano come se fossero la causa della rovina del mondo. Ben presto ci furono signore piene di trine e di merletti, che rischiavano la vita per ospitare in stanze segrete uno stordito che aveva fama d'invincibile.

Forse anche con Beatriz le cose andarono nello stesso modo. Voglio dire che forse anche in lei la prima cosa che la spinse tra le mie braccia fu la voce che correva su di me. Ma subito dopo ella se ne dimenticò di certo, perché mi supplicava con le parole più calde di buttar via la spada, di spezzarla contro il ginocchio e di vivere come un qualsiasi gentiluomo. I suoi occhi piangenti in quelle occasioni diventavano per me più irresistibili di una coppia di cavalli normanni. Così mi lanciavo in incaute promesse e mettevo la mano sul cuore.

«Beatriz, farò come vuoi. Tu sei più importante di tutto.»

«L'hai promesso. Non puoi rimangiartelo. Ricordati che Dio non ama gli spergiuri...»

«Ma certo, Beatriz.»

Ero perfettamente sincero. Ma appena Beatriz se ne andava, appena il profumo delle sue vesti svaniva dalle mie stanze, rinasceva l'inquietudine affannosa, il bisogno di verificare ogni momento la mia bravura. Era come una pianta stregata che appena potata rinasceva, che non riuscivo mai a estirpare del tutto. Mi creai perfino la convinzione che non ero io a decidere, che un altro viveva in me, che era me, ma del tutto separato dalla mia volontà. Forse un altro si era insinuato nel mio sangue, era rinato per mio mezzo, recuperato alla vita del corpo per qualche nefanda congiura dell'inferno. Ero trasportato da una volontà nemica che m'inseriva in un mondo dove tutto diventava irreale, vacuo, astratto. Ogni volta che un giovanotto mi si presentava davanti con la sua muta domanda, io sentivo come in sogno che Beatriz poteva allontanarsi per sempre. Ma per timore che un altro fosse nella spada più forte di me, in quel momento ero disposto a rinun-

ciare alla felicità di questo mondo e dell'altro. Beatriz mi rinfacciava la mia promessa, macerando con le mani il suo fazzoletto di batista.
«Allora tu vuoi lasciarmi. Vuoi rompere con me...» diceva.
«Ti giuro di no...»
Ma mi pareva che Beatriz fosse già lontana da me, come confinata oltre una barriera di aria, di acque, di tempo, oltre la quale la sua voce mi giungeva sbiadita come un'eco. Ciò che doveva avvenire successe. Fu per il fatto di Blasco, ma io già prima sapevo che si sarebbe verificato, e già prima avevo avvertito lo strazio del distacco nelle mie vene ribelli. Forse il tempo è soltanto un'illusione dei sensi e noi, vivendo, non facciamo che ricordare ciò che è già successo in un'altra misura del mondo, o riscoprire ciò che è già stabilito nell'eternità. Un giorno, mentre Beatriz si allontanava, mi trovai il cammino sbarrato da Blasco, che rispuntava dal passato come una visione fittizia.[18] Teneva la mano sull'elsa, come volesse misurarsi con me.
«Lasciami andare, Blasco, ho fretta. Non sono in vena di scherzi.»
«Ti sei misurato con mezza Siviglia. Solo con me non l'hai fatto mai.»
«Ma io non voglio farlo, Blasco.»
«Perché? Mi consideri da meno degli altri?»
Non si levava da lì, per quanto cercassi di aggirarlo. Allora non scherzava, allora faceva sul serio. Probabilmente c'entrava Beatriz. Forse era stato il suo amante, e sperava di recuperarla dimostrando il suo coraggio. Oppure si era innamorato di lei, aspirava a succedermi, e credeva che quello fosse l'unico mezzo buono. Ma com'era possibile che Blasco, proprio Blasco, volesse rischiare la vita per una donna? Eppure faceva sul serio.
Per quanto ci pensassi non riuscivo a capire cosa si proponesse. Certo non aveva nulla da rimproverarmi. Se Beatriz era stata sua, io non lo sapevo neppure, e se stava per diventarlo, era lui ad avere dei torti nei miei confronti. Ma forse non era tipo da essere spinto dalle stesse ragioni degli altri. Poteva darsi che fosse cambiato, che avesse perduto qualcosa di molto

18. fittizia: falsa, irreale.

importante, e venisse da me come si cerca un modo elegante per morire. Fui persino attraversato dal pensiero che fosse animato da qualche odio segreto nei miei confronti, che cercasse la morte dalla mia spada perché la cosa diventasse per me una fonte di eterno rimorso. Beatriz, Beatriz, era lei che c'entrava in qualche modo, anche se non sapevo come...
«Blasco, ti supplico. Lasciami andare» gli ripetevo ogni tanto.
«Perché me lo chiedi? In questi casi non l'hai mai domandato a nessuno. Il mezzo per andare l'hai sempre trovato da te.»
«Blasco, tu fai sul serio...»
«Ma chi te lo dice? Invece io scherzo. Ti assicuro che è tutto uno scherzo.»
Mi chiedevo se Beatriz fosse tornata a casa sua, o se da dietro una cantonata stesse osservando ciò che succedeva. Sarebbe stato dieci volte più atroce se qualcosa di doloroso fosse accaduto sotto i suoi occhi. Non ricordo neanche bene ciò che avvenne in seguito. Dicono che tutto ciò che succede nel mondo (una nuvola che passa, un grido di animale...) tutto venga registrato dalla mente di Dio. Se un giorno sarò dei suoi, consulterò affannosamente i registri per vedere ciò che accadde quella sera a Siviglia, in una piazzetta deserta. Attorno a noi non c'erano coppie d'innamorati, non un volto seminascosto dalla mantiglia, non un accordo di chitarra. Forse tutto avvenne per colpa del buio, fatto sta che Blasco a un certo punto cadde pesantemente, trascinandosi la lama della mia spada spezzata.
Gridai, invocai soccorso. I giovani che accorsero prima cercarono di aiutare il caduto e parlottarono sottovoce tra loro. Poi uno di essi, il più fine, il più nobile d'aspetto, si tolse il mantello e lo stese sopra il corpo di Blasco. Vedendomi così smarrito mi abbracciò.
«Non toccatemi» gli dissi. «Sono un maledetto!»
«Non prendetevela, don Pedro. Tutti e due avete fatto la vostra parte di coraggiosi. La morte deve fare le sue scelte.» Mai così bene come in quell'occasione mi accorsi di quanto noi spagnoli amiamo le rigide decisioni del destino, di come siamo disposti a sentire la sua

monumentalità, le sue scelte solenni. La più solenne di esse è la morte.
Nei giorni successivi si accentuò in me l'impressione di vivere in un mondo astratto. Giorni e notti si succedevano in un'assurda altalena di luci e di ombre. Le abitudini degli uomini (sedersi a tavola, buttarsi sopra un letto...) mi sembravano cose insensate e lontane come i monti della luna, che quel toscano[19] pretendeva di aver scoperto col suo cannocchiale. Ero soltanto un'ombra nera che portava la sua disperazione su e giù per i vicoli di una pazzesca città, che ingoiava i morti e subito li dimenticava perché, come tutte le città del mondo, aveva mille altre cose da fare. Del resto, se corsi da Beatriz, non fu perché anch'io cercavo, speravo di dimenticare? Picchiai il portone col martello di bronzo, chiamai sottovoce, addossato al riquadro bianco del muro. Dopo un poco si affacciò una cameriera. Disse che Beatriz era partita per Segovia.
«State mentendo...»
«Perché dovrei?»
Quella sera nella mia stanza sguainai un'altra spada e la osservai a lungo, alla luce della lanterna. Dunque quell'atroce oggetto era il mio destino, la mia maledizione? Per punirmi dovevo accettarli entrambi, fino in fondo, come un disperato può accettare anche la galera o la morte. Abbandonai Siviglia e cominciai a girare la Spagna come un gitano. Vissi a Cordoba, a Zalamea, a Merida, ad Albracete. Una volta percorsi tutta la *meseta* in giorni e giorni di pazze cavalcate, e giunsi a Burgos in un'alba pallida come latte cagliato. Neppure una volta passai per Segovia. Il mio scopo non era una città, ma soltanto il correre da un luogo all'altro...

Sentii parlare per la prima volta di Alonso Opantes in una sperduta locanda nei pressi di Ciudad Real. L'oste non sapeva chi fossi. Mentre attizzava il fuoco, cominciò a dire che don Pedro de Callegos era certo un gran lama, ma il più forte spadaccino di Spagna era Alonso Opantes. Raccontava di Alonso come si trattasse di un nuovo Cid.[20] Ma in realtà la Spagna

19. quel toscano: allude a Galileo Galilei.

20. Cid: l'eroe protagonista di un famoso poema epico spagnolo.

non aveva più grandi battaglie da sostenere. Ogni occasione di gloria ci era stata tolta, e persino nelle colonie governatori e proprietari intristivano di noia nelle loro palazzine bianche, costruite dagli indios con molto sudore e infinite nenie. La fantasia degli spagnoli si accendeva soltanto al ricordo di antiche glorie, e le spade venivano usate soltanto per assurde prove di coraggio.

L'oste s'infiammava raccontando di Pedro de Callegos e di Alonso Opantes. Sospettai che fosse un suonatore di chitarra, e che su quelle storie avesse già composto ballate che un giorno, forse, sarebbero state cantate nelle fiere dei villaggi e nelle locande della regione. Sorrisi con amarezza.

«Che avete? Queste storie non vi interessano?»

«Abbastanza. Io sono Pedro de Callegos.»

L'oste sgranò gli occhi. Divenne umile come un peone,[21] e volle servirmi a tavola personalmente. Cercò di scusarsi, di dire che lui non voleva, non intendeva... Dopotutto io e Alonso non ci eravamo mai trovati di fronte...

«Un giorno ci troveremo» dissi.

Le mie fughe per la Spagna cominciarono ad avere un senso. Non cercavo unicamente di bruciare il tempo che mi separava dalla morte. Riuscii a trovare le prime tracce del passaggio di Alonso in una taverna di Quintanar. Il domestico mi disse che egli si era fermato lì pochi giorni prima. Neanche Alonso aveva casa e famiglia, anche lui era un'ombra che girava senza scopo sotto il sole della *meseta*. Inseguii le sue tracce per molti giorni. Certe volte speravo che anch'egli mi cercasse, che gli fosse arrivata notizia di me. Altre volte pensavo che io fingessi d'inseguirlo, e lui pure, e il nostro fosse un girotondo di folli che aveva come teatro la *meseta* del Sud. Quando il sole faceva vibrare l'aria sopra le rocce gialle, quando sulla polvere credevo di scorgere da lontano una fresca lama d'acqua, e invece non c'era nulla, avevo la sensazione che nella mia terra tutto fosse possibile.

Una mattina d'autunno cavalcavo non lontano dal Paso di Somosierra. La prima neve era già caduta sulle cime più alte della Sierra Guadar-

21. **peone**: italianizzazione dello spagnolo «peòn», cioè contadino povero che non possiede terra.

rama, e il freddo era già abbastanza intenso. Il cavallo avanzava di malavoglia tra i sassi del sentiero. L'acqua di un torrente precipitava giù da una cascata con un salto di molti metri, con un rombo cupo che assordava la valle. Fu quel rumore che m'impedì di sentire il trotto di un altro cavallo dietro il mio, che mi affiancò proprio mentre stavo per entrare tra le rocce del passo. Era guidato da un cavaliere con la faccia assorta e abbronzata, che stringeva intorno al collo un mantello nero da pastore. Alle sue spalle spuntava appena il fodero della spada.

«Come si chiama il fiume, caballero?» gli domandai.

«Jurama.»

«Conoscete, avete mai sentito parlare di Alonso Opantes?... Siete voi?»

Il cavaliere fece segno di sì. Non dicemmo più niente per un po'. Cavalcammo fianco a fianco fin sotto un roccione sporgente, a rilento, poi scendemmo e ci sedemmo vicini, dopo aver cavato dei viveri dalla sella. Mentre accettava una fetta di prosciutto affumicato gli chiesi se sapeva anche lui il mio nome. Fece di nuovo cenno di sì. Dunque anche lui mi cercava da chissà quanto tempo, come avevo fatto io. Notai che la sua barba era ingrigita dalla polvere e dai molti peli bianchi. Quando il sole cominciò a scendere, gli chiesi se volevamo andare a Somosierra.

«No» disse. «Detesto gli spettatori. Tanto vale farlo qui.»

Gli detti mentalmente ragione, e il duello incominciò. Sopra di noi non c'era che il cielo perfettamente limpido, solcato ogni tanto dal volo di un falco. Ogni cosa, le rocce, le poche piante, i ciottoli, avevano un nitore[22] cristallino e irreale, come dopo una pioggia. Mi chiedevo come fosse la morte. Ciò che vedevo attorno era troppo tranquillo per suggerirmi un'idea diversa da quella di un sonno silenzioso e pacificatore. Mi domandai se la necessità di quello scontro non fosse che il parto d'immaginazioni malate. Perché ero lì a rischiare la vita, invece di spronare via alla ricerca di Beatriz, o di mia madre, o del Conde mio padre,

22. **nitore**: nettezza e splendore.

al quale forse gli anni avevano rosicchiato la rigidità della sua decisione? Mentre dai nostri ferri scoccavano continue scintille, sentivo in gola il desiderio di gridare "basta!", di dire ad Alonso che ero pazzo, che lui era pazzo, che la Spagna era piena di pazzi, a cominciare dal *rey*. Mi prese un desiderio intensissimo di tornare a Siviglia, magari soltanto per risentire l'odore dei limoni.

Alonso combatteva in un silenzio di tomba. La sua scherma era perfetta e potente, tutta ragionata e calcolata, ma non era fantasiosa come la mia, e dopo un'ora (o due, o di più?) di duello cominciai a pensare che forse al di là della svolta, di là del grande muro bianco cui ero giunto non si era ancora appostata la morte. Forse essa giungeva tardi all'appuntamento. Non avevo la sensazione del tempo che passava. Forse non esisteva più. Non l'avevo mai preso molto sul serio, avevo avuto un po' sempre la sensazione che fosse qualcosa di illusorio, un involucro inconsistente che esisteva soltanto per essere spezzato e per mostrare ciò che v'era al di là.

Pensai che se fosse stato presente l'oste di Ciudad Real avrebbe avuto di che alimentare il suo repertorio di miti e di ballate, e del nostro duello si sarebbe parlato in tutta la Spagna. Invece nessuno ci vedeva. Era qualcosa di unico, di assoluto, che aveva come soli testimoni un falcone pellegrino e qualche cornacchia. Non il minimo odio ci spingeva l'uno contro l'altro, non la rivalità, il desiderio di fama, e forse neppure la sete di un primato. Nulla, soltanto una misteriosa fatalità, che però sentivamo necessaria, noi e gli altri, e alla quale, nonostante tutto, non volevamo neppure sfuggire.

Da quanto durava, ormai, il duello? La mia stanchezza era enorme, ma continuavo a stoccare, a parare, a fintare come se fossi ancora all'inizio, come se mi trovassi inserito in un meccanismo al quale non potevo sottrarmi. Mi pareva che fossimo in una situazione già conclusa, già collocata nelle cose accadute, senza ormai alcuna possibilità di essere modificata. Mi pareva che fossimo i protagonisti del rac-

conto di un antico *romancero*.[23] Invece eravamo vivi, duellavamo atrocemente, e la conclusione poteva uscire ogni momento dalla punta delle nostre spade.
Il sole toccava già la linea della Sierra, e io l'avevo in faccia. Girai la spada ad arco, a occhi chiusi, più che altro per voltarmi su me stesso. Sentii un gran cozzo e udii, più che vedere, l'aria frustata dal volo della spada di Alonso. Egli disse sottovoce «ah» e aspettò immobile la stoccata finale. Asciugai il sudore e mi avviai verso il cavallo.
«Se non mi uccidete, nessuno potrà credere che la vittoria sia stata vostra» disse rapidamente.
«Che importa? Neanche voi volete spettatori.»
Non replicò. Sapevo che non l'avrei più rivisto. Come prima tutto pareva congiurare per farci incontrare, così ora tutto pareva dividerci. Appartenevamo a due pianeti, a due costellazioni diverse. Lui si avviò verso Somosierra, e io tornai indietro verso Valladolid. Dormii una notte e un giorno, bevvi molto vino e ballai con ragazze gitane in tre diverse osterie. Avevo battuto anche Alonso, ero la miglior spada di Spagna, anche se non serviva a niente e a nessuno. Nell'ultima osteria scoppiò subito la baraonda, quando dissi il mio nome, perché un giovane che veniva da Somosierra aveva raccontato che Alonso era stato visto mentre spezzava la sua spada, e partiva per chissà dove a cavallo. Per un po' sostenni l'entusiasmo della gente, soffocato io stesso dalla gioia, non credendo quasi a ciò che era accaduto.
Ben presto mi stancai. Mi accorsi che nella mia vita si era fatto un gran vuoto; tutti i sentimenti che prima l'affollavano si erano dissolti. All'alba abbandonai la città e imboccai le strade fangose che portavano ad Avila e al mio castello, ai piedi dei Gredos. Arrivai dopo cinque giorni di cavalcate senza quasi riposo. Presso le mura il cavallo stramazzò. Aveva perduto un ferro, almeno tre leghe prima, ma io avevo continuato a spronarlo. Cercai di rialzarlo. Visto che era inutile, lo lasciai dove si trovava e mi avvicinai alla cappella. Sulla parete esterna era murata una nuova lapide, che mi colpì subito per la sua

23. ***romancero***: (spagnolo) raccolta di *romances*, componimenti poetici tipici della letteratura spagnola, spesso a carattere epico-cavalleresco.

bianchezza. Lessi le parole con una sola occhiata: "*Aqui yace el Conde*..."[24] Salii subito da mia madre. Era molto invecchiata, e quasi non mi riconosceva più.
«Bastava che tornassi un mese fa. Solo un mese, e l'avresti veduto vivo...» disse.
«Lo so. Ho letto le date sul sasso...»
Singhiozzava silenziosamente. Le strinsi le spalle. L'indomani passai molto tempo nello studio di mio padre, a leggere libri della sua biblioteca, di Teresa, di Juan de la Cruz.[25] La *meseta* era sempre la stessa, ma io ero mutato. Ora mi si adattava. Era arida, spaccata e irreale esattamente come il mio spirito. Tutte le cose che mi erano capitate in vent'anni, tutto stava immensamente lontano, si annodava a formare un groviglio senza senso, come fili di un arazzo legati alla rinfusa... Mi pareva che tutta la mia vita fosse stata un perenne viaggio nell'astrazione, e che neppure ora, dopo il mio ritorno a casa, fossi approdato alle rive del reale...
Spesso alzavo gli occhi dal libro, guardavo delle capre che cercavano un po' d'ombra. Pensavo al galeone che marciva nel porto di Siviglia, e al *rey* deforme e semipazzo che aspettava la morte nell'Escorial. Tutto franava, si disfaceva nella Spagna piena di sogni e di antiche glorie. I passi della servitù, di mia madre, suonavano circondati di vuoto nei grandi saloni silenziosi. Sprofondato nella lettura, mi sentivo stranamente simile a mio padre, arido e visionario come lui. Mi dava un'amara compiacenza il pensiero che non avevo figli, e che il nome dei Callegos sarebbe finito con me.

Da: "Nuova antologia", 2067, 1973.

24. ***Aqui... Conde***: (spagnolo) qui giace il conte.

25. **Juan de la Cruz**: san Giovanni della Croce (1542-1591), mistico e poeta spagnolo.

Giulio Cisco

LA FAME IN PARADISO

Giulio Cisco è nato a Rossano Veneto nel 1921, figlio del medico condotto. Da poco iscritto all'Università di Padova viene chiamato alle armi. Dopo l'8 settembre partecipa alla Resistenza in Veneto e in Piemonte, attività per la quale gli viene concessa la Croce di Merito. Nel 1945 entra al *Giornale di Vicenza* e nel 1956 passa a *Il Giorno* a Milano, dove rimane fino alla pensione. Ha molto viaggiato, scritto poesie e varie commedie. Con il romanzo *La patria riconoscente* ha vinto il premio Campiello 1988.

Esistono paradisi terrestri? Sì, se per paradiso si intende un luogo non inquinato, ecologicamente ancora in equilibrio. Con un linguaggio piano, fra il colloquiale e il giornalistico, l'autore ci dà un'immagine molto viva di Sri Lanka, l'antica Ceylon: un paradiso colorato, ricco di pesci variopinti, di pietre preziose, di profumi e di spezie, dove anche la povertà ha toni pittoreschi. Ma ecco che tra il fogliame lussureggiante compare il vero volto della fame: quelle raccoglitrici di tè che all'improvviso si azzuffano per una scatola di biscotti. Bianco, sprovveduto, inerme e pieno di pregiudizi, il viaggiatore cammina nell'incantata spiaggia deserta per trovarsi di fronte a un solitario pescatore armato di coltello. In un breve attimo di paura si condensa il disagio dell'uomo che teme l'altro uomo – diverso da lui – solo perché non lo conosce, non ne indovina le reazioni. Basterà un sorriso, un brillio di denti, per far dileguare la paura.

Non molti anni fa c'erano ancora sulla nostra terra angoli incontaminati. Erano abitati da gente di antichissime culture, popolati di piante e di animali, bagnati da mari pescosi e percorsi da acque pure. Ora questi paradisi non ci sono più. Sono stati inghiottiti da un mostro insaziabile. Un mostro contradditorio, dall'aspetto meraviglioso e seducente, ma di una voracità incontrollabile. In cambio di automobili frigoriferi televisori computers, mangia e contamina quello che incontra. Spiana le foreste per fare autostrade, beve sui fiumi limpidi e vi sputa dentro immondi veleni, trasporta la gente in cielo e ammorba l'aria sulla terra, scopre medicine preziose per i malati e non riesce a togliere la fame a chi ce l'ha, predica la pace e vende armi. Un mostro bello e violento come un cavallo selvaggio che l'uomo bianco chiama "progresso" e che non è ancora riuscito a domare. È cavalcato dal Profitto e la Buona Volontà non riesce ancora a saltargli in sella.
Non molti anni fa Sri Lanka era uno di questi paradisi terrestri. Quando vi sbarcai la prima volta si chiamava ancora Ceylon: ho incontrato lì il sorriso dei Singalesi e la fame dei Tamil.
I Singalesi, pacifici e miti, coltivavano il riso il caffè il cacao la cannella il pepe, pescavano in mare pesci variopinti come i pappagalli, raccoglievano nei fiumi zaffiri rubini topazi e pietre

dure, coloravano *batik*[1] favolosi, si nutrivano di riso, condito con spezie piccanti da levare il fiato, di frutta e pesce secco. Erano poveri ed erano sereni.

Erano così poveri che, all'ospedale di Colombo, veniva fornito agli ammalati un bastone per difendersi dalle scimmie che entravano dalle finestre. Non c'erano vetri. Le scuole sparse nei villaggi erano costituite da un muretto sotto le piante con un tetto di foglie. Un muretto dal quale spuntavano le testine dei ragazzi attenti alle lezioni. C'erano due soli negozi di scarpe in tutta l'isola ed erano più che sufficienti per quei pochi che non andavano scalzi.

Viaggiavo per l'isola su un vecchio fuoristrada inglese assieme a un autista di nome Rex, che un'agenzia locale mi aveva noleggiato assieme alla macchina. Dico noleggiato come una cosa perché Rex aveva la proibizione di mangiare alla mia tavola e di entrare nei *rest-houses*[2] dove ci fermavamo per la notte. Doveva dormire fuori accanto alla macchina. Questo mi dispiaceva; ma il giorno che lo invitai alla mia tavola a colazione, il cameriere si rifiutò di servirci e andò a chiamare il padrone. Dovetti assicurare che avrei saldato il conto anche per Rex e promettere a Rex che non lo avrei mai più invitato per non metterlo in grane con la Compagnia.

Era questo Rex un giovane singalese buddista, intelligente e di buon umore. Parlava con disinvoltura un inglese certamente più corretto del mio e guidava cantando attraverso la giungla. Infilava con scrupolo tutte le buche come se volesse dimostrarmi che la sua macchina era indistruttibile. Cantava tutto il tempo una nenia nella quale ricorreva ogni tanto il nome dell'eroe nazionale Bandaranaike.

Finii per impararla e allora chiesi la traduzione. Era, come immaginavo, una canzone patriottica della giovane Repubblica liberatasi dagli inglesi, ma sorprendentemente non era dedicata al liberatore Bandaranaike, ma al suo assassino. Diceva. «Ma ti sei reso conto che razza di uomo hai ucciso. Quanto era grande, quanto era buono, quanto era amato...?»

Rex era sempre sereno e sorridente. Aveva una

1. ***batik***: stoffe colorate secondo un procedimento tipico indonesiano.

2. ***rest-houses***: (inglese) pensioncine di dimensioni ridotte.

risata infantile e sonora che le scoppiava in gola per un nonnulla. Sembrava felice, ma nel suo cuore nascondeva un cruccio segreto. Me lo confessò una sera sotto un cielo di stelle grosse come noci: una ragazza svizzera, della quale era stato autista per una settimana, lo aveva invitato a Zurigo. Gli aveva mandato i soldi per il viaggio e il consiglio di portare con sé un pullover di lana. Ma Rex pullover non ne aveva e non sapeva dove trovarlo.
Ci siamo messi a cercarlo. Per venti giorni abbiamo scorrazzato in lungo e in largo ma non siamo riusciti a trovare in tutta l'isola una sola maglia di lana. Nessun singalese aveva mai indossato nella sua vita un indumento simile. Anzi ne ignorava l'esistenza. Finii per regalargli un maglione che mi trascinavo in valigia dall'Italia come una assurda precauzione.
Ora Rex vive in Svizzera, felicemente sposato e non meno felicemente padre di due ragazzi. Un po' più scuretti della madre ma bravissimi a scuola. Come regalo di nozze ha voluto un altro maglione in ricordo del primo che gli aveva portato fortuna.
Ma se i Singalesi erano poveri, i Tamil erano poverissimi e affamati. Trascinati dalla vicina India nel secolo scorso a coltivare il the sugli altopiani per le compagnie inglesi, non sono mai riusciti ad inserirsi nella cultura singalese. Braccianti incolti e mal pagati, minoranza induista in mezzo ai buddisti, producono the dai nomi altisonanti celebri in tutto il mondo e muoiono di fame. Vorrebbero l'indipendenza ma nessuno gliela concede e oggi Sri Lanka è insanguinata dalle lotte intestine.
Ho conosciuto la fame dei Tamil un giorno sugli Altopiani di Kandy. C'eravamo fermati con Rex fra le piantagioni di the. Il paesaggio è fra i più straordinari del mondo. Ci si sente soggiogati da un incanto, immersi fra le onde immobili di un mare verdissimo e luccicante che si perde a vista d'occhio. Sono le colline del the, percorse da interminabili filari di piante a palla, come i bossi dei nostri giardini. Ogni quindici filari una donna tamil strappa dalla sommità di ogni cespuglio le foglioline più tenere e le getta, con un gesto meccanico,

sopra la testa in una gerla appesa la schiena. Un filare al giorno per quindici giorni. Poi ricomincia dal primo. Ci vogliono infatti due settimane perché rinascano le foglioline strappate.
Eravamo fermi sulla strada quando si avvicinarono alcune raccoglitrici. Si fermarono a guardarci immobili senza chiedere nulla: scurissime di pelle, ossute, chiuse in un silenzio inquietante. Una di loro adocchiò una scatola di biscotti sul sedile posteriore della macchina. Ma non si mosse. Notai la cupidigia nei suoi occhi e allora presi la scatola e feci l'atto di offrirle un biscotto. Rex ebbe appena il tempo di dire: «Noo...» e l'irreparabile accadde.
Cinque, dieci braccia si protesero. Poi le donne si avventarono sulla scatola come delle furie. Altre donne accorsero dalla collina e la zuffa divenne impressionante. Fui travolto e calpestato. La scatola contesa andò in pezzi e i biscotti frantumati si sparsero per terra. E qui le donne affamate, in un incredibile groviglio di sottane, di ceste, di foglioline di the cercavano disperatamente di raccogliere qualche frammento di biscotto per portarselo alla bocca.
Avevo conosciuto fino allora la mitezza d'animo e la serenità di spirito dei Singalesi, ma vidi sulle colline di Kandy quanto fosse terribile la fame dei Tamil.
Il sorriso dei Singalesi lo avevo incontrato sulla spiaggia di Trincomalee, prima che vi costruissero i grandi alberghi di oggi e il luogo, ormai snaturato per sempre, diventasse un centro turistico alla moda.
Camminavo lungo il mare sull'arenile sconfinato e deserto. Stavo andando verso la foce del fiume Mahaveli Ganga, dove in una insenatura vanno a morire conchiglie meravigliose. Indossavo le sole mutandine da bagno. Avevo una borsa a tracolla per le conchiglie e in testa un assurdo e anacronistico cappello di tela blu alla Orson Welles acquistato in Irlanda.
Piccoli uccelli bianchi con il becco aguzzo camminavano sulla sabbia bagnata accanto a me con un zig-zag ininterrotto. Seguivano l'onda che si ritirava beccando rapidamente il plancton che il mare vi aveva deposto e altret-

tanto rapidamente si ritiravano quando l'onda ritornava.
Ero affascinato da questo gioco e non vidi che un uomo stava venendo verso di me. Lo notai a una ventina di metri. Era più nudo di me perché non aveva il cappello. In compenso serrava in una mano il largo coltello a punta con il quale i pescatori singalesi squartano il pesce martello.
Di colpo si era creata una situazione esemplare: due uomini, stranieri uno all'altro, si erano incontrati in un luogo solitario: uno era armato e l'altro aveva una borsa.
Le regole del mio lontano Occidente "civile" mi lasciavano poco da sperare bene in una situazione del genere. Non conoscendo le regole del Paradiso terrestre mi guardai attorno cercando uno scampo. Ero irrimediabilmente solo. Un chilometro di spiaggia deserta era alle mie spalle e un chilometro era davanti, sulla destra c'era l'Oceano Indiano e sulla sinistra, al di là della duna, segnata dalle palme da cocco, la giungla sconosciuta.
L'unica regola che mi era rimasta era quella di affrontare gli eventi con dignità. Anche perché quell'inconscio senso di colpa che l'uomo bianco porta con sé quando viaggia tra i popoli poveri della terra, gli fa apparire le cose come inevitabili.
Camminai lentamente incontro all'uomo scuro che lentamente veniva verso di me, in una tensione che diventava ad ogni passo sempre meno sostenibile. Quando fummo a non più di cinque metri uno dall'altro di colpo gli uccellini bianchi impauriti volarono via. Ora sì, eravamo proprio soli: io e lui. Ed ecco la faccia del pescatore singalese si aprì in un sorriso raggiante. Ebbi l'impressione che i suoi denti splendessero.
L'uomo povero e armato aveva intuito il mio tremore di capitalista con la borsa momentaneamente indifeso e mi rassicurava: "Passa tranquillo, sto andando a pescare".
Queste erano allora le regole del paradiso terrestre.
Ma c'era nel paradiso la fame dei Tamil...

Mario Rigoni Stern

SEGNI NELLA NEVE

Mario Rigoni Stern è nato ad Asiago (Vicenza) nel 1921. A 17 anni si arruola volontario e partecipa alla campagna contro la Francia, poi alla guerra contro la Grecia. Combatte in Albania. Nel 1942 parte come alpino per la Russia e l'8 settembre '43 viene fatto prigioniero dai tedeschi e internato in campi di concentramento in Austria e in Polonia.

C'è, in Rigoni Stern, una capacità di descrivere in modo colorito ma sintetico una civiltà remota, sobria, discreta. I temi a lui cari: la guerra, l'amore per gli animali, la caccia, l'emigrazione, sono trattati con un'osservazione attenta ai minimi particolari, uno studio appassionato da naturalista, tesi a rendere partecipe il lettore della propria esperienza privilegiata attraverso una scrittura scevra di pedanteria, anzi resa fascinosa dall'uso di termini popolari e arcaici.
In questo racconto, "il lepre" insanguinato e martoriato, inseguito dai corvi, che "tiene la vita coi denti", può essere preso come simbolo di colui che non si arrende davanti a nessun ostacolo. L'autore stesso ha inseguito tutta la vita questo ideale romantico e avventuroso: basti pensare all'arruolamento, all'età di diciassette anni, e alla fuga a piedi dal campo di concentramento tedesco fino in Italia.

Una domenica sul finire dell'inverno, come d'abitudine, ero sceso in piazza a far due chiacchiere con i paesani. La mattina era buona e la neve, ancora ben alta, appena accennava a mollare nelle ore più calde del giorno. Me ne tornavo verso casa per il pranzo godendomi il sole quando, all'altezza della vecchia segheria, vidi sulla strada due chiazze vermiglie: proprio sulla carreggiata. Era sangue recente; ma attorno non v'erano segni di violenza: vetri rotti o tracce convulse[1] di scarpe, niente; pareva che nessuno si fosse soffermato su quel sangue, d'altra parte in paese non avevo sentito voci in proposito.
Mi chinai ad osservare e, dalla neve rossa, raccolsi un ciuffo di pelo: era stato un lepre l'investito.
Guardando lontano vedevo la traccia che veniva dal margine del bosco, attraversava diritta per campi e prati tutti bianchi, saliva il cumulo fatto dallo spazzaneve. Da qui era saltato in strada nel momento che una macchina giungeva veloce. Povera bestia, pensavo, anche loro pagano la loro parte alla motorizzazione; certo che una volta una slitta tirata da un cavallo non l'avrebbe investito.
Dopo essermi spiegata la ragione di quel sangue fui per riprendere la via ma, guardando dall'altro lato della strada, per i prati dove il lepre avrebbe dovuto continuare la sua corsa, vidi dei segni strani e profondi, irregolari e segnati

1. **convulse**: disordinate, frenetiche.

di rosso: erano ancora dello sfortunato lepre che si era allontanato tenendo la vita coi denti fino all'argine della sorgente: «Sarà andato a morire là dietro», mi dissi. E ripresi il cammino.
Arrivai a casa sulla scia del profumo della polenta domenicale e quando raccontai dell'investimento del lepre mi sentii scherzosamente rimproverare perché non ero andato a raccoglierlo.
«Bene,» dissi, «sono ancora in tempo per farlo. Dopo bevuto il caffè vado a prenderlo.»

Dal luogo dove era avvenuto l'incidente guardavo ora la traccia con il binocolo: si fermava dove il rivo piegava dentro la valletta. Scavalcai il muro di neve al lato della strada e, sprofondando fino a mezza gamba, mi avviai lungo i suoi segni.
Doveva essere stato colpito alla testa o sul muso perché la macchia rossa era sempre accostata alle zampe anteriori, infossata nella neve come avesse ripiegato il capo dopo ogni passo.
Sulla riva ghiacciata non lo trovai; si era fermato lì come per riprendere forza perché c'era un covo tutto arrossato, e dopo aveva ripreso a camminare. "Con tutto il sangue che ha perso", pensai, "non dovrebbe essere lontano."
Discesi lungo il ghiaccio del rivo; nella valletta la traccia riprendeva a salire verso un dosso dove una cappellina ricorda la peste del 1631 e una strada porta a una contrada fuori mano; ma non si era fermato dietro la cappellina, né dietro i cumoli di neve: aveva proseguito fino a delle villette disabitate, vicino al laghetto. Osservando, sempre con il binocolo, vedevo le tracce che si fermavano vicino a una catasta di legna.
Il sole ora scaldava, sudavo sprofondando nella neve a ogni passo. Quando giunsi vicino alle villette stagionali ripresi fiato e mi guardai attorno per non essere preso per un malintenzionato. Io già mi figuravo il lepre irrigidito in qualche angolo nascosto dove si era rifugiato a morire in pace. Povera bestia, ne aveva fatta di strada in quelle condizioni! Girai attorno alle abitazioni chiuse, guardai dentro i recinti,

sotto i poggioli, nelle entrate delle rimesse: niente. Il lepre non c'era.
Sul pascolo lontano vidi dei corvi in fila; camminavano lentamente e ogni tanto affondavano il becco nella neve: "Ci siamo," mi dissi, "è lì". Difatti, dopo mezzo chilometro che aveva camminato sulla strada delle villette aveva ripreso per la neve vergine. I corvi l'avevano seguito; forse l'avevano scorto nel loro primo volo del mattino, o sentito il suo sangue. Già, i corvi se vedono un leprotto ci dànno addosso fino a dilaniarlo: gridano l'allarme e si radunano in tanti, e a volte uccidono. Un giorno raccolsi due starne e un giovane gufo lacerati dai loro becchi, e l'autunno scorso vidi un'aquila assalita da una nuvola di corvi dover fuggire oltre la cresta di un monte.
Accelerai il passo e davanti a me i corvi si levavano indispettiti, gracchiando. Camminai per altri due chilometri alzando corvi; il lepre aveva a gran fatica valicato una collina e attraversato la statale per Trento; era poi sceso nello stagno dei beccaccini dove ora solamente i falaschi[2] ghiacciati uscivano dalla neve, era poi risalito ancora verso il cimitero di un villaggio.
Anch'io ero ormai spossato, e pure i suoi segni diventavano sempre più faticati: in certi tratti camminava con tre gambe, in cert'altri si trascinava: si vedeva bene; dove si era fermato a riprendere fiato il sangue lasciato sulla neve non era più vermiglio ma rosa e schiumoso. E allora supposi che avesse preso una botta interna e che questo sangue gli venisse dai polmoni. Sulle strade lontane sentivo il continuo brusio delle macchine degli sciatori domenicali, vedevo anche la gente formicolante sulle piste e attorno agli impianti di risalita; ma era un altro mondo, assolutamente estraneo, la mia attenzione era solamente sui segni lasciati dal lepre che voleva vivere, e quando vidi sette corvi attorno a una macchia scura rimpiansi la carabina che era a casa nella rastrelliera.
No! Non era il lepre quella macchia scura, erano solamente escrementi, sangue e pelo. I corvi non erano riusciti a prenderlo: "Forza!"

2. falaschi: pianta erbacea usata per impagliare.

gli dicevo, "che più avanti vi è una valle boscosa e profonda e lì sei in salvo".
Aveva ancora proseguito, quel demonio, anzi: si era trascinato. Si vedeva bene. Dietro a delle lastre di pietra si era ancora riposato, ma sotto un fienile non aveva cercato rifugio: forse avrà intuito che lì poteva essere facilmente preso dalla volpe che la notte precedente aveva lasciato le sue impronte.
A ridosso del cimitero del villaggio vi è un rimboschimento di abeti e attorno, su tre lati, una fila di maggiociondoli. I maggiociondoli erano tutti rosicchiati e quello che affiorava dalla neve erano stecchi nudi senza più gemme e corteccia: i lepri li avevano ripuliti in quel modo per la fame, attorno era tutto calpestato dalle loro zampe e la neve letteralmente coperta di escrementi.
La traccia sanguinosa mi fece fare un lungo giro per dossi e conche di prati dove la neve era farinosa e secca a causa della corrente fredda che viene giù dalle alte montagne a nord; ma era anche diventata difficile da seguire e sembrava vecchia di giorni e non fresca di ore perché il vento leggero aveva mosso la neve e confusa con altri segni, al punto che per sapere se fosse proprio di lui con le mani scostavo la neve per accertarmi del rosso nascosto sotto.
Proseguendo lentamente in questo modo giunsi nuovamente alla piantagione dietro il cimitero. Gli abeti erano molto fitti e i loro rami, a causa della neve scivolata giù durante tutto l'inverno, erano all'altezza del mio corpo. Il camminare lì dentro diventava come affrontare una giungla gelata.
Strisciai sotto graffiandomi il viso e le mani, impiastricciandomi di resina; la neve mi penetrava per il collo tra camicia e pelle e per le maniche facendomi rabbrividire nel contrasto con il sudore.
Ritrovai la traccia del sangue acquoso, la seguii con fatica e, finalmente, tra i rami di ghiaccio e grumi di neve vidi lui che mi fissava immobile. Con gli occhi grandi e pietosi, le orecchie abbassate lungo il collo. Dalla bocca gli usciva una schiuma rossa.

Dopo un po' allungai la mano per sfiorarlo come per dirgli bravo. Era dolce il contatto dei miei polpastrelli con il suo pelo folto e liscio, ma lui fece uno scatto come se fosse stato colpito da una scarica elettrica e corse via. Quando riuscii a liberarmi da quel fitto gelato lo vidi ancora che correva sicuro verso la valle profonda, dove non ci sono strade ma poca neve e ripari e pasture: «Vai!» gli gridai. «Vai e tienti lontano dalle automobili, e nell'autunno prossimo sono certo che farai ammattire i cani dei segugisti».[3]

3. **segugisti**: cacciatori che si servono di cani per seguire la traccia della selvaggina.

Da: Mario Rigoni Stern, *Uomini, boschi e api*, Einaudi.

4. La presenza della realtà

Qual è il rapporto tra apparenza e realtà? Lusinghe e inganni, incanti e disincanti del vivere.

Anna Maria Ortese	**UN PAIO DI OCCHIALI**
Carlo Fruttero e Franco Lucentini	**CIÒ CHE VIDE LA SIGNORA BULSTRODE**
Leonardo Sciascia	**IL LUNGO VIAGGIO**
Sandra Petrignani	**AUTOMOBILINE BAMBOLA**
Marco Lodoli	**IL MIO AMICO MAX**

Anna Maria Ortese

UN PAIO DI OCCHIALI

Anna Maria Ortese è nata a Roma nel 1914. A ventitré anni esordisce con i racconti *Angelici dolori*, intrisi di realismo magico.
Viaggia molto. La morte del fratello amatissimo, della madre e del padre, le precarie condizioni economiche, unite all'indifferenza con la quale la critica reagisce ai suoi scritti, la rendono amara. Ma ormai le sue opere rivelano una vivissima originalità di scrittura imperniata su invenzioni favolose di estrema esattezza e lucidità. Per alcuni anni risiede a Napoli (*Il mare non bagna Napoli*). Attualmente vive a Rapallo.
Tra i suoi romanzi, una delle sue opere più belle è l'inquietante e metafisica vicenda de *L'Iguana*.

La Napoli *non* bagnata dal mare descritta dall'autrice, priva di ogni suggestione folkloristica, è una realtà di miseria e di squallore, ma anche di poesia, di rassegnazione, di sofferenza e soprattutto di umanità. Il sordido antro in cui vive (o meglio sopravvive) la famiglia del racconto rispecchia fedelmente l'abitazione-portineria del caseggiato dove abitarono gli Ortese dal 1945 al 1948.
In tanto squallore si prospetta un evento luminoso, quasi magico: alla bambina - semicieca - verrà regalato un paio di occhiali con i quali si prepara a vedere un mondo nuovo, più ricco, colorato, affascinante. Ma al momento tanto atteso gli occhiali non le mostreranno altro che vicoli brulicanti di un'umanità affaticata, divenendo solo fonte di malessere e smarrimento.

«*Ce sta' o sole... 'o sole!*» canticchiò, quasi sulla soglia del *basso*,[1] la voce di don Peppino Quaglia. «Lascia fa' a Dio,» rispose dall'interno, umile e vagamente allegra, quella di sua moglie Rosa, che gemeva a letto con i dolori artritici,[2] complicati da una malattia di cuore; e soggiunse, rivolta a sua cognata che si trovava nel gabinetto: «Sapete che faccio, Nunziata? Più tardi mi alzo e levo i panni dall'acqua». «Fate come volete, per me è una vera pazzia,» disse dal bugigattolo la voce asciutta e triste di Nunziata; «con i dolori che tenete, un giorno di letto in più non vi farebbe male!» Un silenzio. «Dobbiamo mettere dell'altro veleno, mi sono trovato uno scarrafone[3] nella manica, stamattina.»
Dal lettino in fondo alla stanza, una vera grotta, con la volta bassa di ragnatele penzolanti, si levò, fragile e tranquilla, la voce di Eugenia: «Mammà, oggi mi metto gli occhiali».
C'era una specie di giubilo segreto nella voce modesta della bambina, terzogenita di don Peppino (le prime due, Carmela e Luisella, stavano con le monache, e presto avrebbero preso il velo, tanto s'erano persuase che questa vita è un castigo; e i due piccoli, Pasqualino e Teresella, ronfavano ancora, capovolti, nel letto della mamma).
«Sì, e scàssali subito, mi raccomando!» insisté, dietro la porta dello stanzino, la voce sempre irritata della zia. Essa faceva scontare a tutti i dispiaceri della sua vita, primo fra gli altri

1. ***basso***: abitazione al pianterreno, con la porta che si apre direttamente sulla strada, generalmente composta da un'unica stanza. È tipica dei quartieri più poveri di Napoli.
2. **artritici**: dolori derivanti da un'infiammazione delle articolazioni.
3. **scarrafone**: (napoletano) scarafaggio.

quello di non essersi maritata e di dover andare soggetta, come raccontava, alla carità della cognata, benché non mancasse di aggiungere che offriva questa umiliazione a Dio. Di suo, però, aveva qualche cosa da parte, e non era cattiva, tanto che si era offerta lei di fare gli occhiali ad Eugenia, quando in casa si erano accorti che la bambina non ci vedeva. «Con quello che costano! Ottomila lire vive vive!» soggiunse. Poi si sentì correre l'acqua nel catino. Si stava lavando la faccia, stringendo gli occhi pieni di sapone, ed Eugenia rinunciò a risponderle.

Del resto, era troppo, troppo contenta.

Era stata una settimana prima, con la zia, da un occhialaio di Via Roma. Là, in quel negozio elegante, pieno di tavoli lucidi e con un riflesso verde, meraviglioso, che pioveva da una tenda, il dottore le aveva misurato la vista, facendole leggere più volte, attraverso certe lenti che poi cambiava, intere colonne di lettere dell'alfabeto, stampate su un cartello, alcune grosse come scatole, altre piccolissime come spilli. «Questa povera figlia è quasi cecata,» aveva detto poi, con una specie di commiserazione, alla zia, «non si deve più togliere le lenti.» E subito, mentre Eugenia, seduta su uno sgabello, e tutta trepidante, aspettava, le aveva applicato sugli occhi un altro paio di lenti col filo di metallo bianco, e le aveva detto: «Ora guarda nella strada». Eugenia si era alzata in piedi, con le gambe che le tremavano per l'emozione, e non aveva potuto reprimere un piccolo grido di gioia. Sul marciapiede passavano, nitidissime, appena più piccole del normale, tante persone ben vestite: signore con abiti di seta e visi incipriati, giovanotti coi capelli lunghi e il *pullover* colorato, vecchietti con la barba bianca e le mani rosa appoggiate sul bastone dal pomo d'argento; e, in mezzo alla strada, certe belle automobili che sembravano giocattoli, con la carrozzeria dipinta in rosso o in verde petrolio, tutta luccicante; filobus grandi come case, verdi, coi vetri abbassati, e dietro i vetri tanta gente vestita elegantemente; al di là della strada, sul marciapiede opposto, c'erano negozi bellissimi, con le vetrine come specchi, piene di roba fina, da dare una specie di struggimento;[4] alcuni commessi col grembiule nero, le lustravano dall'esterno. C'era un caffè coi tavolini rossi e gialli e delle ragazze sedute fuori, con le gambe una sull'altra e i capelli d'oro. Ridevano e bevevano in bicchieri grandi, colorati. Al disopra del caffè, balconi aperti, perché era già primavera, con tende ricamate che si muovevano, e, dietro le tende, pezzi di pittura azzurra e dorata, e lampadari pesanti d'oro e cristalli, come cesti di frutta artificiale, che scintillavano. Una meraviglia. Rapita da tutto quello splendore, non aveva seguito il dialogo tra il dottore e la zia. La zia, col vestito marrò[5] della messa, e tenendosi distante dal banco di vetro, con una timidezza poco naturale in lei, abbordava ora la questione del prezzo: «Dottò, mi raccomando, fateci risparmiare... povera gente siamo...» e, quando aveva sentito "ottomila lire", per poco non si era sentita mancare.

«Due vetri! Che dite! Gesù Maria!»

«Ecco quando si è ignoranti...» rispondeva il dottore, riponendo le altre lenti dopo averle lustrate col guanto, «non si calcola nulla. E metteteci due vetri, alla creatura, mi saprete dire se ci vede meglio. Tiene nove diottrie[6] da una parte, e dieci dall'altra, se lo volete sapere... è quasi cecata.»

Mentre il dottore scriveva nome e cognome della bambina: "Eugenia Quaglia, vicolo della Cupa e Santa Maria in Portico", Nunziata si era accostata ad Eugenia, che sulla soglia del negozio, reggendosi gli occhiali con le manine sudice, non si stancava di guardare: «Guarda, guarda, bella mia! Vedi che cosa ci costa questa tua consolazione! Ottomila lire, hai sentito? Ottomila lire, vive vive!» Quasi soffocava. Eugenia era diventata tutta rossa, non tanto per il rimprovero, quanto perché la signorina della cassa la guardava, mentre la zia le faceva quell'osservazione che denunziava la miseria della famiglia. Si tolse gli occhiali.

«Ma come va, così giovane e già tanto miope?» aveva chiesto la signorina a Nunziata, mentre firmava la ricevuta dell'anticipo; «e anche sciu-

4. **struggimento**: sensazione dolorosa di desiderio.

5. **marrò**: grafica italianizzata della parola francese "marron".

6. **diottrie**: unità di misura della potenza delle lenti, e quindi anche dei difetti degli occhi.

pata!» soggiunse. «Signorina bella, in casa nostra tutti occhi buoni teniamo, questa è una sventura che ci è capitata... insieme alle altre. Dio sopra la piaga mette il sale...»
«Tornate fra otto giorni,» aveva detto il dottore, «ve li farò trovare.»

Uscendo, Eugenia aveva inciampato nello scalino.
«Vi ringrazio, zi' Nunzia,» aveva detto dopo un poco; «io sono sempre scostumata[7] con voi, vi rispondo, e voi così buona mi comprate gli occhiali...»
La voce le tremava.
«Figlia mia, il mondo è meglio non vederlo che vederlo,» aveva risposto con improvvisa malinconia Nunziata.
Neppure questa volta Eugenia le aveva risposto. Zi' Nunzia era spesso così strana, piangeva e gridava per niente, diceva tante brutte parole e, d'altra parte, andava a messa con compunzione, era una buona cristiana, e quando si trattava di soccorrere un disgraziato, si offriva sempre, piena di cuore.
Non bisognava badarle. Da quel giorno, Eugenia aveva vissuto in una specie di rapimento, in attesa di quei benedetti occhiali che le avrebbero permesso di vedere tutte le persone e le cose nei loro minuti particolari. Fino allora, era stata avvolta in una nebbia: la stanza dove viveva, il cortile sempre pieno di panni stesi, il vicolo traboccante di colori e di grida, tutto era coperto per lei da un velo sottile: solo il viso dei familiari, la mamma specialmente e i fratelli, conosceva bene, perché spesso ci dormiva insieme, e qualche volta si svegliava di notte, e al lume della lampada a olio, li guardava. La mamma dormiva con la bocca aperta, si vedevano i denti rotti e gialli; i fratelli, Pasqualino e Teresella, erano sempre sporchi e coperti di foruncoli, col naso pieno di catarro: quando dormivano, facevano un rumore strano, come se avessero delle bestie dentro. Eugenia, qualche volta, si sorprendeva a fissarli, senza capire, però, che stessero pensando. Sentiva confusamente che al di là di quella stanza,

7. **scostumata**: nella parlata napoletana equivale a "sfacciata, arrogante".

sempre piena di panni bagnati, con le sedie rotte e il gabinetto che puzzava, c'era della luce, dei suoni, delle cose belle; e, in quel momento che si era messa gli occhiali, aveva avuto una vera rivelazione: il mondo, fuori, era bello, bello assai.

«Marchesa, omaggi...»
Questa era la voce di suo padre. La spalla coperta da una camicia stracciata, che fino a quel momento era stata inquadrata dalla porta del *basso*, non si vide più. La voce della marchesa, una voce placida e indifferente, diceva adesso:
«Dovreste farmi un piacere, don Peppino...»
«Ai vostri ordini... comandate...»
Eugenia sgusciò dal letto, senza far rumore, s'infilò il vestito e venne sulla porta, ancora scalza. Il sole, che di prima mattina, da una fenditura del caseggiato, entrava nel brutto cortile, le venne incontro, così puro e meraviglioso, illuminò il suo viso di piccola vecchia, i capelli come stoppa, tutti arruffati, le manine ruvide, legnose, con le unghie lunghe e sporche. Oh, se in quel momento avesse avuto gli occhiali! La marchesa era là, col suo vestito di seta nera, la cravattina di pizzo bianco, con quel suo aspetto maestoso e benigno, che incantava Eugenia, le mani bianche e piene di gioielli; ma il viso non si vedeva bene, era una macchia bianchiccia, ovale. Là sopra, tremavano delle piume viola.
«Sentite, dovreste rifarmi il materasso del bambino... potete salire verso le dieci e mezza?»
«Con tutto il cuore, ma io sarei disposto nel pomeriggio, signora marchesa...»
«No, don Peppino, di mattina deve essere. Nel pomeriggio viene gente. Vi mettete sul terrazzo e lavorate. Non vi fate pregare... fatemi questo favore... Ora sta suonando la messa. Quando sono le dieci e mezza, mi chiamate...»
E, senza aspettare risposta, si allontanò, scansando accortamente un filo d'acqua gialla che scorreva da un terrazzino e aveva fatto una pozza a terra.
«Papà,» disse Eugenia andando dietro a suo padre che rientrava nel *basso*, «la marchesa

quant'è buona! Vi tratta come un galantuomo. Il Signore glielo deve rendere!»
«Una buona cristiana, questo è,» rispose, con tutt'altro significato di quello che si sarebbe potuto intendere, don Peppino. Con la scusa ch'era proprietaria della casa, la marchesa D'Avanzo si faceva servire continuamente dalla gente del cortile; a don Peppino, per i materassi, metteva in mano una miseria; Rosa, poi, era sempre a sua disposizione per le lenzuola grandi, anche se le ossa le bruciavano si doveva alzare per servire la marchesa; è vero che le figlie gliele aveva fatte chiudere[8] lei, e così aveva salvato due anime dai pericoli di questo mondo, che pei poveri sono tanti, ma per quel terraneo,[9] dove tutti si erano ammalati, si pigliava tremila lire, non una di meno. «Il cuore ci sarebbe, sono i soldi che mancano,» amava ripetere con una certa flemma.[10] «Oggi, caro don Peppino, i signori siete voi, che non avete pensieri... Ringraziate... ringraziate la Provvidenza, che vi ha messo in questa condizione... che vi ha voluto salvare...» Donna Rosa aveva una specie di adorazione per la marchesa, per i suoi sentimenti religiosi: quando si vedevano, parlavano sempre dell'altra vita. La marchesa ci credeva poco, ma non lo diceva, ed esortava quella madre di famiglia a pazientare e sperare.
Dal letto, donna Rosa chiese, un po' preoccupata: «Le hai parlato?»
«Vuole fare il materasso al nipote,» fece don Peppino annoiato. Portò fuori il treppiede[11] col fornello per scaldare un po' di caffè, regalo delle monache, e rientrò ancora per prendere dell'acqua in un pentolino. «Non glielo faccio per meno di cinquecento,» disse.
«È un prezzo giusto.»
«È allora, chi va a ritirare gli occhiali di Eugenia?» domandò zi' Nunzia uscendo dallo sgabuzzino. Aveva, sopra la camicia, una gonna scucita, ai piedi le ciabatte. Dalla camicia, le uscivano le spalle puntute, grige come pietre. Si stava asciugando la faccia in un tovagliolo. «Io, per me, non ci posso andare, e Rosa è malata...»
Senza che nessuno li vedesse, i grandi occhi quasi ciechi di Eugenia si riempirono di lacri-

8. **chiudere**: sottinteso "in convento".

9. **terraneo**: sinonimo di "basso".

10. **flemma**: calma, imperturbabilità.

11. **treppiede**: arnese da cucina, consistente in un cerchio di ferro retto da tre sostegni.

me. Ecco, forse sarebbe passata un'altra giornata senza che avesse i suoi occhiali. Andò vicino al letto della madre, abbandonò le braccia e la fronte sulla coperta, in un atteggiamento compassionevole. Una mano di donna Rosa si allungò a carezzarla.
«Ci vado io, Nunzia, non vi scaldate... anzi, uscire mi farà bene...»
«Mammà...»
Eugenia le baciava una mano.

Alle otto, c'era una grande animazione nel cortile. Rosa era uscita in quel momento dal portone, alta figura allampanata, col cappotto nero, senza spalline, pieno di macchie e corto da scoprirle le gambe simili a bastoncini di legno, la borsa della spesa sotto il braccio, perché al ritorno dall'occhialaio avrebbe comprato il pane. Don Peppino, con una lunga scopa in mano, stava togliendo l'acqua di mezzo al cortile, fatica inutile perché il mastello ne dava continuamente, come una vena aperta. Là dentro c'erano i panni di due famiglie: le sorelle Greborio, del primo piano, e la moglie del cavaliere Amodio, che aveva avuto un bambino due giorni avanti. Era appunto la serva della Greborio, Lina Tarallo, che stava sbattendo i tappeti a un balconcino, con un fracasso terribile. La polvere scendeva a poco a poco, mista a vera immondizia, come una nuvola, su quella povera gente, ma nessuno ci faceva caso. Si sentivano strilli acutissimi e pianti: era zi' Nunzia, che dal *basso*, chiamava a testimoni tutti i santi per affermare ch'era stata una disgraziata, e la causa di tutto questo era Pasqualino che piangeva e urlava come un dannato perché voleva andare dietro alla mamma.
«Vedetelo, questo sforcato!»[12] gridava zi' Nunzia. «Madonna bella, fatemi la grazia, fatemi morire, ma subito, se ci state, tanto in questa vita non stanno bene che i ladri e le male femmine.»
Teresella, più piccola di suo fratello, perché era nata l'anno che il re era andato via,[13] seduta sulla soglia di casa, sorrideva, e, ogni tanto, leccava un cantuccio di pane che aveva trovato sotto una sedia.

12. sforcato: (napoletano) disgraziato, pendaglio da forca.

13. l'anno... via: nel 1946 un referendum stabilì in Italia il passaggio dalla monarchia alla repubblica.

Seduta sullo scalino di un altro *basso*, quello di Mariuccia la portinaia, Eugenia guardava un pezzo di giornale per ragazzi, ch'era caduto dal terzo piano, con tante figurine colorate. Ci stava col naso sopra, perché se no non leggeva le parole. Si vedeva un fiumiciattolo azzurro, in mezzo a un prato che non finiva mai, e una barca rossa che andava... andava... chissà dove. Era scritto in italiano, e per questo lei non capiva troppo, ma ogni tanto, senza un motivo, rideva.

«Così, oggi ti metti gli occhiali?» disse Mariuccia, affacciandosi alle sue spalle. Tutti, nel cortile, lo sapevano, e perché Eugenia non aveva resistito alla tentazione di raccontarlo, e anche perché zi' Nunzia aveva trovato necessario far capire che, in quella famiglia, lei spendeva del suo... e che insomma...

«Te li ha fatti la zia, eh?» soggiunse Mariuccia, sorridendo bonariamente. Era una donna piccola, quasi nana, con un viso da uomo, pieno di baffi. In quel momento si stava pettinando i lunghi capelli neri, che le arrivavano al ginocchio: una delle poche cose che attestassero che era anche una donna. Se li pettinava lentamente, sorridendo coi suoi occhietti di topo, furbi e buoni.

«Mammà li è andati a ritirare a Via Roma,» disse Eugenia con uno sguardo di gratitudine. «Li abbiamo pagati ottomila lire, sapete? Vive vive... La zia è...» stava aggiungendo "proprio buona", quando zi' Nunzia, affacciandosi, al *basso*, chiamò inviperita: «Eugenia!»

«Eccomi qua, zia!» e corse come un cane.

Dietro la zia, Pasqualino, tutto rosso e sbalordito, con una smorfia terribile, tra lo sdegno e la sorpresa, aspettava.

«Vammi a comprare due caramelle da tre lire l'una, da don Vincenzo il tabaccaio. Torna subito!»

«Sì, zia.»

Prese i soldi nel pugno, senza più curarsi del giornale, e uscì lesta dal cortile.

Per un vero miracolo scansò un carro di verdura alto come una torre e tirato da due cavalli, che le stava venendo addosso all'uscita dal portone. Il carrettiere, con la frusta sguainata, sembrava cantasse, e dalla bocca gli uscivano intanto queste parole: "bella... fresca...", strascicate e piene di dolcezza, come un canto d'amore. Quando il carro fu alle sue spalle, lei, alzando in alto i suoi occhi sporgenti, scorse quel bagliore caldo, azzurro, ch'era il cielo, e sentì, senza però vederla chiaramente, la gran festa che c'era intorno. Carretti, uno dietro l'altro; grossi camion con americani[14] vestiti di giallo che si sporgevano dal finestrino, biciclette che sembrava rotolassero. In alto, i balconi erano tutti ingombri di cassette fiorite, e alle inferriate penzolavano, come gualdrappe di cavallo, come bandiere, coperte imbottite gialle e rosse, straccetti celesti di bambini, lenzuola, cuscini e materasse esposte all'aria, e si snodavano le corde dei canestri che scendevano in fondo al vicolo per ritirare la verdura o il pesce offerto dai venditori ambulanti. Benché il sole non toccasse che i balconi più alti (la strada era come una spaccatura nella massa disordinata delle case), e il resto non fosse che ombra e immondizia, si presentiva, là dietro, l'enorme festa della primavera. E pur così piccola e scialba, legata come un topo al fango del suo cortile, Eugenia cominciava a respirare con una certa fretta, come se quell'aria, quella festa e tutto quell'azzurro ch'erano sospesi sul quartiere dei poveri, fossero anche cosa sua. Mentre entrava dal tabaccaio, la sfiorò il paniere giallo della serva di Amodio, Buonincontri Rosaria. Era grassa, vestita di nero, con le gambe bianche e il viso acceso, pacifico.

«Di' a mammà se oggi può salire un momento sopra, la signora Amodio le deve fare un'ambasciata.»

Eugenia la riconobbe alla voce.

«Ora non ci sta. È andata a Via Roma a ritirarmi gli occhiali.»

«Io pure me li dovrei mettere, ma il mio fidanzato non vuole.»

Eugenia non afferrò il senso di quella proibizione. Rispose solo, ingenuamente:

«Costano assai assai, bisogna tenerli riguardati».

Entrarono insieme nel buco di don Vincenzo. C'era gente. Eugenia era respinta sempre in-

14. americani: gli ultimi rimasti delle truppe alleate, che nel 1943 erano sbarcate nel sud d'Italia per combattere i nazifascisti.

dietro. «Fatti avanti... sei proprio cecata,» osservò con un bonario sorriso la serva di Amodio. «Ma zi' Nunzia ora le fa gli occhiali,» intervenne, strizzando l'occhio, con aria d'intesa scherzosa, don Vincenzo che aveva sentito. Anche lui portava gli occhiali.
«Alla tua età,» disse porgendole le caramelle, «ci vedevo come un gatto, infilavo gli aghi di notte, mia nonna mi voleva sempre appresso... Ma ora sono invecchiato.»
Eugenia assentì vagamente.
«Le mie compagne, nessuna tengono le lenti,» disse. Poi rivolta alla Buonincontri, ma parlando anche per don Vincenzo: «Io sola... Nove diottrie da una parte e dieci dall'altra... sono quasi cecata!» sottolineò dolcemente.
«Vedi quanto sei fortunata...» disse don Vincenzo ridendo; e a Rosaria: «Quanto di sale?»
«Povera creatura!» commentò la serva di Amodio mentre Eugenia usciva, tutta contenta. «È l'umidità che l'ha rovinata. In quella casa ci chiove.[15] Ora donna Rosa ha i dolori nelle ossa. Datemi un chilo di sale grosso, e un pacchetto di quello fino...»
«Sarete servita.»
«Che mattinata, eh, oggi don Vincenzo? Sembra già l'estate.»

15. chiove: (napoletano) piove.

Camminando più adagio di quando era venuta, Eugenia cominciò a sfogliare, senza rendersene ben conto, una delle due caramelle, e poi se la infilò in bocca. Sapeva di limone. "Dico a zi' Nunzia che l'ho perduta per la strada," propose dentro di sé. Era contenta, non le importava se la zia, così buona, si sarebbe arrabbiata. Si sentì prendere una mano, e riconobbe Luigino.
«Sei proprio cecata!» disse ridendo il ragazzo. «E gli occhiali?»
«Mammà è andata a prenderli a Via Roma.»
«Io non sono andato a scuola, è una bella giornata, perché non ce ne andiamo a camminare un poco?»
«Sei pazzo! Oggi debbo stare buona...»
Luigino la guardava e rideva, con la sua bocca come un salvadanaio, larga fino alle orecchie, sprezzante.
«Tutta spettinata...»

Istintivamente, Eugenia si portò una mano ai capelli.
«Io non ci vedo buono, e mammà non tiene tempo,» rispose umilmente.
«Come sono questi occhiali? Col filo dorato?» s'informò Luigino.
«Tutto dorato!» rispose Eugenia mentendo, «lucenti lucenti!»
«Le vecchie portano gli occhiali,» disse Luigino.
«Anche le signore, le ho viste a Via Roma.»
«Quelli sono neri, per i bagni,» insisté Luigino.
«Parli per invidia. Costano ottomila lire...»
«Quando li hai avuti, fammeli vedere,» disse Luigino. «Mi voglio accertare se il filo è proprio dorato... sei così bugiarda...» e se ne andò per i fatti suoi, fischiettando.
Rientrando nel portone, Eugenia si domandava ora con ansia se i suoi occhiali avrebbero avuto o no il filo dorato. In caso negativo, che si poteva dire a Luigino per persuaderlo ch'erano una cosa di valore? Però, che bella giornata! Forse mammà stava per tornare con gli occhiali chiusi in un pacchetto... Fra poco li avrebbe avuti sul viso... avrebbe... Una furia di schiaffi si abbatté sulla sua testa. Una vera rovina. Le sembrava di crollare; inutilmente si difendeva con le mani. Era zi' Nunzia, naturalmente, infuriata per il ritardo, e dietro zi' Nunzia, Pasqualino, come un ossesso, perché non credeva più alla storia delle caramelle. «Butta il sangue!... Tieni!... Brutta cecata!... E io che ho dato la vita mia per questa ingratitudine... Finire male, devi! Ottomila lire, vive vive! Il sangue mi tolgono dalle vene, questi sforcati...» Lasciò cadere le mani solo per scoppiare in un gran pianto. «Vergine Addolorata, Gesù mio, per le piaghe del vostro costato, fatemi morire!...»
Anche Eugenia piangeva, dirottamente.
«'A zi', perdonatemi... 'a zi'...»
«Uh... uh... uh...» faceva Pasqualino, con la bocca spalancata.
«Povera creatura...» fece donna Mariuccia andando vicino ad Eugenia, che non sapeva dove nascondere la faccia, tutta rigata di rosso e di lacrime davanti al dispiacere della zia; «non l'ha fatto apposta, Nunzia... calmatevi...» E ad Euge-

nia: «Dove tieni le caramelle?»
Eugenia rispose piano, perdutamente, offrendo l'altra nella manina sporca: «Una l'ho mangiata. Tenevo fame».
Prima che la zia si muovesse di nuovo, per buttarsi addosso alla bambina, si sentì la voce della marchesa, dal terzo piano, dove c'era il sole, chiamare piano, placidamente, soavemente: «Nunziata!»
Zi' Nunzia levò in alto il viso amareggiato, come quello della Madonna dei Sette Dolori, che stava a capo del letto suo.
«Oggi è il primo venerdì di mese. Offritelo a Dio.»
«Marchesa, quanto siete buona! Queste creature mi fanno fare tanti peccati, io mi sto perdendo l'anima, io...»
E crollava il viso tra le mani come zampe, mani di faticatore, con la pelle marrone, squamata.
«Vostro fratello non ci sta?»
«Povera zia, essa ti fa pure gli occhiali, e tu così la ringrazi...» diceva intanto Mariuccia a Eugenia che tremava.
«Sissignora, eccomi qua...» rispose don Peppino, che fino a quel momento era stato mezzo nascosto dietro la porta del *basso*, agitando un cartone davanti al fornello dove cuocevano i fagioli per il pranzo.
«Potete salire?»
«Mia moglie è andata a ritirare gli occhiali di Eugenia... io sto badando ai fagioli... vorrebbe aspettare, se non vi dispiace...»
«Allora, mandatemi su la creatura. Tengo un vestito per Nunziata. Glielo voglio dare...»
«Dio ve ne renda merito... obbligatissimo,» rispose don Peppino con un sospiro di consolazione, perché era quella l'unica cosa che poteva calmare sua sorella. Ma, guardando Nunziata, si accorse che essa non si era affatto rallegrata. Continuava a piangere dirottamente, e quel pianto aveva tanto stupito Pasqualino, che il bambino si era chetato per incanto, e ora si leccava il catarro che gli scendeva dal naso, con un piccolo, dolce sorriso.
«Hai sentito? Sali su dalla signora marchesa, ti deve dare un vestito...» disse don Peppino alla

figlia. Eugenia stava guardando qualche cosa nel vuoto, con gli occhi che non ci vedevano: erano fissi fissi, e grandi. Trasalì e si alzò subito, obbediente.
«Dille: "Dio ve ne renda merito", e rimani fuori la porta.»
«Sì, papà.»
«Mi dovete credere, Mariuccia,» disse zi' Nunzia, quando Eugenia si fu allontanata, «io a quella creatura le voglio bene, e dopo mi pento, quanto è vero Dio, di averla strapazzata. Ma mi sento tutto il sangue alla testa, mi dovete credere, quando devo combattere con i ragazzi. La gioventù se n'è andata, lo vedete...» e si toccava le guance infossate. «A volte, mi sento come una pazza...»
«D'altra parte, pure loro debbono sfogare,» rispose donna Mariuccia, «sono anime innocenti. Avranno tempo per piangere. Io, quando li vedo, e penso che devono diventare tale e quale a noi...» andò a prendere una scopa e spinse via una foglia di cavolo dalla soglia, «mi domando che cosa fa Dio.»

«Ve lo siete tolto nuovo nuovo!» disse Eugenia piantando il naso sul vestito verde steso sul sofà in cucina, mentre la marchesa andava cercando un giornale vecchio per involtarlo. La D'Avanzo pensò che la bambina non ci vedeva davvero, perché se no si sarebbe accorta che il vestito era vecchissimo e pieno di rammendi (era di sua sorella morta), ma si astenne dal far commenti. Solo dopo un momento, mentre veniva avanti col giornale, domandò:
«E gli occhiali te li ha fatti la zia? Sono nuovi?»
«Col filo dorato. Costano ottomila lire,» rispose d'un fiato Eugenia, commuovendosi ancora una volta al pensiero del privilegio che le toccava, «perché sono quasi cecata,» aggiunse semplicemente.
«Secondo me,» fece la marchesa, involtando con dolcezza il vestito nel giornale, e poi riaprendo il pacco perché una manica veniva fuori, «tua zia se le poteva risparmiare. Ho visto degli occhiali ottimi, in un negozio all'Ascensione, per solo duemila lire.»

Eugenia si fece di fuoco. Capì che la marchesa era dispiaciuta. «Ognuno nel suo rango... tutti ci dobbiamo limitare...» l'aveva sentita dire tante volte, parlando con donna Rosa che le portava i panni lavati, e si fermava a lamentarsi della penuria.
«Forse non erano buoni... io tengo nove diottrìe...» ribatté timidamente.
La marchesa inarcò un ciglio, ma Eugenia per fortuna non lo vide.
«Erano buoni, ti dico...» si ostinò con la voce leggermente più dura la D'Avanzo. Poi si pentì. «Figlia mia,» disse più dolcemente, «parlo così perché so i guai di casa tua. Con seimila lire di differenza, ci compravate il pane per dieci giorni, ci compravate... A te, che ti serve veder bene? Per quello che tieni intorno!...» Un silenzio. «A leggere, leggevi?»
«Nossignora».
«Qualche volta, invece, ti ho vista col naso sul libro. Anche bugiarda, figlia mia... non sta bene...»
Eugenia non rispose più. Provava una vera disperazione, fissava gli occhi quasi bianchi sul vestito.
«È seta?» domandò stupidamente.
La marchesa la guardava, riflettendo.
«Non te lo meriti, ma ti voglio fare un regaluccio,» disse a un tratto, e si avviò verso un armadio di legno bianco. In quel momento il campanello del telefono, ch'era nel corridoio, cominciò a squillare, e invece d'aprire l'armadio la D'Avanzo uscì per rispondere all'apparecchio. Eugenia, oppressa da quelle parole, non aveva neppure sentito la consolante allusione della vecchia, e appena fu sola, si mise a guardare intorno come le consentivano i suoi poveri occhi. Quante cose belle, fini! Come nel negozio di Via Roma! E lì, proprio davanti a lei, un balcone aperto, con tanti vasetti di fiori.
Uscì sul balcone. Quant'aria, quanto azzurro! Le case, come coperte da un velo celeste, e giù il vicolo, come un pozzo, con tante formiche che andavano e venivano... come i suoi parenti... Che facevano? Dove andavano? Uscivano e rientravano nei buchi, portando grosse briciole

di pane, questo facevano, avevano fatto ieri, avrebbero fatto domani, sempre... sempre. Tanti buchi, tante formiche. E intorno, quasi invisibile nella gran luce, il mondo fatto da Dio, col vento, il sole, e laggiù il mare pulito, grande... Stava lì, col mento inchiodato sui ferri, improvvisamente pensierosa, con un'espressione di dolore che la imbruttiva, di smarrimento. Suonò la voce della marchesa, placida, pia. Teneva in mano, nella sua liscia mano d'avorio, un librettino foderato in cartone nero, con le lettere dorate.
«Sono pensieri di santi, figlia mia. La gioventù, oggi, non legge niente, e per questo il mondo ha cambiato strada. Tieni, te lo regalo. Ma mi devi promettere di leggerne un poco ogni sera, ora che ti sei fatti gli occhiali.»
«Sissignora,» disse Eugenia frettolosamente, arrossendo di nuovo perché la marchesa l'aveva trovata sul balcone; e prese il libretto che essa le dava. La D'Avanzo la guardò compiaciuta.
«Iddio ti ha voluto preservare, figlia mia!» disse andando a prendere il pacchetto col vestito e mettendoglielo tra le mani. «Non sei bella, tutt'altro, e sembri già una vecchia. Iddio ti ha voluto prediligere, perché così non avrai occasioni di male. Ti vuole santa, come le tue sorelle!»
Senza che queste parole la ferissero veramente, perché da tempo era già come inconsciamente preparata a una vita priva di gioia, Eugenia ne provò lo stesso un turbamento. E le parve, sia pure un attimo, che il sole non brillasse più come prima, e anche il pensiero degli occhiali cessò di rallegrarla. Guardava vagamente, coi suoi occhi quasi spenti, un punto del mare, dove si stendeva come una lucertola, di un colore verde smorto, la terra di Posillipo. «Di' a papà,» proseguiva intanto la marchesa, «che pel materasso del bambino oggi non se ne fa niente. Mi ha telefonato mia cugina, starò a Posillipo tutto il giorno.»
«Io pure, una volta, ci sono stata...» cominciava Eugenia, rianimandosi a quel nome e guardando, incantata, da quella parte.
«Sì? veramente?» La D'Avanzo era indifferente, per lei quel nome non significava nulla. Con

tutta la maestà della sua persona, accompagnò la bambina, che ancora si voltava verso quel punto luminoso, alla porta che chiuse adagio alle sue spalle.
Fu mentre scendeva l'ultimo gradino, e usciva nel cortile, che quell'ombra che le aveva oscurato la fronte da qualche momento scomparve, e la sua bocca s'aperse a un riso di gioia, perché Eugenia aveva visto arrivare sua madre. Non era difficile riconoscere la sua logora, familiare figura. Gettò il vestito su una sedia, e le corse incontro.
«Mammà! Gli occhiali!»
«Piano, figlia mia, mi buttavi a terra!»
Subito, si fece una piccola folla intorno. Donna Mariuccia, don Peppino, una delle Greborio, che si era fermata a riposarsi su una sedia prima di cominciare le scale, la serva di Amodio che rientrava in quel momento, e, inutile dirlo, Pasqualino e Teresella, che volevano vedere anche loro e strillavano allungando le mani. Nunziata, dal canto suo, stava osservando il vestito che aveva tolto dal giornale, con un viso deluso.
«Guardate, Mariuccia, mi sembra roba vecchia assai... è tutto consumato sotto le braccia!» disse accostandosi al gruppo. Ma chi le badava? In quel momento, donna Rosa si toglieva dal collo del vestito l'astuccio degli occhiali, e con cura infinita lo apriva. Una specie d'insetto lucentissimo, con due occhi grandi grandi e due antenne ricurve, scintillò in un raggio smorto di sole, nella mano lunga e rossa di donna Rosa, in mezzo a quella povera gente ammirata.
«Ottomila lire... una cosa così!» fece donna Rosa guardando religiosamente, eppure con una specie di rimprovero, gli occhiali.
Poi, in silenzio, li posò sul viso di Eugenia, che estatica tendeva le mani, e le sistemò con cura quelle due antenne dietro le orecchie. «Mo[16] ci vedi?» domandò accorata.
Eugenia, reggendoli con le mani, come per paura che glieli portassero via, con gli occhi mezzo chiusi e la bocca semiaperta in un sorriso rapito, fece due passi indietro, così che andò a intoppare in una sedia.

16. **Mo**: (napoletano) adesso.

«Auguri!» disse la serva di Amodio.
«Auguri!» disse la Greborio.
«Sembra una maestra, non è vero?» osservò compiaciuto don Peppino.
«Neppure ringrazia!» fece zi' Nunzia, guardando amareggiata il vestito. «Con tutto questo, auguri!»
«Tiene paura, figlia mia!» mormorò donna Rosa, avviandosi verso la porta del *basso* per posare la roba. «Si è messa gli occhiali per la prima volta!» disse alzando la testa al balcone del primo piano, dove si era affacciata l'altra sorella Greborio.
«Vedo tutto piccolo piccolo,» disse con una voce strana, come se venisse di sotto una sedia, Eugenia. «Nero nero».
«Si capisce; la lente è doppia. Ma vedi bene?» chiese don Peppino. «Questo è l'importante. Si è messi gli occhiali per la prima volta,» disse anche lui, rivolto al cavaliere Amodio che passava con un giornale aperto in mano.
«Vi avverto,» disse il cavaliere a Mariuccia, dopo aver fissato per un momento, come fosse stata solo un gatto, Eugenia, «che la scala non è stata spazzata... Ho trovato delle spine di pesce davanti alla porta!» E si allontanò curvo, quasi chiuso nel suo giornale, dove c'era notizia di un progetto-legge per le pensioni, che lo interessava.

Eugenia, sempre tenendosi gli occhiali con le mani, andò fino al portone, per guardare fuori, nel vicolo della Cupa. Le gambe le tremavano, le girava la testa, e non provava più nessuna gioia. Con le labbra bianche voleva sorridere, ma quel sorriso si mutava in una smorfia ebete. Improvvisamente i balconi cominciarono a diventare tanti, duemila, centomila; i carretti con la verdura le precipitavano addosso; le voci che riempivano l'aria, i richiami, le frustate, le colpivano la testa come se fosse malata; si volse barcollando verso il cortile, e quella terribile impressione aumentò. Come un imbuto viscido il cortile, con la punta verso il cielo e i muri lebbrosi fitti di miserabili balconi; gli archi dei terranei, neri, coi lumi brillanti a cerchio intorno all'Addolorata; il selciato bianco di acqua saponata, le foglie di cavolo, i pezzi di carta, i rifiuti, e, in mezzo al cortile, quel gruppo di cristiani cenciosi e deformi, coi visi butterati[17] dalla miseria e dalla rassegnazione, che la guardavano amorosamente. Cominciarono a torcersi, a confondersi, a ingigantire. Le venivano tutti addosso, gridando, nei due cerchietti stregati degli occhiali. Fu Mariuccia per prima ad accorgersi che la bambina stava male, e a strapparle in fretta gli occhiali, perché Eugenia si era piegata in due e, lamentandosi, vomitava.

«Le hanno toccato lo stomaco!» gridava Mariuccia reggendole la fronte. «Portate un acino di caffè, Nunziata!»

«Ottomila lire, vive vive!» gridava con gli occhi fuor della testa zi' Nunzia, correndo nel *basso* a pescare un chicco di caffè in un barattolo sulla credenza; e levava in alto gli occhiali nuovi, come per chiedere una spiegazione a Dio. «E ora sono anche sbagliati!»

«Fa sempre così, la prima volta,» diceva tranquillamente la serva di Amodio a donna Rosa. «Non vi dovete impressionare; poi a poco a poco si abitua.»

«È niente, figlia, è niente, non ti spaventare!» Ma donna Rosa si sentiva il cuore stretto al pensiero di quanto erano sfortunati.

Tornò zi' Nunzia col caffè, gridando ancora: «Ottomila lire, vive vive!» intanto che Eugenia, pallida come una morta, si sforzava inutilmente di rovesciare, perché non aveva più niente. I suoi occhi sporgenti erano quasi torti dalla sofferenza, e il suo viso di vecchia inondato di lacrime, come istupidito. Si appoggiava a sua madre e tremava.

«Mammà, dove stiamo?»

«Nel cortile stiamo, figlia mia,» disse donna Rosa pazientemente; e il sorriso finissimo, tra compassionevole e meravigliato, che illuminò i suoi occhi, improvvisamente rischiarò le facce di tutta quella povera gente.

«È mezza cecata!»

«È mezza scema, è!»

«Lasciatela stare, povera creatura, è meravigliata,» fece donna Mariuccia, e il suo viso era torvo di compassione, mentre rientrava nel

17. **butterati**: sfigurati, rovinati.

basso che le pareva più scuro del solito.
Solo zi' Nunzia si torceva le mani:
«Ottomila lire, vive vive!»

Da: Anna Maria Ortese, *Il mare non bagna Napoli*, Einaudi.

Carlo Fruttero e
Franco Lucentini

CIÒ CHE VIDE LA SIGNORA BULSTRODE

Carlo Fruttero (nato a Torino nel 1926) e Franco Lucentini (nato a Roma nel 1920) scrivono da anni a quattro mani articoli giornalistici, traduzioni, prefazioni e romanzi. La loro scrittura è un attento dosaggio di ricerca ambientale e di avventure mozzafiato. Ricordiamo *La donna della domenica*, *A che punto è la notte*, *Il palio delle contrade morte*, *L'amante senza fissa dimora*.

È un errore pensare che un fortunato scrittore di gialli sia uno scrittore minore; per questo genere, infatti, sono necessari senso dell'intreccio, capacità di creare *suspense*, ma anche un'attenta analisi di luoghi e caratteri. Fruttero e Lucentini, tra i pochi esempi di autori che scrivono sempre i loro gialli a quattro mani, sono magistrali nella ricerca ambientale (come la Torino di *La donna della domenica* e la Venezia di *L'amante senza fissa dimora*) e in questo racconto gli usi dell'ambiente e la psicologia del personaggio sono in fondo i veri protagonisti della storia: nell'analisi del "come", nei gesti, anzi nel gesto dell'assassino sta, infatti, la soluzione del mistero.
Il racconto è stato scritto come una sorta di omaggio alla grande scrittrice di gialli Agatha Christie in occasione della sua morte. Il titolo riprende quello del romanzo *What Mrs. McGillycuddy saw* (Cosa vide la signora McGillycuddy) e anche il cognome Bulstrode appartiene a un personaggio nato dalla fantasia della Christie.

La signora Bulstrode si chinò dalla panchina posta all'inizio della buca 12 e raccolse una distratta manciata di ghiande. Aveva vissuto quasi sempre lontano dall'Inghilterra, aveva cambiato paese, città, civiltà molte volte, e aveva perduto amici in ogni parte del mondo, dall'Estremo Oriente, all'Africa, agli Stati Uniti. Ma non le era mai capitato di perderne uno in seguito a un sequestro di persona. La vita, pensò malinconicamente, ancora le riservava delle sorprese; solo che erano sorprese sempre meno amabili, sempre meno consolanti.
Nel palmo della mano spiccava una ghianda più grossa delle altre, perfetta, rifinita come in un libro di botanica. La signora Bulstrode tirò fuori le chiavi dalla tasca dei suoi vasti pantaloni di velluto rosso, aprì il temperino che portava sempre appeso al mazzo, e facendone ruotare la lama con il pollice cominciò a incidere intorno la sommità del frutto.
Il sequestro del vecchio Salussolia mentre rientrava a Torino dal golf quindici giorni prima, non aveva avuto in sé e per sé niente di straordinario. A parte la variante, atroce, ma minore, del cane, tutto si era svolto nel modo più tradizionale, più semplice; eppure la signora Bulstrode, tutto osservando da cinquanta, e poi da trenta, e poi da dieci metri di distanza, si era sentita scattare dentro un'impressione

di incredulità, e quasi di divertimento. Ma che facevano, ma erano pazzi, ma come, ma era assurdo! In un certo senso, proprio perché corrispondeva così esattamente alla scena descritta cento volte dai giornali, la signora Bulstrode aveva stentato a riconoscerla, né era poi riuscita a spiegare alla polizia l'atmosfera di irrealtà in cui si era svolto il rapimento.

La lingua, evidentemente. Dopo nove anni che viveva a Torino, la signora parlava l'italiano molto bene, molto meglio del suo monolinguistico[1] marito. Ma non abbastanza per certe sfumature. Che non erano poi nemmeno sfumature, forse, ma solo le confuse emozioni di una donna spaventata, sotto choc, come i gentili funzionari che la interrogavano avevano ad un certo punto suggerito. Lo spettacolo di un uomo sequestrato e del suo cane massacrato a colpi di spranga avrebbe giustificato ben altri isterismi da parte di una donna.

Sì, sì, avevano ragione. Lo choc, senza dubbio. E anche, benché non l'avessero detto, l'età.

«Buongiorno! Buongiorno!»

«Oh, buongiorno!» disse con calore automatico la signora Bulstrode.

Tirandosi dietro i loro carrellini porta mazze, tre giocatori stavano arrivando alla buca 12. Due uomini e una donna visti e salutati infinite volte senza che i loro nomi, e addirittura le loro facce, avessero lasciato una traccia nella sua memoria. L'età, ancora l'età. Erano passati i tempi in cui, come scrupolosa donna di casa, si era sforzata con successo di ricordare quel genere di cose.

«Vuole partire lei, signora Bulstrode?»

«No, grazie, mi riposavo un momento.»

«Tutto bene?»

«Tutto benissimo, grazie.»

«Allora noi passiamo, okay?»

«Okay.»

Gentili, poveretti. Preoccupati per lei. Sabato dopo sabato, per due anni, l'avevano vista percorrere senza fretta il campo insieme al vecchio Salussolia, che non giocava più a causa dei suoi due infarti, ma che l'accompagnava fedelmente per tutte le 18 buche, con le mani dietro la schiena e la pipa spenta in bocca. Una

1. monolinguistico: che parla una sola lingua.

buffa coppia, dovevano aver pensato: lei massiccia, adiposa,[2] infagottata nei suoi molti maglioni verdi o giallastri (incredibilmente inglesi, dovevano pensare), e lui fragile, minuto, col suo berretto da fatica dell'esercito americano. Un buffo *flirt*[3] tra due stranieri, patetico e un po' grottesco. Qualcuno aveva di certo scherzato anche più pesantemente sui loro rapporti, ma la signora Bulstrode non se ne indignava; gente simile non mancava in nessuna comunità, in nessun gruppo umano, e alla fine erano malignità senza peso, controbilanciate dalla sollecitudine che ora, col tono più che con le parole, tutti le dimostravano per la perdita dell'amico.

2. adiposa: appesantita dal grasso.

3. *flirt*: (inglese) relazione sentimentale.

«Ma perché? Perché?!» gridò disgustato uno degli uomini.

«Hai voluto forzare» disse pungente la donna, che aveva già tirato.

«È stata la spalla» diagnosticò[4] l'altro «l'hai alzata troppo.»

4. diagnosticò: sentenziò come un medico di fronte a una malattia.

Si preparò al tiro, con l'aria di voler mostrare al compagno qualcosa di magistrale. Fece oscillare la mazza due o tre volte, sfiorando l'erba per prova; poi l'alzò, contro un immaginario quadrante di orologio, fino alla una e la riabbassò di slancio risalendo fino alle undici. In quel grande e fulmineo giro la mazza aveva colpito la pallina e la pallina era volata lontano, un po' sulla destra, verso un boschetto di betulle.

«Troppo a destra» commentò l'uomo con falsa modestia.

Era stato un tiro discreto, ma non certo magistrale. L'uomo aveva irrigidito la schiena, la mazza era scesa con una impercettibile esitazione, una specie di inconscio pentimento.

Il golf era uno strano gioco, pensò la signora Bulstrode decapitando la ghianda e cominciando a scavare nella metà che le era rimasta in mano. Un gioco che concentrava in un gesto tutti i vizi e tutte le virtù di una persona, e che per questo affascinava e ossessionava i suoi adepti.[5] Un gioco solitario e rivelatore, pieno di infinita speranza e infinita frustrazione, poiché ognuno, tiro dopo tiro, si ostinava a voler migliorare, correggere, modificare, e ognuno

5. adepti: persone iniziate ai suoi misteri.

era costretto, in definitiva, ad accettarsi per quello che era, a giocare secondo la sua natura, a descrivere quel gran cerchio nell'aria obbedendo ai meccanismi della sua segreta, misteriosa macchina interna.
I tre ripresero i carrellini e se ne andarono alacremente[6] verso le loro lontane palline. La signora Bulstrode aprì con cautela un piccolo foro nel mezzo guscio vuoto della ghianda, vi infilò dentro uno stecco e, soddisfatta, si cacciò tra i denti la minuscola pipa, come aveva fatto tante volte da bambina, giocando agli indiani con i suoi fratelli, quando a lei toccava la parte della *squaw*,[7] saggia e laconica.[8]
«Uhg» disse sottovoce, con un sorriso.
"Ci sono arrivata, alla fine" pensò "sono davvero diventata una vecchia *squaw*, grassa, grigia, moderatamente saggia e per niente laconica."
Quanto aveva chiacchierato, col povero Salussolia! Era stato un colpo di fulmine tra due chiacchieroni. O anche, come spesso si erano detti ridendo, tra due stranieri, appunto. Perché lui, torinese, era in realtà sempre vissuto in Africa, tra Kenia ed Eritrea, e lì aveva fatto i suoi molti soldi, lì si era messo a giocare appassionatamente a golf, lì gli era venuto il primo infarto, che l'aveva spinto a chiudere tutti i suoi affari e a tornarsene a Torino a morire in pace, e il più tardi possibile.
Ma non era andata così.
Torino in primo luogo era una città che non amava i reduci,[9] che non si curava di chi aveva fatto fortuna in altre terre. Salussolia non conosceva più nessuno e non aveva legato con nessuno. Gli era rimasta una vaga famiglia non sua, perché lui era vedovo e senza figli. Una sorella, con la quale la signora Bulstrode l'aveva una volta incontrato all'uscita di un cinema, un fratello della moglie e due o tre nipoti, uno dei quali veniva ogni tanto a fare qualche buca (era bravino) e che lo aveva fatto ammattire con la faccenda di Bobby Jones.
Salussolia si sfogava con lei, diceva che erano tutti quanti noiosi e odiosi e aspettavano solo i suoi soldi. Ma la verità era che ormai, dopo tanti anni di Africa, tutto gli sembrava estraneo e irritante come un vestito prestato. Non sop-

6. **alacremente**: con zelo ed energia.

7. ***squaw***: (inglese) donna pellerossa.

8. **lacònica**: di poche parole.

9. **réduci**: coloro che ritornano.

portava Torino, non sopportava la gente, non sopportava, in fondo, se stesso. Era, lo ammetteva perfino lui, usando la parola inglese, *difficult*. Ma quale vecchio, si chiese la signora Bulstrode ricordando con un sorriso le manie e le debolezze del suo amico, quale vecchio non era *difficult*?

Dopo il secondo infarto aveva smesso definitivamente di giocare. Se ne andava tutto solo tra le querce, le robinie, i salici, lontano dal passaggio dei giocatori, o si intrufolava dove il sottobosco era meno folto, spaventando fagiani e conigli selvatici. Qualche volta, quando il sole era più caldo, si sedeva con la schiena contro un albero, e così infatti lo aveva trovato la signora Bulstrode un mattino, mentre stava cercando una palla fuorviata. Un grosso albero, un rovere, lungo la buca 9, al di là del torrente. Ricordò di aver notato le mani di Salussolia spalancate sull'erba, gialle come foglie cadute. Gli aveva chiesto che cosa facesse e lui aveva risposto che stava osservando il volo dei corvi. Si erano subito messi a parlare di avvoltoi, dell'Africa, dei campi di golf aridi e impossibili dell'Eritrea, e di quelli ricamati, vellutati dell'Uganda e del Kenia. E dei fiori. E di Bobby Jones, il grande campione. Il fatto che lei lo avesse visto giocare una volta in America, secoli e secoli fa, era sembrato a Salussolia miracoloso come l'apparizione della Madonna a Bernadette.[10] Eccitatissimo, le aveva rivelato di possedere una reliquia[11] preziosa, un decrepito filmetto dove Jones era stato ripreso mentre eseguiva diversi colpi con quella sua scioltezza così sublime da parere alla portata di chiunque. Glielo aveva voluto mostrare più volte di seguito, fermando ad ogni momento la pellicola per commentare la posizione del Maestro nei vari passaggi, quando alzava la mazza nel *back-swing*,[12] come un cosmico giocoliere che si preparasse a scagliare in orbita un pianeta, e quando poi, con l'aerea inesorabilità[13] del falco, la faceva piombare sulla palla.

«Voglio darlo a lei, signora Bulstrode» aveva detto con la voce commossa, querula,[14] dei vecchi. «Voglio che ce l'abbia lei, quando io non ci sarò più.»

10. Bernadette: Bernadette Soubirous, la fanciulla di Lourdes che nel 1858 ebbe diciotto apparizioni della Madonna.

11. relìquia: si dice normalmente di parti del corpo o dei vestiti dei santi.

12. *back-swing*: (inglese) una mossa nel gioco del golf.

13. inesorabilità: fatalità, decisione immutabile.

14. quérula: lamentosa.

Ma non era andata così neanche questa volta. Quasi niente, nella vita, andava "così".
La signora Bulstrode si alzò dalla panchina e gettò via la sua pipa. Per non commuoversi pensò (l'odio impersonale era una specie di medicina) agli anonimi, incappucciati criminali che erano piombati, falchi anche loro, sul suo povero amico. Non poteva sequestrare qualcun altro, la mafia? Perché proprio lui?
E perché no? avevano risposto i poliziotti.
Salussolia era molto ricco - "valeva" alcuni miliardi - e molto metodico. Per di più, non prendeva nessuna precauzione, rideva di quelli che arrivavano al golf scortati da "gorilla" o da cani addestrati per la difesa. Lui aveva Ras, un cane da pagliaio, un piccolo bastardo trovato in campagna, cui era burberamente affezionato e che si portava sempre appresso. Lo lasciava chiuso in macchina perché sul campo non erano ammessi i cani, ma lungo la giornata tornava due o tre volte a vederlo, a portargli degli avanzi di ristorante e a fargli fare un giretto al guinzaglio.
Un cane riconoscente e coraggioso, ma che al momento buono (la signora Bulstrode chiuse un istante gli occhi) non aveva potuto far niente per il suo padrone.
Le venne tutto a un tratto una gran collera contro la inutile, la ottusa famiglia di Salussolia. Non sarebbe toccato a loro metterlo in guardia? Non ci potevano pensare loro a proteggerlo o farlo proteggere? Lui, che se l'era cavata con i Mao Mao,[15] con i ribelli e i predoni eritrei e sudanesi, si sentiva sicurissimo a Torino, si credeva ignoto, inosservato, invisibile. L'isolamento in cui viveva nella sua città gli aveva impedito di vedere, di concepire il pericolo. Ma i suoi asinini parenti sapevano come stavano le cose, sapevano com'era cambiata la città, e per quanto avessero a che fare con un vecchio ostinato, avaro, "*difficult*", qualche precauzione, magari a sua insaputa, avrebbero potuto prenderla. Un autista qualsiasi. O quel cretino del nipote, che aveva l'hobby della fotografia e che era riuscito a strappargli il filmetto di Bobby Jones per tentare di tirarne una copia anche per sé. Facendolo aspettare (e soffrire)

15. Mao Mao: popolazione del Kenia.

dei mesi prima di restituirglielo.
Lo scheletrico carrello, che la sacca delle mazze teneva inclinato verso l'alto, sembrava una mantide religiosa,[16] corpacciuta e sinistra contro il cielo. La signora Bulstrode l'afferrò per il manico e si avviò decisa lungo il percorso della buca 11. Non aveva più voglia di giocare e tutta quella quiete, tutta quella natura attenuata e ingentilita che aveva attorno, le dava i brividi, come una vasta trappola verde. Avrebbe dovuto dar retta a suo marito, che le aveva consigliato di non tornare così presto sul luogo, per così dire, del delitto. Lo choc, l'orrore, la macchia scarlatta che si allargava sotto il cane. E le due mani di Salussolia che si agitavano disperate nell'aria mentre veniva trascinato fuori dalla macchina.
Un sequestro perfettamente riuscito, e nello stesso tempo fallito pietosamente, tragicamente. L'auto dei banditi (la solita Alfa rubata) che "stringeva" il vecchio, solo al volante, lungo l'interminabile muro di cinta della tenuta, fino a farlo fermare in uno dei piazzaletti d'ingresso sempre con i cancelli chiusi. E poi i soliti tre uomini in passamontagna, lo sportello spalancato, la piccola sagoma strappata dal posto di guida mentre anche Ras schizzava fuori con un balzo, si gettava contro uno dei tre. E il tremendo colpo di spranga che lo abbatteva, l'auto che ripartiva a velocità folle, e lei, povera stupida, che dopo aver seguito la fantastica scena come se fosse uno scherzo, capiva finalmente, e frenava, e andava a fermarsi con la sua macchina vicino al cane, come se fosse quello il punto, il problema.
La signora Bulstrode si trovò di nuovo, per la millesima volta, davanti alla cosa che la tormentava da quindici giorni e a cui da quindici giorni cercava di non pensare.
Avrei potuto fare qualcosa? si chiese con non diminuita angoscia. Inseguirli? Speronarli? Intuire tutto in un lampo e accelerare, superarli, poi mettermi di traverso sulla strada, fermarli in qualche modo?
La polizia e suo marito dicevano di no, che nessuno avrebbe potuto far niente. Si trattava di uomini armati e spietati, che si sarebbero

16. mantide religiosa: insetto carnivoro.

comunque aperti la strada a colpi di mitra. E in ogni caso Salussolia era probabilmente già morto.
Del terzo infarto.
L'avevano trovato neanche due ore dopo, abbandonato sul sedile posteriore dell'Alfa, lungo una stradetta di campagna a venti chilometri di distanza. Non c'era, sul corpo, nessun segno di violenza, e il medico legale aveva detto che, date le sue condizioni, doveva aver avuto l'attacco quasi subito, forse al momento stesso del trasbordo. I banditi avevano praticamente sequestrato un cadavere.
In lontananza, una figura maschile arrancava sul profilo di una collinetta trascinando il suo insetto su ruote.
«L'hai trovataaaaa?» gridò una voce oltre il bosco.
«Noooo!» rispose un'altra voce.
La signora Bulstrode girò attorno a una gobba artificiale del terreno, sapientemente costruita nella forma di un'onda che sta per abbattersi sulla riva, e circondata da un artificiale laghetto di sabbia; poi tagliò per un tratto incolto e dissestato, irto di stoppie e di rovi. Al di là cominciava un ripido scoscendimento, in fondo al quale serpeggiava un azzimato[17] torrente da cartolina illustrata. La signora scese scrosciando nello strato di foglie secche, si impantanò brevemente, passò con fragore un ponticello di tronchi, si inerpicò per una china disseminata d'alberi.
Sul ristretto orizzonte sopra di lei apparve, inquadrato fra due macchie di noccioli, un giocatore con la mazza levata nel *back-swing*. Il colpo partì.
La signora Bulstrode si fermò, attenta, concentrata, e poi di nuovo smarrita nelle sue inesprimibili sfumature.
Lo choc, ancora. L'orribile scena in avvicinamento attraverso il parabrezza. Quei trenta, quei sessanta secondi in cui aveva visto tutto e non aveva fatto niente.
Riprese sbuffando la marcia e in cima al pendio si trovò in vista della *club house*. Salutando giovialmente a destra e a sinistra, andò a fare una doccia, si cambiò le scarpe chiodate (ma

17. **azzimato**: sistemato con ricercatezza, detto in genere delle persone.

non i pantaloni infangati) e passò nel bar per bere qualcosa ma soprattutto con l'idea di cercare qualcuno che stesse per tornare a Torino e a cui potesse senza parere accodarsi con la sua auto. Tanto valeva guardare le cose in faccia: la prospettiva di ripassare in quel punto, nella stessa direzione, e quasi alla stessa ora, non le piaceva. Perché? Non le piaceva e basta.

Sto diventando emotiva, pensò con rassegnazione, emotiva e irrazionale. Come se potessero esserci fantasmi in agguato nelle rientranze di quel monotono muro. O altri mafiosi con le armi spianate.

Ma la polizia non credeva che c'entrasse la mafia. Ai professionisti non capitavano "incidenti" di quel genere, e se gli capitavano, avevano sufficiente freddezza per prolungare la partita, parare, vincere ugualmente.

I rapitori di Salussolia s'erano scoraggiati troppo presto.

«So Mrs. Bulstrode, everything okay?» disse il ragazzo del bar, che era molto giovane.

«Okay, thank you, Giulio.»

«Lemonade? Tonic Water? Coca Cola?»

«Lemonade, thank you».[18]

Per via dei lunghi chiodi sotto le suole, uomini e donne si muovevano sull'impiantito del bar con la impettita goffaggine di robot.

«Signora Bulstrode» disse il barista anziano, affacciandosi da una porticina dietro il banco.

«Sì?»

«Hanno lasciato un pacco per lei.»

«Che pacco? Chi?»

«Quel giovanotto, quel parente del signor Salussolia, sa?»

La voce s'era abbassata a una luttuosa compunzione.[19]

La signora Bulstrode aprì a strappi il pacco, che era malamente incartato e chiuso con nastro adesivo. Dentro c'era il filmetto di Bobby Jones, con due righe di accompagnamento.

«Santo cielo» mormorò la signora Bulstrode in italiano, sentendosi venire le lacrime agli occhi. Scese con un tonfo dallo sgabello.

«Quando è venuto?»

«Sarà una mezz'ora» disse il barista. «Forse sta

18. So... you: (inglese) «E allora, signora B., tutto a posto?» «A posto, grazie, Giulio. Una limonata.»

19. compunzione: umiltà e reverenza.

giocando.» La signora Bulstrode uscì in fretta, lasciando Giulio con la bocca e la bottiglietta di limonata aperte.
Fuori si guardò in giro, ma in mezz'ora un buon giocatore poteva essere già arrivato alla buca 3.
Si avviò adagio verso la radura dove si prendevano lezioni e si facevano tiri di allenamento prima di cominciare il percorso. Forse era anche lui lì, che "si scaldava".

Le montagne erano vicinissime, quasi toccabili, e nel cielo senza nubi un piccolo aereo da turismo ronzava come un'ape contenta, pasciuta.[20] C'erano dei bambini che giocavano attorno a un noce, una donna leggeva una rivista seduta su una sedia a sdraio, due ragazze prendevano il sole immobili, con gli occhi chiusi, le voci tuttavia impegnate in fitte confidenze.
A cinquanta metri la signora Bulstrode lo vide. Poi lo rivide a trenta.
Poi, con un tuffo al cuore, a dieci metri.
Vide la mazza levata come nei fotogrammi di Bobby Jones, vide il perno agile ed elegante del tronco, vide l'implacabile, furioso calare dell'asta d'acciaio, e la risalita arrogante, libera.
E tutte le irrisolte sfumature di quei pochi secondi di due sabati prima si sciolsero in una rivelazione per lei ormai definitiva. Il sequestro non era affatto fallito. Era stato una finzione, una messa in scena, il suo scopo non era mai stato il riscatto, ma la morte del vecchio miliardario. E ciò che lei aveva visto non era irreale, era soltanto "sbagliato".
Aveva visto un uomo mascherato uccidere un cane con una spranga di ferro; ma chiunque, nella stessa situazione, l'avrebbe calata sulla vittima dall'alto manovrando l'arma nel senso contrario alle lancette dell'orologio.
Chiunque, tranne un giocatore di golf.
La botta che aveva sfondato la mascella di Ras non era stato altro – ora la rivedeva nella sua perfezione di un attimo – che un lungo, pendolare, magistrale *back-swing*.
«Oh, signora Bulstrode, come sta? Ha avuto il pacco?»

20. **pasciuta**: sazia.

La signora Bulstrode strinse la scatola contro il suo informe maglione e mosse gli ultimi passi verso l'erede (e l'assassino?) del suo vecchio amico.

Leonardo Sciascia

IL LUNGO VIAGGIO

Leonardo Sciascia, nato a Racalmuto (Agrigento) nel 1921, è morto nel 1989. Mentre i suoi primi scritti sono più saggi che romanzi, con *Gli zii di Sicilia* gli spunti di vita isolana si trasformano in veri racconti. I romanzi *Il giorno della civetta* e *A ciascuno il suo* sono centrati sulla mafia e i suoi delitti, ma tutta la sua produzione letteraria riflette l'impegno politico: in *Il mare color del vino*, *Il contesto*, *Todo modo* egli descrive il groviglio di connivenze che legano gli uomini del potere. Altri romanzi sono strutturati come gialli: *La scomparsa di Majorana*, *Il teatro della memoria*. Da molti suoi libri sono stati tratti film.

Negli anni del dopoguerra, l'America rappresentò per molti siciliani un miraggio, una terra magica, dove i soldi possono venir cacciati in tasca a rotoli e dove le automobili italiane vengono regalate ai ragazzini come giocattoli. Emigrare clandestinamente in questo "paradiso" era difficile e spesso chi tentava l'avventura finiva nelle mani di profittatori senza scrupoli.
La Sicilia con le sue contraddizioni è presente in gran parte dell'opera di Sciascia; la "sicilianità" dello scrittore acquista tuttavia un significato sovraregionale e diventa espressione del più vasto dramma esistenziale moderno.

Era una notte che pareva fatta apposta, un'oscurità cagliata[1] che a muoversi quasi se ne sentiva il peso. E faceva spavento, respiro di quella belva che era il mondo, il suono del mare: un respiro che veniva a spegnersi ai loro piedi.
Stavano, con le loro valigie di cartone e i loro fagotti, su un tratto di spiaggia pietrosa, riparata da colline, tra Gela e Licata: vi erano arrivati all'imbrunire, ed erano partiti all'alba dai loro paesi; paesi interni, lontani dal mare, aggrumati[2] nell'arida plaga[3] del feudo. Qualcuno di loro, era la prima volta che vedeva il mare: e sgomentava il pensiero di dover attraversarlo tutto, da quella deserta spiaggia della Sicilia, di notte, ad un'altra deserta spiaggia dell'America, pure di notte. Perché i patti erano questi «Io di notte vi imbarco» aveva detto l'uomo: una specie di commesso viaggiatore per la parlantina, ma serio e onesto nel volto «e di notte vi sbarco: sulla spiaggia del Nugioirsi,[4] vi sbarco; a due passi da Nuovaiorche...[5] E chi ha parenti in America, può scrivergli che aspettino alla stazione di Trenton, dodici giorni dopo l'imbarco... Fatevi il conto da voi... Certo, il giorno preciso non posso assicurarvelo: mettiamo che c'è mare grosso, mettiamo che la guardia costiera stia a vigilare... Un giorno più o un giorno meno, non vi fa niente: l'importante è sbarcare in America».
L'importante era davvero sbarcare in America: come e quando non aveva poi importanza. Se ai loro parenti arrivavano le lettere, con quegli indirizzi confusi e sgorbi che riuscivano a

1. **cagliata**: si dice del latte rappreso.

2. **aggrumati**: rappresi, compatti, come grumi di sangue.
3. **plaga**: distesa disabitata.

4. **Nugioirsi**: deformazione italianizzante di New Jersey.
5. **Nuovaiorche**: ovvero New York.

tracciare sulle buste, sarebbero arrivati anche loro; "chi ha la lingua passa il mare", giustamente diceva il proverbio. E avrebbero passato il mare, quel grande mare oscuro; e sarebbero approdati agli *stori*[6] e alle *farme*[7] dell'America, all'affetto dei loro fratelli zii nipoti cugini, alle calde e ricche abbondanti case, alle automobili grandi come case.

Duecentocinquantamila lire: metà alla partenza, metà all'arrivo. Le tenevano, a modo di scapolari,[8] tra la pelle e la camicia. Avevano venduto tutto quello che avevano da vendere, per racimolarle: la casa terragna[9] il mulo l'asino le provviste dell'annata il canterano[10] le coltri. I più furbi avevano fatto ricorso agli usurai,[11] con la segreta intenzione di fregarli; una volta almeno, dopo anni che ne subivano angaria:[12] e ne avevano soddisfazione, al pensiero della faccia che avrebbero fatta nell'apprendere la notizia. «Vieni a cercarmi in America, sanguisuga: magari ti ridò i tuoi soldi, ma senza interesse, se ti riesce di trovarmi.» Il sogno dell'America traboccava di dollari: non più, il denaro, custodito nel logoro portafogli o nascosto tra la camicia e la pelle, ma cacciato con noncuranza nelle tasche dei pantaloni, tirato fuori a manciate: come avevano visto fare ai loro parenti, che erano partiti morti di fame, magri e cotti dal sole; e dopo venti o trent'anni tornavano, ma per una breve vacanza, con la faccia piena e rosea che faceva bel contrasto coi capelli candidi.

Erano già le undici. Uno di loro accese la lampadina tascabile: il segnale che potevano venire a prenderli per portarli sul piroscafo. Quando la spense, l'oscurità sembrò più spessa e paurosa. Ma qualche minuto dopo, dal respiro ossessivo del mare affiorò un più umano, domestico suono d'acqua: quasi che si riempissero e vuotassero, con ritmo, dei secchi. Poi venne un brusìo, un parlottare sommesso. Si trovarono davanti il signor Melfa, ché con questo nome conoscevano l'impresario della loro avventura, prima ancora di aver capito che la barca aveva toccato terra.

«Ci siamo tutti?» domandò il signor Melfa. Accese la lampadina, fece la conta. Ne manca-

6. ***stori***: ovvero "stores", negozi.
7. ***farme***: ovvero "farms", fattorie.
8. **scapolari**: due pezzi di stoffa con immagini sacre che poggiano sulle spalle, usate da alcuni ordini religiosi minori.
9. **terragna**: al livello del suolo.
10. **canteràno**: cassettone.
11. **usurai**: persone che prestano denaro con un forte interesse.
12. **angarìa**: o angherìa, sopruso, sfruttamento odioso.

vano due. «Forse ci hanno ripensato, forse arriveranno più tardi... Peggio per loro, in ogni caso. E che ci mettiamo ad aspettarli, col rischio che corriamo?»
Tutti dissero che non era il caso di aspettarli. «Se qualcuno di voi non ha il contante pronto» ammonì il signor Melfa «è meglio si metta la strada fra le gambe e se ne torni a casa: ché se pensa di farmi a bordo la sorpresa, sbaglia di grosso; io vi riporto a terra com'è vero dio, tutti quanti siete. E che per uno debbano pagare tutti, non è cosa giusta: e dunque chi ne avrà la colpa la pagherà per mano mia e per mano dei compagni, una pestata che se ne ricorderà mentre campa; se gli va bene...»
Tutti assicurarono e giurarono che il contante c'era, fino all'ultimo soldo.
«In barca» disse il signor Melfa. E di colpo ciascuno dei partenti diventò una informe massa, un confuso grappolo di bagagli.
«Cristo! E che vi siete portata la casa appresso?» cominciò a sgranare bestemmie, e finì quando tutto il carico, uomini e bagagli, si ammucchiò nella barca: col rischio che un uomo o un fagotto ne traboccasse fuori. E la differenza tra un uomo e un fagotto era per il signor Melfa nel fatto che l'uomo si portava appresso le duecentocinquantamila lire; addosso, cucite nella giacca o tra la camicia e la pelle. Li conosceva, lui, li conosceva bene: questi contadini zaurri,[13] questi villani.

13. zaùrri: (siciliano) maleducati e rozzi.

Il viaggio durò meno del previsto: undici notti, quella della partenza compresa. E contavano le notti invece che i giorni, poiché le notti erano di atroce promiscuità, soffocanti. Si sentivano immersi nell'odore di pesce di nafta e di vomito come in un liquido caldo nero bitume. Ne grondavano all'alba, stremati, quando salivano ad abbeverarsi di luce e di vento. Ma come l'idea del mare era per loro il piano verdeggiante di messe quando il vento lo sommuove, il mare vero li atterriva; e le viscere gli si strizzavano, gli occhi dolorosamente verminavano la luce se appena indugiavano a guardare.
Ma all'undicesima notte il signor Melfa li chiamò in coperta: e credettero dapprima che fitte

costellazioni fossero scese al mare come greggi; ed erano invece paesi, paesi della ricca America che come gioielli brillavano nella notte. E la notte stessa era un incanto: serena e dolce, una mezza luna che trascorreva tra una trasparente fauna di nuvole, una brezza che dislagava i polmoni.
«Ecco l'America» disse il signor Melfa.
«Non c'è pericolo che sia un altro posto?» domandò uno: poiché per tutto il viaggio aveva pensato che nel mare non ci sono né strade né trazzere,[14] ed era da dio fare la via giusta, senza sgarrare, conducendo una nave tra cielo ed acqua.
Il signor Melfa lo guardò con compassione, domandò a tutti «E lo avete visto, dalle vostre parti, un orizzonte come questo? E non lo sentite che l'aria è diversa? Non vedete come splendono questi paesi?»
Tutti convennero, con compassione e risentimento guardarono quel loro compagno che aveva osato una così stupida domanda.
«Liquidiamo il conto» disse il signor Melfa.
Si frugarono sotto la camicia, tirarono fuori i soldi.
«Preparate le vostre cose» disse il signor Melfa dopo aver incassato.
Gli ci vollero pochi minuti: avendo quasi consumato le provviste di viaggio, che per patto avevano dovuto portarsi, non restava loro che un po' di biancheria e i regali per i parenti d'America: qualche forma di pecorino qualche bottiglia di vino vecchio qualche ricamo da mettere in centro alla tavola o alle spalliere dei sofà. Scesero nella barca leggeri leggeri, ridendo e canticchiando; e uno si mise a cantare a gola aperta, appena la barca si mosse.
«E dunque non avete capito niente?» si arrabbiò il signor Melfa. «E dunque mi volete fare passare il guaio?... Appena vi avrò lasciati a terra potete correre dal primo sbirro che incontrate, e farvi rimpatriare con la prima corsa: io me ne fotto, ognuno è libero di ammazzarsi come vuole... E poi, sono stato ai patti: qui c'è l'America, il dover mio di buttarvici l'ho assolto... Ma datemi il tempo di tornare a bordo, Cristo di Dio!»

14. **trazzére**: (siciliano) sentiero tra i campi.

Gli diedero più del tempo di tornare a bordo: ché rimasero seduti sulla fresca sabbia, indecisi, senza saper che fare, benedicendo e maledicendo la notte: la cui protezione, mentre stavano fermi sulla spiaggia, si sarebbe mutata in terribile agguato se avessero osato allontanarsene.
Il signor Melfa aveva raccomandato «sparpagliatevi» ma nessuno se la sentiva di dividersi dagli altri. E Trenton chi sa quant'era lontana, chi sa quanto ci voleva per arrivarci.
Sentirono, lontano e irreale, un canto. «Sembra un carrettiere nostro», pensarono: e che il mondo è ovunque lo stesso, ovunque l'uomo spreme in canto la stessa malinconia, la stessa pena. Ma erano in America, le città che baluginavano dietro l'orizzonte di sabbia e d'alberi erano città dell'America.
Due di loro decisero di andare in avanscoperta. Camminarono in direzione della luce che il paese più vicino riverberava nel cielo. Trovarono quasi subito la strada: «asfaltata, ben tenuta: qui è diverso che da noi», ma per la verità se l'aspettavano più ampia, più dritta. Se ne tennero fuori, ad evitare incontri: la seguivano camminando tra gli alberi.

Passò un'automobile: «pare una seicento»; e poi un'altra che pareva una millecento, e un'altra ancora: «le nostre macchine loro le tengono per capriccio, le comprano ai ragazzi come da noi le biciclette». Poi passarono, assordanti, due motociclette, una dietro l'altra. Era la polizia, non c'era da sbagliare: meno male che si erano tenuti fuori della strada.
Ed ecco che finalmente c'erano le frecce. Guardarono avanti e indietro, entrarono nella strada, si avvicinarono a leggere: *Santa Croce Camarina - Scoglitti.*
«Santa Croce Camarina: non mi è nuovo, questo nome.»
«Pare anche a me; e nemmeno Scoglitti mi è nuovo.»
«Forse qualcuno dei nostri parenti ci abitava, forse mio zio prima di trasferirsi a Filadelfia: ché io ricordo stava in un'altra città, prima di passare a Filadelfia.»

«Anche mio fratello: stava in un altro posto, prima di andarsene a Brucchilin...[15] Ma come si chiamasse, proprio non lo ricordo: e poi, noi leggiamo Santa Croce Camarina, leggiamo Scoglitti; ma come leggono loro non lo sappiamo, l'americano non si legge come è scritto.»

«Già, il bello dell'italiano è questo: che tu come è scritto lo leggi... Ma non è che possiamo passare qui la nottata, bisogna farsi coraggio... Io la prima macchina che passa, la fermo: domanderò solo "Trenton?..." Qui la gente è più educata... Anche a non capire quello che dice, gli scapperà un gesto, un segnale: e almeno capiremo da che parte è, questa maledetta Trenton.»

Dalla curva, a venti metri, sbucò una cinquecento: l'automobilista se li vide guizzare davanti, le mani alzate a fermarlo. Frenò bestemmiando: non pensò a una rapina, ché la zona era tra le più calme; credette volessero un passaggio, aprì lo sportello.

«Trenton?» domandò uno dei due.

«Che?» fece l'automobilista.

«Trenton?»

«Che trenton della madonna» imprecò l'uomo dell'automobile.

«Parla italiano» si dissero i due, guardandosi per consultarsi: se non era il caso di rivelare a un compatriota la loro condizione.

L'automobilista chiuse lo sportello, rimise in moto. L'automobile balzò in avanti: e solo allora gridò ai due che rimanevano sulla strada come statue «ubriaconi, cornuti ubriaconi, cornuti e figli di...» il resto si perse nella corsa.

Il silenzio dilagò.

«Mi sto ricordando» disse dopo un momento quello cui il nome di Santa Croce non suonava nuovo «a Santa Croce Camarina, un'annata che dalle nostre parti andò male, mio padre ci venne per la mietitura.»

Si buttarono come schiantati sull'orlo della cunetta: ché non c'era fretta di portare agli altri la notizia che erano sbarcati in Sicilia.

15. Brucchilin: ovvero Brooklin.

Da: Leonardo Sciascia, *Il mare colore del vino*, Einaudi.

Sandra Petrignani

AUTOMOBILINE BAMBOLA

Sandra Petrignani, nata a Piacenza nel 1952, vive a Roma dove lavora per "Il Messaggero". Ha vinto il premio Elsa Morante col romanzo *Navigazione di Circe*. Ha scritto due libri di interviste: *Le signore della scrittura*, *Fantasia e fantastico*, e un libro sugli antichi giochi, *Il catalogo dei giocattoli*.

Il giocattolo, qualsiasi esso sia - automobilina, cavallo a dondolo, birillo o bambola - ha spinto spesso la fantasia degli artisti a dargli una vita propria, all'addormentarsi del bambino.
Nella Petrignani, invece, in luogo del racconto fantastico, vi è la descrizione di un "come eravamo" che ci ripropone lo stesso brivido di piacere-inquietudine, richiamando alla memoria odori, toccamenti, aggressività, bisbigli e grida dei giochi di un tempo. Dallo sgabuzzino della memoria il giocattolo si anima per offrirsi come specchio della nostra infanzia mai conclusa.

Stanno in vetrina una accanto all'altra in perfetto ordine, perfettamente riproducendo nella contrazione della miniatura i modelli originali. Nate per la collezione, le automobiline si prestano ai giochi del garage, della corsa, dell'incidente. E quasi mai conservano la cromatura[1] scintillante della nascita. Nella stanza dei bambini, buttate alla rinfusa in una cesta, hanno perso almeno una ruota, un vetro, il cofano, i sedili. Un'auto senza ruote che auto è? Eppure i loro piccoli padroni sanno farle camminare comunque, più affezionati, si direbbe, ai modellini reduci di infinite battaglie sulle strade pericolose del gioco, piuttosto che a quelli nuovi di zecca, superbi perché intatti. Ne esistevano tipi a carica, di latta, che avevano sul fianco una chiavetta. Con una mano si bloccavano le ruote, con l'altra si girava la chiave, che era dura e affaticava il polso e il braccio. Ma faceva un suono simpatico di ranocchia.
Diventava ronzio di cicala quando si appoggiava la macchinetta in terra perché camminasse. Partiva veloce e a poco a poco rallentava e il suo motore rumoroso si spegneva con qualche sussulto finale da animale morente.
Una stranezza allarmante delle macchinine (ora che non hanno più litografati[2] sui finestrini i volti dei passeggeri) è il loro vuoto irreale. A guidarle è la mano esterna del giocatore. Un dito s'introduce dal finestrino anteriore e gira il volante, intanto la voce imita il motore. Lo sportello si apre e scende un invisibile fantasma. Le versioni moderne, destinate

1. **cromatura**: ricopertura di cromo con l'effetto di dare lucentezza ed evitare la ruggine.

2. **litografati**: stampati con una tecnica chimica.

ai piccoli, hanno introdotto un popolo di pupazzetti che affolla l'interno di automobiline ridotte all'essenziale per far posto agli abitanti. Allora però il gioco cambia, diventa teatro. La corsa, il movimento, lo scontro non sono più centrali. No, la macchinina deve essere vuota per adempiere[3] bene il suo compito. Deve offrirsi comoda, ma indipendente, chiusa e veloce. Linea priva di funzione.

3. **adémpiere**: portare a compimento.

La casa della sarta era sempre uno scantinato o un pianoterra buio. Era necessario accendere la luce anche nelle ore del primo pomeriggio. Inconfondibile l'odore, pesante e invecchiato, un miscuglio rancido[4] di fili, stoffe, aliti. Il disordine degli oggetti - manichini, vestiti imbastiti, puntaspilli, forbici, ferro da stiro, riviste di moda - non aveva nulla di attraente per il bambino costretto ad accompagnare la madre in interminabili sedute. L'annuncio: "Oggi andiamo dalla sarta" era quasi peggio di un altro doloroso annuncio: "Andiamo dal medico". La giornata assumeva contorni grigi. Noia, insofferenza e malinconia calavano come nuvole cariche di pioggia.

4. **ràncido**: inacidito.

La sarta, in qualsiasi città, nelle diverse incarnazioni del suo essere sarta, era sempre identica. Portava addosso un abitino smesso e ai piedi pantofole di lana dal colore opaco con il tacco a zeppa. Una donna d'età indefinibile, presumibilmente abbastanza giovane visto che in genere aveva figli piccoli. Di questi figli, eternamente in un'altra stanza, s'intuiva la presenza attraverso la traccia di giocattoli rovinati e sporchi, e si ascoltavano lunghi racconti su loro capricci e ribalderie dalla madre stessa. Tediosi[5] racconti, che avevano come contrappunto[6] gli "ah, sì?" distratti della cliente. Il peggio non era essere costretti ad assistere all'infinita imbastitura dell'orlo, sentir parlare di "cugni"[7] e "girovita",[8] vedere la cliente girare lentamente e lei, la sarta, inginocchiata con gli spilli fra i denti, la saliva sulle labbra. Il peggio non era nemmeno affrontare direttamente il supplizio delle misure. ("Prendiamo le misure",

5. **tediosi**: noiosi.
6. **contrappunto**: accompagnamento alternato.
7. **cugni**: o "pinces", piccola piega cucita per riprendere l'ampiezza del tessuto.
8. **girovita**: misura delle dimensioni della vita.

diceva la sarta, e si avvicinava con il metro, carta e penna, e cominciava a calcolare la lunghezza del braccio e della coscia, la circonferenza della vita, dei fianchi, del petto, diligentemente scrivendo i centimetri su un suo stropicciato quaderno). Il peggio era la bambola.

Stava seduta in mezzo al lettone, nella camera matrimoniale. Le camere da letto delle sarte avevano tutte identiche caratteristiche: luce debole e opprimente, un tavolino con specchiera che veniva detto "toletta", coperta di finto raso, scendiletto consunti, e bambola. Il peggio del peggio era quando la sarta diceva alla bambina che accompagnava la cliente: «Vuoi vedere la bambola?» E la portava per mano all'alcova.[9] «Puoi toccarla,» concedeva sorridendo. I boccoli biondi erano sintetici. Alcuni esemplari avevano il cappello, annodato con un grande fiocco. Il vestito imitava modelli fineottocento. Si apriva a campana nascondendo le gambe rigide ed era decorato di pizzi e merletti. Spuntavano dalla gonna due piedi minuscoli infilati in calzette bianche e lucide scarpe nere. Tristezza e bruttezza raggiungevano il culmine nella borsa, che pendeva da un roseo braccino tenacemente alzato. Dal viso bisognava subito distogliere lo sguardo per la pena del colorito. Voleva sembrare di porcellana, ma era celluloide.

Ad alcune bambine non riesce di giocare con la bambola. Una di nome Marilina, bionda e con grandi occhi azzurri, ricevette due dita nelle orbite un mattino del 1956. I buchi che le stavano aperti e neri sul faccino ancora grazioso la rendevano simpatica e, invece di buttarla via, fu deciso di conservarla. Ma giocarci a quei giochi tipo mamma e figlia non fu mai possibile. Restava, anche così sconciata,[10] inspiegabilmente vanitosa e arrogante. L'unica delizia era umiliarla agitandola e ascoltare nella sua pancia il rumore degli occhi celesti che andavano su e giù. Qualche anno dopo le furono tagliati i capelli. Qualcuno aveva detto: «Ricrescono». Non accadde. E così si conclusero vanità e vita di Marilina, che con il suo sorriso lezioso continuava a protendere le braccia.

9. **alcòva**: stanza da letto matrimoniale.

10. **sconciata**: straziata, rovinata.

Nessuno questa volta si commosse e l'ultima immagine che sopravvive di lei sono i piedi leggiadri, uno nudo e l'altro coperto da un bianco calzino, le gambe tornite,[11] dritte e appena divaricate, che emergono fra i torsi dei carciofi nel secchio delle immondizie, dove era stata tuffata a testa bassa.

11. tornite: di rotondità armoniosa.

Da: Sandra Petrignani, *Il catalogo dei giocattoli*, Theoria.

Marco Lodoli

IL MIO AMICO MAX

Marco Lodoli, è nato a Roma nel 1956, da madre austriaca e da padre italiano. Laureatosi con una tesi sulla poesia contemporanea, ha fondato la rivista "Braci". Opere: i romanzi *Diario di un millennio che fugge* e *Snack Bar Budapest*, scritto insieme a Silvia Brè; le *Poesie di Ponte Milvio*; la raccolta di racconti *Il Grande Raccordo*.
Insegna lettere in un istituto professionale di una borgata romana.

L'io narrante, che si autodefinisce un trentenne la cui unica attività costante è quella di camminare, si lega d'amicizia a un vecchio cieco e abbandonato. Come tutti i personaggi di Lodoli, anche questi sono due emarginati, due esclusi che sognano sogni impossibili, immersi in un'allucinante realtà metropolitana che fa loro da scomodo contenitore. Sono due sconfitti che vivono ai margini dell'esistenza avendo abdicato a ogni diritto e questo non per libera scelta ma per un'irresistibile propensione dell'animo.

Io mi chiamo Tommaso e non so fare nulla. A lavorare ho provato, scaricavo i camion della frutta ai mercati generali, ma dicevano che non ero tagliato per certe cose, che di faticare non mi andava. Forse avevano anche ragione, quel lavoro non mi piaceva; o meglio: che non mi piacesse non me ne ero neppure accorto, io a certe cose non ho mai fatto caso, però tra un camion e l'altro mi capitava di andarmene a passeggiare e quando tornavo, dopo qualche ora, tutto era già stato fatto e allora non mi pagavano neanche per le cassette che avevo scaricato. Però non era giusto, poco magari, ma avevo scaricato anch'io. Perché sei andato via?, mi dicevano, hai fatto male, peggio per te. D'altronde le notti erano così tiepide, tutti i lampioni accesi, le strade deserte, e a me veniva una voglia strana, un desiderio di camminare senza pensare a niente. Di solito mi sceglievo un barattolo, o forse era lui che mi rotolava vicino, gli davo un calcio e lo mandavo lontano, poi lo raggiungevo e gli davo un'altra pedata, ché mi metteva di buon umore quel suono di latta, e così ci tenevamo compagnia fino a quando non mi rendevo conto di essere arrivato in certi posti sconosciuti e i camion erano scomparsi chissà dove.

Ho tentato anche di fare un altro lavoro: portavo i pacchi per un negozio di alimentari. Il padrone mi caricava come un somaro e mi diceva vai dalla signora tal dei tali e poi da quell'altra, che abitano qui vicino, dietro l'angolo. Mica è vero che abitavano dietro l'angolo, io per lo meno non le trovavo mai al primo colpo. Del resto questa città è così grande, e tutto si muove.

Così cominciavo a girare, con le braccia che mi facevano male a reggere tanti pacchi, su e giù per i quartieri senza arrivare di preciso da nessuna parte. Alla fine mi veniva anche fame, è naturale, ma grazie a Dio per la fame non c'era problema: le buste erano piene di pane burro e marmellata o di pane e salame o prosciutto. Per uno strano senso di onestà il più delle volte mi accontentavo solo di mezza pagnotta e l'altra metà la rinfilavo nella busta, ma a questo mondo l'onestà non viene apprezzata, le signore si arrabbiavano ancora di più nel vedere che ce n'era un bel pezzo anche per loro. Le signore poi, non esageriamo. Mai che mi dessero qualche soldo, che m'invitassero a bere un bicchiere di vino, che mi dicessero si accomodi, sarà stanco, le preparo un buon caffè. Aprivano appena uno spiraglio della porta, facevano passare un braccio sopra la catenella e afferravano la busta. Qualche volta non aprivano neanche, sentivo arrivare i passi fin dietro la porta, lo spioncino si oscurava e: lasci pure per terra, grazie e arrivederci. Arrivederci. Ma una mattina alla signora tal dei tali gliel'ho detto: perché non mi dà una mancia, anche piccola?, non c'è neppure l'ascensore qui da lei. Ha chiuso la porta in fretta e furia e ha cominciato a inchiavardarla[1] che non la smetteva più. Credo si sia anche lamentata con il padrone, perché quando sono tornato al negozio il tipo mi ha detto di non andare più a lavorare lì. Forse però ho capito perché le signore non mi davano la mancia, perché ho quasi trent'anni e credo di dimostrarne pure di più, colpa della calvizie e di due strane borse sotto gli occhi, come due cazzotti. I portapacchi sono sempre dei ragazzini spettinati e allegri e ai ragazzini si dà volentieri qualche soldo: comprati le sigarette, oppure vai al cinema stasera, e gli allungano due o tre monete guardando da un'altra parte, perché i ricchi si vergognano a dare i soldi. Io invece ho quasi trent'anni e le signore di certo pensano che a trent'anni uno i soldi per le sigarette e il cinema ce li dovrebbe avere. Invece mica è vero, mica tutti. Comunque il padrone mi ha detto che perdevo troppo tempo, che in una

1. **inchiavardarla**: chiuderla a chiave, sprangarla.

mattinata riuscivo a fare solo un paio di consegne e non gli conveniva tenermi. Insomma ero nuovamente disoccupato.

Poi però queste storie sembrava fossero finite, che d'improvviso ho rimediato un altro lavoretto, una cosa che pareva dover durare per sempre e mi piaceva proprio. La proposta me la fece un tizio che traffica dalle parti della stazione, uno che piazza i negri nei ristoranti e nelle campagne. Mi disse: siccome ti piace andare tanto a spasso, perché non accompagni mio fratello, che poveraccio è cieco, a fare qualche passeggiata? Così ti diverti e ti metti pure in saccoccia[2] qualche liretta. Per un anno praticamente non ho fatto altro che camminare, perché voleva che glielo riportassi a casa il più tardi possibile la sera, e che fosse stanco morto, in modo che lo metteva subito a dormire e non ci pensava più fino alla mattina dopo, quando tornavo a prenderlo. Questo succedeva prima, poi Max è venuto a vivere con me, in casa mia. Ma vorrei provare ad andare per ordine, se ne sono capace.

Dunque, il cieco si chiamava Max, un nome buffo che all'inizio mi faceva ridere, ma poi lui mi ha raccontato che hanno cominciato a chiamarlo così da quando è tornato dal campo di concentramento in Germania, tre anni c'è stato, mica un pomeriggio, e non ho riso più. È laggiù che è diventato cieco, gli hanno sparato mentre provava a scappare, aveva già scavalcato la rete, già correva libero verso casa e pensava io sono libero: per un attimo ha visto un lampo rosso negli occhi e poi non ha più visto niente. Brutta bestia la guerra, io non c'ero ma Max mi ha raccontato un mucchio di storie incredibili, perché lui è stato bersagliere, paracadutista, fante, ardito,[3] spia e pure sommergibilista, e su ogni fronte. Che uomo eccezionale che era Max, quanta vita ha vissuto, e ora chissà dove è finito... Lo voglio descrivere, caso mai qualcuno lo incontrasse. Ha circa settant'anni, ma se li porta bene, credo che sia addirittura un tipo distinto, è alto e sta dritto come avesse una scopa nella schiena, pare un colonnello a riposo; poi: ha la cravatta, ne ha due anzi, anche se la seconda, quella gialla e blu, ha una

2. **in saccoccia**: in tasca.

3. **ardito**: durante la prima guerra mondiale, corpo scelto per azioni particolarmente rischiose.

macchia proprio al centro che non c'è niente da fare, non va via, e allora lui non se la mette quasi mai. Anche la giacca marrone è abbastanza impataccata, però è una signora giacca e a lui sta bene. Max è fortunato perché ha ancora tutti i capelli, li tiene corti corti, a spazzola, e li ha ancora neri, perché se li tinge. Io lo andavo a prendere ogni mattina, questo l'ho già detto. Dove si va? mi chiedeva con la sua voce bassa, profondissima. Non so, vedremo, e subito mi dispiaceva per quel vedremo che mi volava via dalla bocca come un uccellaccio. Ma lui non se la prendeva, sapeva che io parlo così, come mi viene, e magari dico scemenze, ma senza cattiveria. Di solito ci muovevamo in direzione della grande piazza Mazzini, sottobraccio, come due vecchi fidanzati. Attenzione che adesso traversiamo, gli dicevo, oppure: tieniti forte che ora scendiamo le scale, e lui mandava avanti i suoi grossi piedi cautamente, assaggiava il suolo con le sue scarpe belle bucherellate in punta ma coi lacci di corda, e mai capitò che inciampasse. Ci stavo attento, io, agli scalini e alle merde scivolose, e non solo perché quello in fondo era il mio mestiere, ma perché mi sarebbe dispiaciuto da morire vedere Max per terra. Non doveva più farsi male. Lui spesso mi poneva delle strane domande: com'è il cielo oggi?, azzurro o annuvolato?, e se io gli dicevo, per esempio, annuvolato, lui mica si accontentava, voleva sapere come erano le nuvole, se sparse o compatte, chiare o scure di pioggia, se ce n'era qualcuna che aveva una forma particolare e così via. A me piaceva spiegargli il mondo, anche se nemmeno io lo capisco proprio bene. Chissà poi il mondo cosa ne sa lui di me, forse neanche che esisto. Con Max però cominciai a notare che ci sono delle differenze, che gli alberi, per dirne una, non sono tutti uguali. Se passeggiavamo per un viale, lui me lo chiedeva, come sono questi tronchi e queste foglie? Non c'era da annoiarsi un solo momento: i tronchi, Max, sono sbucciati e chiari, e alti, mentre le foglie sono molto grandi, molto più grandi della mia mano, e sono tutte per terra, impastate una con l'altra e sporche, perché è autunno e stanotte è piovuto forte. E allora lui diceva: questi alberi devono essere dei platani. Talvolta però da dietro i suoi pesanti occhiali neri gli calavano delle lacrime che si perdevano tra la barba sempre un po' lunga. Allora si aggrappava con tutta la sua forza al mio braccio, e a me si stringeva il cuore. Non mi abituerò mai alle ombre, mi diceva con il vocione leggermente spezzato, mai, ma mi accorgo che intanto sto iniziando a dimenticare le cose vere: tu mi dici albero, io ti correggo: platano ti dico, e però non ricordo più nulla di come è fatto un platano, so che ha le foglie verdi e i rami marroni, ma cosa sono le foglie e i rami?, io non li sento più... Quello che maggiormente lo faceva soffrire era non ricordare quasi niente di come fossero fatte le donne. Quando arrivavamo alla grande piazza Mazzini e ci mettevamo a sedere su una panchina dei giardinetti che stanno rotondi lì in mezzo, io mi sforzavo di descrivergli le bambinaie e le studentesse più carine tra quelle che affollavano il prato e la ghiaia. Max corrugava la fronte, gli venivano dei solchi profondi appena sopra gli occhiali, come se dietro le lenti stesse strizzando la memoria per far sgocciolare l'immagine di qualche donna lontana, perduta dentro il lampo rosso. E una volta infatti mi parlò di un suo antico amore, di quella che fu la sua fidanzata, di quanto era bella, con i capelli lunghi e biondi, la pelle bianca, le orecchie piccole come conchiglie e un sorriso più luminoso della luna piena in cielo. La dipingeva con tanto entusiasmo che mi pareva proprio di vederla, d'averla sempre conosciuta, io, che non ho ancora avuto una donna veramente mia e che di loro so molto poco. Quando Max era tornato dalla guerra lei non c'era più, se n'era andata via con un altro, un mascalzone, un farabutto, un ingegnere, uno che di certo l'aveva imbrogliata raccontandole chissà che panzane:[4] l'ultimo degli uomini. Sì, lei aveva le orecchie piccole e i capelli biondi come l'oro colato, questo lo so, ripeteva Max, ma non me la ricordo più, nemmeno il nome ricordo con sicurezza, sta nascosta dentro il buio e solo qualche volta, quando dormo, appare per un

4. panzane: menzogne, assurdità.

attimo, il tempo di un saluto.
Dalla tasca interna della giacca una sera tirò fuori un pacchettino, una robina avvoltolata in un foglio di giornale che prese a scartare con tanta cura. Qualcosa gli scappò tra le dita e rotolò nella ghiaia. Max era disperato, dov'è, dov'è?, e si mise a quattro zampe a cercare a tentoni, lui, così distinto, prima che potessi fermarlo. Ecco Max, rialzati ti prego, e raccolsi e gli misi sul palmo della mano un anellino con la pietra viola. Era l'anello per la sua fidanzata. Non si sa mai, fece richiudendolo nel foglio del giornale che aveva ancora le notizie della guerra, potrebbe tornare da me, devo essere pronto. Io ci credevo al mio amico Max, per cui quando suo fratello mi disse che quella storia se l'era inventata come le altre da cima a fondo, ossia, non proprio da cima a fondo ma quasi, nel senso che aveva un'amica, ecco tutto, che morì per la paura durante un bombardamento, e il resto erano frottole da matto, io feci di sì con la testa ma non con il cuore. Anche perché il fratello di Max non mi piaceva per niente, gridava sempre e si vedeva che non lo poteva soffrire, a Max, che gli dava solo fastidio. Certe volte si scordava di dargli da mangiare anche per tre giorni di fila e non gli cambiava mai le lenzuola.
Una sera glielo dissi: Max non può più vivere qui, nessuno bada a lui, perciò lo porto a casa mia. D'accordo, fece il fratello, e fu esattamente così che venne ad abitare con me.
Ho detto casa mia, prima, ma non è che dove abito io sia proprio una casa, con il tetto rosso spiovente, le finestre coi vasi di gerani e il vialetto a zig zag davanti alla porta, perché in fondo io me le immagino così le case vere, uguali a come le disegnano i bambini. La mia invece è piuttosto una camera e basta, con certe macchie di umidità sui muri che fanno spavento. E poi c'è un solo letto, il mio, ma io l'ho ceduto volentieri a Max, ci mancherebbe altro, lui ha settant'anni. Anche se gli dava un po' noia, la mattina lo insaponavo e gli facevo la barba, poi lo pettinavo e una volta alla settimana gli pulivo le unghie, perché non è giusto che vada in giro come uno straccione,

pensavo. Gli comprai i lacci nuovi per le scarpe e i bottoni per la giacca, ché ne aveva persi parecchi e spuntavano i filacci. Quando andavamo a passeggio per il corso della città mi sentivo persino orgoglioso di stare fianco a fianco con Max e di essere il suo amico. Avevo l'impressione che la gente mi guardasse con invidia ed ero contento di sentire Max che diceva: ho fatto bene ad abbandonare mio fratello, è un uomo senza dignità, senza un briciolo d'amor proprio. Fortuna che non poté mai venire a sapere dove passassi certe mattinate di pioggia in cui a malincuore lo lasciavo in camera, con il pretesto che tanto andare a spasso non si poteva mica; chissà cosa avrebbe pensato a sapermi pigiato nell'angolo vicino alla chiesa di Sant'Agostino con la mano tesa e bagnata pure, e d'altronde come potevo trovarli i denari per nutrirlo e vestirlo, io che non so fare nulla? Aspettavo il brutto tempo con timore e speranza, perché quando c'era il cielo azzurro non me la sentivo di lasciarlo e avevo voglia anch'io, forse più di lui, di passeggiare e non essere solo. Max non mi chiese mai che mestiere facessi o come me la cavassi in questo mondo, da che buco nero venivano i soldi che spendevamo, lui non aveva curiosità di questo genere, anzi, ora che ci penso meglio non mi chiese proprio mai nulla riguardo alla mia vita presente e passata. Meglio così, forse, che non avrei saputo cosa dire: ho la sensazione che nella mia vita non sia accaduto niente di importante, i giorni sono passati uno dietro l'altro tutti uguali a me, che vivo e non ci penso. Altre cose, del resto, Max, voleva sapere: com'era il gatto che ci aveva traversato la strada miagolando, quanto veloce correva, se era bianco, nero o con le strisce, oppure se la donna che ci aveva appena superato aveva i seni grossi e quanto grossi, che tipo di calze indossava, se portava i capelli corti o lunghi sulle spalle, e guai se non rispondevo rapidamente, era capace di non parlarmi per mezza giornata. Mi ricordo che si arrestò stupito quando gli dissi che avevamo incrociato una ragazzina con la treccia: le trecce, sospirò, è vero, un tempo sapevo anche farle, alle fanciul-

le, bisogna dividere i capelli in tre bande e poi si fanno, sì, le trecce... ma come sono? Così incominciai anch'io, in un modo tutto particolare, a interessarmi delle donne. Le vedevo come riflesse nei suoi occhiali neri. Max diceva di essersi accoppiato con centinaia di donne in gioventù, ma io avevo la sensazione che si riferisse sempre alla stessa, che parlasse di una sola che io pure ormai conoscevo bene, meglio di una sorella. Io, a dire la verità, sorelle non ne ho, però mi sarebbe piaciuto molto averne una [...].
E fu così che traversando il ponte sul fiume gli dissi per consolarlo che una ragazza appoggiata al parapetto ci aveva sorriso, anzi, per l'esattezza aveva sorriso solo a lui, a me m'aveva appena guardato. Com'è, mi domandò, già sollevato dal suo dolore. Intendiamoci bene: mica era vero che una ragazza gli aveva sorriso, lì sul ponte non c'era proprio nessuno, la mia intenzione era solo di distrarlo per un attimo. È bella?, incalzò Max, com'è? Forse avrei dovuto subito confessare che non c'era nessuno, che m'ero ingannato, mi avrebbe tenuto il muso per un poco e non sarebbe finita così. In fin dei conti il mondo è pieno di disgraziati che hanno le visioni degli angeli e si credono chissacché e si rovinano al lotto. È bella, com'è, molto bella?, e io pensai ecco, ora debbo inventarmi una donna, con una faccia tutta sua, con un suo sorriso, io che non ho mai avuto fantasia per queste cose, che non ho ancora ben capito cosa hanno di particolare i platani... Così balbettai le prime parole che mi vennero in testa, gli dissi che aveva i capelli d'oro, sì, proprio d'oro colato, e orecchie piccole come due conchiglie, e anche un sorriso bellissimo, più luminoso della luna piena. Proseguimmo in silenzio fino a casa, piano piano, perché Max s'era fatto pensieroso. Quasi mi sembrava di sentire il rumore delle sue preoccupazioni, lì dietro la sua fronte tutta rughe. Andò subito a dormire senza neppure darmi la buonanotte e io rimasi sveglio e nervoso a guardarlo la notte intera, beh, non sempre sveglio, perché mi ricordo di aver veduto una vecchia nave che partiva e che io e Max stavamo sul molo a

salutare con i fazzoletti, ma il suo fazzoletto era più grande di un lenzuolo, si gonfiava di vento, si gonfiava sempre di più, come una vela immensa, come un cielo bianco di nuvole, non lo vedevo più Max e, come sono strani i sogni, era pieno di uccelli che volavano via, il suo fazzoletto, come fosse sul serio un cielo.
Il giorno appresso Max volle tornare sul ponte, aveva una fretta tremenda, si rifiutò assolutamente di farsi fare la barba. Era una bella domenica azzurra e il fiume sembrava azzurro anche lui, che invece è pura fogna. C'è ancora quella ragazza, vero? sta sempre lì, giusto?, così mi domandava, con un tono agitato che non ammetteva delusioni. Io naturalmente gli dissi di sì, gli ho sempre detto di sì a Max. Quante volte andammo su e giù per quel ponte, vorrei proprio sapere la cifra, ma chi può dirla? Stavamo lì tutti i giorni, come di guardia al fiume, avanti e indietro a consumare le scarpe, a controllare la donna che non c'era. Io ogni tanto glielo dicevo: Max, andiamo ai giardini della piazza che ti racconto delle studentesse e delle bambinaie nuove, ma lui niente, neppure rispondeva. Voleva solo sapere se la ragazza stava sempre lì, al parapetto, e del resto non gliene importava più niente. Quello che più mi dispiaceva era che si stava lasciando andare, le scarpe impolverate, i capelli lunghi sul collo e unti, le unghie con l'orlo sporco, ma dargli una ripulita non era possibile, si tornava a casa tardissimo, giusto per dormire.
Provai anche, per la prima volta e con parecchio imbarazzo, a parlargli di me, di quando portavo i pacchi e non c'era l'ascensore, di come certe mattine decidevo di andare a piedi fino al mare e poi per la stanchezza mi addormentavo lungo la strada in qualche fosso, sicché io il mare non l'ho visto mai. Perché poi bisogna finirla con questa storia che a me piace tanto camminare: sì, è vero, ormai mi ci sono abituato e i piedi quasi mi vanno da soli, ma io vorrei andare in giro in macchina, o per lo meno in autobus, e invece la macchina non ce l'ho e come funzionano gli autobus, con tutti quei numeri, non è facile a capirsi. Si rischia di arrivare lontanissimi e non sapere più tornare indietro, o di

finire in quei quartieri di case basse e giardini, di silenzio e bambini belli che chiamano subito la polizia. Questo raccontavo a Max, ma lui non mi stava ad ascoltare, diceva va bene va bene e non mi stava per niente ad ascoltare, e io non sapevo più che fare per distoglierlo da quella fissazione. Sta sempre lì la ragazza?, mi domandava con la voce da generale e a me tremavano i polsi e gli dicevo di sì. Per tante ore di seguito guardavo il fiume che passava, portando un'acqua via via più scura, finché calava la sera e la notte, e su quella corrente mi dimenticavo di tutto, di me, di Max, di questa città immensa attorno, il tempo scorreva e io non me ne accorgevo. Certe volte mi capitava di pensare con invidia a quella ragazza al parapetto, a come stava bene, tanto amata e senza il peso duro di dover essere: di dover vivere.

Un giorno feci la pazzia di dire a Max che lei non c'era, che non era venuta. Impallidì di colpo: com'è possibile, ha sussurrato tra i denti lunghi e gialli, com'è mai possibile che la mia fidanzata oggi non sia venuta? Ma cosa dici Max, che vai dicendo?, imploravo scuotendolo per un braccio, piano però, senza fargli male, non può essere la tua fidanzata, quella che ti ricordi tu adesso deve avere tutti i capelli bianchi, se è ancora viva, questa invece... è una ragazza giovane giovane, poco più di una bambina, e in gola avevo un boccone amaro, velenoso, che non andava né su né giù. Farfugliavo e si capiva che stavo mentendo. Piantala, ordinò Max, e va' a darle l'anello, dille che la perdono, che l'ho già perdonata, pazienza se l'ultimo degli uomini e dei cani se l'è portata via, dille che tante cose sono cambiate da allora, tanto mondo è cambiato, ma non il mio cuore, diglielo che batte ancora solo per lei, come diavolo si chiama, son botte se non glielo dici: si è messo una mano sul petto e ne ha cavato il pacchettino su cui si leggeva ancora della guerra e delle bombe. Me l'ha affidato solennemente.

Così mi sono avviato a testa bassa verso il parapetto opposto. Com'è grande il nostro fiume, quante cose si porta via, quanta acqua.

E poi tutto finisce al mare, io non l'ho mai visto, però un poco me lo riesco a immaginare, dev'essere come un fiume fermo che comincia e non smette mai, un posto dove tutto arriva e si confonde e magari anche si ritrova. Sì, secondo me dev'essere così, nel mare ci stanno tutte le cose che uno ha perso o che non ha avuto mai, ecco, per fare un esempio, ci dovrebbe stare un autobus senza numeri, e la mia voglia di prenderne uno, fianco a fianco, e poi la mia voglia dentro l'autobus. Me lo immagino magnifico, il mare, un posto di nessuno, che non si può dividere, non com'è qui, che a uno tanto e a uno poco e male. Max stava dritto, con le mani nelle tasche della sua giacca impataccata, sempre rigido come un generale, ma di quelli sulla collina, che ancora non hanno capito se la guerra l'hanno vinta o persa. Tenga signorina, da parte di Max, e ho volato l'anello nel fiume. Glielo hai dato, vero?, faceva Max mentre lo tiravo per una manica verso casa, e se l'è infilato subito?, e il suo vocione era tutto screpolato dall'emozione. Le stava benissimo, scintillava, ti saluta, ti ama come il primo giorno e ti chiede ancora perdono. E quando ci possiamo incontrare, io e lei, e dove?, perché non esiste più il farabutto, vero?, non esiste più, è morto vero?, è morto crepato quello schifoso d'ingegnere, giusto? È come se non ci fosse mai stato...
La città era tutta nera e anche il mio cuore era buio, come gli occhi del mio amico Max. Mi sembrava di avere una pietra scura nel petto che mi tirava sempre più giù. Ti aspetta al mare, gli ho detto, lei sarà di sicuro lì, con le sue orecchie piccole come conchiglie. Non so perché ho detto così, forse perché mi sembrava la verità. Max ora camminava con la leggerezza di un bambino e cantava a squarciagola una canzonaccia zozza dei soldati. È strano, ma un po' lo invidiavo, e mi faceva rabbia. Possibile che solo per me in questo mondo non ci sia niente, nemmeno un attimo d'amore, un'illusione, una bella bugia? Vorrei poggiare la mano sul braccio di qualcuno, di chi mi possa portare lontano da qui, dove io non sia più io. Max, fammi venire con te, non mi lasciare solo,

ma lui cantava felice, cantava e lanciava baci al cielo. Si è addormentato che mugolava ancora la sua canzone, stringendo il cuscino.
La mattina dopo, quando mi sono svegliato, il letto era vuoto e Max non c'era più. Se n'era andato via da solo, e il freddo entrava dalla porta spalancata. Ho rifatto il letto e mi sono messo seduto, tra le macchie d'umidità. Poi sottovoce ho detto: io mi chiamo Tommaso e non so fare nulla. Nulla. Ma domani scendo al fiume, e vado al mare.

Da: Marco Lodoli, *Grande raccordo*, Bompiani.

5. Il riflesso della realtà

Si può giocare con la realtà? Sogno, fantasia, creatività colorano e deformano il reale.

Tommaso Landolfi	**IL RACCONTO DEL LUPO MANNARO**
Luigi Malerba	**IL SOGNO DI CESARE**
Romano Costa	**ANTONIO'S**
Giacoma Limentani	**LA LUNA E I CONTROLLORI**
Paola Capriolo	**LETTERE A LUISA**
Gianni Celati	**METEORITE DAL COSMO**

Tommaso Landolfi

IL RACCONTO DEL LUPO MANNARO

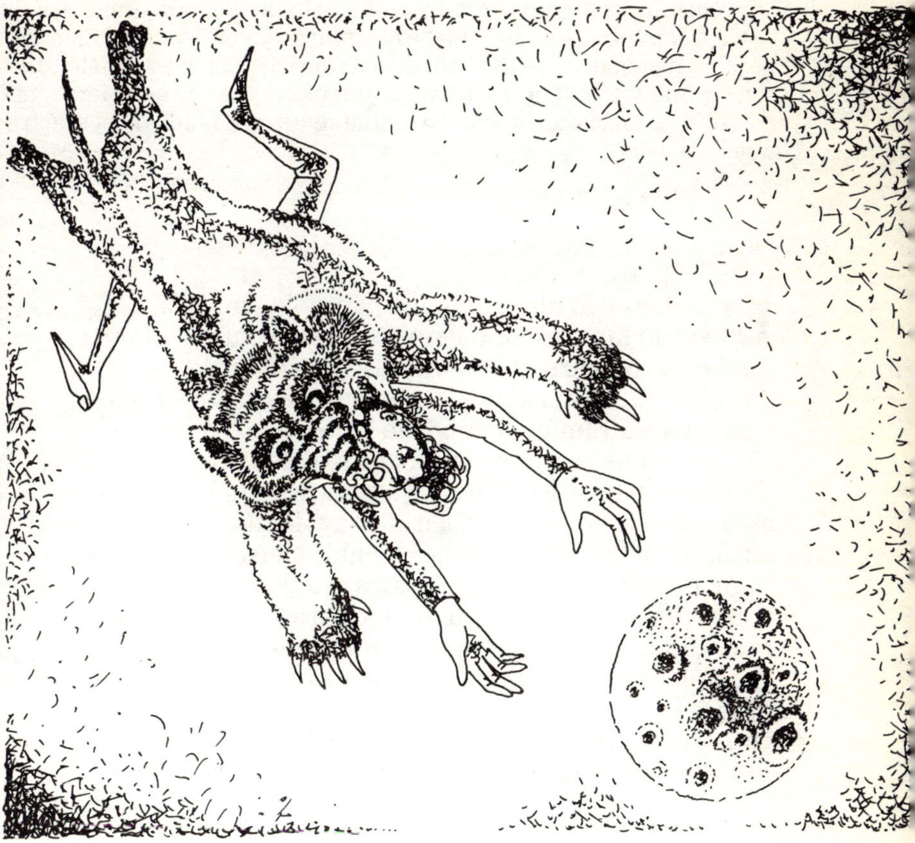

Tommaso Landolfi è nato a Pico (Frosinone) nel 1908 e morto a Roma nel 1979. Esordì con il *Dialogo dei massimi sistemi*. Si occupò di ermetismo e di letteratura russa, di cui tradusse i maggiori classici. Suoi riferimenti letterari preferiti furono Rabelais, Gogol, Poe, Kafka. Ricordiamo le raccolte di racconti: *Il mar delle blatte, Cancroregina, Racconti impossibili, Le labrene*; i romanzi: *La pietra lunare, La bière du pécheur, Racconto d'autunno* e i due libri per bambini: *La raganella d'oro* e *Il principe infelice*.

In questo breve racconto è racchiusa tutta la poetica della paura umana di fronte al misterioso, allo strano e al paradossale cara a Landolfi. Due amici (due licantropi, cioè persone che quando sorge la luna vengono colte da accessi frenetici), non potendo sopportare la luna, decidono di catturarla malgrado il suo viscido splendore e i suoi gocciolii insani.
L'invenzione della luna ridotta a una palla molle, più simile a una vescica che a un astro, è di quelle che non si dimenticano facilmente, perché insieme a un guizzo di raccapriccio ci ha lasciato una sensazione tra le dita. Abituati da sempre a guardarla, siamo stati costretti a toccarla: in questo mutamento dei modi di percepire risiede il gioco.

L'amico ed io non possiamo patire[1] la luna: al suo lume escono i morti sfigurati dalle tombe, particolarmente donne avvolte in bianchi sudari,[2] l'aria si colma d'ombre verdognole e talvolta s'affumica d'un giallo sinistro, tutto c'è da temere, ogni erbetta ogni fronda ogni animale, una notte di luna. E quel che è peggio, essa ci costringe a rotolarci mugolando e latrando nei posti umidi, nei braghi[3] dietro ai pagliai; guai allora se un nostro simile ci si parasse davanti! Con cieca furia lo sbraneremmo, ammenoché egli non ci pungesse, più ratto[4] di noi, con uno spillo. E, anche in questo caso, rimaniamo tutta la notte, e poi tutto il giorno, storditi e torpidi, come uscissimo da un incubo infamante. Insomma l'amico ed io non possiamo patire la luna.
Ora avvenne che una notte di luna io sedessi in cucina, ch'è la stanza più riparata della casa, presso il focolare; porte e finestre avevo chiuso, battenti e sportelli, perché non penetrasse filo dei raggi che, fuori, empivano e facevano sospesa l'aria. E tuttavia sinistri movimenti si producevano entro di me, quando l'amico entrò all'improvviso recando in mano un grosso oggetto rotondo simile a una vescica di strutto, ma un po' più brillante. Osservandola si vedeva che pulsava alquanto, come fanno certe lampade elettriche, e appariva percorsa da deboli correnti sottopelle, le quali suscitavano lievi riflessi madreperlacei simili a quelli di cui svariano le meduse.

1. **patire**: sopportare.

2. **sudari**: i lenzuoli in cui si avvolgevano anticamente i morti.

3. **braghi**: fango, melma.

4. **ratto**: rapido.

«Che è questo?» gridai, attratto mio malgrado da alcunché di magnetico nell'aspetto e, dirò, nel comportamento della vescica.
«Non vedi? Son riuscito ad acchiapparla...» rispose l'amico guardandomi con un sorriso incerto.
«La luna!» esclamai allora. L'amico annuì tacendo. Lo schifo ci soverchiava:[5] la luna fra l'altro sudava un liquido ialino[6] che gocciava di tra le dita dell'amico. Questi però non si decideva a deporla.
«Oh mettila in quell'angolo» urlai, «troveremo il modo di ammazzarla!»
«No,» disse l'amico con improvvisa risoluzione, e prese a parlare in gran fretta, «ascoltami, io so che, abbandonata a se stessa, questa cosa schifosa farà di tutto per tornarsene in mezzo al cielo (a tormento nostro e di tanti altri); essa non può farne a meno, è come i palloncini dei fanciulli. E non cercherà davvero le uscite più facili, no, su sempre dritta, ciecamente e stupidamente: essa, la maligna che ci governa, c'è una forza irresistibile che regge anche lei. Dunque hai capito la mia idea: lasciamola andare qui sotto la cappa, e, se non ci libereremo di lei, ci libereremo del suo funesto splendore, giacché la fuliggine la farà nera quanto uno spazzacamino. In qualunque altro modo è inutile, non riusciremmo ad ammazzarla, sarebbe come voler schiacciare una lacrima d'argento vivo.»[7]
Così lasciammo andare la luna sotto la cappa; ed essa subito s'elevò colla rapidità d'un razzo e sparì nella gola del camino.
«Oh,» disse l'amico «che sollievo! quanto faticavo a tenerla giù, così viscida e grassa com'è! E ora speriamo bene;» e si guardava con disgusto le mani impiastricciate.
Udimmo per un momento lassù un rovellio,[8] dei flati sordi al pari di trulli,[9] come quando si punge una vescia,[10] persino dei sospiri: forse la luna, giunta alla strozzatura della gola, non poteva passare che a fatica, e si sarebbe detto che sbuffasse. Forse comprimeva e sformava, per passare, il suo corpo molliccio; gocce di liquido sozzo cadevano friggendo nel fuoco, la cucina s'empiva di fumo, giacché la luna o-

5. soverchiava: sopraffaceva.
6. ialino: pallido e trasparente.

7. argento vivo: altro nome del mercurio.

8. rovellìo: rumore di chi fa fatica.
9. trulli: peti.
10. vescia: tipo di fungo bianco a palloncino.

struiva il passaggio. Poi più nulla e la cappa prese a risucchiare il fumo.
Ci precipitammo fuori. Un gelido vento spazzava il cielo terso, tutte le stelle brillavano vivamente; e della luna non si scorgeva traccia. Evviva urràh, gridammo come invasati, è fatta! e ci abbracciavamo. Io poi fui preso da un dubbio: non poteva darsi che la luna fosse rimasta appiattata nella gola del mio camino? Ma l'amico mi rassicurò, non poteva essere, assolutamente no, e del resto m'accorsi che né lui né io avremmo avuto ormai il coraggio d'andare a vedere; così ci abbandonammo, fuori, alla nostra gioia. Io, quando rimasi solo, bruciai sul fuoco, con grande circospezione,[11] sostanze velenose, e quei suffumigi[12] mi tranquillizzarono del tutto. Quella notte medesima, per gioia, andammo a rotolarci un po' in un posto umido nel mio giardino, ma così, innocentemente e quasi per sfregio, non perché vi fossimo costretti.
Per parecchi mesi la luna non ricomparve in cielo e noi eravamo liberi e leggeri. Liberi no, contenti e liberi dalle triste rabbie, ma non liberi. Giacché non è che non ci fosse in cielo, lo sentivamo bene invece che c'era e ci guardava; solo era buia, nera, troppo fuligginosa per potersi vedere e poterci tormentare. Era come il sole nero e notturno che nei tempi antichi attraversava il cielo a ritroso, fra il tramonto e l'alba.
Infatti, anche quella nostra misera gioia cessò presto; una notte la luna ricomparve. Era slabbrata e fumosa, cupa da non si dire, e si vedeva appena, forse solo l'amico ed io potevamo vederla, perché sapevamo che c'era; e ci guardava rabbuiata di lassù con aria di vendetta. Vedemmo allora quanto l'avesse danneggiata il suo passaggio forzato per la gola del camino; ma il vento degli spazi e la sua corsa stessa l'andavano gradatamente mondando[13] della fuliggine, e il suo continuo volteggiare ne riplasmava il molle corpo. Per molto tempo apparve come quando esce da un'eclisse, pure ogni giorno un po' più chiara; finché ridivenne così, come ognuno può vederla, e noi abbiamo ripreso a rotolarci nei braghi.

11. circospezione: cautela, prudenza.
12. suffumigi: vapori aromatici.
13. mondando: ripulendo.

Ma non s'è vendicata, come sembrava volesse, in fondo è più buona di quanto non si crede, meno maligna più stupida, che so! Io per me propendo a credere che non ci abbia colpa in definitiva, che non sia colpa sua, che lei ci è obbligata tale e quale come noi, davvero propendo a crederlo. L'amico no, secondo lui non ci sono scuse che tengano.
Ed ecco ad ogni modo perché io vi dico: contro la luna non c'è niente da fare.

Da: *Le più belle pagine di Tommaso Landolfi*, RCS Rizzoli Libri.

Luigi Malerba

IL SOGNO DI CESARE

Luigi Malerba è nato a Berceto (Parma) nel 1927. Ha partecipato al Gruppo 63 che si impose come gruppo sperimentale della letteratura italiana. In molte delle sue opere Malerba ha rivelato un gusto particolare per le invenzioni satirico-grottesche. Oltre a *La scoperta dell'alfabeto*, *Il serpente*, *Salto mortale*, *Le rose imperiali*, *Diario di un sognatore* e la raccolta di racconti *Testa d'argento*, ha collaborato con Tonino Guerra alla *Storia dell'Anno Mille* e a diverse sceneggiature. Per ragazzi ha pubblicato: *Come il cane diventò amico dell'uomo*, *Mozziconi*, *Storiette*.

Scrittore divertente e divertito, Malerba è un curioso: curioso del linguaggio, della storia, del costume, degli intrecci e delle coincidenze della vita. Non a caso passa dal romanzo al saggio linguistico, alle sceneggiature per cinema e televisione, ai racconti per ragazzi. Qui il gioco della coincidenza è il tema stesso del racconto, al quale Malerba si è sbizzarrito a dare una connotazione storica: un tal Cesare fa infatti lo stesso sogno che Giulio Cesare fece la notte prima di venir ucciso. Da questo momento l'attesa della ripetitività si instaura nella sua vita. Come spesso accade Malerba gioca con le situazioni: da uomo di spettacolo non si mostra interessato tanto al personaggio quanto allo scattare di certe sue reazioni di fronte all'appariscente attrattiva di un intreccio.

Ho davanti agli occhi una sterminata distesa bianca illuminata dal sole che accende riflessi abbaglianti su lontani rilievi e frastagliature. No, non sono montagne o colline coperte di neve, ma prima di decidere che quelle sono nuvole devo guardare più da vicino. Così incomincio a scendere dolcemente ondeggiando nell'aria candida e pulita, respirando a pieni polmoni perché l'ossigeno scarseggia a queste altezze.

Man mano che scendo i contorni del bianco non diventano più netti come mi aspettavo ma si fanno ancora più incerti e sfumati: sono proprio nuvole. Ora che le vedo da vicino mi accorgo che la vasta superficie in realtà è un insieme di pieni e di vuoti, di voragini profonde dove il bianco si tramuta in grigio, e fra una nuvola e l'altra scuri crepacci attraverso i quali si intravede giù in fondo la superficie terrestre ritagliata nelle geometrie dei campi coltivati, alcuni colore della terra lavorata, altri di un giallo intenso e poi i vasti riquadri verde cupo dei boschi. Un fiume taglia in due con un percorso serpentino una vasta zona di colline. Il Tevere? Non posso sperare di riconoscerlo da questa altezza e del resto non è il caso di attardarsi troppo sui crepacci tra una nuvola e l'altra per non correre il rischio di venire risucchiato da un vuoto d'aria e di precipitare. Ma ecco, c'è un punto dove le nuvole sembrano arricciarsi in un'alta voluta, una specie di baldacchino splendente di riflessi non più

bianchi ma dorati. Effetti della luce, mi dico. No, quelle volute sostengono un trono dorato che si fa sempre più netto mentre mi avvicino, un imponente seggiolone sul quale siede un vecchio solenne barbuto tutto bianco che muove lentamente e goffamente il testone come un pupazzo del carnevale di Viareggio. Chi sarà mai? Mi balena in mente una idea ma poi mi dico che incontrare Dio svolazzando sopra le nuvole non è verosimile, e mi sembra presuntuoso il solo pensiero. Eppure quel vecchio che assomiglia a Dio l'ho visto altre volte, quel vecchio io lo conosco. Ha in mano un fulmine, infatti, una saetta lucente, dentellata come una sega e scintillante come una fiamma elettrica. Ma sì, non può essere che lui, Giove, il padre degli dèi, il signore dell'Olimpo, il figlio di Crono, lo scatenatore delle tempeste.
Giove mi fa un cenno e io mi avvicino. Che cosa vorrà da me Giove? Ecco che posa il fulmine sul bracciolo del trono e mi porge la sua mano bianca. Nella stretta mi accorgo che è di marmo, di puro e freddo marmo statuario. Il vecchio Giove è tutto di marmo dalla testa ai piedi eppure muove la mano e dondola il testone bianco. Mi sembra perfino di vedere sulle sue labbra l'ombra di un sorriso. Ma ecco che dopo la stretta di mano impugna di nuovo il suo fulmine lucente e guarda in su come se dall'alto aspettasse l'arrivo di qualcuno. Capisco a questo punto che devo andarmene. Senza perdere tempo faccio un cenno di saluto con la mano e riprendo a volare sopra le nuvole in su e in giù, mi lascio andare planando, riprendo quota con slanci improvvisi, faccio le curve a gran velocità, sbando, riprendo quota, ogni tanto chiudo gli occhi per gioco volando a occhi chiusi.

Ho aperto gli occhi al buio, mi sono rigirato due o tre volte nel letto, poi mi sono alzato a fatica e sono andato ad aprire la finestra. Piove, una pioggia fitta che brilla in controluce e fa luccicare le tegole della casa di fronte. Non ho bisogno di riflettere molto per rendermi conto che ho fatto un sogno che già conoscevo. Sono andato a prendere un volume dallo scaffale, ho trovato subito la pagina e ho letto: *Ea vero nocte, cui inluxit dies caedis ei ipse sibi visus est per quietem interdum supra nubes volitare, alias cum Iove dextram iungere.* È lo storico Svetonio che racconta questo sogno fatto da Giulio Cesare la notte prima delle Idi[1] di Marzo. Tradotto significa più o meno che nella notte che precedette l'alba del giorno fatale Cesare sognò di andare svolazzando sopra le nuvole e di stringere la mano a Giove. È proprio quello che ho fatto io durante il mio sogno: ho volato sopra le nuvole e ho stretto la mano a Giove. Insomma ho fatto lo stesso sogno che aveva fatto duemila anni prima di me Giulio Cesare la notte precedente la congiura nella quale venne pugnalato da Bruto e dagli altri congiurati. Un sogno storico, come potrei chiamarlo altrimenti?

Sono lì con il mio Svetonio in mano, stupito del sogno che ho fatto, ricordo tutto perfettamente a differenza di altri sogni che svaniscono subito, ho ancora davanti agli occhi della memoria l'immagine delle nuvole bianche e il lieve senso di ebbrezza che mi dava il volo, ma inutilmente cerco di ricordare la mia identità, di capire se durante il sogno ero io o un altro. Chi ero durante il sogno? A rigore avrei dovuto identificarmi con Giulio Cesare dal momento che senza ombra di dubbio avevo fatto il "suo" sogno. Ma nella memoria è rimasto il ricordo di un io incerto, molto debole e sfumato e per niente affatto "storico". Ero dunque io in prima persona che facevo abusivamente il sogno di un personaggio storico. La riprova è che, trovandomi di fronte a Giove, ho fatto mentalmente il paragone con i testoni del carnevale di Viareggio. Un paragone come questo Giulio Cesare o chi si fosse identificato con lui non avrebbe mai potuto farlo.

Nella situazione già inconsueta di questo sogno si introduce tra me e il condottiero romano una singolare coincidenza e un piccolo motivo di turbamento: anch'io mi chiamo Cesare. Se credessi come tanti che i sogni ci vengono mandati dagli dèi del cielo potrei pensare a qualche oscuro disegno del destino, ma poi mi sono detto che i sogni qualche volta nascono

1. **Idi**: nel calendario romano, le Idi erano solitamente il giorno 13, tranne che a marzo, maggio, luglio e ottobre, quando cadevano il 15.

da coincidenze o associazioni di cui nemmeno ci rendiamo conto.
Naturalmente ho raccontato il sogno a mia moglie e le ho fatto notare la coincidenza. Non mi è parsa gran che interessata e confesso che sono rimasto un po' deluso dal suo atteggiamento distratto e annoiato, ma ho attribuito il suo disinteresse a quello più generale che da ormai qualche anno ha per me e per tutto quello che mi succede. Un disinteresse reciproco, per la precisione, perché siamo una di quelle coppie come ce ne sono tante che convivono per comodità, per consuetudine e per pigrizia, ma senza interessi reciproci e con una totale libertà nelle rispettive relazioni private. Io so che mia moglie ha un amante, ma non le chiedo niente e lei non me ne parla. Lei sa che io ho una mia vita intima della quale preferisco non parlare, e infatti anche questo è un argomento che non tocchiamo mai. Abbiamo trovato un *modus vivendi*[2] molto civile anche se un po' monotono perché fra noi non c'è dialogo, ci scambiamo poche parole a tavola, ogni tanto andiamo insieme a vedere qualche spettacolo, ma nella sostanza siamo due estranei che cercano faticosamente, per convivere, qualche pretesto che non sia soltanto il bellissimo appartamento della vecchia Roma nel quale viviamo. Anche l'argomento del sogno che avrei voluto commentare con lei è caduto nel vuoto.

2. ***modus vivendi***: (latino) modo di vivere.

È stato per puro caso che lo stesso pomeriggio dopo averle raccontato il mio sogno ho sorpreso mia moglie in un atteggiamento che mi ha stupito e francamente preoccupato. Il nostro appartamento è disposto intorno a un piccolo cortile così che da una veranda, che serve da sgombero e dove è sistemata anche la caldaia del riscaldamento a gas, si vede la finestra della camera da letto di mia moglie che sta sul lato opposto del cortiletto. Questa finestra spesso rimane aperta. Sono entrato dunque nella veranda per alzare la temperatura dell'acqua della caldaia per il bagno e ho visto mia moglie nella sua camera che teneva in mano qualcosa di luccicante che ha subito attirato la mia attenzione. Era un pugnale. Lo avevamo comprato qualche anno prima da un piccolo antiquario di Zurigo, un oggetto di poco valore ma grazioso, con la sua lama "a fiamma" e una impugnatura di ottone lavorato. Lo avevamo pagato pochi franchi, un prezzo speciale aveva detto l'antiquario perché mancava il fodero. Dopo il piacere dell'acquisto era rimasto per qualche tempo posato distrattamente su un tavolino come soprammobile e infine era scomparso dentro un cassetto, nascosto e dimenticato.

Che cosa faceva mia moglie con quel pugnale in mano? Perché lo aveva tirato fuori proprio adesso dal suo nascondiglio e perché lo stava lucidando? Come le era venuto in mente di riprendere in mano quell'oggetto? Non potevo fare a meno di pormi queste domande e alla fine di collegare questo fatto con il sogno che le avevo raccontato. Il sogno di Cesare e le pugnalate di Bruto e dei congiurati probabilmente le avevano richiamato alla memoria quel pugnale per una associazione di idee? Certamente non potevo pensare che mia moglie avesse intenzione di pugnalarmi. I nostri rapporti, per quanto freddi, non erano tali da farmi pensare a un suo progetto delittuoso.

Sono rimasto immobile lì nella veranda a osservare mia moglie. Dopo avere lucidata la lama con uno straccetto aveva provato la punta del pugnale su un polpastrello, poi lo aveva avvolto con cura in un pezzo di carta colorata come se volesse farne un pacchetto da regalo. Alla fine aveva fermato la carta dell'involucro con un elastico e lo aveva messo con cura nella borsetta. Tutto questo mi era sembrato molto strano e mi aveva messo in uno stato di inquietudine come se avessi scoperto un segreto che avrei preferito ignorare. Lasciandomi guidare dall'istinto ho preso una decisione improvvisa che forse mi avrebbe permesso di saggiare le reazioni di mia moglie: ho fatto cadere a terra un barattolo di insetticida nella veranda in modo che il rumore attirasse la sua attenzione. Come avevo previsto mia moglie ha fatto un sobbalzo. Se dovessi giudicare l'entità della sorpresa dalla sua reazione, dovrei pensare che la mia presenza e il timore di essere stata vista con il pugnale in mano l'aveva letteralmente sconvolta. Dopo averla osservata con la coda dell'occhio ho alzato lo sguardo distrattamente, le ho appena sorriso per farle capire che solo adesso avevo notato la sua presenza, poi sono uscito e andato in cucina per vedere a che punto stava il pranzo.

A tavola io e mia moglie non ci siamo guardati negli occhi. Per un po' abbiamo parlato con finta preoccupazione degli esami di maturità di nostro nipote, ma in realtà cercavamo soltanto di riempire il solito vuoto che c'è fra noi due con delle frasi convenzionali su un problema inesistente perché sappiamo che nostro nipote se la caverà benissimo, non ha mai avuto problemi scolastici. A un tratto, prima di alzarci da tavola, ho cambiato bruscamente argomento e le ho domandato a bruciapelo:
«Tu Svetonio lo hai letto?»
«Non tutto, e quel poco che ho letto non lo ricordo. Ma perché mi fai questa domanda?»
«Sai il sogno che ho fatto stanotte? Bene, Svetonio dice che la stessa notte anche la moglie di Cesare aveva fatto un sogno.»
«E allora?»
«Non sei la moglie di Cesare? Non mi chiamo Cesare anch'io?»
Mia moglie si era sforzata di sorridere, chiaramente imbarazzata.
«Ti ricordi il sogno di Calpurnia?»
«Te l'ho detto, non ricordo quasi niente.»
«Mi sono riletto quella pagina di Svetonio. Racconta che Calpurnia la notte prima del giorno fatale aveva sognato che il tetto della casa era crollato e che Cesare veniva ucciso a pugnalate fra le sue braccia. E che alla fine le porte della loro camera si erano aperte da sole. Per caso hai fatto un sogno simile a quello di Calpurnia?»
«Io non ho sognato niente stanotte.»
Quando dice una bugia mia moglie assume un tono di voce tranquillo e persuasivo più sicuro del solito, che solo dopo molti anni di matrimonio sono riuscito a riconoscere. Sono sicuro che quando mi ha detto di non avere sognato

niente diceva una bugia, ma naturalmente non potrò mai sapere la verità perché non me la dirà mai, né io avevo intenzione di insistere.
Dopo qualche istante di silenzio ha aggiunto: «Noi abbiamo due camere, non una».
«Non tutto coincide, per fortuna.»
«Che cosa vuoi dire? Perché hai detto per fortuna?»
«Perché non mi va di morire a pugnalate. Il sangue mi ha sempre fatto orrore, sia il mio che quello degli altri.»
Mia moglie sembrava interdetta. Mise più zucchero del solito nel suo caffè e lo bevve molto lentamente, come se volesse prendere tempo. Poi parlò con quella sua voce bassa e leggermente minacciosa che ogni volta mi intimidisce.
«Sei sicuro che nel sogno di Calpurnia Cesare venga ucciso con il pugnale?»
«Hai ragione, Svetonio non parla di pugnalate. Le pugnalate le ho aggiunte io.»
Mia moglie si era tradita ammettendo di ricordare Svetonio, e adesso era evidentemente a disagio, ma io dovevo fingere di non accorgermene per evitare di offenderla. In quel caso avrebbe potuto stare una settimana senza rivolgermi la parola come aveva fatto altre volte.
«Svetonio non parla di pugnalate,» ho aggiunto tranquillamente «ma il pugnale mi sembrava sottinteso. Quando si parla della morte di Cesare la prima associazione che viene alla mente è il pugnale, come quando si parla di un altro Cesare, di Cesare Battisti,[3] viene in mente la forca.»
La sera, mentre stavo a letto e non riuscivo a dormire, mi ero reso conto che a tavola la situazione si era curiosamente rovesciata per cui la presunta vittima designata, che ero io, si era preoccupata di giustificare e tranquillizzare il presunto assassino e cioè mia moglie. Ma già il fatto di ripensare al sogno e alla scoperta di mia moglie con il pugnale in mano in termini di vittima e di assassino era una amplificazione dei fatti che denotava chiaramente il mio stato di nervosismo. Avevo continuamente davanti agli occhi l'immagine di mia moglie che lucidava quel vecchio pugnale e da questa immagine

3. **Cesare Battisti**: (1875-1916) patriota italiano impiccato dagli austriaci a Trento.

passavo a figurarmi una dietro l'altra delle scene in cui ogni volta venivo colpito a morte da pugnalate alle spalle. Mentre entravo nell'ascensore ecco che sentivo un passo leggero dietro di me e improvvisamente un colpo di pugnale sotto la scapola che mi toglieva tutte le forze e subito dopo altre pugnalate... Oppure mentre stavo ritornando a casa di notte, la strada era vuota, mi avvicinavo al portone per infilare la chiave nella serratura e mentre facevo il primo passo nell'androne qualcuno mi si avvicinava nell'ombra e mi vibrava una pugnalata alle spalle e io barcollavo mentre altre pugnalate mi colpivano e il sangue caldo mi inzuppava i vestiti...

In queste immaginazioni le pugnalate non erano particolarmente dolorose, arrivavano come fitte acute e improvvise che mi toglievano la forza di reagire e mi precipitavano in uno sgomento totale, uno stato di immediata prostrazione e rassegnazione prima ancora di cadere a terra. Questa specie di teatro drammatico lo producevo soprattutto nel dormiveglia mentre aspettavo il sonno che non arrivava mai. Fantasticavo per un po' prima di addormentarmi, poi cadevo in un sonno profondo, senza sogni.

Avevo preso l'abitudine di chiudermi a chiave nella mia camera prima di andare a letto come se temessi che qualcuno entrasse a disturbare le mie fantasie. Ma era solo questo il mio timore? Intanto da quando avevo scoperto mia moglie con in mano il pugnale le mie divagazioni avevano preso anche altre direzioni. Per esempio mi ero ricordato che la stradina che fa angolo con la nostra casa si chiama vicolo del Malpasso e questo non mi sembrava di buon augurio. Malpasso perché probabilmente in altri tempi il vicolo era stato un luogo di agguati e aggressioni. La vita a Roma nel Cinquecento e Seicento non doveva essere mica tanto tranquilla qua intorno a via Giulia, strada elegante e cardinalizia ma frequentata anche da lenoni,[4] prostitute e sicari. Poi mi ero ricordato che l'amante di mia moglie si chiamava Bruno. Bruno non è Bruto, d'accordo, ma non potevo escludere che il pugnale fosse

4. lenoni: sfruttatori e protettori delle prostitute.

finito nelle sue mani e che sarebbe stato lui il capo della congiura. Quale congiura? Mi mettevo a ridere da solo e mi dicevo tu non sei Giulio Cesare e Bruno non è Bruto, cercavo insomma di minimizzare, di pensare ad altro. Ogni volta che ricominciavo da capo con queste immaginazioni mi ricompariva davanti agli occhi la figura di mia moglie ritagliata nella finestra della sua camera mentre lucidava quel pugnale con lo straccetto. Tutto era cominciato dal sogno e da quella scoperta inquietante. A un certo punto, per rompere la sequenza delle immaginazioni, avevo pensato di chiedere direttamente a mia moglie dove fosse andato a finire quel pugnale che avevamo comprato a Zurigo per vedere ancora come avrebbe reagito, che cosa mi avrebbe risposto. Ma non volevo irritarla con i miei sospetti e così non le ho fatto la domanda.
Certo, avrei potuto prendere una decisione drastica e definitiva per uscire dall'incubo, ma ho cercato subito di scacciare il pensiero. Lo scacciavo e lui ritornava insistente: un delitto preparato con cura, realizzato con tutte le cautele, silenzioso. Avevo trovato un diversivo alle pugnalate immaginarie nel progettare in tutti i dettagli un delitto perfetto. Non deve essere poi tanto difficile, mi dicevo, dal momento che la maggior parte dei delitti resta impunita e che tutti i delitti impuniti sono delitti perfetti. Ma no, non si commette un delitto, non si uccide la propria moglie per liberarsi da un sospetto immaginario. Così ho abbandonato l'idea del delitto perfetto.
Qualche mattina fa mi sono alzato come al solito alle otto e mi sono accorto che mia moglie era già uscita, cosa insolita e strana. Era uscita prima di me senza dirmi niente mentre le rare volte che questo succedeva passava prima nella mia camera per avvertirmi che usciva e per salutarmi. Giravo per casa solo e non ero tranquillo per niente affatto. Sono uscito puntualmente alle nove e un quarto come al solito per andare nel mio ufficio. Ho soltanto preso una precauzione: sono sceso dall'ascensore al primo piano invece che al piano terreno come sarebbe stato normale.

Pensavo che in questo modo avrei sorpreso alle spalle il mio eventuale pugnalatore, forse proprio mia moglie, giù nell'androne vicino alla porta dell'ascensore. Ho aperto l'ascensore piano piano per non fare rumore, poi ho fatto l'ultima rampa di scale in punta di piedi e dall'ultimo gradino mi sono affacciato a guardare: non c'era nessuno. Meglio così.
Mi rendevo conto che sarebbe stato molto facile tendermi un agguato e uccidermi a pugnalate. La sera questi vicoletti intorno a via Giulia sono deserti e nessuno soccorre nessuno in caso di pericolo, questa ormai è la regola dei nostri tempi da lupi.
L'eccessiva tranquillità di mia moglie continuava a preoccuparmi ma io avevo deciso di sfidare sia la sorte che il mio stato d'animo. Mi sentivo spiato in ogni momento della giornata, in casa e fuori, così ho deciso di scrivere tutto quello che mi succede e anche quello che penso, e di nascondere questi appunti nel cassetto della mia scrivania dentro la cartella dove tengo le bollette della luce, del gas e del telefono.
È passata una settimana da quando ho fatto il sogno e ormai esco regolarmente, seguo il mio lavoro secondo gli orari soliti ma non posso fare a meno di sobbalzare a ogni passo che sento alle mie spalle. Ho paura, ma ho finito per provare una strana attrazione per il rischio, confesso che mi piace sia il rischio che la mia paura. Vivo in uno stato di continua tensione, una condizione faticosa ma eccitante per uno come me abituato a vivere nella noia quotidiana. Per quanto io non creda nella predestinazione, mi sono convinto che il destino di una persona si compone di tante occasioni, combinazioni, coincidenze che convergono a creare le grandi svolte della vita. Qui sto parlando della mia vita e la grande svolta sarebbe la mia morte a pugnalate.
So bene che ogni tensione psicologica ha un suo tempo e un suo ritmo come una sinfonia musicale, e anche un finale, cioè una scadenza. Il timore delle pugnalate alle spalle non potrò trascinarmelo dietro per sempre, questo è chiaro. E allora ho pensato che continuerò a

tenere questo diario e a seguire con attenzione tutto ciò che accade intorno a me fino alla fine di Marzo anche se so benissimo che le Idi di Marzo cadevano a metà del mese, ma dopo duemila anni bisogna lasciare un certo margine di incertezza anche alle coincidenze del cosiddetto destino. Annoterò giorno per giorno i piccoli eventi sospetti oppure, quando non avrò da raccontare niente di speciale, scriverò semplicemente come oggi: sono in casa da solo, fuori è buio, esco a fare due passi. E poi al ritorno: ho camminato per una mezz'ora nelle stradine intorno a via Giulia, sono rientrato tranquillamente, tutto bene, nessuno mi ha pugnalato.
Oggi è il 23 marzo e manca una settimana alla fine del mese (tra parentesi 23 è il numero delle pugnalate che hanno ucciso Cesare). Ho deciso che uscirò ogni sera, al buio, per una breve passeggiata e al ritorno annoterò ancora per questa settimana i miei sospetti, le mie paure e anche i piccoli indizi su una pagina nuova del diario, naturalmente se nessuno mi pugnalerà. Altrimenti il diario finirà qui.

Da: Luigi Malerba, *Testa d'argento*, A. Mondadori.

Romano Costa

ANTONIO'S

Romano Costa è nato nel 1933 a Parma, città che ha abbandonato presto per visitare terre lontane. Dopo i paesi dell'Europa, è stato in Africa, India, Medioriente, America Latina e nel Nord. Collabora con riviste e quotidiani, lavora per la radio e la televisione e scrive da sempre. I suoi romanzi risentono dei suoi vagabondaggi: *Aphrica*, *Lambras*, *East Village*, *Negro*, *La capanna di Calibano*.

L'ironica visione del mondo di Romano Costa traspare dal suo stile tutt'altro che ortodosso: parlato, visivo, con connessioni rapide che forzano anche la punteggiatura. Qui viene adombrata, in chiave grottesca, la stessa fuga dell'autore dalla provincia verso un mitico mondo lontano, con le promesse della sua fittizia modernità. L'occhio divertito segue un piccolo apprendista parrucchiere che, impratichitosi sui capelli delle bambole, parte per l'America dove il suo padrone lancerà il nuovo taglio *La traversata*. Mode, astuzie, smargiassate da emigrato che riflettono lo stato d'animo di chi, abituato alla concretezza della vita povera, non si lascia facilmente incantare.

Suonavano le campane della prima messa; sternutii, che faceva fresco tanto che i limoni del limoneto avevano su la rugiada. Ero arrivato alla vecchia aia dei Santoro: che lì dovevo andare; don Antonio il barbiere non c'era invece c'è Maggio suo fratello, che neanche mi sentì che guardava in su il cielo, e un poco più in là anche suo figlio Salvatore, lui seduto dentro una pozza d'acqua che, serio serio, fin immusonito, si scaccola il naso. Schiarii la gola raffreddata e chiesi, così per dire, com'era andato il frumento. Maggio, che ora mi osservava, fece che ancora non si poteva dire niente; ma già era tornato a guardare in su in cielo.
Mah...
Sedetti sui gradini di casa, che erano freddi, le campane continuano a suonare ch'era giorno di festa e penso che cominciavo a lavorare giusto in un giorno di festa: un'idea, tutta la faccenda, ch'era stata di quel mio quasi cognato: ch'era stato lui a richiedermi a mia madre. Maggio continuava a guardare in su e Salvatore a trucciolarsi il suo naso camùso,[1] dovevo capirlo da me che don Antonio dovevo aspettarlo. Però, sapevo, a New York fuggirei raggiungerei lo zio: uno così e così che a casa m'hanno descritto molte volte: così alto, così miliardario, industriale o terriero o l'uno e l'altro che abitava a Buffalo, stato di New York. Sta salendo su l'automobile, una lunga grande nera lucida, che la porta gliela tiene aperta l'autista, anche lui lucido lungo nero, quando, zac, lo zio che mi vede, che mi riconosce che

1. **camùso**: schiacciato.

sono uguale a sua sorella mia nonna, e m'è addosso a baciarmi e abbracciarmi che mi vuole adottare, che lui non ha figli: che gli son mandato dal buondio...
Ma don Antonio era uscito di casa, che mi fa bravo che ero a essere venuto un'ora prima che un minuto dopo. Io lì in piedi che l'osservo quant'è antipatico, intanto che lui dice che c'è aria buona, e tira su col naso.
Be' era ora di cominciare. Lui avanti, che lo seguo dentro la volta di casa; mai viste tante bambole tutt'insieme: state mille che mentalmente avevo cominciato a contarle che sono già a cento. Eh, cosa ne pensavo? e lui che continua che in giornata ne arriverebbero molte altre, che glielo avevano promesso le anziane figlie di Maria, quelle di Santa Rita e le altre della Beata Zita. Lui beato, che fin sorride sotto i baffi: che dice *Well*,[2] che allora cominciassi a scegliere fra le bambole quelle colla parrucca meglio rifinita.
Era uscito: mi buttai sul mucchio: ce n'è di tutte le specie e fabbriche e nazionalità, in alcune l'imitazione umana perfetta.
Questa sì, quella no, questa sì... Come m'era stato ordinato, che già ne avevo scelte una trentina: bionde e rosse, nere e castane, ricce e lisce, ch'erano il meglio di parrucca. Però un gran mal di schiena, lì a lavorare curvo, che la volta è bassa e diritti si dava di testa. Mi sedetti sul mucchio stracco morto. Tornai a sternutire, stavolta per via dei capelli artificiali che m'entravano nel naso e fin in gola, poi il gran silenzio dell'aia fu sfiorato da un canto lontano, che si fece più vicino, alto di testa, che i canterini erano canterine, che vedevo le capintesta uscir dal vialetto del limoneto: le vedevo le gambe nude uscirgli dalle scure sottane, che le osservavo dal basso, di tra le sbarre di ferro di un finestrino. Cantavano religioso, e neanche male, ispirate.
Don Antonio mi chiamò fuori. Le figlie di Maria scendevano il vialetto, le capintesta già eran sull'aia, ognuna d'esse che porta con sé una o anche più bambole in braccio.
Vedevo? don Antonio che mi indicava la fila che sfilava. Sentivo? Mi chiama figliolo, sorride,

2. ***Well***: (inglese) bene.

ringrazia, fa l'inchino, che le prime figlie di Maria le loro bambole le han già lasciate sul gran tavolo apparecchiato per la bisogna. Saran cento: c'hanno gli occhi buoni e sembrano sgolarsi tanto cantano alto, forte.
Riverisco... Lui che continua a dir grazie a una a una, l'occhio nero che gli brilla.
«Riverisco... Grazie...»
E anche l'ultima delle figlie di Maria lasciò il suo obolo, anzi due: una bella zingara e un'altoatesina.
Adesso la fila delle pie anziane figlie di Maria risalivano il vialetto anfoso e già le capintesta sono risucchiate dentro il verde del limoneto. Continuavano a cantare.
Well e adesso le contassi e le mettessi nella volta, che stavano per arrivare le figlie di Santa Rita.
S'annunciarono anch'esse col canto; ero tornato sull'aia.
«Riverisco... Grazie...»
La fila sfilava composta, deposita il dono, fa il *demitour*[3] attorno al tavolo; via anche le figlie della Santa Rita.
Quante erano?
Novantasei, faccio svelto.
E quelle della Maria?
Centoundici, dico pronto.
«Credevo di più...»
Ma don Antonio sembra non prendersela troppo.
Tornai a riporre nella volta le nuove bambole, a continuare a scegliere le meglio parrucche, i capelli artificiali sono tornati a farmi sternutire, a seccarmi la gola.
Le figlie della Beata Zita si preannunciarono sul mezzodì, anch'esse col canto. Fui chiamato fuori, che le pie figlie stavan per giungere sull'aia.
«Riverisco...»
E anche l'ultima delle figlie della Beata Zita risalì il vialetto sempre più anfoso.[4]
Quante?
Centosedici, dissi, pronto, perché le avevo contate già nell'atto d'essere offerte.
Mi fa le lodi, che *a good boy*,[5] ero, sveglio; e continuò che diventerei un *good barber*.[6] Ma

3. ***demitour***: (francese) semigiro.

4. **anfoso**: (dialettale) bagnato.

5. **a *good boy***: (inglese) un bravo ragazzo.

6. ***good barber***: (inglese) bravo barbiere.

adesso che non stessi lì a far nulla, che dovevo tornare a scegliere le meglio parrucche, che non aveva tempo da perdere. Nel pomeriggio don Antonio mi ordinò di portare le bambole su nella cucina di casa. Filomena, la moglie di Maggio, rigovernava le camere su al primo piano, Maggio segava un mucchio di legna sull'aia guardato dal Salvatore che ancora stava seduto dentro la pozza d'acqua a martoriarsi il suo naso camùso.

Nella gran cucina siamo soli, don Antonio ed io.

Dovevo passargli le bambole che prima avevo spogliato dei loro abiti, e lui subito cick ciack che fende l'aria calda e, zac, che taglia, che i capelli della bambola cadevano a ciuffi in terra con il rumore di un soffio, e lui che osservava il suo taglio, che lo mostrava a me. Ma così non andava, butta la bambola; lo spostamento muoveva l'aria i ciuffi di capelli in terra s'atomizzavano[7] salivano su m'entrano nel naso e in gola; lui, don Antonio, niente: un'altra! Io che gliela passavo, lui cick ciack, che fende il soffoco della cucina, taglia: stavolta più alto. Ma ancora non ci siamo. Un'altra! E zac, stavolta che taglia più basso. Mi pareva *good*? Gli faccio intendere che sì, invece lui che fa *sharap*![8] che butta anche quella. Io pronto con un'altra, lui una faccia! che dice se sono scemo a scegliere una parrucca come quella... Via anche lei!

Gliene passai una giusta; lui che fende, taglia, torna a tagliare a sfumare, che si curva, che si raddrizza, che si butta indietro, che si piega e ciack, che torna a tagliare: adesso mi sembra di fino. Be', sì, stavolta contento anche don Antonio: che mi mostra. Però si può e si deve fare di meglio: che butta anche questa.

Andammo avanti digiuni fino alle cinque del pomeriggio. Vedevo com'è che s'ha da fare? Stessi attento e anch'io diventerei un vero barbiere. Per l'America, New York partimmo cinque giorni dopo, ch'era il primo di settembre.

Avevo guardato una carta geografica degli Stati Uniti, Buffalo non sembrava lontano da New York, non sarebbe stato difficile ritrovare lo zio, magari mentre scendeva dal suo elicottero:

7. **s'atomizzavano**: si riducevano in particelle minuscole.

8. ***sharap***: (inglese) cioè "shut up", sta' zitto.

sarebbe stato contento di vedermi così senza figli com'era.

Il secondo giorno, don Antonio mi fece visitare la nave, lui viaggiava in prima, io in terza classe, ma tutti i giorni lo raggiungevo nella sua cabina, nella quale aveva portato oltre cento bambole su cui allenarsi con le loro parrucche, le meglio che avevo scelto.

Nella sua cabina rimanevo fin dieci dodici ore al giorno: in questo modo diceva, avrei imparato di più e sarei entrato in *osmòsi*[9] disse, con lui medesimo, che, continuò, è così che sempre succede: prendessi ad esempio i *gentlemen*[10] che hanno familiarità con i cavalli, be', avrei visto che quei gentlemen diventano anch'essi con una fisionomia un po' equina; o anche i camerieri personali dei grandi signori, anche in questo caso avrei notato che acquistano anch'essi i modi signorili e a volte le sembianze dei loro padroni.

Quando entravo nella sua cabina, lui è sempre già *ready*,[11] come gli piaceva dire. Ma ora osservassi bene il suo braccio: alto, il gomito in asse con la spalla; e vedevo la forbice? nessun tremore stretta nella sua mano. *Okey*, gli passai la prima bambola... E zac, ciack: vedevo? Senza alcun nervosismo, mai essere nervosi. Ma io che penso allo zio, che a Buffalo lo avrebbero conosciuto tutti; da settant'anni che c'era emigrato, che là era diventato miliardario terriero o industriale o tutte e due: uno così e così, che mi sembra di conoscerlo da sempre.

Tic tic tic, adesso don Antonio sfumava. Vedevo? E ora gli facessi vedere io, se ero un ragazzo sveglio: bastava rifacessi come lui! Attento però alle forbici: che non erano comuni dozzinali, ma un premio.

Fendetti, tagliai... Ah no, non così! che m'ha preso il braccio che me lo tortura, che me lo drizza... E adesso ci rifacessi. Tic tic, fendo, taglio, ma neanche così va... La forbice la riprende lui. Stessi attento: zac! così che dovevo fare. E attento alla sfumatura, che la sfumatura era tutto: che lo grida. E io curvo a fare tic tic, che sfumo, che i capelli minuti m'entrano nel naso, mi scendono al fondo del gargarozzo, che sento mancarmi l'ossigeno, che tiro su col

9. ***osmòsi:*** fenomeno di penetrazione di un liquido attraverso una membrana fino a mescolarsi con un altro liquido. Qui significa metaforicamente che si creerà un rapporto immediato di comprensione.

10. ***gentlemen***: (inglese) gentiluomini.

11. ***ready***: (inglese) pronto.

naso, e che sbaglio... Che lui mi spinge indietro, che torna a disarmarmi delle cesoie per mostrarmi lui come s'ha fare. E io che torno a pensare a Buffalo, allo zio che mi adotterebbe. Ma lui che vuole che ci rifaccia, e io zac, tic tic, ciack, che fendo, taglio sfumo, che lui sembra dire che così va bene, che mi sorveglia, mi guida, mi corregge, *my God*,[12] che i suoi occhi si son fatti vitrei, pieni di orrore, che m'ha fermato la mano e mi osserva le unghie orlate di nero una lunga due corte: oh, *my God*, che mi mostra la sua mano, ch'è livida ossuta, con delle unghie lattee che finiscono a ogiva. Come le sue, dovranno essere anche le mie!
Quando il quarto giorno mi portò a mangiare in sala da pranzo al suo tavolo in prima classe, una grossa vescica butta acqua fra il pollice e l'indice della mia mano destra.
Lui, che fa il paterno, ch'era tornato a chiamarmi figliolo, che si vede che vuol contarmi qualcosa: eh, lui sa bene cosa vuol dire essere giovani, dice, e continua che giusto alla mia età lui era emigrato in America. Ma lui solo, *come un ebreo*, dice, e dopo la quarantena[13] nel porto subito a fare il ragazzo-spazzola in una barberia di Brooklyn, una topaia. Il proprietario un vecchio napoletano che voleva cedergli la barberia. Un buon uomo, che allora praticava il taglio all'*Umberto*:[14] un taglio superato già a quei tempi. Lui a dirglielo che s'aveva da cambiare taglio, inventarne uno più moderno contemporaneo. Ma il vecchio, a dire di no, che lui aveva sempre praticato l'*Umberto*, e che così si doveva continuare a fare, che andava bene così. Va bene per i vecchietti, gli aveva detto don Antonio, è sui giovani che s'ha da contare, insisteva. Alla fine don Antonio fu licenziato: aveva fatto di testa sua con la amica di un cliente. Un disastro! Don Antonio che continua, e io che penso che entrerei nell'azienda dello zio, che anch'io avrei una macchina lunga grande d'argento con l'autista negro.
Ma Don Antonio s'è alzato da tavola, che dobbiamo riprendere l'allenamento.
C'avevo il suo fiato d'acetone addosso che mi risaliva da dietro le orecchie su per la nuca e le tempie, che don Antonio soffia, che prima

12. *my God*: (inglese) Dio mio!

13. quaranténa: periodo di isolamento di quaranta giorni, un tempo obbligatorio per entrare in molti stati, durante il quale si controllava che l'immigrante non avesse malattie infettive.

14. all'*Umberto*: con i capelli all'indietro, come era pettinato il re d'Italia Umberto I (1844-1900).

del taglio s'ha da sforbiciare l'aria, ch'è il paro[15] della rincorsa che uno ha da fare prima del salto, così il taglio richiede la sforbiciata nell'aria.

Sono tre ore che sforbicio, almeno venti le bambole che ho tosato. Che fin don Antonio s'impietosisce, che vuole che io faccia un *break*,[16] che mi fa sedere sul suo letto, sorride. Eh, sì, dice, e continua che per fare un buon *barber* ci vuole un'anima artistica: sì, perché quella del barbiere, sospira, è un'arte. Sapevo io quante erano le arti? Lui le sa e me le soffia acetonate in faccia: scultura, pittura, musica, poesia... Quella del barbiere l'ottava, con qualcosa di affine con la musica, perché come un pianista un violinista, continua, anche il barbiere deve ripetere, ripetere... Continuava, ma io sono tornato a pensare allo zio: a New York fuggirei, non mi sarebbe stato difficile rintracciare lo zio.

Well, lo sentii dire, e adesso via, che c'erano ancora tre ore buone per continuare a lavorare. Tagliava lui: lo seguivo? Fischietta, i suoi capelli neri sono azzurro viola: tic tic tic, che sfumava, poi *waohw* che grida: aveva trovato! Mi guarda: capivo? e continua che proprio come affermava il grande Galileo,[17] mai stancarsi di provare e riprovare con migliaia di esperimenti! Sì, figliolo suo che ero: prova e riprova e ecco ch'era un nuovo taglio quello che aveva creato! Un taglio, ne era certo, che avrebbe avuto un grande successo, che avrebbe conquistato gli *States*. Come già era accaduto altre volte, quando don Antonio aveva fatto centro prima con l'*Attica* e poi con la *Liberty*: due suoi tagli che avevano rivoluzionato il *look*[18] dei capelli maschili. Questo taglio, l'avrebbe chiamato *Traversata*, così in italiano. Cosa ne pensavo? Un effettone, figliolo suo ne sanno, che, quanto alla moda continua, gli italiani eran pur sempre i maestri. M'era quasi addosso, in piedi immobile, guardava me, ma capivo che vedeva milioni di nuche sfumate con la *Traversata*. Certi occhi da pazzo!

Quella sera per la seconda volta mi portò a cenare con lui.

Champagne!

15. è il paro: è come.

16. *break*: (inglese) pausa.

17. Galileo: Galileo Galilei (1564-1642) fu un grandissimo fisico e astronomo.

18. *look*: (inglese) aspetto.

Ma meglio *Traversata* o *Orca*? dice; io che non mi sbilancio, e lui che continua, che le orche gli erano sempre piaciute, che gli ricordavano il mare di Sicilia, che le orche l'avevano sempre incuriosito quand'era ragazzo: oh le fere, continuò, che battono le pinne pettorali si snodano e si rovesciano serpentine fanno capriole salti mortali restano sospese sulla punta della coda poggiano sopra la superficie del mare si tuffano sott'acqua.
Meglio *Traversata*, sentenziò.
Contento finì di centellinare[19] la sua coppa di *champagne*. Buono il mio *Cocacola*? Ah, continua, non m'aveva mai finito di raccontare di quando il vecchio napoletano l'aveva licenziato. Quel giorno stesso si era trovato un altro posto, stavolta a Manhattan, nel *Lower East*,[20] un buco anche questo, il suo proprietario un indiano dell'India. Anche i clienti tutti indiani: certi crani stretti dolicocefali[21] così differenti dai nostri bracocefali.[22] Anche in quel buco praticavano un taglio superato che prendeva il nome da un viceré d'India. Lui, don Antonio aveva portato anche là una ventata di modernità, ma inutilmente: anche in quella bottega s'imponeva il tradizionalismo, la sclerosi[23] delle idee. Fu cacciato via anche di là. Sorride: un nuovo posto lo aveva trovato nel penitenziario di Attica nello stato di New York: centodiciottesimo barbiere dei detenuti di quel penitenziario, la maggior parte negri dei Caraibi. Tosava le nuche dei condannati a morte alla sedia elettrica. Un lavoro che non richiedeva nessuna finezza. Ma don Antonio non si era limitato a fare ciò di cui è capace qualsiasi figaro:[24] intuì subito la grande insperata opportunità che tutte quelle docili nuche rappresentavano come illimitato campionario su cui far ricerca per un nuovo taglio di capelli adatto ai tempi. Il taglio *Attica* era nato allora. Fu un successone, l'anno dopo, don Antonio continua, aveva aperto una barberia tutta sua in Lexington avenue, a Manhattan, in cima alla porta a vetri e legno c'è scritto *Antonio's*, così col *genitivo sassone*,[25] dice. Sorrideva, continuò a contare: ma c'era stata la guerra, il taglio *Attica* l'aveva arricchito, ma dovette chiudere bottega, perché

19. centellinare: bere a piccoli sorsi.

20. *Lower East*: quartiere popolare a est della città.

21. dolicocefali: persone dal cranio allungato.

22. bracocefali: persone dal cranio corto e rotondo.

23. sclerosi: irrigidimento.

24. figaro: nome del protagonista della commedia *Il barbiere di Siviglia* (1775) di Beaumarchais, da cui scherzosamente il nome generico per barbiere.

25. *genitivo sàssone*: tipica forma grammaticale delle lingue anglosassoni, con la "s" finale.

l'Italia era in guerra con gli States e lui era italiano, un potenziale nemico. Diventò collaboratore della CIA,[26] tosava i cittadini sospetti di origine italiana, gli strappava i sentimenti di lealtà o meno agli USA: eh, continua, perché una barberia non è solo un po' come un'Accademia delle Arti e delle Scienze, ma il figaro è anche il confidente anche dei grandi della Politica e dell'Industria, della Scienza, una barberia è un insostituibile punto d'incontro di raccolta delle notizie, umori della città, il paro di una redazione di un quotidiano.
Per quei servizi d'informazione *intelligente* il governo lo fece cittadino americano, *italo-americano*, precisa. E il governo degli States lo mandò a dirigere il gruppo di *barbers* occupati a tosare i crani dei giapponesi, cittadini americani, rinchiusi in un grande campo di concentramento in California. Don Antonio torna a sorridere, s'è versato dell'altro *champagne*, continua: eh, pensava a quel sole della *West Coast*: sembrava ieri... *Well*, il taglio *Attica* si era imposto, milioni di nuche americane lo *portavano*, fino a Cuba e nelle Filippine; però anche quella guerra finirebbe, e i costumi, la moda avrebbero cambiato.
Don Antonio centellinò il suo *champagne*, continua: eh, sì, dopo la guerra anche l'*Attica*, sarebbe qualcosa di antiquato... così, come già nel penitenziario di *Attica* tutte quelle nuche di negri condannate ad essere elettrizzate, anche quelle a migliaia dei gialli, gli suggerirono di ricercare una nuovo taglio di capelli.
Eh, mi soffia addosso, e il suo fiato d'acetone impuzzolisce fin il mio cocacola, eh, ripeté: pensato e fatto: dagli esperimenti fatti su quelle nuche gialle gli uscì un nuovo taglio, giusto quando la guerra terminava. Come meglio chiamare quel nuovo taglio che col nome di *Liberty*? Don Antonio sorride: il nuovo *saloon* fu aperto nella vecchia bottega della Lexington.
Don Antonio ha una gran voglia di contare, forse, penso, per via di quello *champagne*, ma io penso a Buffalo, al prossimo incontro collo zio *stramiliardario*, come sempre avevano detto in casa: uno così e così fatto, che da oltre settant'anni era in America, tanto che visto

26. CIA: ovvero Central Intelligence Agency, il controspionaggio americano.

proprio non l'aveva nessuno, ma tutti lo conoscevano, che la nonna aveva sempre detto, che somigliava al suo papà a mio bisnonno.
D'improvviso molti viaggiatori seduti ai tavoli si alzarono in piedi, corrono alle vetrate, l'altoparlante avverte che siamo in vista di New York.
New York! m'aveva preso la tremarella, fra poco fuggirei ritroverei lo zio a Buffalo, stato di New York: dovevo solo sbarcare...
Vado anch'io a vedere, ma niente: un gran nebbione.
New York!
Emozionato? chiede
C'era da preparare i bagagli.
Mezz'ora dopo dal ponte della nave: tutto lì le mille luci di New York? tanto che chiedo se davvero siamo a New York. Lui che sorride, che dice di no, che siamo nel New Jersey.
Pioveva, e l'acqua sale da giù in su, dico niente, ma sono smarrito, mi sento deufradato:[27] lo zio, Buffalo si allontanavano; mai detto niente di questo New Jersey...
Neanche mi accorsi di essere uscito dal porto, dalla dogana, che era a Buffalo allo zio che penso.
Continuava a piovere, da sotto in su anche adesso che siamo dentro un taxi, che corre dentro la nebbia e la pioggia, mi sembra alla cieca, ma don Antonio fa che nella macchina c'è il radar.
Che casa! sembrava un castello; per la corsa ha pagato sessanta dollari, sua moglie una di Nola vicino a Napoli, gentile, materna, un gran seno; bello anche quello di Carmencita, la cameriera, il suo, si capisce, più sodo, messo quasi a nudo, anche lei gentile che serve la cena, mentre don Antonio conta alla moglie di me, della traversata e della *Traversata* il nuovo look che ha creato, che gli era bastato di farlo sapere in paese che aveva bisogno di bambole per un esperimento, e tutte quelle brave donne si erano disfatte delle bambole che le eran state come sorelline per una vita. Ah, l'Italia, sì, là sanno essere ancora generosi!
Ma adesso era ora di andare a letto.
Night.[28] Era stata la luce del sole che entrava da un lucernaio a svegliarmi, che non erano

27. defraudato: privato di un proprio diritto.

28. Night: (inglese) cioè "good night", buonanotte.

ancora le sei. Il passaporto, ricordai me l'aveva ritirato don Antonio al momento dello sbarco; dovevo riaverlo per raggiungere lo zio a Buffalo. Scesi in basso, Carmencita che mi sorride, che mi mostra una banana: «*Do you want?*»[29] Sorrido scemo, esco: c'è un giardino, non visto la sera prima che pioveva, l'erba, le foglie fumigano l'umidità al sole. Fa caldo. C'è un gran silenzio. Poi la voce di don Antonio che mi chiede se mi piace, se la *laico.*[30] Don Antonio è in vestaglia rossa, vuol sapere se mi piace nuotare; io che dico no, *Well* fa che così va bene, che così non sarò tentato di fare il bagno che a lui non piace che gli estranei si tuffino nella sua piscina.

Era già pronto al lavoro, al *nostro* nuovo taglio. Lui avanti attraversiamo un paio di prati indorati dal sole e raggiungiamo una serra abbandonata, tutta in disordine.

Morning...[31] fa don Antonio.

Ser,[32] gli rispose Pedro da seduto, quasi in trono, su una poltrona da barberie dei primi del secolo.

Era Pedro il fratello di Carmencita, un trentenne moro sfaticato e come tale *tuttofare* della villa: insomma incaricato di mille cosucce da sbrigare, ch'è come far niente. Però una sua specificità l'aveva anche lui: fare la cavia per gli esperimenti e l'aggiornamento del taglio di don Antonio, e di fatto la sua copiosa capigliatura presentava, divisa in quarti, altrettanti differenti tagli di capelli.

Quel mattino don Antonio avrebbe *riprodotto* il taglio *Traversata* proprio su quel cranio. Io sarei stato il ragazzospazzola.

Ready?

Pedro lo era pronto, contento quasi di starsene là seduto a voltar le spalle al *boss*, al padrone.

Ready: anche don Antonio: e stavo io ben'attento?

Lui che brandisce le forbici-premio che cincischia nell'aria e che, zac, taglia! Ritaglia, poi sfuma: tic tic tic... Finito. E adesso facessi vedere io come spazzolavo.

Pedro immobile sul poltronone e io a spazzolargli le spalle, le bavaresi della giacca, i ginocchi... Ma così non andava: che calco troppo,

29. *do you want?*: (inglese) vuoi?

30. laico: italianizzazione di "to like", gradire.

31. morning: (inglese) cioè "good morning", buon giorno.

32. *Ser*: cioè "sir", signore.

procedo a sbalzi, così innervosirei i clienti, che mi mostra lui, don Antonio, come si ha da fare: vedevo? Con dolcezza, leggerezza come un fon dice...
La *Traversata* era pronta per il *saloon*. Ci andiamo nel pomeriggio; il *saloon* era sull'avenue Pen, una volta l'antico sentiero percorso dal signore padrone e fondatore di Filadelfia nello stato che da lui ha mutato il nome: Pensylvania. Era di qua dal New Jersey, che lui passava in carrozza nei suoi viaggi a New York. New York... Ci allontanavamo da Buffalo, stato di New York... Nella corsa ci sarebbe stato anche da vedere, almeno guardare, ma avevo pensato allo zio, al passaporto che dovevo riuscire a riavere, infine lui che mi fa se lo vedevo il *saloon*.
È là davanti, enorme, un duomo bianco, di marmo e vetri e una gran scritta *Antonio's*; sul piazzale enorme brillante di sole almeno venti le auto parcheggiate: tutte nere lustre con dentro uno *chauffeur*[33] negro in uniforme.
Neanche frenato, fermata la macchina che da dentro il *building*[34] escono in dieci, venti a stringere la mano a Mister Antonio.
Welcome![35]
Io lì imbambolato fino che uno, un omone mi spinge in avanti, giriamo intorno al *building*, mi fa entrare da una porticina, saliamo alcuni gradini al buio e entriamo nella cameretta che sarà la mia; sul lettino c'è anche la mia uniforme: rossa, tutta un bottone, le scarpe di vernice nere, nuovi.
Devo far di fretta, l'omone mi aspetta; tre minuti dopo ridiscendiamo i gradini poi giriamo a sinistra, l'omone sempre avanti, e da una porticina *slam*[36] che entriamo nel salone operativo.
Sembra d'essere a una stazione ferroviaria: gente che va e viene, che siede, che sta in piedi. Lui, don Antonio al centro di una piccola folla che mi vede, mi osserva, che con la sua testa fa segno che vado bene.
Fui presentato coralmente ai suoi collaboratori, e poi *Well*, cominciassi il mio lavoro.
Ero stato affidato a James, si può dire *il violino di spalla* di don Antonio, che lavora a

33. *chauffeur*: (francese) autista.

34. *building*: (inglese) edificio.

35. *Welcome*: (inglese) benvenuto!

36. *slam*: (inglese) rumore di porta che sbatte.

un trono vero, una cosa azteca[37] penso. Don Antonio al suo trono accoglie solo i più miliardari, gli altri li smistava ai vari James, George, Dean, una trentina: anche loro a tosare i clienti seduti in grandi poltrone, ma più piccole, pur se di *design* dei maestri dell'arredamento dell'architettura. In ogni poltrona c'è un radiotelefono incorporato i cui fori praticati sugli alti bracciali sono dissimulati, nel trono di don Antonio da roselline a formare l'elegante monogramma[38] dei Rosa-Croce[39], in quello di George il geometrico disegno della Rosa dei Venti,[40] in quello di James il celebre verso della Stein[41] e in quello di Dean della declinazione latina di Rosa rosae. Da cinque giorni che lavoravo al *saloon*, uno ero stato ragazzospazzola anche di don Antonio, che però mi preferiva un sessantenne irlandese che somigliava a un attore inglese che lo ricordavo sempre in parti di lord.
Mi guadagnai la stima di tutti, e la simpatia dei clienti, alla sera rientravo stracco morto nella mia cameretta e pensavo a Buffalo e allo zio e a quando fuggire. Avevo scoperto anche, che per raggiungere Buffalo, non occorreva il passaporto e su una carta degli States, avevo visto che New York e il suo stato stavano appena al di là del fiume Houdson che con la sua riva destra lambiva la costa del New Jersey. Quanto ai necessari dollari per il viaggio, contavo sulle mance, che venivano raccolte da un solo collettore, un sottoragazzospazzola, e divise fra i ragazzispazzola ogni cinque giorni.
Quella sera del quinto giorno le mance assommarono a settecentocinque dollari. Era giunto il momento di fuggire.
Mi preparai: avrei preso l'autobus per New York, poi da qui prenderei il treno per Buffalo. Avevo già riempito una borsa: poche cose, lo zio me li avrebbe comprati lui nuovi abiti, nuove scarpe, nuove camicie... Ma proprio allora Quay l'omone che mi aveva ricevuto mi avvertì che quella notte il *boss* avrebbe *dimostrato* a tutto il personale di *Antonio's* il nuovo taglio *Traversata*: dunque mi rimettessi la uniforme e lo seguissi, che gli altri erano già tutti nel *saloon*.

37. azteca: simile alle piramidi a gradoni della civiltà degli aztechi in Messico.

38. monogramma: iniziali del nome.

39. Rosa-Croce: società esoterica, cioè chiusa ai non iniziati, apparsa in Germania all'inizio del XVII secolo.

40. Rosa dei Venti: figura geometrica applicata alla bussola, che indica anche le direzioni intermedie tra quelle dei quattro punti cardinali.

41. Stein: Gertrude Stein (1874-1946), scrittrice statunitense di carattere sperimentalista, vissuta a lungo a Parigi. Il verso a cui si allude dice: "una rosa è una rosa è una rosa è una rosa".

Era giunto il *gran giorno*, *the great day*, come si sussurrava già dal ritorno del *boss*: don Antonio avrebbe fatto dimostrazione del nuovo taglio la *Traversata*.

Nel *saloon* c'è l'atmosfera dei grandi eventi, l'aria è ancor più elettrizzata, che sembra di vedere le scintille, di sentire scorrere la corrente delle scariche dei volts; i *barbers chairmen*[42] James, Dean, George, gli altri tutti elegantissimi in abito nero tradiscono il nervosismo dell'attesa, i ragazzispazzola immobili agli alti scranni[43] in quell'atmosfera di tensione si lasciano andare e c'è chi si scaccola e si mastica le unghie: tutti guardano nella direzione della porta da cui entrerà don Antonio. Che entrò: bello e elegante come il grande Rodolfo Valentino[44] con aggiunta di baffo. *Start*, si comincia; don Antonio mi vuole al suo fianco, Pedro siede immobile emozionato anche lui sul trono dove hanno seduto Lucky Luciano,[45] Frank Sinatra,[46] varii Vanderbilt,[47] tutt'e tre i fratelli Marx...[48]

A tagliare, don Antonio cominciò ch'erano le dieci di sera: di là la gran vetrata c'è una luminaria che la sapevo di New York City, di là il fiume Houdson: là prenderei il treno per Buffalo... Ma *ready*! già le forbici del maestro cincischiano nell'aria immota, carica di ossigeno, che degli oltre ventisei presenti alla *prima* della *Traversata* nessuno neanche respira.

Don Antonio dava spettacolo: elegante, nel suo gestire sobrio sicuro compreso del gran momento.

E *voilà*![49] Con un semigiro su di sé, meglio sulla punta delle sue scarpe nere di vernice, don Antonio volse il suo sorriso agli uomini del *parterre*:[50] *Questa è la Traversata*, disse in un soffio. *Waw*, gridarono i ventisei, che già si erano precipitati al trono per meglio osservare il taglio emanato, sembrava, dal cranio di Pedro, rimasto immobile sul trono.

Wonderful!
Unbelivable!
Fantastic![51]

Cecco, il vecchio custode spinse avanti un carrello carico di bottiglie di *champagne*, il vecchio piange commosso, aspetta che tutti gli

42. *barbers chairmen*: (inglese) capo-barbieri.

43. scranni: sedie con braccioli e schienali alti.

44. Rodolfo Valentino: (1895-1926) celebre attore statunitense di origine italiana.

45. Lucky Luciano: celebre "gangster" americano degli anni Trenta.

46. Frank Sinatra: celebre cantante italo-americano.

47. Vanderbilt: famiglia di ricchissimi industriali americani.

48. Marx: tre fratelli attori comici americani.

49. *voilà*: (francese) ecco!

50. *parterre*: (francese) platea.

51. *Wonderful... fantastic*: (inglese) meraviglioso! incredibile! fantastico!

altri finiscano di congratularsi col *maître*,[52] poi anche lui lo fa: piangeva più forte la sua mano in quella del maestro trema, dice di ricordare i tempi dell'*Attica*, e continua che *Traversata* avrà un successo ancora maggiore, vuole continuare, ma le lacrime l'affogano, singhiozza, balbetta; poi *pum*, *pum* qualcuno stura le bottiglie, si riempiono i calici, don Antonio ha cacciato Pedro dal trono, adesso è lui che si siede, gli sono intorno tutti, il calice in alto dalle rose dei radiotelefoni si diffonde il *libiamo* del primo atto della *Traviata*.[53]
Alla Traversata! dice don Antonio.
Alla Traversata! è un solo grido nel *saloon*.
Bravo!
Bravo!
Don Antonio è sceso dal trono, sorride, dice di versare un po' di *champagne* anche a Pedro, mi chiede se ho avuto la mia cocacola, ha un'attenzione per tutti i presenti. Poi, *Well*, dice e continua che da domani più nessun permesso per nessuno, niente più giorni di vacanza per nessuno, ma tutto il personale dopo la giornata lavorativa ha da dedicarsi a acquisire il nuovo taglio, appropriarsene, farsene padroni.
Non mi fu più possibile uscire da quel *building*, tutto il personale era come in quarantena, non doveva aver rapporti con l'esterno: *the world*[54] non doveva sapere ancora del nuovo taglio. Nessuno ne doveva parlare con i clienti, si continuava col taglio *Liberty*, fino al prossimo *Thanksgiving*:[55] solo quel giorno nel *saloon* sarebbe stata praticato il taglio *Traversata*.
Furono quelli della attesa del *Thanksgiving* giorni di grande nervosismo. Nel *saloon* si lavora venti ore al giorno, noi ragazzispazzola siamo continuamente sgridati e due fin presi a ceffoni da James, ch'era il più irritabile. In quel tempo don Antonio si mostrava solo per poche ore al giorno: sempre nervosissimo irritabilissimo, che finì col fare una scenata anche al povero Cecco. Era la prima volta, disse poi il vecchio, che piangeva.
Non potevo fuggire, tre *dormen*,[56] impedivano l'uscita dal *building*; nelle tre quattro ore libere dal lavoro, neanche più dormivo, ma

52. ***maître***: (francese) maestro.

53. ***Traviata***: (1853) celebre opera musicale di Giuseppe Verdi. Nel primo atto il coro canta: "Libiam nei lieti calici...".

54. ***the world***: (inglese) il mondo.

55. ***Thanksgiving***: festa religiosa americana del ringraziamento, che cade l'ultimo giovedì di novembre.

56. ***dormen***: ovvero "doormen", portieri.

contavo e ricontavo tutti quei dollari coi quali avrei potuto raggiungere Buffalo, stato di New York. Attraverso un ragazzo imparentato con il giardiniere ero entrato in possesso di una fotografia della città di Buffalo, che avevo inchiodata sopra il mio letto: Buffalo, ti avrei mai raggiunta?

E fu *Thanksgiving*. La notte della vigilia avevamo lavorato fino alle cinque, ma già alle otto lui, don Antonio era pronto, sveglio impettito blunero dietro il suo trono a tormentare con le sue livide mani l'alta testiera; anche tutti gli altri *barbers chairmen* stavano impettiti al loro posto, una musica di Paganini[57] si diffondeva nell'aria profumata di mille aromi delle creme, saponi, fiori, il *saloon* sembrava una serra tropicale, da esposizione, da premiare per la sua varietà e bellezza.

Don Antonio a fianco a sé, quel mattino vuole il vecchio ragazzospazzola, me m'ha affidato a James. Dalla mia posizione osservavo don Antonio: i suoi occhi mandano lampi d'acciaio non meno brillanti dei suoi capelli neroazzurri. Era stata rafforzata anche l'illuminazione del salone e il sole sul piazzale al confronto, sembra luce pallida. Alle otto e un quarto il medico del *saloon* distribuì a *barbers* e ragazzispazzola pasticche di Mogadon, Tavor e Valium,[58] e tutti gli occhi volsero agli orologi regolati su quello di don Antonio nella spasmodica attesa delle otto e trenta: l'ora d'apertura.

Il primo cliente a entrare fu un senatore dello stato del New Jersey, che toccò a James, cioè a me; la notizia che stamattina sarebbe stato inaugurato il taglio *Traversata* era apparsa su tutti i quotidiani degli stati confinanti il fiume Houdson e anche molte radio private ne avevano dato la notizia.

Dopo il senatore, fu un succedersi continuo di *pazienti*, come piaceva dire a don Antonio dei suoi clienti; arrivano tutti in auto guidate da autisti d'origine africana o dei Caraibi, chiedevano particolari sul nuovo taglio e docilmente offrivano le loro nuche alle forbici dei James, Dean, George... *Thank you*, tutti molto soddisfatti: *very well*, si complimentavano, tornano a guardarsi a rimirarsi nei grandi specchi

57. Paganini: Niccolò Paganini (1782-1840), violinista e compositore italiano.

58. Mogadon... Valium: nomi di medicine calmanti.

rosaazzurro: a *great idea*,[59] mormorano, lasciano laute mance, *See you later*[60]... *Thank you*... Il trono di don Antonio, fino allora inoccupato lo fu da John Vanderbilt. Cento occhi seguivano la forbice e le mani di don Antonio muoversi su la miliardaria nuca, la radio diffondeva *La primavera* di Vivaldi.[61]
Don Antonio praticò per oltre sedici minuti su quell'aurea nuca. *Et voilà*, gli pose termine.
Wonderful, esclamò il miliardario, che sembrava non voler più smettere di rimirarsi nello specchio. *Thank you, sir*, ripeté più volte don Antonio, i suoi occhi brillano di felicità che investe tutti i suoi collaboratori, e anch'essi sorridono compiaciuti. *Thank you, sir*, ripetono.
Quel giorno il *saloon* chiuse alle dieci di sera; eravamo tutti spossati, ma anche contenti perché il successo era stato grande, nessuno aveva obiettato nulla, e le mance risultavano superiori del sessantasei per cento dal *Thanksgiving* dell'anno prima.
A seguire il taglio erano venuti anche i cronisti mondani di alcuni giornali accompagnati dai fotografi: adesso bisognava aspettare cosa ne avrebbero scritto i giornali.
L'indomani alle cinque del mattino di nuovo tutto il personale dell'*Antonio's* era stato riunito per la lettura corale dei giornali. Sull'argomento, John Vanderbilt aveva rilasciato un'intervista al *New Jersey daily* nella quale della *Traversata* dava giudizi entusiastici e il suo creatore definito non inferiore ai fratelli Rossetti creatori del preraffaellismo,[62] trovandovi inoltre la genialità dell'altro italiano Marconi.[63]
Ma anche le altre gazzette e fin il *New York Times* esaltavano il nuovo *look* maschile creato dal *Great Antonio's*. Era il trionfo di don Antonio. Quel giorno medesimo fuggii. Sull'autobus preso sulla Pen avenue, i passeggeri dormivano, due tre russano, ho sonno anch'io, ma tengo gli occhi aperti: che presto sarò a New York e stasera dormirò a Buffalo nella villa dello zio: uno che avrebbero conosciuto tutti, miliardario senza un erede; uno così e così fatto, emigrato in America settant'anni fa, un terriero o industriale o tutte due le cose.

Da: "Nuovi argomenti", 1977.

59. *a great idea*: (inglese) un'idea grandiosa.

60. *see you later*: (inglese) ci rivediamo.

61. Vivaldi: Antonio Vivaldi (1678-1741), compositore e violinista italiano.

62. preraffaellismo: movimento pittorico inglese, di cui Dante Gabriel Rossetti (1828-1882) è l'esponente maggiore.

63. Marconi: Guglielmo Marconi (1874-1937), italiano, l'inventore della radio.

Giacoma Limentani

LA LUNA E I CONTROLLORI

Giacoma Limentani è nata a Roma nel 1927, da famiglia ebraica. Fatta eccezione per le *Fiabe e leggende abruzzesi*, tutti i suoi lavori partecipano della cultura e della tradizione ebraica, sia quando traduce le favole di un famoso Rabbi in *La principessa smarrita*, che nei suoi romanzi: *In contumacia*, *Il grande seduto*, o in raccolte di racconti quali *Gli uomini del Libro*, *Il vizio del Faraone*, *L'ombra allo specchio*. Vive e lavora a Roma, dove anima gruppi di studio imperniati sull'esegesi biblica ebraica.

È il primo racconto di *Gli uomini del Libro*, in cui sono narrate alcune storie della letteratura *midrashica*. Il *midrash* è una variante del testo biblico che gioca con le parole e le lettere dell'antico testo ebraico in modi che non hanno possibilità di raffronto nella lingua italiana. Naturalmente è stato necessario rinarrarle in quanto tradurle è spesso impossibile. I maestri del *midrash* scandagliano il testo sacro con una familiarità e un candore che infonde nella loro leggenda l'immediatezza, la novità e la sicura efficacia delle favole che si narrano ai bambini, ben sapendo che bambino torna a essere chiunque sinceramente si avvicini agli inesauribili significati del Libro per eccellenza.

Chiese un discepolo al suo Rav:
«È scritto che in principio Dio creò il cielo e la terra, ma Dio è Eterno. Che cosa faceva prima?»
«Creava altri mondi e poi li distruggeva».
«Distrusse tutto quanto aveva creato prima di questo nostro mondo?»
«No. Per prima cosa Dio creò la Legge che è una emanazione della Sua essenza, eterna come Lui e mezzo di ogni creazione».
«Allora perché distrusse i primi mondi? Forse non li aveva creati per mezzo della Legge?»
«Anche i primi mondi furono creati per mezzo della Legge, ma in quelle occasioni l'Eterno La applicò alla lettera, così come si può leggere sui libri degli uomini, rigida e inamovibile. La Legge che posa sul grembo divino è invece scritta con fuoco nero su fuoco bianco e le fiamme che Ne formano le parole guizzano e si attorcigliano, hanno bagliori intensi e si affievoliscono. Quei guizzi e quei bagliori intensi sono l'Amore, senza il quale una giusta applicazione della Legge è impossibile. Per creare questo nostro mondo, Dio applicò la Legge tenendo conto di ogni sfumatura e di ogni minimo guizzo delle fiamme che continuano a scriverLa in eterno e non lo distrusse, perché il modo della Sua creazione restasse a insegnamento per coloro che lo avrebbero abitato».
«Allora Dio è Legge e Amore?»
«Dio è, in eterno, tutto fuorché il male. Il male distrugge e finisce per distruggersi. L'Eterno

Creatore ha creato, continua a creare e, se distrugge, lo fa per ricreare, così come punisce per perdonare».
«E questo dove è scritto?»
«Ciò è scritto dovunque si tratta della Sua creazione».

È scritto che il quarto giorno l'Eterno creò il Sole e la Luna. In effetti, i due grandi luminari erano già stati creati il primo giorno, insieme alla luce. Nel quarto giorno, l'Eterno si limitò a stabilirne le orbite e a lanciarli nel firmamento.
All'istante della creazione, il Sole e la Luna erano della stessa grandezza e dotati di pari luminosità. Si differenziavano soltanto nei compiti ai quali sono tutt'oggi destinati: l'uno presiede al giorno, l'altra alla notte.
Avvenne che quando l'Eterno diede il via al Sole, la Luna si mise a guardare in giro, in attesa del suo turno. Osservò con grande attenzione l'acqua e il fuoco, il cielo e la terra e, sulla terra, gli alberi e i fiori; tutte quelle cose, insomma, che erano già state sistemate ai loro posti. Quando ebbe ficcato il naso da per tutto, la Luna si presentò all'Eterno e Gli disse:
«Mio Creatore, hai realizzato un'opera stupenda e senza dubbio perfetta. Un particolare non riesco a capire. Tutte le cose sono state concepite in coppie e le due parti di ogni coppia non sono mai uguali. L'acqua è più forte del fuoco perché lo può spegnere, il cielo è infinitamente più grande della terra, e occorrono migliaia di fiori per fare un albero. Come mai soltanto io e il Sole abbiamo la stessa dimensione e la stessa potenza luminosa?»
L'Eterno sapeva benissimo dove la Luna voleva andare a parare. Preferì fingere di essere colpito dal suo acume:
«Hai proprio ragione!» esclamò. «Quando il mondo ferve di attività ha bisogno di molta luce, mentre per dormire vuole un chiarore blando e dolce. Ecco subito riparato il mal fatto: tu che devi presiedere alle ore del riposo, sarai molto più piccola e meno luminosa del Sole».
«Non è giusto» si ribellò la Luna che già sentiva

affievolire la propria luce.
«Perché? Sei stata tu a farmi notare che uno di voi due deve essere più piccolo dell'altro. Allora volevi che ridimensionassi il Sole, confessalo!» l'accusò l'Eterno con voce terribile. «Per questa tua ingiusta pretesa e per la falsità con cui hai aggirato l'argomento invece di addurre apertamente valide ragioni, non solo sarai più piccola e meno lucente del Sole, ma non brillerai tutte le notti e, quando brillerai, non sarai sempre intera».
La Luna non aprì più bocca per timore che l'Eterno la cancellasse addirittura dal firmamento. Quando venne il suo turno, partì nel cielo piena di rancore; ma era una notte limpida e la terra, spruzzata dalla sua luce d'argento, le apparve incantevole. Il rancore cedette il posto a sentimenti sempre più dolci e sparì del tutto. A metà corsa, la Luna era già perfettamente soddisfatta del suo ruolo e l'Eterno decise di mitigare la punizione. Prese tutto lo splendore che le aveva tolto e lo divise fra una infinità di astri più piccoli, destinati a farle da contorno e a ricamare il cielo notturno.
«La regina della notte avrà una corte di stelle,» disse nella Sua infinita misericordia «e il mondo non dovrà patire l'oscurità totale, nelle notti private della sua luce».

L'episodio della Luna non fu casuale. In un certo senso l'Eterno lo aveva provocato, per sondare[1] il carattere delle Sue creature in vista del quinto e del sesto giorno.
È scritto che il quinto giorno furono creati gli animali acquatici e quelli dell'aria e, nel sesto, gli animali terrestri e l'uomo. Per l'esattezza, tutti questi esseri erano scaturiti dal pensiero dell'Eterno insieme al resto dell'universo, già nel primo giorno. Nel quinto e nel sesto l'Eterno doveva sistemarli ai loro posti e, prima di farlo, aveva voluto mettere alla prova gli astri, pensando:
"Gli astri hanno un'orbita fissa. Se venisse loro la voglia di commettere soprusi, come è capitato alla Luna, al massimo potrebbero cercare di ingannare Me e non ci riuscirebbero. Gli animali avranno invece libertà di movimento e

1. **sondare**: saggiare, mettere alla prova.

all'uomo sarà dato il libero arbitrio".[2]
L'Eterno sapeva che i Suoi animali erano perfetti, ognuno nel suo genere e relativamente al compito cui è destinato. Proprio in previsione dei vari compiti, però, aveva dovuto crearne di grandi e di piccoli, di feroci e di miti, di infidi[3] e di imprudenti.
Gli uccelli rapaci, per esempio, devono essere feroci perché servono a sorvegliare e tenere a bada i serpenti. Se i serpenti non fossero infidi e striscianti, non potrebbero controllare e limitare la proliferazione degli insetti. Gli insetti, a loro volta, non possono fare a meno di dare fastidio posandosi imprudentemente da per tutto, perché così facendo fecondano le piante. Se si abbandonassero all'istinto dando libero sfogo ai loro appetiti, gli uccelli rapaci ucciderebbero tutti i serpenti, i serpenti distruggerebbero tutti i nidi degli insetti e gli insetti non potrebbero più fecondare le piante che servono di nutrimento all'uomo e a tutte le altre creature. L'equilibrio del mondo, insomma, andrebbe a rotoli.
"Se un cattivo istinto lo farà deviare, l'uomo sarà capace di riconoscere i propri errori e di ripararli. Messo di fronte a errori irreparabili, scoprirà il pentimento e il perdono, che ho creati per primi proprio in previsione delle debolezze umane. L'uomo inoltre avrà come guida, consiglio, sostegno e freno la Legge, che indica il giusto comportamento. Ma la Legge deve essere studiata con amore e gli animali, pur tanto sensibili all'amore, non sono in grado di studiare. Devo quindi creare dei freni che tengano a bada i loro istinti".
Così pensò l'Eterno. Essendo il Suo pensiero Creazione, tre animali che compendiano tutti gli altri animali fecero la loro comparsa e assunsero i nomi di Leviathan, Ziz e Behemoth.[4]
Il Leviathan si tuffò nel mare, Ziz spiccò il volo nel cielo e Behemoth raggiunse con un balzo la terra.

Il Leviathan è il signore degli abissi marini e, se esiste nel creato un essere cui si adatti il termine *fantastico*, questo è proprio lui. Le sue dimensioni equivalgono a quelle di tutti gli

2. libero arbitrio: capacità di giudicare autonomamente il bene e il male.

3. infidi: di cui non ci si può fidare.

4. Leviathan... Behemoth: mostri biblici.

altri pesci uniti insieme, grandi e piccoli, e la sua bellezza non ha uguali. Due occhi fosforescenti ne annunciano l'arrivo nelle profondità del mare e la luce che riflettono nell'acqua fa brillare le scaglie iridate,[5] grandi ognuna come la facciata di un palazzo e levigate come specchi. Il suo dorso è sormontato da una cresta impervia come una catena montuosa, ma snodabile e cesellata[6] come una collana. Una sola delle sue pinne chiuse ha forza sufficiente a sostenere il peso della terra, ma, quando si aprono, queste pinne diventano due stupendi ventagli sui quali è possibile contemplare tutta la vita del mare, che il Leviathan abbraccia con un solo giro della sua coda smisurata.

Il nutrimento del Leviathan non desta preoccupazioni, egli si limita a inghiottire quei pesci che gli entrano nelle fauci di loro spontanea volontà. Per placare la sua sete, però, è appena sufficiente tutta l'acqua che il Giordano porta al mare.

Questa meraviglia del creato ha un solo difetto: puzza più di centomila miliardi di pesci puzzolenti. L'Eterno lo ha dotato del suo odore caratteristico per tener lontano i curiosi che, attratti dalla sua fama e desiderosi di contemplarlo, si facessero prendere dalla tentazione di andargli vicino. Potrebbero venire involontariamente travolti dalle vibrazioni del suo respiro. Il difetto del Leviathan è comunque considerato un pregio dai pesci fra i quali vive. Essendo ogni creatura propensa a compiacersi dei propri odori caratteristici, essi lo trovano profumatissimo.

Ziz, per contro, si annuncia con folate di aromi che solleva in volo dai fiori della terra e sospinge nell'aria, affinché si spandano per tutto l'universo. Il Leviathan è una gioia per gli occhi, ma Ziz non gli è da meno. Basta pensare al più magnifico uccello che si vorrebbe vedere ed egli è così, solo infinitamente più bello e grande. Le sue ali spalancate hanno l'ampiezza dell'arcobaleno e le stesse sfumature. Il suo canto rende scialba la voce di mille organi che suonino dolcemente all'unisono.

Un giorno il capitano di una nave che veleggiava da settimane senza toccare terra scorse un

5. iridate: che riflettono i colori dell'iride, dell'arcobaleno.

6. cesellata: lavorata con cura minuziosa.

uccello stupendo, intento a lavarsi le penne della coda. L'uccello stava coi piedi saldamente posati sul fondo e l'acqua arrivava appena a lambirgli le prime piume delle cosce. Il capitano fece subito fermare la nave temendo che andasse a sbattere contro uno scoglio a fior d'acqua, ma la luce del sole e lo scintillio del mare lo avevano tratto in inganno. L'uccello era in effetti molto lontano e, nel punto in cui posava, l'acqua era profonda più di due parasanghe.[7] Improvvisamente l'uccello si librò in volo, le sue ali maestose nascosero per un attimo il cielo prima di scomparire nell'infinito, e il capitano si rese conto di aver contemplato Ziz.

7. parasanghe: antica misura persiana corrispondente a circa 6 chilometri di lunghezza.

Behemoth è il meno sbalorditivo dei tre animali eccelsi della creazione, ma non ha nulla da invidiare agli altri due in quanto a forza e possiede la nobiltà di un magnifico bisonte. Come cento milioni di mandrie di bisonti, se si lanciasse in una corsa pazza, potrebbe travolgere tutto quanto si trova sulla sua strada, sradicando foreste e polverizzando montagne. Se poi dovesse soddisfare l'arsura provocata da una simile corsa, prosciugherebbe tutti i fiumi del mondo visto che, per dissetare i suoi placidi giorni, l'Eterno ha dovuto creare un fiume che sgorga dal Paradiso soltanto per lui. Ma Behemoth conduce una vita molto tranquilla anche per dare l'esempio, dato che suo compito è tenere a bada gli animali della terra, impedire che i più grandi divorino i più piccoli e che quelli di pari forza si sbranino fra loro. Soltanto all'epoca del solstizio d'estate Behemoth si scuote dal suo dormiveglia per muggire con tanta forza, che tutti gli animali della terra lo odono. Basta la sua voce a intimidirli per un anno intero, durante il quale cercano di frenare i loro istinti. Allo scadere dell'anno, appena il timore comincia a svanire e gli appetiti rischiano di sfociare in inutili crudeltà, Behemoth si risveglia, muggisce di nuovo e la parte di mondo cui presiede rientra nell'ordine voluto dall'Eterno.

Ziz lancia il suo ammonimento con l'equinozio di autunno, agitando le ali e lanciando grida che soffocano per un anno qualsiasi eccesso di rapacità nel cuore della più fiera delle aquile. Col sopraggiungere del solstizio d'inverno, però, quando spetta al Leviathan frenare i pesci e il mare si solleva mosso dai battiti della sua coda smisurata e le onde salgono fino al cielo e si abbattono sulla terra, perfino Ziz e Behemoth tremano. Il mondo intero si raccoglie in se stesso e medita sugli eccessi che potrebbero travolgerlo senza speranza.

All'inizio era stata intenzione dell'Eterno di dare delle compagne ai tre meravigliosi mostri, visto che tutti gli animali erano stati creati in coppie e così sarebbe avvenuto per l'uomo e la donna, in osservanza del precetto "Crescete e moltiplicatevi". Un incidente casuale Lo distolse da questo proposito.
Accadde che, appena creata, la femmina di Ziz spiccò il volo e andò a posarsi sul più alto picco della più alta montagna della terra. Il posto le piacque e volle invitare Ziz a raggiungerla, per costruire subito il nido insieme a lui. Che cosa fece allora? Un uovo, senza star su tanto a pensarci. L'uovo intempestivo, nato senza nido, rotolò lungo il fianco della montagna, urtò contro una sporgenza della roccia, si ruppe e il suo contenuto sommerse settemila valli. Le valli si trasformarono in stupendi laghi, ma l'Eterno non può permettere che un gesto incauto, anche se dettato dalla più amorosa delle intenzioni, abbia conseguenze tanto gravi per chi da quelle stesse amorose intenzioni non è toccato. Pensò:
"Un solo uovo di questa coppia ha distrutto la vegetazione di settemila valli, privando del cibo le creature che avrebbero dovuto abitarle. Che cosa accadrebbe se una nidiata di simili animali fosse lasciata libera di razzolare da per tutto come fanno i pulcini? E che cosa diverrebbero il fondo del mare e tutto il resto della terra, una volta che i cuccioli del Leviathan e di Behemoth cominciassero a giocare e a rincorrersi fra loro?".
Così l'Eterno concesse a Ziz e alla sua compagna due sole uova ogni settemila anni, in cambio dell'impegno a far loro trovare pronto un nido adatto. I due grandi uccelli si spengono

nel momento in cui le uova si aprono e la giovane coppia inizia un nuovo ciclo di vita.
Behemoth e il Leviathan rimasero senza compagna, ma ottennero l'immortalità che in se stessa rende superflua la procreazione. Così ogni cosa ebbe un posto e una misura e anche la meraviglia di questi tre animali fu contenuta entro proporzioni giuste e ragionevoli, per insegnare che non si deve eccedere neanche in bellezza.
E naturalmente la potenza deve avere un limite. Behemoth controlla gli animali terrestri, Ziz i volatili e il Leviathan i pesci, tenendo contemporaneamente a bada i suoi due colleghi della terra e dell'aria. È logico che sia così, visto che il mondo marino è molto più vasto e popoloso degli altri due, ma anche il Leviathan ha il suo controllore. Questi è lo Spinarello, un pesce piccolissimo e variopinto che guizza in tondo sulla testa del re del regno animale, munito di tre aculei con i quali lo punge se solo prova ad alzare troppo la cresta.
Inoltre il Leviathan è il giocattolo dell'Eterno. Appena ha un po' di tempo libero fra lo studio della Legge e la cura dell'universo, l'Eterno si diverte a farlo saltare e rimbalzare come una palla. Sono momenti bellissimi per entrambi ed è giusto che sia così: il riso lava l'anima e nessuno si deve prendere troppo sul serio.

Da: Giacoma Limentani, *Gli uomini del libro*, Adelphi.

Paola Capriolo

LETTERE A LUISA

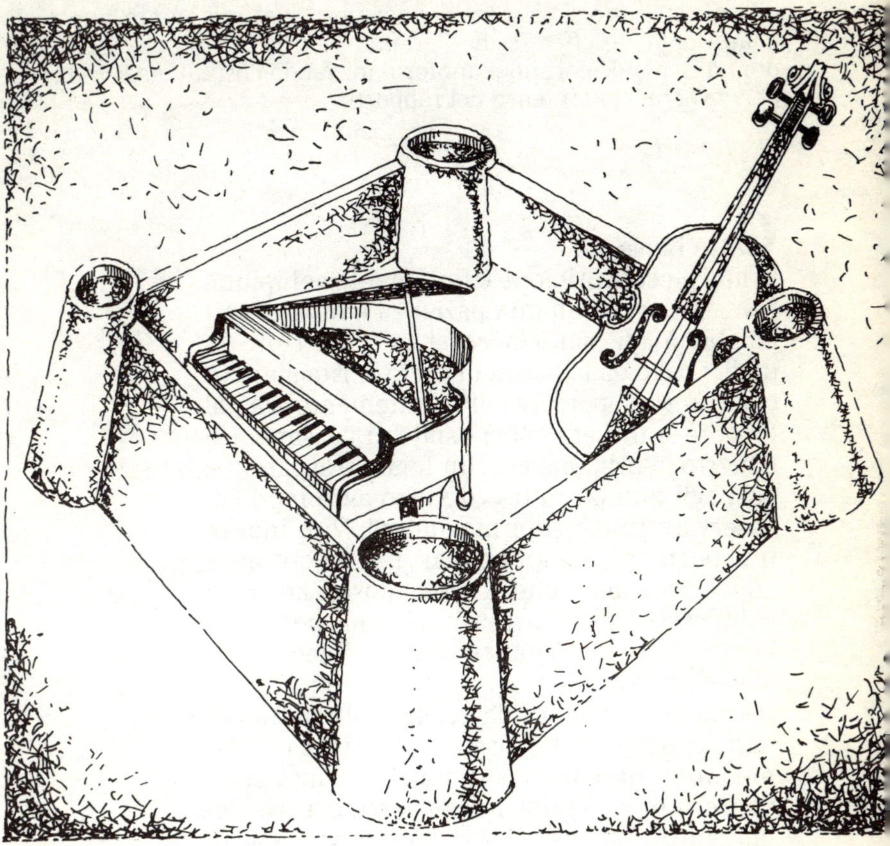

Paola Capriolo è nata a Milano nel 1962. Nel 1988 ha esordito con la raccolta di racconti *La grande Eulalia*. Nel 1989 pubblica *Il nocchiero*, suo primo romanzo. Con una scrittura squisitamente femminile, barocca ed esangue, torbida e insinuante, la Capriolo affronta in modo insolito le mille facce della realtà sfuggente.

Sono lettere che, nella raccolta *La grande Eulalia*, si contrappongono al racconto che le precede, *Il gigante*. In *Lettere a Luisa*, infatti, la vicenda è vista dalla parte della donna. La moglie di un comandante si trasferisce insieme al marito e al figlio in una fortezza costruita intorno a un unico prigioniero e destinata a essere distrutta dopo la sua morte. Dall'edificio giunge il suono sublime di un violino, ed è questo tutto ciò che la donna conosce del prigioniero, autore di delitti talmente efferati che nessuno ha il permesso di vederlo. La donna risponde col suo pianoforte iniziando così un magico duetto che diventa il più intenso dei rapporti.

Cara Luisa,
la mia piccola prigione è finalmente compiuta. Non sto a dirvi quanta pazienza e quali sforzi di abilità mi siano occorsi per costruire le dodici celle dalle pareti di carta, e ritagliare in ciascuna un'apertura sufficientemente grande da consentire al nostro ospite di passarvi. Ho coperto la prigione con un foglio trasparente: così egli non potrà fuggire, e io avrò modo di osservare tutti i suoi movimenti. Vi è inoltre una porticina, sempre di carta, che comunica con l'esterno, e che io solo posso aprire o chiudere. Come già avrete intuito, me ne servirò per far avere al prigioniero quanto è necessario al suo sostentamento.

Ma mi resta ancora da eseguire la parte più difficile del progetto, ossia la cattura, e la cosa, non ve lo nascondo, suscita in me una certa apprensione. Poiché, ne converrete, è assolutamente indispensabile prenderlo vivo. Osservo da parecchio tempo il suo comportamento, e lo so capace di mille astuzie. È in grado di arrampicarsi con una velocità straordinaria, e questo luogo, per giunta, non difetta certo di nascondigli.

Tuttavia non dispero di riuscire nell'impresa: in vita mia, come sapete, ho superato vittoriosamente difficoltà ben più ardue. O forse non lo sapete. Bisognerà che un giorno io mi decida a raccontarvi ogni cosa così come si è svolta, secondo verità, in modo da dissipare certi malintesi che potrebbero interporsi fra voi e me. Non desidero altro che la vostra comprensione, e il vostro affetto.

Cara Luisa,
sono lieto di informarvi che il mio avversario si è dimostrato assai meno astuto di quanto supponessi. Fiducioso come un infante, ha abbandonato il soffitto per aggrapparsi con tutte le otto zampe alla punta del bastone che gli tendevo. Che ne dite? Avreste immaginato, da parte sua, una simile ingenuità?
Devo confessarvi che la facilità della cattura mi ha deluso profondamente: ricorderete quanto io ami il rischio, l'azzardo, e cimentarmi con le volontà contrarie degli uomini o del destino. Voi foste sempre un cimento per me, pur con la tenerezza che spesso mi avete dimostrato, e ancora lo siete. Per questo continuo a cercare la vostra comprensione, e soltanto la vostra. Cosa m'importa, ormai, del giudizio del mondo? E perché dovrei mentire? Persino il ragno, rinchiuso nella prigione di carta, ha cessato di tessere le sue tele d'inganni: rimane immobile, rassegnato, in attesa della fine. Se potesse parlare, non direbbe altro che la verità.
Ma la verità, cara amica, è quasi sempre noiosa, e così ho lasciato il nostro ospite alle sue malinconiche riflessioni per dedicarmi al violino.
Spero che non abbiate abbandonato la musica: lo considererei il peggiore dei tradimenti. Io suono tutte le sere, dopo cena, quando sono cessati i rumori nel cortile. Le mie note hanno bisogno del silenzio come i pesci dell'acqua, come io di voi. Per voi forse, cara Luisa, saprei ancora mentire.

Amica mia,
quest'oggi ho udito un gran trambusto nel cortile, e la sera, mentre stavo suonando, sono stato interrotto da qualcuno che bussava alla porta. Attraverso la ruota mi è pervenuto un biglietto, che ho letto a fatica, poiché la mia vista si va indebolendo ogni giorno di più. Potrei fare richiesta di essere esaminato da un oculista, che mi prescriva lenti adeguate, ma non voglio che qualcuno entri qui dentro. I primi tempi, tanti anni fa, lo desideravo ardentemente, e avrei accolto con gioia la visita di chiunque. Ora non più. E poi non varrebbe la

pena d'inforcare un paio di occhiali per decifrare i futili[1] messaggi che mi vengono recapitati: "Si informa il prigioniero... Da quest'oggi... Il nuovo comandante della fortezza...". S'illudono, con questo insensato avvicendarsi di uomini, di poter scandire il tempo anche per me, ma io non saprei più ritrovare i miei giorni sul loro calendario.
Ho imparato a servirmi di un vecchio colino di vimini per catturare le mosche. Apro le lunette, al mattino, per cambiare l'aria, e ve n'è sempre qualcuna che si insinua nelle stanze: da questa abbondanza della fauna, e da una certa mitezza del clima, deduco che debba essere primavera, aprile, o forse addirittura maggio.
Seguo con lo sguardo i volteggi dell'insetto, e attendo immobile che si posi da qualche parte. Allora piombo su di lui come un rapace e lo copro con il colino. Credo che neppure il nostro ospite saprebbe fare di meglio.
A cattura avvenuta apro la porticina di carta, e introduco la piccola vittima nelle stanze del prigioniero. Attraverso il foglio trasparente assisto al suo pasto feroce, e ogni volta penso a voi, Luisa, alla fede pura e infantile che sempre opponeste al mio scetticismo.[2] Mi domando, scusate, se abbiate mai riflettuto a quanto sia mostruosa l'ipotesi di uno spettatore celeste che osservi di tra le nubi il dilaniarsi reciproco delle sue creature, impassibile, o forse vagamente incuriosito. Certo deve annoiarsi a morte, lassù, per contentarsi del misero diletto che simili spettacoli possono offrire. Così io, tediato[3] dalla prigionia interminabile, osservo la piccola mosca scomparire fra le zampe del ragno, e voi certo inorridireste per il piacere che ne traggo, o almeno ne inorridirebbe la tenera fanciulla che un tempo conobbi.
Ma perché, Luisa, mi negate il perdono, se potete perdonare il vostro Dio?

Mia cara,
continuo a ricevere messaggi da quel nuovo comandante, benché gli abbia fatto capire chiaramente, rispondendo in maniera assai laconica[4] al suo primo biglietto, che non ho alcuna

1. **fùtili**: superficiali e inutili.

2. **scetticismo**: incredulità, scarsa fiducia.

3. **tediato**: annoiato.

4. **laconica**: conciso, di poche parole.

intenzione di intrecciare una corrispondenza con lui. Sono talmente infastidito che ho deciso di non aprire più le lettere: aprirei solo le vostre, se infine vi degnaste di scrivermi.
Mi domando se saprei ancora riconoscere la vostra calligrafia, quella scrittura nitida e aggraziata che una volta mi era così familiare. Gli anni possono averla mutata, come hanno mutato la mia; tante cose sono accadute nel frattempo, tante immagini, forse troppe, sono trascorse davanti ai miei occhi. Prima il trionfo, poi la rovina, hanno scavato un abisso profondo che mi divide dal mio passato, e solo il ricordo di voi riesce ancora a valicarlo, come uno di quei lunghi ponti di liane che gli indiani d'America stendevano sopra i precipizi, ed erano fragili all'aspetto, ma saldi e sicuri per chi osasse poggiarvi il piede.
Anche voi, Luisa, dovreste osare, dovreste tentare di comprendere. Ieri ho udito una voce di donna che si levava nel cortile, acuta, dall'inflessione volgare. Strillava qualcosa a proposito di un certo "demonio", e ho capito che si riferiva alla mia persona.
Non crediate che la cosa mi dispiaccia: al contrario. Immagino che anche il ragno si sentirebbe sollevato se, dalla sua prigione di carta, potesse udire le voci dei piccoli insetti che ancora lo temono. Invece fagocita[5] le sue mosche stancamente, senza entusiasmo, avvilito nel proprio orgoglio di predatore.
La prostrazione[6] di quell'animale mi commuove a tal punto che ho deciso di catturare per lui un altro ragno. Dal loro incontro nascerebbe di sicuro un combattimento all'ultimo sangue, e non vi nascondo che la prospettiva di assistervi è per me assai eccitante. Mi sentirei un Cesare che contempla, arbitro assoluto di vita e di morte, la danza cruenta di una coppia di gladiatori.
Il guaio sarebbe se i due ragni fossero di sesso opposto, e in luogo di combattere scegliessero di prolificare. In tal caso credo che li libererei, in modo che andassero a godersi altrove la loro uggiosa[7] felicità domestica.
Spero, dolce Luisa, che le mie inclinazioni non vi scandalizzino troppo. In fondo anche la

5. **fagòcita**: divora.

6. **prostrazione**: avvilimento, depressione.

7. **uggiosa**: noiosa.

musica è lotta, e un tempo vi piaceva duellare con il mio violino. Vi ricordo ancora come uno dei più degni avversari che mi sia stato dato di incontrare.

Carissima,
ormai da giorni sento battere la pioggia contro i vetri smerigliati delle finestre, e non posso aprire le lunette per timore di allagare le stanze. L'età avanzata non mi consente di espormi all'umidità.
Ho perlustrato tutti i muri della prigione, ma è impossibile trovarvi un solo ragno. Anche l'approvvigionamento delle mosche si sta facendo difficile, tuttavia la situazione non è ancora disperata, poiché ho avuto l'accortezza di conservarne una dozzina, vive, in un vaso di vetro. Ho sostituito il coperchio con un fazzoletto di batista,[8] perché possano respirare, e vi ho praticato dei forellini attraverso i quali lascio cadere ogni tanto qualche briciola di pane. Grazie a tale precauzione siamo in grado di affrontare questo periodo di carestia, sorretti dalla speranza che torni il sereno prima che le nostre risorse siano del tutto esaurite.
Credo che quelle mosche, che giungono nella sua tana già mezze morte, risultino insipide al nostro ospite, come a me le più elaborate vivande che i soldati mi passano puntualmente, due volte al giorno, attraverso la ruota.
Mi trattano con premura, e, ciò che più conta, con assoluta discrezione. Nessuno è autorizzato a entrare nelle stanze ove sono confinato, e persino le mie finestre sono schermate, perché io non possa vedere nulla di ciò che accade all'esterno. L'isolamento totale, finché avrò vita, è la pena con cui devo scontare i miei misfatti, e credimi, Luisa, è una punizione assai meno dura di quanto non appaia. Ci si abitua, si trovano compagni fra gli insetti, oppure fra i fantasmi.
Certo, non si può immaginare nulla di più diverso dai nostri sogni di adolescenti. Ciò che io sognavo si è fatto in parte realtà, e gli altri uomini, specchiandosi nel mio sogno, vi hanno ravvisato i tratti deformi di un incubo. Tu sognavi un mondo a tua immagine, una sorta

8. **batìsta**: fine tessuto di lino.

di paradiso, e io già allora sorridevo di tali illusioni, poiché sapevo che il paradiso non è realizzabile su questa terra. Dell'inferno invece, me lo devi concedere, sono state raggiunte eccellenti approssimazioni.
So, povero angelo, quanto questo cinismo vi offenda, e come vi affligga che un demonio par mio osi rivolgersi a voi in tono così confidenziale. Ma chissà che gli anni non abbiano strappato qualche penna alle vostre belle ali, o ne abbiano intorbidato il candore. Forse quelle macchie, quelle minuscole ferite che si sono aperte nella vostra carne là dove erano attaccate le piume, vi parlano anche di me, dell'angelo da sempre ribelle, da sempre caduto. Lentamente vi insegneranno a comprenderlo e a perdonare i suoi sogni funesti.

Mia Luisa,
scusate se vi ho trascurata per qualche giorno, ma mi è occorsa un'avventura straordinaria, che ha assorbito completamente la mia attenzione.
Definisco "avventura", e qualifico per giunta "straordinario", un evento al quale in altri tempi non avrei neppure badato. Dovete compatirmi: già vi spiegai che da decenni vivo in compagnia di fantasmi e di insetti, non raggiunto da altro suono che dalle grida rozze dei soldati, dal rumore degli zoccoli e delle ruote dei carri, e dalle melodie che io stesso eseguo sul violino.
Figuratevi dunque il mio stupore nell'udire all'improvviso, attraverso il cortile del carcere, la voce aliena di un pianoforte. Qualcuno suonava, chissà dove, un brano superficiale ma gradevole. Lo suonava né male né bene, anzi, piuttosto male che bene, in un modo che certo non aveva nulla a che fare con la vostra impareggiabile maestria; eppure quella musica mi ha colpito straordinariamente, e da allora tutti i giorni ne attendo con impazienza il ritorno attraverso le lunette della mia prigione, che lascio sempre aperte, approfittando del tepore estivo.
Mi chiedo di dove vengano quelle note, da quali mani. Credo che a suonare sia qualcuno della

casa del nuovo comandante: egli stesso, forse, o più probabilmente la moglie o la figlia. C'è un che di lezioso[9] nello stile, e una mancanza di intimo vigore, che fanno pensare a una donna. Non fraintendetemi, vi prego: parlo delle donne in generale, senza alcun riferimento alla vostra persona. Anche voi eravate leziosa, sotto molti aspetti, ma non quando sedevate al pianoforte. Ascoltando quella musica mi tornano in mente certe signorine di buona famiglia che ai ricevimenti acconsentivano a "suonare qualcosa" per la gioia o il tormento dei convitati. Rammento ancora come mi divertivo a osservare la confusione che si impadroniva di loro al mio apparire nella sala: le dita si facevano all'improvviso incerte, titubanti. Talora quelle poverette si interrompevano addirittura, e fissavano lo spartito con aria ottusa, come se di colpo avessero disimparato a leggere le note. Se poi mi avvicinavo al pianoforte, un violento rossore si diffondeva sulle loro guance.
Forse anche la pianista misteriosa arrossirebbe se le comparissi d'innanzi, e non riuscirebbe a seguitare i suoi mediocri esercizi. Lo specchio, che guardo il meno possibile, mi restituisce l'immagine desolante di una testa canuta, di un volto devastato dal tempo, ma lo sguardo è intatto, e ancora vi riconosco l'antico, terribile me stesso. Anche voi, cara amica, lo riconoscereste, e forse, al suo cospetto, tornereste ad assumere quell'espressione che avevate sul volto quando vi vidi per l'ultima volta. Non arrossiste, ma nei vostri occhi si accese una luce che era insieme di pietà e di orrore. Fu al processo, ricordate, e voi vestivate di nero.

Luisa cara,
dovreste sentire come pigia sui tasti, quella musicista dilettante, costantemente, anche quando non ve ne sarebbe alcuna necessità. Le sue ariette, gli insipidi valzerini, sarebbero forse più tollerabili se eseguiti con tocco lieve, e con un certo distacco. Invece, a quanto pare, si sforza di infondervi accenti di disperata passione, la quale cosa, in brani del genere, di puro intrattenimento, produce un effetto addirittura grottesco.

9. **lezioso**: artificioso, dolciastro.

Vi scrivo tutto questo per dimostrarvi che la prigionia non è bastata a farmi smarrire la lucidità mentale, né la capacità di discernimento.[10] Ma dove il mio giudizio si ritrae disgustato, uno strano turbamento, una commozione inspiegabile assale un'altra parte di me: quella parte oscura, inaccessibile al raziocinio, che voi, avvezza come siete alle formule nebulose, chiamereste forse il mio cuore, o peggio ancora la mia anima. Nonostante l'irritazione non posso impedirmi di provare piacere ascoltando le note di quello strumento.

Mi sono chiesto per quale motivo ella suoni così forte, e sono giunto alla conclusione che voglia farsi udire da qualcuno. Ora, chi può mai essere questo qualcuno? Non certo uno dei familiari, poiché in tal caso un simile fracasso risulterebbe del tutto superfluo, ma piuttosto un essere lontano, che non abita nel suo alloggio. Avrete già indovinato la meta cui tende questo ragionamento: il qualcuno, l'essere lontano, non posso essere che io, è per me che la ragazza forza sì crudelmente i tasti del suo pianoforte.

Avrà udito parlare di me, è naturale, le avranno narrato le mie gesta. Più e più volte, scommetto, sin dall'infanzia, omettendo magari qualche dettaglio non adatto all'orecchio gentile di una signorina. Sa che vivo qui dentro, a pochi passi da lei, circonfuso ancora degli estremi bagliori della mia gloria: come potrebbe resistere a una simile tentazione? Sicuramente mi ha udito suonare, e si illude, povera bambina, di corrispondere con me strapazzando in quel modo la tastiera.

Si illude e non si illude, poiché già vi ho confessato che la sua musica mi reca un certo diletto. E tuttavia, mia Luisa, cosa è mai tale diletto, se non un'ombra di quello sublime che un tempo, suonando insieme, voi e io sapevamo trarre l'uno dall'altra?

Cara fanciulla,
devo comunicarvi, purtroppo, una dolorosa notizia. Ieri, intorno alla mezzanotte, il nostro ospite si è spento, credo per cause naturali. L'ho trovato riverso sulla schiena, le otto zampe

10. discernimento: comprensione, giudizio.

serrate intorno alla sua ultima preda, che non ha avuto il tempo di ingoiare.
Le esequie[11] si terranno questa sera, in pompa solenne, e sebbene voi non possiate partecipare, vi prego almeno di indossare in sua memoria l'abito nero di cui si parlava, quello che vi vidi al processo. Ditemi, portavate il lutto per me? Lo so, ne sono certo, ma vorrei che me lo confermaste. E vorrei che mi confermaste che era proprio nero, e non già verde scuro, come talvolta mi appariva.
Il defunto compagno della mia solitudine giace ora in una scatoletta di legno. Sono rimasto un po' a osservarlo mentre il pianoforte suonava, in luogo della marcia funebre, le solite musichette.
Voi sapete, cara, che nel corso della mia esistenza ho conseguito una certa dimestichezza con la morte, soprattutto con quella altrui, ma anche con il pensiero della fine che mi attende inevitabile. Mi avete forse visto battere ciglio, voi che assistevate da una delle ultime file, quando su di me incombeva la minaccia della pena capitale? No, non battei ciglio, né allora né mai: in mezzo ai pericoli della vittoria e a quelli della sconfitta, osai sempre proclamarmi, di fronte al lugubre spettro, signore orgoglioso del mio destino.
Ma quel ragno morto nella prigione di carta, quel nero groviglio di arti irrigiditi, è più di quanto io riesca a sopportare. Al suo cospetto, per la prima volta, la morte mi appare come qualcosa di orribilmente futile, come qualcosa che non si può fronteggiare, perché non ha volto, non ha sguardo, è soltanto una mano cieca che colpisce goffamente, là dove capita. Nessuno assisterà al mio funerale, fuorché qualche militare distratto, e tutto avverrà in fretta, e nel silenzio. Ma il mio violino, questa sera, intonerà per quel ragno morto il più dolce dei lamenti.

11. **eséquie**: funerale.

Cara amica,
non ho saputo resistere. L'altro giorno, prima dell'ora fissata per la cerimonia, ho chiuso la scatoletta di legno e l'ho legata con dello spago. Poi ho accostato una sedia a una delle finestre,

vi sono salito, e sollevandomi più che potevo sulla punta dei piedi ho lanciato fuori la bara, attraverso la lunetta.
Mi sto consolando con un nuovo compagno. Questo è di una razza diversa, non è nero ma di una tinta giallastra, maculata, il suo corpo è più piccolo e le zampe più lunghe e sottili. Diversamente dall'altro, che quasi non si muoveva, corre con ansia febbrile da un angolo all'altro della prigione, cercando il varco per una fuga impossibile. Vedete quali enormi differenze di carattere si riscontrino persino fra gli esponenti delle specie inferiori!
Anche il suo modo di divorare le mosche rivela una strana irrequietudine. È avido, frettoloso, non faccio quasi in tempo a introdurre l'insetto che già è scomparso, avvolto nell'abbraccio del suo carnefice.
Tutto ciò costituisce una novità, e mi aiuta a occupare il tempo in maniera assai piacevole. Lo spettacolo della morte violenta ha in sé qualcosa di profondamente rassicurante, consente di scacciare per un attimo il pensiero dell'altra, di quella anonima, senza volto.
Comunque, questi sono i miei piccoli svaghi, gli unici, purtroppo, poiché da qualche tempo il pianoforte se ne rimane silenzioso. Certi rumori che ho udito mi inducono a supporre che vi siano ospiti in casa del comandante. È curioso, però, che nessuno chieda mai alla ragazza di "suonare qualcosa".
Li detesto tutti, dal primo all'ultimo. Di lontano mi giunge l'eco delle loro conversazioni, sono sicuro che parlano di me. E di cos'altro potrebbero parlare?
Suono a lungo il violino, per coprire il brusio insopportabile delle loro voci, forse anche per disturbarli. Mi piacerebbe poter entrare là dentro, confondere con la mia presenza i padri e le madri, terrorizzare le fanciulle.
Voi, ricordo, sosteneste sempre il mio sguardo, e non mi riuscì mai di farvi interrompere mentre suonavate. E dire che siete così giovane, e così timida...

Luisa carissima,
le mie giornate si trascinano in un tedio infinito.

Il tempo, come saprete, si allunga e si accorcia, e ogni volta in modo opposto ai nostri desideri, sicché non vi è istante che non ci paia trascorrere troppo lento, oppure troppo rapido. Se fossi in voi inoltrerei un reclamo in proposito a quel Signore lassù, sempre che siate ancora in buoni rapporti.
Il mio tempo si allunga, Luisa, si allunga smisuratamente. Gli istanti procedono con il passo svogliato di una tartaruga, e la mia nostalgia per il pianoforte cresce di giorno in giorno.
Accade a volte, dopo il pranzo, che nel carcere si faccia un silenzio totale, come se tutti dormissero. Allora prendo il violino, mi avvicino a una delle finestre schermate e incomincio a suonare, nella speranza di essere udito dalla pianista sconosciuta. Anche di notte, talora, suono per lei, quando dai vetri non mi giunge più il bagliore velato delle fiaccole che illuminano il cortile.
È una sorta di richiamo che le lancio attraverso lo stretto spiraglio della lunetta, o meglio, una ragnatela che vado tessendo per catturarla. Chissà che non riesca a persuaderla a tornare a occuparsi un po' del suo strumento, e magari a farle capire che esiste al mondo una musica migliore di quella cui è abituata.
Mi dedico a questo progetto con la sconfinata pazienza di chi non ha altro da fare.

Mia cara,
la piccola mosca leziosa è infine caduta nella rete: ieri sera, dopo il lungo silenzio, ha ripreso a suonare, e le note che uscivano dal pianoforte non erano più la sua musica, ma la mia.
Eseguivo, per attirarla, una melodia lenta e suadente, la più lenta e suadente che io conosca. Sì, Luisa, era proprio quell'adagio, l'adagio della sonata che amavamo sopra ogni altra. Lo eseguivo, devo riconoscerlo, in maniera un poco scolastica, non già perché io abbia smarrito la mia abilità di virtuoso, ma per farmi intendere più chiaramente dalla fanciulla.
E infatti, dopo qualche tempo, ha iniziato a rispondermi.
Le sue dita si muovevano timide, insicure, e spesso sembrava che faticasse a seguire lo

spartito, ma come vi ho detto io ho pazienza, una pazienza sconfinata, e seguiterò a ripetere il brano tutte le sere, finché la mia compagna non abbia imparato a suonarlo in modo accettabile.
Dico "la mia compagna", e quasi mi vergogno di queste parole, poiché so bene che tale appellativo[12] spetta a voi, e a voi soltanto. Costei non sarà mai in grado di eguagliare le vostre squisite interpretazioni, né mai, fra lei e me, si potrà stabilire quell'intesa profonda che faceva dei nostri strumenti l'eco duplice di un'unica voce.
Ma compatitemi, io devo accontentarmi di ciò che trovo, ed è già molto, per me, avere finalmente qualcuno con cui suonare. Siete gelosa, per caso? Ah Luisa, me lo auguro con tutto il cuore.

12. appellativo: titolo, epiteto, modo di chiamare.

Dolce amica,
la mia allieva comincia a fare qualche progresso, pur mantenendosi mille miglia lontana dalla perfezione. Adesso vi è una certa delicatezza nel modo in cui esegue l'adagio, e voi stessa, forse, potreste ascoltarla senza troppo fastidio.
Vedrete, a poco a poco riuscirò ad apprenderle il mio linguaggio, il nostro linguaggio. Lentamente la sto trascinando verso regioni sconosciute; è finito per sempre, ormai, il tempo degli ingenui diletti, delle melodie zuccherose. Credo che se anche volesse non potrebbe farvi ritorno.
All'improvviso, giocando con la mia nuova preda, mi ritrovo nelle vesti per me più inconsuete: quelle del filantropo.[13] Poiché, dovete ammetterlo, è stato un vero e proprio atto di misericordia strappare quell'ignota creatura alla sua compìta[14] barbarie per sollevarla con me sino alle sfere dell'arte.
Insomma, cara Luisa, ormai dovrete trattarmi con tutti gli onori che spettano a un ragno in odore di santità.

13. filàntropo: chi ama gli uomini e vuol far loro del bene.

14. compìta: garbata, educata.

Carissima,
la ragazza comincia a ripagare i miei sforzi con qualche lieta sorpresa. Già non sembra più la

stessa: le tracce di quell'insopportabile dilettantismo che all'inizio affliggeva le sue esecuzioni stanno scomparendo velocemente, e pian piano, dal tocco delle dita, affiora una sensibilità nuova, più raffinata, che a volte mi ricorda la vostra.
Questo per quanto riguarda l'adagio. Con il primo movimento, invece, siamo appena agli inizi, e io devo tentare di dimenticarvi se voglio essere indulgente. Tuttavia la sua interpretazione è già discreta, e noto con piacere che la capacità di imparare si è sviluppata in lei straordinariamente, e in brevissimo tempo. Se voi non mi aveste viziato, forse sarei del tutto soddisfatto.

Amica mia,
mi accorgo che ultimamente non vi ho più dato notizie del ragno, ma non dovete farmi il torto di credere che la mia nuova missione pedagogica mi induca a trascurare i doveri dell'ospitalità. Trascorro lunghe ore a cacciare gli insetti, soprattutto di mattina, sia perché mi pare che la preda si presenti allora più copiosa, sia perché la musica, ne converrete, non è certo cosa da affrontarsi prima di pranzo.
Il clima è caldo, il cielo è sereno, ma ho l'impressione che tutto questo duri ormai da molto tempo, forse da mesi; i raggi obliqui del sole che riscaldano le mie stanze filtrando dalle lunette si ritirano sempre più presto, lasciandomi in balìa di una vaga penombra. Temo che l'estate volgerà presto alla fine, e con essa la stagione delle mosche.
Il nostro amico non sembra affatto allarmato, seguita a consumare i pasti con la consueta voracità, quasi avesse affidato il proprio destino alle mani benevole di una speciale provvidenza, che gli garantisse cibo in abbondanza fino al termine dei suoi giorni. E chissà che non sia proprio così. Come forse rammenterete, io non ebbi mai una grande inclinazione per gli studi, e le tormentate vicende della mia esistenza me ne hanno distolto completamente. Adesso però vorrei essere un entomologo,[15] e sapere se i ragni sopravvivono alle prime avvisaglie dell'inverno.

15. entomòlogo: studioso degli insetti.

Luisa cara,
dopo aver superato felicemente gli ostacoli del primo movimento, la fanciulla si è impadronita dello scherzo e del rondò con una rapidità addirittura sbalorditiva. Ormai siamo in grado di eseguire la sonata in tutta tranquillità, dal principio alla fine. Certo, qua e là vi è ancora qualche difetto, ma voi ricorderete quanto sia complessa quella partitura. In linea di massima posso dirmi orgoglioso della mia allieva. È assai ricettiva, riesce a supplire alle carenze della propria formazione con un istinto musicale che non credevo possedesse. Si risveglia gradualmente, questo istinto, grazie alle mie arti maieutiche,[16] e immagino che lei ne sia sorpresa al pari di me.
Le ragnatele, dolce amica, sono intessute del più impalpabile fra gli elementi, eppure sanno avvincere la preda, e la sanno trattenere. Così io con un filo invisibile ho legato alle mie mani le mani di lei, il suo volere al mio. Io la conduco, ella mi segue. Lentamente, senza bisogno di parole, le insegno a rispondere con esattezza a ogni mia richiesta, a domandare con esattezza là dove voglio rispondere, e talora mi sembra quasi di esser tornato ai tempi felici quando voi e io tenevamo insieme siffatti colloqui.
Mio Dio, Luisa, come vi somiglia! Quando eseguiamo la nostra sonata non so immaginarla che bionda, e vestita di nero. E sempre mi guarda con quell'espressione ambigua, dolorosa, e siede lontana, in fondo all'aula.
Non ho mai dubitato che foste voi, laggiù, a guardarmi in quel modo, mentre io stavo sul banco degli imputati. Non ne ho mai dubitato, sebbene la mia vista, già allora, fosse leggermente indebolita. Vi somigliava troppo per poter essere un'altra. Chi, se non voi, avrebbe osato fissarmi tanto a lungo, e dritto negli occhi?
Ma se proprio in quel momento le guardie non mi avessero condotto fuori dell'aula, sono certo che anche voi avreste abbassato lo sguardo, così come la pianista sconosciuta si è fatta remissiva, docile al mio volere. Si addentra, seguendo le mie orme, nei labirinti più insidiosi della musica, in quegli oscuri paradisi che un

16. arti maieutiche: arte di far emergere da un individuo le sue abilità e conoscenze.

tempo furono il nostro regno.
Mi chiedo a volte come abbiate potuto attraversarli serbando intatto tutto il vostro candore. Nessun'ombra, neppure allora, offuscava il risplendere delle vostre ali. Io spalancavo abissi sotto i vostri piedi, e voi vi volteggiavate sopra, ignara e sicura.
Foste per me una compagna esasperante, soprattutto allora, quando suonavamo insieme ed eravamo come fratello e sorella, come sposo e sposa.
Anche quest'altra, forse, mi esaspererebbe, se non fossi intenerito dal ricordo di voi. La tenerezza è un lusso che ormai posso concedermi, ma con misura: dosi troppo elevate mi avvelenerebbero. Perciò a volte vorrei scacciare il vostro ricordo, vorrei che mi lasciaste un poco alla mia solitudine.

Cara Luisa,
quella ragazza mi spaventa. C'è qualcosa, nel suo modo di suonare, che mi spaventa. La dolcezza travolgente, la straordinaria somiglianza... Credo che un tale sgomento infonda nell'animo la gioia, quando si avvicina, e io non so se devo resistere o abbandonarmi.
Vi prego, Luisa, abbiate pietà.

Angelo mio,
questa sera, quando hai cominciato a suonare per prima, con quel tocco così leggero, mi pareva che tu spalancassi dinanzi a me i cancelli del mio passato più felice.
Piccolo angelo, le tue ali bianche sono gemelle delle mie ali scure, la tua innocenza mi appartiene, e a te la mia crudeltà.
Non ho mai dubitato che fossimo le due metà della stessa cosa, che la mano che colpisce e la carne che riceve il colpo fossero la stessa cosa.
Mia Luisa, solleva gli occhi dal pianoforte, e guarda con quanta dolcezza il ragno stringe le zampe intorno al corpo della mosca. Non lo senti anche tu, che tutto è giusto?
Tutto è giusto, mia fanciulla, tutto è redento,[17] e ogni cosa nel proprio contrario ritrova se stessa. Non ne ho mai dubitato, non ho mai dubitato che fossi tu, seduta laggiù in fondo,

17. **redento**: perdonato, riscattato.

nell'aula del tribunale. Tu vestita di nero, tu con le ali bianche. Di che altro parlano il pianoforte e il violino, se non di questo mistero e del suo duplice volto?
Di che altro parlavano allora, quando noi ancora non comprendevamo, e ci credevamo lontani? Quando il fratello non riconosceva la sorella, e la sposa si negava allo sposo?
Guarda: la piccola mosca è scomparsa nell'abbraccio del ragno.

Amata fanciulla,
non so più chi guida e chi è guidato. I nostri suoni si fondono, si confondono, e ieri sera il cielo ha acceso tutte le luminarie per celebrare solennemente la nostra unione.
Ti ha disturbato, forse, il guizzare dei lampi? Hai forse avuto timore del sordo boato dei tuoni? Ma no, percorrevi sicura il nostro giardino di note, svolazzavi, piccolo insetto alato, sopra l'abisso che è il tuo e il mio, che è la mia crudeltà e la tua innocenza.
Guarda, gemella, come ogni cosa si fonde con ogni altra, come ciascuna guida e ciascuna si lascia guidare.

Angelo bello,
dopo questi lunghi giorni di silenzio già disperavo di udire ancora la tua voce. Sia grazie a te, e all'aria fredda della sera, che me l'ha riportata. Eppure in quel suono vi è qualcosa di diverso, di stranamente remoto. Il tuo sguardo, di sotto la veletta leggera, mi fissava, e insieme pareva sottrarsi.

Angelo, perché non mi rispondi più? Ti prego, dimmi qualcosa con quella tua voce liquida, una frase d'amore sui tuoi tasti bianchi e neri. Voglio continuare a specchiarmi in te.

Dolce Luisa,
il violino è stanco di suonare da solo, e il ragno divora le sue mosche con scarso appetito. Perché questo silenzio? Perché mi abbandoni adesso, dopo avermi guidato sull'orlo dell'ultimo abisso?

Signora,
vi scrivo di nuovo, dopo tanto tempo, per informarvi delle mie condizioni di salute.
Sono troppo debole per suonare, e da quando voi mi avete abbandonato non trovo alcun diletto nel violino. I soldati continuano a importunarmi passandomi due volte al giorno, attraverso la ruota, enormi vassoi pieni di mosche. Ne mangio ancora qualcuna, ogni tanto, ma con scarso appetito. Non ho più neppure la forza di correre da un angolo all'altro della prigione di carta per cercare l'uscita.
Giaccio sul dorso, quasi sempre, con le zampe in aria, e disteso nella mia branda vi scrivo adesso quest'ultima lettera.
Farò lo sforzo di alzarmi per andare a riporla nel cassetto, insieme con tutte le altre. Chissà, forse dopo la mia morte qualcuno ve le farà recapitare, ammesso che riescano a rintracciarvi, e che non abbiate ancora lasciato questo mondo per raggiungere la dimora celeste cui un tempo aspiravate. Là certo non avrete mai l'opportunità di incontrarmi, e perciò vi dico addio, mia metà crudele e innocente, eternamente divisa.

Da: Paola Capriolo, *La Grande Eulalia*, Feltrinelli.

Gianni Celati

METEORITE DAL COSMO

Gianni Celati è nato a Sondrio nel 1937 e vive a Bologna dove insegna letteratura angloamericana all'università. Nei suoi romanzi si alternano toni ironici, fiabeschi e drammatici, come in *Le avventure di Guizzardi*. I suoi racconti sono raccolti nei volumi: *Narratori delle pianure*, *Quattro novelle sulle apparenze*, *Verso la foce*, dove privilegia l'aspetto fantastico nelle storie comuni. Ha tradotto Swift, Celine, Twain, London, Melville.

"Un'intensa osservazione del mondo esterno ci rende meno apatici (più pazzi o più savi, più allegri o più disperati)" scrive Celati. I racconti dei *Narratori delle pianure*, da cui è tratta questa vicenda, nascono così: lungo la via Emilia, in ogni paese, da Gallarate a Chioggia, esiste un vecchino, un ragazzo, una pazza, che racconta la sua storia. Non c'è povertà di vicenda che non nasconda un aspetto imprevisto, un'illuminazione filosofica, una vena di comicità. Basta saper ascoltare, saper riprodurre umilmente e limpidamente l'animo di chi racconta, e troveremo in ogni incontro col nostro prossimo "il Narratore".

La donna dice che una volta non sopportava la poca generosità della gente. Adesso non ci pensa più, ma in generale le sembra che le donne siano più generose degli uomini, e i vecchi più dei giovani, tranne quando sono stupidi e incattiviti.

Molti anni fa aveva dovuto interrompere i suoi studi di veterinaria, e per un lungo periodo non aveva voluto uscire di casa, perché tutta la gente le sembrava poco generosa. Finalmente dopo molte pressioni i suoi familiari erano riusciti a portarla da uno psichiatra di Modena, un dottore abbastanza giovane che però aveva i capelli quasi tutti bianchi.

Lei, prima di parlare con quel dottore, aveva voluto guardarlo bene per capire che tipo era, e gli aveva chiesto di mettersi in mezzo alla stanza per farsi osservare. Il dottore aveva acconsentito, e lei gli aveva girato attorno osservandolo.

Poi gli aveva chiesto di levarsi la giacca per vedere come teneva le spalle. Anche a questo il dottore aveva acconsentito, sorridendo e poi informandosi: «Come mi trova?»

Lei gli aveva detto: «La trovo bello, ma anche un po' triste, perché non si fida degli altri». Lo vedeva da come teneva le spalle che non si fidava degli altri, e gli ha chiesto come poteva lui curare la gente se non si fidava. Il dottore le aveva risposto con molta serietà: «Ha ragione, ma non è colpa mia».

Ad ogni modo lei aveva accettato di parlargli, siccome lui aveva acconsentito a farsi guardare, e questo voleva dire che era almeno un po'

generoso.
Il dottore le aveva chiesto perché lei non volesse mai uscire di casa, e lei aveva risposto: «Non voglio uscire perché la gente è poco generosa e giudica troppo». Il dottore le aveva spiegato che bisogna fare uno sforzo per dimenticarsi che gli altri giudicano, altrimenti ci si paralizza, e lei gli aveva detto: «Sì, lo so, ma io sono brutta, e per me è più difficile dimenticarmelo».
Alla fine della visita il giovane dottore con i capelli bianchi le aveva fatto due profezie. La prima, che un giorno si sarebbe accorta di essere identica a tutti gli altri, perché anche lei giudicava gli altri, e poi standosene chiusa in casa era anche lei poco generosa. La seconda, che nel giro d'un anno le sarebbe successo qualcosa che l'avrebbe scossa, facendole passar di mente questi problemi.
Le due profezie si sono avverate. La seconda s'è avverata per prima, e l'altra s'è avverata in seguito come conseguenza della prima.
Un giorno stava rigovernando l'orto e ha visto nel cielo una palla infuocata che faceva una parabola verso l'alto. Poi la palla infuocata ha fatto uno zigzag con due schianti, e ha iniziato una parabola discendente fino ad un campo oltre la sua casa.
Lei è corsa nel campo, e ci ha trovato un buco che fumava. Attorno al buco c'era una corolla di terra, e quando l'ha sfiorata s'è scottata la mano. La mano ha continuato ad essere scottata per un mese, ma non si vedevano tracce di bruciature.
È accorso suo padre, che aveva sentito il sibilo e gli schianti, e pensava potesse essere una bomba persa da qualche aereo di passaggio. Poi è arrivato anche il figlio di suo fratello spiegando che doveva essere un meteorite, e allora suo padre ha voluto correre subito a telefonare a un giornalista di Modena, perché scrivesse un articolo sul meteorite caduto nel suo campo. Lei è rimasta a guardare a lungo quel buco nel campo, che adesso non fumava più, e dentro ha visto che c'erano delle pietruzze. Le ha raccolte con una paletta, mettendole in un secchiello di plastica.

Quando è arrivato il giornalista, per prima cosa ha voluto sapere: «C'è stata la fusione del ferro?», e lei gli ha mostrato le pietruzze. Il giornalista ha detto che non c'era la fusione del ferro, e dunque quello era un meteorite senza nessun interesse; perché ne vengono giù moltissimi sulla terra di meteoriti che sono solo pietre, ma pochi hanno il ferro, ed è questo che conta.

Suo padre, che contava di diventar famoso perché il meteorite era caduto nel suo campo, è rimasto molto deluso. Invece lei aveva avuto una grande scossa nel veder apparire quel globo infuocato nel cielo, e sperava si avverasse la profezia del dottore (la seconda).

La mattina dopo ha trovato le pietruzze per terra, il fondo del secchiello di plastica s'era sciolto.

Le pietruzze erano radioattive e sfiorandole con la mano pizzicavano. Allora lei le ha messe in vasetti di vetro, di quelli per le marmellate, e ha messo i vasetti nel magazzino.

E qui sono successi alcuni fatti che l'hanno colpita. Il primo è che il figlio di suo fratello e una sua cugina, andando a far l'amore nel magazzino come facevano tutti i pomeriggi (per esigenze della loro età), sul più bello si sono sentiti pizzicare le gambe, e il pizzicore è durato due settimane. Poi un giorno ha trovato il gatto che faceva dei salti contro i muri perché gli pizzicava la schiena, un altro giorno una colomba che tremava sulla finestra del magazzino, e alla fine due topi che s'erano staccati a morsi le zampe perché si vede erano andati troppo vicini ai vasetti e le zampe s'erano contaminate.

Quasi senza accorgersene è montata in macchina (non guidava da anni), ed è andata a Revere, e poi a Ostiglia in cerca di libri che le spiegassero da dove vengono i meteoriti. Le sembrava un fatto meraviglioso che quelle pietruzze venissero da spazi lontani e forse dalle stelle, e sospettava che la radioattività fosse penetrata anche in lei, risucchiandola verso qualcosa che le faceva un po' paura, ma l'attirava anche più di tutto il resto. Così, pensando solo a queste cose, non s'era neanche

accorta d'essere uscita di casa e d'essere tornata tra la gente, senza più badare ai giudizi degli altri e alla loro poca generosità.
Dopo un paio di settimane ha preso un treno, ed è andata dal giovane dottore con i capelli bianchi a spiegargli che s'era avverata la sua profezia (la seconda). Gli ha detto che forse la sua anima era rimasta attirata da qualcosa fuori di lei, che c'era prima della sua nascita, ma che lei non poteva sapere cosa fosse. Per questo aveva smesso di pensare ai suoi problemi d'una volta.
Il dottore si è molto compiaciuto dell'avvenimento e le ha consigliato, per completare la guarigione, di comprarsi dei vestiti nuovi. Ha detto che quando uno indossa vestiti nuovi si sente un'altra persona, e questo le avrebbe fatto bene.
Qualche tempo dopo la donna è andata in una boutique di Modena a comprarsi un tailleur e altri abiti, per sostituire quelli che portava da quando s'era chiusa in casa. E andando in giro nei suoi vestiti nuovi, si sentiva proprio come se fosse un'altra donna, che era lei e nello stesso tempo non era lei.
Infatti era successo che indossando i nuovi vestiti lei era diventata improvvisamente bella, e dunque non era più lei, ma un'altra donna. Che fosse diventata bella l'hanno constatato in molti, compresi degli uomini di Revere, che adesso la trovavano affascinante, e quando la vedevano cercavano di corteggiarla.
Nei posti dove andava, lei guardava l'altra donna da fuori, osservandola parlare, salutare, entrare nei negozi, rispondere alle domande come si deve, e fare tutte le smorfie giuste molto disinvolta. E a poco a poco ha capito che l'altra donna giudicava tutti e diceva solo cose sentite dire dagli altri, ma le diceva sempre come se le avesse pensate lei, e perciò era così disinvolta.
Infine s'è resa conto che l'altra donna diceva e faceva tutto esattamente come l'altra gente, che l'altra gente faceva e diceva tutto esattamente come quella donna quasi identica a lei, la quale era forse una specie di automa.
Ma siccome quell'altra donna se la cavava bene con la gente, e per giunta tutti la trovavano

affascinante, lei la lasciava fare. In questo modo la vita le andava bene.

Ha scritto al dottore per dirgli che anche la sua prima profezia s'era avverata, in quanto lei aveva finalmente capito d'essere identica a tutti gli altri (cioè, se non lei, l'altra che faceva tutto al posto suo). Per ringraziarlo del suo aiuto, gli ha anche spedito una poesia che aveva composto per lui.

Sono passati molti mesi. In un giorno d'estate il giovane dottore è andato a farle visita nella sua casa di campagna vicino a Revere, e allora la donna gli ha chiesto cosa ne pensasse della poesia che aveva composto per lui e che gli aveva spedito.

Il dottore ha detto: «È una strana poesia, bizzarra e difficile all'inizio, e invece semplice e naturale alla fine. Ed è come la sua vita, che è stata bizzarra e difficile nella prima parte, ed è migliorata e migliorerà man mano che lei invecchia, come spesso accade a chi ha avuto una giovinezza scombinata».

Questa è stata la terza profezia del dottore, e anche questa s'è avverata attraverso gli anni, semplicemente col passare dei giorni e delle stagioni e dei pensieri che vengono nella mente.

Il giovane dottore, da tempo innamorato di lei perché era una donna affascinante, un bel giorno le ha chiesto di sposarlo. E lei ha acconsentito, siccome fin dalla prima volta lui s'era mostrato almeno un po' generoso.

Adesso ha cinquantadue anni, una figlia, e tutto le va bene. Dice che, diventando vecchi, si impara a non badare più molto a quella specie di automa che fa tutto per noi, che parla quando deve parlare, saluta quando lo salutano, ride quando bisogna ridere. Siccome l'anima è sempre più attirata da qualcosa fuori di noi, allora (se non si è stupidi e incattiviti) si impara anche a non credere più alle parole e ai pensieri dell'altro che tratta con la gente al posto nostro. Si impara a trovar ridicoli i suoi giudizi su tutto, e a prenderli in giro parlando tra sé. E così, parlando molto tra sé, si può anche diventare più generosi.

Da: Gianni Celati, *I narratori delle pianure*, Feltrinelli.

6. Il fantasma della realtà

Si può inventare la realtà? Il mondo interiore dell'artista si sostituisce a quello esterno che diventa immateriale: pura rappresentazione simbolica.

Dino Buzzati

L'UCCISIONE DEL DRAGO

Dino Buzzati è nato a Belluno nel 1906 e morto a Milano nel 1972: pittore e scrittore ha collaborato per anni al *Corriere della Sera* come inviato speciale. Fra le numerose opere di narrativa: *Bàrnabo delle montagne*, *Il segreto del Bosco Vecchio*, il celebre *Il deserto dei Tartari*; le raccolte di racconti: *Paura alla Scala*, *I sette messaggeri*, *Sessanta racconti*. L'ultimo suo romanzo è *Un amore*. Per il teatro: *Un caso clinico*. In *Poema a fumetti* e in *I miracoli di Val Morel* le sue inquietanti illustrazioni sono strettamente fuse col testo.

Miti antichi si prolungano spesso nei racconti di Buzzati fino a toccare il quotidiano. E nel quotidiano, in un minuzioso scenario, avviene improvvisamente uno scatto che ci porta nell'inverosimile, creando un'atmosfera che non è simbolo, non è allegoria, ma essa stessa una parte concretissima di dolorosa realtà. Oppure è proprio l'attesa di un evento straordinario che non arriva a conferire alla realtà una sensazione sospesa che l'immerge in quel clima metafisico che ritroviamo nei quadri di Buzzati. In questo racconto il meccanismo che porterebbe alla giusta eliminazione del cattivo, del mostro, si stravolge: l'uccisione del drago diventa un sacrilegio, un sacrificio; sull'arrogante conte che parte per la caccia dell'animale cade una maledizione secolare; il drago si trasforma in madre pietosa, ingiustamente e orrendamente finita dall'uomo che ha dalla sua il facile potere delle armi.

Nel maggio 1902 un contadino del conte Gerol, tale Giosuè Longo, che andava spesso a caccia per le montagne, raccontò di aver visto in valle Secca una grossa bestiaccia che sembrava un drago. A Palissano, l'ultimo paese della valle, era da secoli leggenda che fra certe aride gole vivesse ancora uno di quei mostri. Ma nessuno l'aveva mai preso sul serio. Questa volta invece l'assennatezza del Longo, la precisione del suo racconto, i particolari dell'avventura più volte ripetuti senza la minima variazione, persuasero che ci dovesse essere qualche cosa di vero e il conte Martino Gerol decise di andare a vedere. Certo egli non pensava a un drago; poteva darsi tuttavia che qualche grosso serpente di specie rara vivesse fra quelle gole disabitate.
Gli furono compagni nella spedizione il governatore della provincia Quinto Andronico con la bella e intrepida moglie Maria, il naturalista professore Inghirami e il suo collega Fusti, versato[1] specialmente nell'arte dell'imbalsamazione. Il fiacco e scettico governatore da tempo si era accorto che la moglie aveva per il Gerol grande simpatia, ma non se ne dava pensiero. Acconsentì anzi volentieri quando Maria gli propose di andare col conte alla caccia del drago. Egli non aveva per il Martino la minima gelosia; né lo invidiava, pure essendo il Gerol molto più giovane, bello, forte, audace e ricco di lui.

1. **versato**: competente.

Due carrozze partirono poco dopo la mezzanotte dalla città con la scorta di otto cacciatori a cavallo e giunsero verso le sei del mattino al paese di Palissano.
Il Gerol, la bella Maria e i due naturalisti dormivano; solo l'Andronico era sveglio e fece fermare la carrozza dinanzi alla casa di un'antica conoscenza: il medico Taddei. Poco dopo, avvertito da un cocchiere, il dottore, tutto assonnato, il berretto da notte in testa, comparve a una finestra del primo piano. Andronico, fattosi sotto, lo salutò giovialmente, spiegandogli lo scopo della spedizione; e si aspettò che l'altro ridesse, sentendo parlare di draghi. Al contrario il Taddei scosse il capo a indicare disapprovazione.
«Io non ci andrei se fossi in voi» disse recisamente.
«Perché? Credete che non ci sia niente? Che siano tutte fandonie?»
«Non lo so questo» rispose il dottore. «Personalmente anzi credo che il drago ci sia, benché non l'abbia mai visto. Ma non mi ci metterei in questo pasticcio. È una cosa di malaugurio.»
«Di malaugurio? Vorreste sostenere, Taddei, che voi ci credete realmente?»
«Sono vecchio, caro governatore» fece l'altro «e ne ho viste. Può darsi che sia tutta una storia, ma potrebbe anche essere vero; se fossi in voi, non mi ci metterei. Poi, state a sentire: la strada è difficile a trovare, sono tutte montagne marce piene di frane, basta un soffio di vento per far nascere un finimondo e non c'è un filo d'acqua. Lasciate stare, governatore, andate piuttosto lassù, alla Crocetta» (e indicava una tonda montagna erbosa sopra il paese), «là ci sono lepri fin che volete.» Tacque un istante e aggiunse: «Io non ci andrei davvero. Una volta poi ho sentito dire, ma è inutile, voi vi metterete a ridere...».
«Perché dovrei ridere» esclamò l'Andronico. «Ditemi, dite, dite pure.»
«Bene, certi dicono che il drago manda fuori del fumo, che questo fumo è velenoso, basta poco per far morire.»
Contrariamente alla promessa, l'Andronico diede in una bella risata: «Vi ho sempre saputo

reazionario[2]» egli concluse «strambo e reazionario. Ma questa volta passate i limiti. Medioevale siete, il mio caro Taddei. Arrivederci a stasera, e con la testa del drago!»

Fece un cenno di saluto, risalì nella carrozza, diede ordine di ripartire.

Giosuè Longo, che faceva parte dei cacciatori e conosceva la strada, si mise in testa al convoglio.

«Che cosa aveva quel vecchio da scuotere la testa?» domandò la bella Maria che nel frattempo si era svegliata.

«Niente» rispose l'Andronico «era il buon Taddei, che fa a tempo perso anche il veterinario. Si parlava dell'afta epizootica.[3]»

«E del drago?» disse il conte Gerol che sedeva di fronte. «Gli hai chiesto se sa niente del drago?»

«No, a dir la verità» fece il governatore. «Non volevo farmi ridere dietro. Gli ho detto che si è venuti quassù per un po' di caccia, non gli ho detto altro, io.»

Alzandosi il sole, la sonnolenza dei viaggiatori scomparve, i cavalli accelerarono il passo e i cocchieri si misero a canticchiare.

«Era medico della nostra famiglia il Taddei. Una volta» raccontava il governatore «aveva una magnifica clientela. Un bel giorno non so più per che delusione d'amore si è ritirato in campagna. Poi deve essergli capitata un'altra disgrazia ed è venuto a rintanarsi quassù. Ancora un'altra disgrazia e chissà dove andrà a finire; diventerà anche lui una specie di drago!»

«Che stupidaggini!» disse Maria un po' seccata. «Sempre la storia del drago, comincia a diventare noiosa questa solfa, non avete parlato d'altro da che siamo partiti.»

«Ma sei stata tu a voler venire!» ribatté con ironica dolcezza il marito. «E poi come potevi sentire i nostri discorsi se hai continuato a dormire? Facevi finta forse?»

Maria non rispose e guardava inquieta, fuori dal finestrino. Osservava le montagne che si facevano sempre più alte, dirupate e aride. In fondo alla valle si intravedeva una successione caotica di cime, per lo più di forma conica,

2. reazionario: conservatore, ostile alle idee nuove.

3. afta epizootica: malattia infettiva del bestiame.

nude di boschi o prato, dal colore giallastro, di una desolazione senza pari. Battute dal sole, esse risplendevano di una luce ferma e fortissima.

Erano circa le nove quando le vetture si fermarono perché la strada finiva. I cacciatori, scesi dalla carrozza, si accorsero di trovarsi ormai nel cuore di quelle montagne sinistre. Viste da presso, apparivano fatte di rocce fradice e crollanti, quasi di terra, tutta una frana dalla cima in fondo.

«Ecco, qui comincia il sentiero» disse il Longo, indicando una traccia di passi umani che saliva all'imboccatura di una valletta. Procedendo di là, in tre quarti d'ora si arrivava al Burel, dove il drago era stato visto.

«È stata presa l'acqua?» domandò Andronico ai cacciatori.

«Ce ne sono quattro fiaschi; e poi due altri di vino, eccellenza» rispose uno dei cacciatori. «Ce n'è abbastanza, credo...»

Strano. Adesso che erano lontani dalla città, chiusi dentro alle montagne, l'idea del drago cominciava a sembrare meno assurda. I viaggiatori si guardavano attorno, senza scoprire cose tranquillizzanti. Creste giallastre dove non era mai stata anima viva, vallette che si inoltravano ai lati nascondendo alla vista i loro meandri:[4] un grandissimo abbandono.

S'incamminarono senza dire parola. Precedevano i cacciatori coi fucili, le colubrine e gli altri arnesi da caccia, poi veniva Maria, ultimi i due naturalisti. Per fortuna il sentiero era ancora in ombra; fra le terre gialle il sole sarebbe stato una pena.

Anche la valletta che menava al Burel era stretta e tortuosa, non c'era torrente sul fondo, non c'erano piante né erba ai lati, solamente sassi e sfasciumi. Non canto di uccelli o di acque, ma isolati sussurri di ghiaia.

Mentre il gruppo così procedeva, sopraggiunse dal basso, camminando più presto di loro, un giovanotto con una capra morta sulle spalle. «Va dal drago, quello» fece il Longo; e lo disse con la massima naturalezza, senza alcuna intenzione di celia.[5] La gente di Palissano, spiegò, era superstiziosissima, e ogni giorno mandava

4. **meandri**: sinuosità, insenature.

5. **celia**: scherzo.

una capra al Burel, per rabbonire gli umori del mostro. L'offerta era portata a turno dai giovani del paese. Guai se il mostro faceva sentire la sua voce. Succedeva disgrazia.
«E ogni giorno il drago si mangia la capra?» domandò scherzoso il conte Gerol.
«Il mattino dopo non trovano più niente, questo è positivo.»
«Nemmeno le ossa?»
«Eh no, nemmeno le ossa. La va a mangiare dentro la caverna.»
«E non potrebbe darsi che fosse qualcuno del paese a mangiarsela?» fece il governatore. «La strada la sanno tutti. L'hanno veramente mai visto il drago acchiapparsi la capra?»
«Non so questo, eccellenza» rispose il cacciatore.
Il giovane con la capra li aveva intanto raggiunti.
«Di', giovanotto!» disse il conte Gerol con il suo tono autoritario «quanto vuoi per quella capra?»
«Non posso venderla, signore» rispose quello.
«Nemmeno per dieci scudi?»
«Ah, per dieci scudi...» accondiscese il giovanotto «vuol dire che me ne andrò a prendere un'altra.» E depose la bestia per terra.
Andronico chiese al conte Gerol:
«E a che cosa ti serve quella capra? Non vorrai mica mangiarla, spero».
«Vedrai, vedrai a che cosa mi serve» fece l'altro elusivamente.
La capra venne presa sulle spalle da un cacciatore, il giovinotto di Palissano ridiscese di corsa verso il paese (evidentemente andava a procurarsi un'altra bestia per il drago) e la comitiva si rimise in cammino.
Dopo meno di un'ora finalmente arrivarono. La valle si apriva improvvisamente in un ampio circo selvaggio, il Burel, una specie di anfiteatro circondato da muraglie di terra e rocce crollanti, di colore giallo-rossiccio. Proprio nel mezzo, al culmine di un cono di sfasciumi, un nero pertugio: la grotta del drago.
«È là» disse il Longo. Si fermarono a poca distanza, sopra una terrazza ghiaiosa che offriva un ottimo punto di osservazione, una decina di metri sopra il livello della caverna e quasi di fronte a questa. La terrazza aveva anche il

vantaggio di non essere accessibile dal basso perché difesa da una paretina a strapiombo. Maria ci poteva stare con la massima sicurezza.
Tacquero, tendendo le orecchie. Non si udiva che lo smisurato silenzio delle montagne, toccato da qualche sussurro di ghiaia. Ora a destra ora a sinistra una cornice di terra si rompeva improvvisamente e sottili rivoli di sassolini cominciavano a colare, estinguendosi con fatica. Ciò dava al paesaggio un'aspetto di perenne rovina; montagne abbandonate da Dio, parevano, che si disfacessero a poco a poco.
«E se oggi il drago non esce?» domandò Quinto Andronico.
«Ho la capra» replicò il Gerol. «Ti dimentichi che ho la capra!»
Si comprese quello che voleva dire. La bestia sarebbe servita da esca per far uscire il mostro dalla caverna.
Si cominciarono i preparativi: due cacciatori si inerpicarono con fatica una ventina di metri sopra l'ingresso della caverna per scaraventare giù sassi se mai ce ne fosse stato bisogno. Un altro andò a depositare la capra sul ghiaione, non lontano dalla grotta. Altri si appostarono ai lati, ben difesi dietro grossi macigni, con le colubrine e i fucili. L'Andronico non si mosse, con l'intenzione di stare a vedere.
La bella Maria taceva. Ogni intraprendenza era in lei svanita. Con quanta gioia sarebbe tornata subito indietro. Ma non osava dirlo a nessuno. I suoi sguardi percorrevano le pareti attorno, le antiche e le nuove frane, i pilastri di terra rossa che sembrava dovessero ad ogni momento cadere. Il marito, il conte Gerol, i due naturalisti, i cacciatori gli parevano pochi, pochissimi, contro tanta solitudine.
Deposta che fu la capra morta dinanzi alla grotta, cominciarono ad aspettare. Le 10 erano passate da un pezzo e il sole aveva invaso completamente il Burel, portandolo a un intenso calore.
Ondate ardenti si riverberavano dall'una all'altra parte. Per riparare dai raggi il governatore e sua moglie, i cacciatori alzarono alla bell'e meglio una specie di baldacchino, con le coperte della

carrozza; e Maria mai si stancava di bere.
«Attenti!» gridò a un tratto il conte Gerol, in piedi sopra un macigno, giù sul ghiaione, con in mano una carabina, appeso al fianco un mazzapicchio[6] metallico.
Tutti ebbero un tremito e trattennero il fiato scorgendo dalla bocca della caverna uscire cosa viva. Il drago! Il drago! gridarono due o tre cacciatori, non si capiva se con letizia o sgomento.
L'essere emerse alla luce con dondolio tremulo come di biscia. Eccolo, il mostro delle leggende la cui sola voce faceva tremare un intero paese!
«Oh, che brutto!» esclamò Maria con evidente sollievo perché si era aspettata ben di peggio.
«Forza, forza!» gridò un cacciatore scherzando. E tutti ripresero sicurezza in se stessi.
«Sembra un piccolo *ceratosaurus*![7]» disse il prof. Inghirami a cui era tornata sufficiente tranquillità d'animo per i problemi della scienza.
Non appariva infatti tremendo, il mostro, lungo poco più di due metri, con una testa simile ai coccodrilli sebbene più corta, un esagerato collo da lucertola, il torace quasi gonfio, la coda breve, una specie di cresta molliccia lungo la schiena. Più che la modestia delle dimensioni erano però i suoi movimenti stentati, il colore terroso di pergamena (con qualche striatura verdastra), l'apparenza complessivamente floscia del corpo a spegnere le paure.
L'insieme esprimeva una vecchiezza immensa. Se era un drago, era un drago decrepito, quasi al termine della vita.
«Prendi» gridò sbeffeggiando uno dei cacciatori saliti sopra l'imbocco della caverna, e lanciò una pietra in direzione della bestiaccia.
Il sasso scese a piombo e raggiunse esattamente il cranio del drago. Si udì nettissimo un "toc" sordo come di zucca. Maria ebbe un sussulto di repulsione.
La botta fu energica ma insufficiente. Rimasto qualche istante immobile, come intontito, il rettile cominciò ad agitare il collo e la testa lateralmente, in atto di dolore. Le mascelle si aprivano e chiudevano alternativamente, lasciando intravedere un pettine di acuti denti,

6. **mazzapicchio**: bastone di legno duro cerchiato di ferro.

7. ***ceratosaurus***: (latino) rettile fossile dei dinosauri del Giurassico, con un corno sul naso.

ma non ne usciva alcuna voce. Poi il drago mosse giù per la ghiaia in direzione della capra. «Ti hanno fatto la testa storna[8] eh?» ridacchiò il conte Gerol che aveva improvvisamente smesso la sua alterigia. Sembrava invaso da una gioiosa eccitazione, pregustando il massacro. Un colpo di colubrina, sparato da una trentina di metri, sbagliò il bersaglio. La detonazione lacerò l'aria stagnante, destò tristi boati fra le muraglie da cui presero a scivolare giù innumerevoli piccole frane.
Quasi immediatamente sparò la seconda colubrina. Il proiettile raggiunse il mostro a una zampa posteriore, da cui sgorgò subito un rivolo di sangue.
«Guarda come balla!» esclamò la bella Maria, presa anche lei dal crudele spettacolo. Allo spasimo della ferita la bestiaccia si era messa infatti a girare su se stessa, sussultando, con miserevole affanno. La zampa fracassata le ciondolava dietro, lasciando sulla ghiaia una striscia di liquido nero.
Finalmente il rettile riuscì a raggiungere la capra e ad afferrarla coi denti. Stava per ritirarsi quando il conte Gerol, per ostentare il proprio coraggio, gli si fece vicino, quasi a due metri, scaricandogli la carabina nella testa.
Una specie di fischio uscì dalle fauci del mostro. E parve che cercasse di dominarsi, reprimesse il furore, non emettesse tutta la voce che aveva in corpo, che un motivo ignoto agli uomini lo inducesse ad avere pazienza. Il proiettile della carabina gli era entrato nell'occhio. Gerol, fatto il colpo, si ritrasse di corsa e si aspettava che il drago cadesse stecchito. Ma la bestia non cadde stecchita, la sua vita pareva inestinguibile come fuoco di pece. Con la pallottola di piombo nell'occhio, il mostro trangugiò tranquillamente la capra e si vide il collo dilatarsi come gomma man mano che vi passava il gigantesco boccone. Poi si ritrasse indietro alla base delle rocce, prese a inerpicarsi per la parete, di fianco alla caverna. Saliva affannosamente, spesso franandogli la terra sotto le zampe, ansioso di scampo. Sopra s'incurvava un cielo limpido e scialbo, il sole asciugava rapidamente le tracce di sangue.

8. **storna**: cioè stornata, storta.

«Sembra uno scarafaggio in un catino» disse a bassa voce il governatore Andronico, parlando a se stesso.

«Come dici?» gli chiese la moglie.

«Niente, niente» fece lui.

«Chissà perché non entra nella caverna!» osservò il prof. Inghirami, apprezzando lucidamente ogni aspetto scientifico della scena.

«Ha paura di restare imprigionato» suggerì il Fusti. «Deve essere, piuttosto, completamente intontito. E poi come vuoi che faccia un simile ragionamento? Un *ceratosaurus*... Non è un *ceratosaurus*» fece il Fusti. «Ne ho ricostruiti parecchi per i musei, ma sono diversi. Dove sono gli aculei della coda?»

«Li tiene nascosti» replicò l'Inghirami. «Guarda che addome gonfio. La coda si accartoccia di sotto e non si può vedere.»

Stavano così parlando quando uno dei cacciatori, quello che aveva sparato il secondo colpo di colubrina, si avviò di corsa verso la terrazza dove stava l'Andronico, con l'evidente intenzione di andarsene.

«Dove vai? Dove vai?» gli gridò il Gerol. «Sta' al tuo posto fin che non abbiamo finito.»

«Me ne vado» rispose con voce ferma il cacciatore. «Questa storia non mi piace. Non è caccia per me, questa.»

«Che cosa vuoi dire? Hai paura. È questo che vuoi dire?»

«No, signore, io non ho paura.»

«Hai paura sì, ti dico, se no rimarresti al tuo posto.»

«Non ho paura, vi ripeto. Vergognatevi piuttosto voi, signor conte.»

«Ah, vergognatevi?» imprecò Martino Gerol. «Porco furfante che non sei altro! Sei uno di Palissano, scommetto, un vigliaccone sei. Vattene prima che ti dia una lezione.»

«E tu, Beppi, dove vai tu adesso?» gridò ancora il conte poiché anche un altro cacciatore si ritirava.

«Me ne vado anch'io, signor conte. Non voglio averci mano in questa brutta faccenda.»

«Ah, vigliacchi!» urlava il Gerol. «Vigliacchi, ve la farei pagare, se potessi muovermi!»

«Non è paura, signor conte» ribatté il secondo

cacciatore. «Non è paura, signor conte. Ma vedrete che finirà male!»
«Vi faccio vedere io adesso!» E, raccattata una pietra, il conte la lanciò di tutta forza contro il cacciatore. Ma il tiro andò a vuoto.
Vi fu qualche minuto di pausa mentre il drago arrancava sulla parete senza riuscire a innalzarsi. La terra e i sassi cadevano, lo trascinavano sempre più in giù, là donde era partito. Salvo quel rumore di pietre smosse, c'era silenzio.
Poi si udì la voce di Andronico. «Ne abbiamo ancora per un pezzo?» gridò al Gerol. «C'è un caldo d'inferno. Falla fuori una buona volta, quella bestiaccia. Che gusto tormentarla così, anche se è un drago?»
«Che colpa ce n'ho io?» rispose il Gerol irritato. «Non vedi che non vuol morire? Con una palla nel cranio è più vivo di prima...»
S'interruppe scorgendo il giovanotto di prima comparire sul ciglio del ghiaione con un'altra capra in spalla. Stupito dalla presenza di quegli uomini, di quelle armi, di quelle tracce di sangue e soprattutto dall'affannarsi del drago su per le rocce, lui che non l'aveva mai visto uscire dalla caverna si era fermato, fissando la strana scena.
«Ohi! Giovanotto!» gridò il Gerol. «Quanto vuoi per quella capra?»
«Niente, non posso» rispose il giovane. «Non ve la do neanche a peso d'oro. Ma che cosa gli avete fatto?» aggiunse, sbarrando gli occhi verso il mostro sanguinolento.
«Siamo qui per regolare i conti. Dovreste essere contenti. Basta capre da domani.»
«Perché basta capre?»
«Domani il drago non ci sarà più» fece il conte sorridendo.
«Ma non potete, non potete farlo, io dico» esclamò il giovane spaventato.
«Anche tu adesso cominci!» gridò Martino Gerol. «Dammi subito qua la capra.»
«No, vi dico» replicò duro l'altro ritirandosi.
«Ah, perdio!» e il conte fu addosso al giovane, gli vibrò un pugno in pieno viso, gli strappò la capra di dosso, lo scaraventò a terra.
«Ve ne pentirete, vi dico, ve ne pentirete, vedrete se non ve ne pentirete!» imprecò a bassa voce

il giovane rialzandosi, perché non osava reagire. Ma Gerol gli aveva già voltato le spalle.
Il sole adesso incendiava la conca, a stento si riusciva a tenere gli occhi aperti tanto abbacinava il riflesso delle ghiaie gialle, delle rocce, delle ghiaie ancora e dei sassi; niente, assolutamente, che potesse riposare gli sguardi.
Maria aveva sempre più sete, e bere non serviva a niente. «Dio, che caldo!» si lamentava. Anche la vista del conte Gerol cominciava a darle fastidio.
Nel frattempo, come sbucati dalla terra, decine di uomini erano apparsi. Venuti probabilmente da Palissano alla voce che gli stranieri erano saliti al Burel, essi se ne stavano immobili sul ciglio di vari crestoni di terra gialla e osservavano senza far motto.
«Hai un bel pubblico adesso!» tentò di celiare l'Andronico, rivolto al Gerol che stava trafficando intorno alla capra con due cacciatori.
Il giovane alzò gli sguardi fin che scorse gli sconosciuti che lo stavano fissando. Fece una smorfia di disprezzo e riprese il lavoro.
Il drago, estenuato, era scivolato per la parete fino al ghiaione e giaceva immobile, palpitando solo il ventre rigonfio.
«Pronti!» fece un cacciatore sollevando col Gerol la capra da terra. Avevano aperto il ventre alla bestia e introdotto una carica esplosiva collegata a una miccia.
Si vide allora il conte avanzare impavido per il ghiaione, farsi vicino al drago non più di una decina di metri, con tutta calma deporre per terra la capra, quindi ritirarsi svolgendo la miccia.
Si dovette aspettare mezz'ora prima che la bestia si muovesse. Gli sconosciuti in piedi sul ciglio dei crestoni sembravano statue: non parlavano neppure fra loro, il loro volto esprimeva riprovazione. Insensibili al sole che aveva assunto una estrema potenza, non distoglievano gli sguardi dal rettile, quasi implorando che non si muovesse.
Invece il drago, colpito alla schiena da un colpo di carabina, si voltò improvvisamente, vide la capra, vi si trascinò lentamente. Stava per allungare la testa e afferrare la preda quando

il conte accese la miccia. La fiammella corse via rapidamente lungo il cordone, ben presto raggiunse la capra, provocò l'esplosione.
Lo scoppio non fu rumoroso, molto meno forte dei colpi di colubrina, un suono secco ma opaco, come di asse che si spezzi. Ma il corpo del drago fu ributtato indietro di schianto, si vide quindi che il ventre era stato squarciato.
La testa riprese ad agitarsi penosamente a destra e a sinistra, pareva che dicesse di no, che non era giusto, che erano stati troppo crudeli, e che non c'era più nulla da fare.
Rise di compiacenza il conte, ma questa volta lui solo.
«Oh che orrore! Basta!» esclamò la bella Maria coprendosi la faccia con le mani.
«Sì» disse lentamente il marito «anch'io credo che finirà male.»
Il mostro giaceva, in apparenza sfinito, sopra una pozza di sangue nero. Ed ecco dai suoi fianchi uscire due fili di fumo scuro, uno a destra e uno a sinistra, due fumacchi grevi che stentavano ad alzarsi.
«Hai visto?» fece l'Inghirami al collega.
«Sì, ho visto» confermò l'altro.
«Due sfiatatoi a mantice,[9] come nel *ceratosaurus*, i cosiddetti operculi hammeriani.»
«No» disse il Fusti. «Non è un *ceratosaurus*.»
A questo punto il conte Gerol, di dietro al pietrone dove si era riparato, si avanzò per finire il mostro. Era proprio in mezzo al cono di ghiaia e stava impugnando la mazza metallica quando tutti i presenti mandarono un urlo.
Per un istante Gerol credette fosse un grido di trionfo per l'uccisione del drago. Poi avvertì che una cosa stava muovendosi alle sue spalle. Si voltò di un balzo e vide, oh ridicola cosa, vide due bestiole pietose uscire incespicando dalla caverna, e avanzarsi abbastanza celermente verso di lui. Due piccoli rettili informi, lunghi non più di mezzo metro, che ripetevano in miniatura l'immagine del drago morente. Due piccoli draghi, i figli, probabilmente usciti dalla caverna per fame.
Fu questione di pochi istanti. Il conte dava bellissima prova di agilità: «Tieni! Tieni!» gridava gioiosamente roteando la clava di ferro. E due

9. **sfiatatoi a mantice**: uscite d'aria a forma di sacca.

soli colpi bastarono. Vibrato con estrema energia e decisione, il mazzapicchio percosse successivamente i mostriciattoli, spezzò le teste come bocce di vetro. Entrambi si afflosciarono, morti, da lontano sembravano due cornamuse. Allora gli uomini sconosciuti, senza dare la minima voce, si allontanarono correndo giù per i canali di ghiaia. Si sarebbe detto che fuggissero una improvvisa minaccia. Essi non provocarono rumore, non smossero frane, non volsero il capo neppure per un istante alla caverna del drago, scomparvero così come erano apparsi, misteriosamente.
Il drago adesso si moveva, sembrava che mai e poi mai sarebbe riuscito a morire. Trascinandosi come lumaca, si avvicinava alle bestiole morte, sempre emettendo due fili di fumo. Raggiunti che ebbe i figli, si accasciò sul ghiaione, allungò con infinito stento la testa, prese a leccare dolcemente i due mostriciattoli morti, forse allo scopo di richiamarli in vita.
Infine il drago parve raccogliere tutte le superstiti forze, levò il collo verticalmente al cielo, come non aveva ancora fatto e dalla gola uscì, prima, lentissimo, quindi con progressiva potenza, un urlo indicibile, voce mai udita nel mondo, né animalesca né umana, così carica d'odio che persino il conte Gerol ristette, paralizzato dall'orrore.
Ora si capiva perché prima non aveva voluto rientrare nella tana, dove pure avrebbe trovato scampo, perché non aveva emesso alcun grido o ruggito, limitandosi a qualche sibilo. Il drago pensava ai due figli e per risparmiarli aveva rifiutato la propria salvezza; se si fosse infatti nascosto nella caverna, gli uomini lo avrebbero inseguito là dentro, scoprendo i suoi nati; e se avesse levato la voce, le bestiole sarebbero corse fuori a vedere. Solo adesso, che li aveva visti morire, il mostro mandava il suo urlo d'inferno.
Invocava un aiuto il drago, e chiedeva vendetta per i suoi figli. Ma a chi? alle montagne forse, aride e disabitate? al cielo senza uccelli né nuvole, agli uomini che lo stavano suppliziando, al demonio forse? L'urlo trapanava le muraglie di roccia e la cupola del cielo, riempiva l'intero

mondo. Sembrava impossibile (anche se non c'era alcun ragionevole motivo) sembrava impossibile che nessuno gli rispondesse.
«Chi chiamerà?» domandò l'Andronico tentando inutilmente di fare scherzosa la propria voce. «Chi chiama? Non c'è nessuno che venga, mi pare!»
«Oh, che muoia presto!» disse la donna.
Ma il drago non si decideva a morire, sebbene il conte Gerol, accecato dalla smania di finirla, gli sparasse contro con la carabina. *Tan! Tan!* Era inutile. Il drago accarezzava con la lingua le bestiole morte; pur con moto sempre più lento, un sugo biancastro gli sgorgava dall'occhio illeso.
«Il sauro![10]» esclamò il prof. Fusti. «Guarda che piange!»
Il governatore disse: «È tardi. Basta, Martino, è tardi, è ora di andare».
Sette volte si levò al cielo la voce del mostro, e ne rintronarono le rupi e il cielo. Alla settima volta parve non finire mai, poi improvvisamente si estinse, piombò a picco, sprofondò nel silenzio.
Nella mortale quiete che seguì si udirono alcuni colpi di tosse. Tutto coperto di polvere, il volto trasfigurato dalla fatica, dall'emozione e dal sudore, il conte Martino, gettata tra i sassi la carabina, attraversava il cono di sfasciumi tossendo, e si premeva una mano sul petto.
«Che cosa c'è adesso?» domandò l'Andronico con volto serio per presentimento di male. «Che cosa ti sei fatto?»
«Niente» fece il Gerol sforzando a giocondità il tono della voce. «Mi è andato dentro un po' di quel fumo.»
«Di che fumo?»
Gerol non rispose ma fece segno con la mano al drago. Il mostro giaceva immobile, anche la testa si era abbandonata fra i sassi; si sarebbe detto ben morto, senza quei due sottili pennacchi di fumo.
«Mi pare che sia finita» disse l'Andronico.
Così infatti sembrava. L'ostinatissima vita stava uscendo dalla bocca del drago.
Nessuno aveva risposto al suo grido, in tutto il mondo non si era mosso nessuno. Le montagne

10. **sauro**: tipo di rettile con il corpo allungato.

se ne stavano immobili, anche le piccole frane si erano come riassorbite, il cielo era limpido, neppure una minuscola nuvoletta, e il sole andava calando. Nessuno, né bestia né spirito, era accorso a vendicare la strage. Era stato l'uomo a cancellare quella residua macchia del mondo, l'uomo astuto e potente che dovunque stabilisce sapienti leggi per l'ordine, l'uomo incensurabile[11] che si affatica per il progresso e non può ammettere in alcun modo la sopravvivenza dei draghi, sia pure nelle sperdute montagne. Era stato l'uomo ad uccidere e sarebbe stato stolto recriminare.[12]
Ciò che l'uomo aveva fatto era giusto, esattamente conforme alle leggi. Eppure sembrava impossibile che nessuno avesse risposto alla voce estrema del drago. Andronico, così come sua moglie e i cacciatori, non desiderava altro che fuggire; persino i naturalisti rinunciarono alle pratiche dell'imbalsamazione, pur di andarsene presto lontani.
Gli uomini del paese erano spariti, come presentissero maledizione. Le ombre salivano su per le pareti crollanti. Dal corpo del drago, carcame[13] incartapecorito, si levavano ininterrotti i due fili di fumo e nell'aria stagnante si attorcigliavano lentamente. Tutto sembrava finito, una triste cosa da dimenticare e nient'altro. Ma il conte Gerol continuava a tossire, a tossire. Sfinito, sedeva sopra un pietrone, accanto agli amici che non osavano parlargli. Anche l'intrepida Maria guardava da un'altra parte. Si udivano solo quei brevi colpi di tosse. Inutilmente Martino Gerol cercava di dominarli; una specie di fuoco colava all'interno del suo petto sempre più in fondo.
«Me la sentivo» sussurrò il governatore Andronico alla moglie che tremava un poco. «Me la sentivo che doveva finire malamente.»

11. incensurabile: che non si può criticare.

12. recriminare: lamentarsi, contestare.

13. carcàme: corpo morto e disfatto.

Da: Dino Buzzati, *Il meglio dei racconti*, A. Mondadori.

Lalla Kezich

JEAN, IL SUO AMICO ENRICO E IL PIANOFORTE

Lalla Kezich è nata a Trieste nel 1924 e morta a Roma nel 1987. Ha pubblicato raccolte di racconti: *Marina Indiana* e *Gruppo concentrico*; il romanzo *La preparazione* e la favola *La nave di Jean*. Alcuni suoi racconti sono stati pubblicati solo dopo la sua scomparsa col titolo *Il silenzio abitato*. La critica è stata tarda a riconoscere e valorizzare le risonanze sottili di questa autrice schiva, per la quale ora si fanno i nomi della Mansfield e di Cecov.

Questo minuscolo racconto fa parte di una serie di fiabe per adulti, *La nave di Jean.* C'è in Jean - un bambino o un folletto? - l'intatta freschezza di un essere capitato in questo mondo per farci comprendere che dalla vita bisogna sapersi aspettare di tutto: «una sorta di stupefatto e quasi gioioso affrancamento dai vincoli della cronaca», scrive Michele Prisco «per abbandonarsi liberamente alla forza, e alle ragioni della fantasia e della poesia». Qui Jean siede al tavolino di un bar e ordina ciò che più desidera: una semplicissima gomma americana, senza chiedersi se i camerieri accondiscenderanno a servirgliela al tavolo; così come quando l'amico gli parlerà di musica, lui, come per caso, tirerà fuori della tasca un pianoforte. Qualcuno ha paragonato la scrittura di queste fiabe a quella del Calvino di *Marcovaldo* o a quella di Saint-Exupéry de *Il piccolo principe.*

Era un tardo pomeriggio d'estate e Jean stabilì di andare in qualche posto solitario, magari in periferia, a meditare.
Arrivò, passin passetto, in una via larga e deserta. All'angolo c'era un bar con una grossa scritta in caratteri cinesi che diceva appunto BAR. Al lato della porta c'erano due sedie e un tavolino e poiché in quel momento non si vedevano clienti di sorta, Jean si sedette.
Arrivò il cameriere che con un gesto largo pulì la superficie del tavolo e chiese:
«Il signore desidera?»
«Una gomma americana, ragazzo.»
«Di che gusto? Limone, fragola, menta piperita?»
«Piperita, grazie, piperita.»
Il cameriere sparì e Jean lo sentì gridare l'ordine all'interno del bar. Si accomodò meglio sulla sedia e incrociò le gambe: ora finalmente avrebbe avuto tutto il tempo per riordinare i suoi pensieri che erano piuttosto confusi.
Ma, guarda caso, gli passò davanti Enrico.
«Enrico» lo chiamò Jean, «Enrico, dove vai?»
«Passeggio» rispose Enrico con sussiego.[1] «Passeggio un pochinetto. Quando sono nervoso, devo farlo» e si toccò due tre volte la fronte, la testa e gli occhi proprio come un tipo nervoso.
«Che cosa devi fare?» chiese ancora Jean.
«Passeggiare, ti ho detto, devo passeggiare.»
Ma sedette sulla sedia libera e abbassò la voce:
«Sono nervoso per via delle mie sorelle. Vogliono che insegni la musica ai nipoti, ma a me non

1. **sussiego**: tono di chi si dà importanza, fa il sostenuto.

piace. Non mi piacciono i nipoti, sono stonati. Io suono quando mi va di suonare. Hai capito il concetto?»
Jean fece di sì, frugò nella tasca e vi trovò, per mera combinazione, un pianoforte.
Lo tirò fuori, gli distese la coda e disse:
«Hai voglia di suonare adesso? A me piacerebbe ascoltarti».
«Ma certo, suonare per te è un'altra cosa.»
Enrico si mise al piano e mosse le mani sulla tastiera.
Arrivò il cameriere che sorrise e disse: che bello! Era così emozionato che, invece di porgerlo a Jean, il chewing-gum se lo mise in bocca.

Da: Lalla Kezich, *La nave di Jean*, Camunia.

Alberto Savinio

MIA MADRE NON MI CAPISCE

Alberto Savinio, pseudonimo di Andrea De Chirico (Atene 1891 - Roma 1952), fratello del pittore Giorgio De Chirico, trascorre l'infanzia in Grecia dove studia musica. Assieme al fratello, a Parigi, frequenta gli ambienti surrealisti che affermavano l'importanza del sogno sulla totalità della natura umana. Nel 1925 inizia la sua carriera di pittore riproponendo, in un'atmosfera di inquietudine fantastica, i temi della classicità e della propria infanzia, fusione che ritroviamo ricorrente anche nelle sue opere. Suoi scritti principali: *Infanzia di Nivasio Dolcemare*, *Tragedia dell'infanzia*, le biografie immaginarie di *Ascolto il tuo cuore, città*; i racconti di *Casa "La vita"*.

Savinio stesso nella prefazione a *Casa "La vita"* ci dà una chiave di lettura: «Molti dei racconti contenuti in questo volume sono ispirati dal pensiero della morte... altri si ispirano al pensiero del transito del tempo, che è come dire l'avviamento della morte».
Nivasio Dolcemare, già protagonista di altri due racconti, è qui uno scrittore famoso. La notte di capodanno, appartatosi in uno stanzino segreto e buio, ingombro dei suoi ricordi d'infanzia, incontra la propria madre morta, che gli appare sotto le sembianze di una querula gallina. L'incontro lo farà ritornare piccolo, "pulcino", liberandolo dalle angosce del vivere. La fusione tra figura umana e quella animale, fra personaggi e oggetti ricorre spesso anche nella pittura di Savinio. I genitori, per esempio, li ha ritratti seduti, fusi col sedile: il Poltrobabbo e la Poltromamma.

È la sera del 31 dicembre. Nivasio Dolcemare rincasa. La sua maestosa persona vestita di ottima lana, calzata di scarpe dalla triplice suola, abbracciata da un ampio cappotto dai risvolti larghi come porte di armadio, traversa la via imbottita di nebbia. C'è per tutta la città quell'odore di ceppo bruciato, che è il fiato delle feste natalizie e di fine d'anno. La via nella quale abita Nivasio Dolcemare è una via signorile, netta di negozi, edificata da una parte di case di civile abitazione, dall'altra del muro di un convento onde sporgono alcuni neri rami di alberi. Questi scheletri arborei sono il solo aspetto triste di questa via, il solo richiamo all'infinito dolore del mondo. Le case dirimpetto sono una unica fortezza compatta, che con le sue blindature di cemento protegge il benessere di alcune centinaia di privilegiati. Per effetto della sua signorilità, la via nella quale abita Nivasio Dolcemare è meno illuminata delle altre che Nivasio ha traversato poco prima, sfolgoranti di mostre piene di gioielli, giocattoli, dolci, oggetti di lusso molto seducenti e privi di ogni apparente utilità. Un'automobile è attraccata al marciapiede lustro, simile a una grossa tartaruga addormentata: segno che la signora Dolcemare è a casa. "Signora Dolcemare" riferito a sua moglie, stasera suona strano a Nivasio come se l'udisse per la prima volta. Questo il veleno delle feste. Riportano avanti le cose passate, le cose dimenticate.

Anche questo sorprende penosamente Nivasio Dolcemare, che certe cose che crediamo immortali, come il ricordo di nostra madre, si spengano senza che ce ne accorgiamo e calino nel buio dell'oblio.[1] Nivasio ora ricorda con sorpresa che una volta "signora Dolcemare" era soltanto sua madre. Questo nome sua madre lo portava con maestà, come un monumento porta il suo titolo: Mole Antonelliana, Porta Metronia, Basilica di Massenzio. Sua madre aveva il talento d'immaestare[2] se stessa e tutto quanto derivava da lei. Nivasio ripensa quanto difficile fu il trapasso, o meglio la continuazione del nome in un'altra persona; quanto difficile fu saldare l'anello di congiunzione, creare l'abito[3] che anche sua moglie è "signora Dolcemare". Con la sua sola presenza, sua madre sembrava dire che essa sola aveva diritto nei secoli di chiamarsi "signora Dolcemare". La sua persona occupava interamente la porta dell'avvenire e la precludeva altrui. E come riusciva, essa così piccola di statura, a sembrare così alta, a farsi così imponente? Un dramma muto ma non per questo meno terribile scoppiò quel giorno che la domestica recò una lettera, e alla signora Dolcemare che la credeva sua disse: «No: è per la *giovane* signora Dolcemare».

Nivasio Dolcemare ha le braccia ingombre di pacchi. È contento di portare tanti regali a sua moglie, ai suoi figli, e avendo addizionato mentalmente le somme spese, è orgogliosamente soddisfatto del totale.

Arrivato davanti al portone, Nivasio si destreggia in esercitazioni di equilibristica, e poiché riesce finalmente a liberare l'indice tra il pacco del meccano e quello delle fragole, preme l'occhietto lucido del campanello e il portone si apre di scatto. Fragole in dicembre! Che dirà sua moglie? Nivasio Dolcemare è accolto dal tepore della casa signorile e il suo passo si spegne nel tappeto. Risponde benevolo al «buonasera signor commendatore» del portiere, e anche questa volta mentre si avvia verso l'ascensore pensa: "Augusto vive nell'oscurità dei veri valori. Crede farmi piacere chiamandomi commendatore. Poveretto! Costui non capirà

1. **oblio**: dimenticanza.

2. **immaestare**: parola inventata dall'autore, per intendere: rivestire di maestà.

3. **abito**: abitudine.

mai che quando ci si chiama Nivasio Dolcemare, qualunque titolo diventa un pleonasma[4] minore". Armonioso e odoroso di preziose essenze, l'ascensore assume Nivasio Dolcemare al terzo piano.

Tutte le camere sono illuminate, la casa è piena di una vibrazione di felicità. Come all'entrare in un mulino si è accolti dal rumore regolare della mola che macina il grano, così nell'entrare della sua abitazione Nivasio Dolcemare è accolto dal rumore regolare della macchina che macina la felicità.

Immagine grata a Nivasio Dolcemare è anche la faccia di Giulio, il cameriere dai piedi dolci che avanza premuroso per aiutarlo a togliersi il cappotto e sorride con la bocca, e con gli occhi pure anche più dolci dei suoi piedi.

Giulio è il servo per eccellenza. Non ha reazioni di nessuna sorta: non senso di dignità umana, tanto meno di onore; e pratica lo stile gesuitico[5] meno per istudio che per talento naturale.

Nell'estate di due anni or sono, Nivasio era restato solo in città, poiché Maria e i bambini erano andati nella loro casa del Poveromo, e di sera cenava in trattoria.

Nivasio conobbe Giulio alla trattoria del Mancino, e cominciò ad apprezzarlo subito, perché Giulio, distinguendosi dal gruppo bianconero degli altri camerieri, anzitutto imparò subito il nome del "signor Nivasio", poi prese il "signor Nivasio" sotto la sua tutela alimentare, consigliandogli talune pietanze e sconsigliandogliene altre, facendogli le porzioni massime e praticando grossi sconti sul conto.

Venuto l'autunno e riunitasi nuovamente la famiglia Dolcemare in città, Giulio eluse[6] la sorte degli amori estivi che tronca le relazioni più promettentemente iniziate, e divenne il fornitore accreditato dei Dolcemare, l'eminenza grigia[7] della loro mensa; recando in casa Dolcemare, sempre sorridente, sempre sollecito sui suoi piedi di pàpera, sempre con l'aria di favorire e di non "far pesare" il favore, primizie rarissime, derrate[8] fuori commercio, cibarie clandestine.

Questo tuttavia non sarebbe bastato a stringere fra Nivasio Dolcemare e Giulio l'alleanza che

4. pleonasma: aggiunta superflua.

5. gesuitico: dal nome della congregazione religiosa dei Gesuiti, nel senso di simulatore, ipocrita.

6. eluse: evitò, non andò soggetto.

7. eminenza grigia: si dice di un potente che, senza mai comparire pubblicamente, influenza e dirige le scelte di altri.

8. derrate: alimenti.

tuttora li lega e sembra infrangibile a tutto, ma ci fu bisogno di una specie di prova del fuoco, di giudizio di Dio.
Una sera, nella trattoria del Mancino, Giulio servì a Nivasio un quarto di pollo in istato di avanzata putrefazione. Nivasio nutriva una fiducia così piena nella fedeltà di Giulio, che da lui avrebbe accettato qualsiasi cibo, fosse pure un piatto di carboni accesi; ma il fetore che mandava quella carne marcescente era tale, che Nivasio respinse il piatto con ribrezzo, chiamò Giulio e indicandogli il volatile putrefatto disse: «Giulio, questo animale pute[9]».
Giulio per parte sua è così sicuro del fascino dei suoi occhi sorretti inferiormente da un cuscinetto di grasso, del suo sorriso perpetuo, della sua voce inalterabilmente melata, che col favore di questo fascino egli crede di poter varare le menzogne più spropositate. Disse: «Signor Nivasio, questo pollo è freschissimo».
Nivasio Dolcemare è affetto di glicemia[10] e va soggetto a improvvisi accessi di rabbia.
«Puzza!» gridò Nivasio, arrossendo fino alla radice dei capelli, «e anche più di questa carogna, puzzate voi!»
Così disse Nivasio Dolcemare, e in così dire afferrò il piatto sul quale era coricata la "carogna" e lo tirò in direzione di Giulio, che lo ricevé sul suo candido sparato di lavoratore della mensa. E si noti che la prima volta Nivasio Dolcemare disse "pute" per mitigare con l'ironia del latinismo l'asprezza del rimprovero, e la seconda nella sincerità dell'ira disse "puzza".
Fu questa la prova del fuoco, questo il giudizio di Dio. Perché Giulio non batté ciglio, non spense il sorriso sulle sue labbra ma si chinò sollecito a raccogliere la "carogna" e il piatto miracolosamente incolume; e dopo meno di un minuto tornò non più con un quarto di pollo putrefatto, ma con mezzo pollo dorato e odoroso, la zampetta rattratta sul purissimo biancore dello sterno; e sorridente, sollecito, mellifluo come se invece di un insulto e di un piatto in petto avesse ricevuto un complimento, lo depose davanti al "signor Nivasio" che disarmato, gli occhi chini, confuso di vergogna lo ricevé.

9. pute: forma antiquata per "puzza".

10. glicemia: squilibrio della quantità di zuccheri nel sangue.

Sussurrò Giulio nel deporre sulla tavola quel magnifico frammento di pollo: «E questo, signor Nivasio, non lo passeremo in conto».
Nivasio Dolcemare sa che ignobile è il sentimento di servire e altrettanto ignobile il sentimento di farsi servire. Ma come resistere a un simile uomo? All'inizio dell'inverno Giulio abbandonò la trattoria del Mancino ed entrò al servizio di Nivasio Dolcemare. Si strinse allora fra Nivasio Dolcemare e Giulio un patto di complicità, che dà facoltà a Giulio di derubare il "signor Nivasio" a man salva, ma con strumenti lubrificati e in maniera anestetica, e dandogli l'illusione per soprammercato che è servito disinteressatamente e *con amore*.
Non sempre si ode in casa Dolcemare il rumore della macchina che macina la felicità. Ma quando la macchina tace, è segno che il deposito della felicità è pieno.
Di notte, quando Maria dorme nella sua camera, la testa irta di papigliotti[11] come la testa della Medusa e la faccia unta di crema; e nella loro camera dormono Angelica e Ruggero in un leggero lezzo[12] di pulcini; e Giulio lascia finalmente riposare in fondo al letto le sue piote[13] di melassa; e dormono anche i due pappagalletti dietro le sbarre cromate della loro gabbia; e anche i fornelli dormono in cucina; e i rubinetti nella camera da bagno; e solo Nivasio veglia nella notte alta, egli sente allora intorno a sé il pieno della felicità che allaga la sua casa e sta per traboccare.
Solo egli veglia nella notte. Solo. Ma non sempre. E talvolta lui, e uno scarafaggio, coleottero lucifugo,[14] il quale nel buio, lentamente, ascende il tubo dell'acquaio. Perché Nivasio Dolcemare, benché arrivato, benché superata la cinquantina, benché adagiato nelle mollezze della vita borghese, non rinuncia tuttavia a certi particolari eroici della vita del grande uomo, come di vegliare talvolta nella notte – quantunque molto più moderatamente di una volta – e di raccogliersi nel silenzio di uomini e cose in alte e vaste meditazioni, mentre il pianeta sfugge al controllo del sole ed è vòlto agli spazi liberi e infiniti.
«I signori sono già arrivati» dice Giulio allar-

11. papigliotti: bigodini, diavoletti.

12. lezzo: puzza.

13. piote: scherzoso per "piedi".

14. lucifugo: che fugge la luce.

gando fino alle orecchie il suo sorriso da salvadanaio.
L'annuncio che dà Giulio è inutile, perché attraverso la vetrata del salotto velata di tendine rosa onde traspare la luce dorata del lampadario di cristallo, trapela il chiacchierio degli ospiti e lo scroscio delle loro risa; ma Giulio, servo psicologo, sa che per far cosa gradita al suo padrone le parole non sono mai inutili, le ripetizioni mai troppe, i pleonasmi sempre bene accetti.
D'improvviso il chiacchierio e le risa salgono di tono: la porta del salotto si è aperta, Maria entra nel vestibolo mentre Nivasio si toglie il paltò con l'aiuto di Giulio, in abito da sera e scintillante di gioielli, bacia Nivasio sulla gota frettosa ma sorridente, illuminata in trasparenza da una luce interna come mano che fa schermo al lume, corre via leggera e profumata a vedere se i bambini sono già a letto. Poco dopo, Angelica e Ruggero, nei loro pigiamini uguali, inciampando nei calzoni troppo lunghi come se giocassero alla corsa nel sacco, vengono ad augurare la buona notte al loro papà.
La serata si svolge con larghezza e decoro. A cena erano invitati alcuni amici dei Dolcemare, la cena era squisita e servita a puntino dall'impareggiabile Giulio. Altri invitati sono venuti dopo cena. Nivasio passa da gruppo a gruppo e in ogni gruppo coglie lodi e parole di ammirazione. Iperboliche[15] le lodi delle signore, più sobrie quelle degli uomini; e sono queste che fanno più piacere a Nivasio Dolcemare, come più consapevoli e più abilmente dirette al segno. Le donne non sanno lodare. Talune, del tutto fuori tono, lodano la prestanza fisica di Nivasio Dolcemare, la freschezza della sua carnagione. E lui che vorrebbe essere l'uomo più mal ridotto del mondo, ma egualmente lodato per elevatezza di mente, brillio di spirito, grandezza e originalità di ingegno! "Ma le donne," pensa Nivasio Dolcemare col non confessato fine di correggere l'impressione umiliante di quelle inabili lodi "le donne riducono tutto al fisico e nel fisico comprendono anche il morale, e chi sa che questo loro criterio non sia il criterio migliore e più sano..."

15. iperboliche: esagerate.

Nivasio Dolcemare ora parla e ora ascolta, ora rivolge domande e ora riceve risposte, ma assieme dà ascolto a voci inaudite e gelose. Formula pensieri ad alta voce, e assieme segue altri pensieri che non dice. Evoca ricordi che comunica ai suoi ospiti, e assieme evoca altri ricordi che non rivela. Svolge dialoghi con i suoi interlocutori, e insieme svolge un dialogo mentale con se stesso. Molti dei sorrisi che muovono le sue labbra, molte delle luci che passano sotto le sue lenti non sono effetti di quello che gli dicono gli altri, ma di ciò che egli stesso si dice. Stasera Nivasio Dolcemare è come un cantante che canta la sua parte in mezzo a scene, praticabili,[16] fondali che lui solo vede, e che sono l'ineffabile messinscena della sua vita colorata e felice.

Anche la posta che Nivasio Dolcemare ha trovato rincasando sulla sua scrivania, ha contribuito a rendere più viva e documentata la profonda soddisfazione che stasera egli sente di sé. C'era una raccomandata del suo editore, amichevolissima nel contesto e ornata di un assegno cospicuo per anticipi sul manoscritto consegnato alcuni giorni avanti. C'era una rivista di giovani con un articolo contornato da lapis[17] turchino, nel quale un ignoto, Eraclito Paris, parla dell'«ultima prosa di Nivasio Dolcemare» con deferente ammirazione e trattando Nivasio da maestro. C'era infine la lettera di un ammiratore residente a Marghera, il quale, letto nella "Stampa" l'articolo su Orfeo, «non ha potuto resistere al desiderio di esprimere al grande scrittore...»

Quando Maria si alzò da tavola e segnò l'abbandono da parte di tutti i commensali della mensa devastata, Nivasio approfittò di quella piccola confusione e si ritirò nel suo studio, prese da una cartella il ritaglio del suo elzeviro[18] uscito pochi giorni prima e se lo rilesse piano piano, indugiando sui passi più lodati dall'ammiratore di Marghera e assaporandoli; e poiché costui firmava la sua lettera Cavallo, Nivasio Dolcemare pensò in un breve ma lucido delirio che ora anche i cavalli leggono e ammirano i suoi scritti, scotendo in segno di approvazione le belle teste ornate di ondeggianti criniere.

16. **praticabili**: passerelle mobili o fisse di scena.

17. **lapis**: matita.

18. **elzeviro**: articolo generalmente posto in terza pagina, di argomento artistico, storico o letterario.

Mentre Nivasio rilegge il suo elzeviro come se bevesse nèttare, echeggia vicino a lui un lamento molto fioco ma immensamente triste. Questo lamento non sorprende Nivasio Dolcemare, ma lo turba. Pare a Nivasio di riudire una voce profondamente nota, tragicamente familiare. Tuttavia egli non ha ancora finito di libare[19] il suo elzeviro e non bada troppo a quella voce.
Lo studio di Nivasio è illuminato da una luce dotta, più dorata che viva. Il soffice tappeto fa morbido il passo. A traverso la porta aperta si vedono gli ospiti in salotto, alcuni seduti in gruppo, altri che passeggiano a coppie. Giungono le loro voci quando con chiarezza di parole, quando nel solo suono. Ma Nivasio non ascolta: continua a leggere.
Il lamento torna a echeggiare.
Nivasio ha terminato di leggere. L'articolo di Eraclito Paris, la lettera del signor Cavallo gli dànno una grande euforia letteraria. Nivasio non si lascia sfuggire la felice coincidenza, e nelle lodi di Eraclito Paris trova metafisicamente anche la lode di Eraclito l'Oscuro.[20] Le lodi illuminano di magnifica luce e la sua opera compiuta, e quella in formazione. I suoi lavori, i suoi progetti gli appaiono disposti in un anfiteatro ideale, illuminati dall'alto da una luce d'apoteosi.[21] Se i libri di Nivasio Dolcemare non negano l'esistenza di Dio, è perché in essi l'inesistenza di Dio è sottintesa e vi si parla di là dall'esistenza di Dio, di là da molti postulati[22] che una volta, e non per lui ma per gli altri, erano essenziali ma che lui Nivasio non ha preso in seria considerazione neppure da ragazzo, e che di poi ha completamente dimenticato. Orgoglioso è Nivasio di questo argenteo vuoto che lo circonda e che egli riempie della sua sola intelligenza, come si riempie di vino una coppa di cristallo. E come le parole del solo amico degno di lui, Nivasio ricorda i versi di Lucrezio:

Quare religio pedibus subiecta vicissim
Opteritur, nos exaequat victoria caelo.[23]

Il lamento torna a echeggiare.

19. **libare**: assaporare sorseggiando.

20. **Eraclito l'Oscuro**: il filosofo greco Eraclito di Efeso (VI secolo a.C.), così soprannominato per la difficoltà del suo modo di esprimersi.

21. **apoteòsi**: trionfo, assunzione in cielo tra gli dèi.

22. **postulati**: affermazioni da accettare indiscusse come fondamento di un ragionamento.

23. ***Quare... caelo***: «Perciò la superstizione religiosa calpestata con l'uno e l'altro piede è schiacciata, e questa vittoria ci innalza fino agli dèi celesti.» Sono versi tratti dall'opera *De rerum natura* (*Sulla natura delle cose*, Libro I, vv. 78-79) del poeta latino Lucrezio (99? a.C.-55? a.C.).

Che cos'è questo debole lamento che viene dalla camera vicina? In questa camera Nivasio non è mai entrato, e persino ignorava che accanto al suo studio ci fosse un'altra stanza. Ma questa scoperta non gli fa stupore. L'abitazione di Nivasio Dolcemare è così vasta che ancora sono in essa parti inesplorate, nelle quali Nivasio non si è ancora avventurato. Si sa come avviene. Si dice: «Andrò domani» poi si rimanda e si finisce per non pensarci più. E così noi abitiamo luoghi che o conosciamo male o non conosciamo affatto, circondati dal mistero e dalle insidie.
Lume non c'è nella camera adiacente, ma parte della luce dello studio passa di là attraverso la porta aperta. Ma chi ha aperto quella porta?
Il lamento si ripete.
Nivasio non ha più dubbi: chiamano lui.
Richiamo inopportuno. È tanto che Nivasio sta lontano dai suoi ospiti, e proprio nel momento in cui egli si è determinato a tornare in salotto, ecco che lo chiamano dalla stanza sconosciuta. Anche a non tenere conto del dovere di ritornare presso i suoi ospiti, Nivasio Dolcemare sente una invincibile intolleranza delle cose tristi e la sofferenza, la povertà, tutto quanto eccita la compassione lo ripugna.
Il lamento si ripete, breve ma insistente. C'è in questo dolente richiamo qualcosa di puerile, di miseramente piccolo, o piuttosto di impuerito, di ridotto al minimo.
Nivasio passa nella stanza sconosciuta.
A che serve questa stanza?
La penombra vieta di conoscere esattamente che cosa c'è in questa stanza, ma s'intravedono tuttavia dei mobili accatastati: dei mobili "di un altro tempo".
Poiché si è assuefatto un poco alla penombra, Nivasio Dolcemare comincia a riconoscere qualcuno di quei mobili. Ecco la credenza rinascimento fiorentino, i grappoli d'uva che fanno da maniglia agli sportelli, l'alzata sulla quale erano schierate le ceramiche di Faenza. Ecco il canterano[24] al quale manca al secondo cassetto la guarnizione di metallo intorno al buco della serratura. Ecco il lavabo con la

24. canteràno: cassettone.

tavola di marmo, il catino a fiorami rossi, la brocca dal becco sbeccato. Ecco il tirastivali in forma di lira.
Ora Nivasio riconosce questi mobili. Sono i mobili della sua infanzia. Lo sgabello della camera dei giochi che, capovolto, fungeva da slitta. La caldaia ad anse "inventata" da suo padre per scaldare l'acqua del bagno.
Questi mobili "storici" qui non sono collocati secondo la logica della loro destinazione, ma ammucchiati come in un magazzino.
"I miei mobili *storici*," pensa Nivasio "i mobili della *mia* storia". Ma anche Nivasio Dolcemare, come tutti gli uomini consapevoli si vergogna della propria storia e vorrebbe nasconderla, cancellarla dall'accusatrice lavagna del passato. Quasi tutte le cose che egli ha fatto, sono cose che non voleva fare. Quelle invece che avrebbe voluto fare non le ha fatte, ma spera di farle un giorno e per questa ragione vive, per questa ragione "continua" a vivere. Anche l'Umanità, anche il Mondo, se fossero come lui capaci di sentire la vergogna di quello che hanno fatto e assieme rimorso di quello che non hanno fatto, si vergognerebbero della loro storia: l'Umanità della storia dell'umanità, il Mondo della storia del mondo.
Può darsi però che questi mobili siano stati sempre così: accatastati. Quello che a Nivasio ora pare disordine, forse è il loro ordine. La casa nella quale egli è vissuto fanciullo, era densa e oscura come una foresta nella quale il sole non è entrato mai. Per chi di noi la casa dell'infanzia non è stata un negozio di antiquariato?
Il lamento echeggia vicinissimo.
Nivasio si china.
Per terra c'è una gallina.
Una gallina piccola piccola.
È suo il lamento.
Che dice?
Nivasio si china anche di più, avvicina l'orecchio al becco della piccola gallina, ode come un nodo di parole: «I... ono... tu... ade...». Nivasio sta in ascolto. La piccola gallina ripete ancora, insistente, angosciata: «I... ono... tu... ade...».

La prima idea di Nivasio è di chiudere la porta dello studio, poi quella della stanza, frapporre una doppia barriera sia pure di legno tra la piccola gallina e gli ospiti che conversano in salotto, nel fumo azzurro delle sigarette.
Poi Nivasio cambia idea. È contento di avere ritrovato sua madre, anche ridotta in quelle condizioni. Tante cose sono avvenute da quando non si sono più veduti, tanti mutamenti. Nivasio ha fretta di mettere sua madre al corrente.
Le mostra sulla scrivania l'articolo di Eraclito Paris, la lettera del signor Cavallo, la ricchezza del mobilio, la vastità dell'alloggio, gli ospiti laggiù, tutta gente di riguardo che onora in lui lo scrittore famoso.
Nivasio guarda la piccola gallina per riconoscere l'effetto delle sue parole; ma la piccola gallina ha l'occhio rotondo e fisso; mostra di non capire; solo di tanto in tanto continua a emettere il suo lamento, fioco fioco e immensamente triste.
Allora Nivasio invita la piccola gallina a venire in salotto. La presenterà ai suoi ospiti. Annuncerà a tutti che sua madre è ritornata. Non si lasceranno più, vivranno sempre insieme.
Ma mediante alcuni movimenti quasi impercettibili del capo la piccola gallina fa capire che non le è possibile uscire da quella stanza, abbandonare quei mobili, aprire le ali, staccare le zampette dal pavimento.
Nivasio capisce. Una ruota gira improvvisamente nella sua testa, e quando la ruota si ferma, egli vede l'*altro* aspetto delle cose.
Allora Nivasio va a chiudere la porta dello studio, poi quella della stanza "sconosciuta", ma non per le medesime ragioni di prima.
Mentre chiude la porta dello studio e quella della stanza "sconosciuta", Nivasio Dolcemare fa la più grande rinuncia che uomo posso fare: rinuncia alla sua vita, a quella che "credeva" la sua vita.
La stanza rimane al buio, ma Nivasio vede come in pieno giorno.
Nivasio si avvicina alla piccola gallina, le si china accanto, cerca anche lui di farsi piccolo piccolo. Ci riesce. E nell'oscurità di quella

stanza che credeva di non conoscere e che invece è la camera nella quale egli è venuto al mondo, Nivasio dà sfogo silenziosamente alle lacrime da tanti anni tenute a freno, e al pianto di una intera vita.
Allora la piccola gallina cessa il suo lamento. Ha ritrovato il suo pulcino.

Da: Alberto Savinio, *Casa «La vita»*, Adelphi.

Stefano Benni

IL MARZIANO INNAMORATO

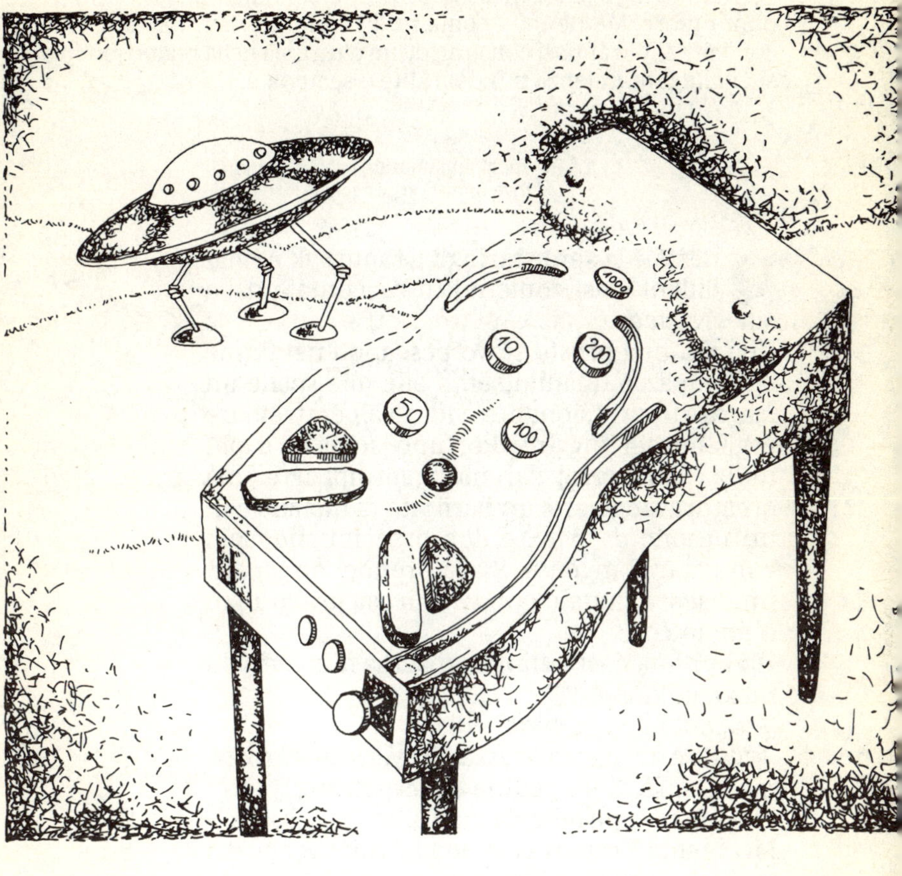

Stefano Benni è nato a Bologna nel 1948. Collabora a "Il Manifesto" e a "Panorama". Il romanzo di fantascienza *Terra*! ha avuto un grande riscontro anche all'estero. Altre sue opere di narrativa: *Bar sport, I meravigliosi animali di Stranalandia, Comici spaventati guerrieri*, e i racconti di *Il bar sotto il mare*. Ha scritto anche una raccolta di poesie: *Prima o poi l'amore arriva*.

Quando l'intelligenza entra al servizio della comicità, il divertimento è assicurato. Il gioco non è facile: far ridere è un'arte, e far ridere attraverso la scrittura è un'arte rara. Il piccolo marziano tutto *trond* e *quazz*, che sgrana gli occhi sul nostro pianeta scambiando i flipper per una donna e chiedendosi perché gli esseri umani si accaniscano con tanta foga per il possesso di una semplice palla, ci mette di buonumore. Ma Benni – come tutti i veri umoristi – va al di là della comicità, inoltrandosi con gran disinvoltura sia nella realtà quotidiana, sia nella fantascienza più delirante e scatenata.

Ma gli innamorati, i veri innamorati
inventano con gli occhi le loro verità.
Molière

Questa è la vera storia di Kraputnyk Armadillynk così come mi fu raccontata dalla sua viva voce.
Una mattina presto stavo pescando nel fiume di Sompazzo quando sentii alle mie spalle un fragore impressionante. Vidi gli alberi tremare e gli uccelli fuggire. Poi uno scoppio e più nulla. Attraversai l'argine e mi apparve una creatura singolare: un barilotto di metallo con un nasone da talpa e due braccini snodabili con catarifrangente. Stava prendendo a calci un disco volante e con voce irosa gridava più o meno così:
«Zukunnuk dastrunavi baghazzaz minkemullu mekkanikuz!»
Vedendomi si inchinò e disse:
«Signore, mi dispiace assai di averla disturbata, ma se sarà tanto gentile da ascoltarmi, penso che potrà capirmi e darmi l'aiuto necessario.
Mi chiamo Kraputnyk Armadillynk e vengo dal pianeta Becoda. Il mio pianeta è a settecento anni luce dal vostro e la temperatura media è di cinquanta gradi all'ombra. È un pianeta rosolato e desolato. Ci si possono coltivare solo due cose: il Trond e il Quazz. Il Trond è un tubero tondo dal sapore insipido. Il Quazz è un tubero quadrato dello stesso sapore del Trond. Si potrebbe tranquillamente dire che sono la stessa cosa, ma per il morale di noi becodiani è meglio distinguerli. Così possiamo dire: «Cosa abbiamo stasera di buono per cena, Trond o Quazz?» e creare un po' di suspense.
Esistono tre modi di mangiare il Trond: e precisamente seduti, in piedi e sdraiati. Pari-

menti esistono tre modi di cucinare il Quazz: con sugo di Trond, con sugo di Quazz o con ripieno di Trond.
Avrà perciò capito che la vita sul nostro pianeta è assai dura. Non abbiamo altro che terra bruciata e campi di Trond e Quazz, rocce nere, montagne di lava e qualche Nerpero (vulcano) che sputa in aria lapilli bollenti. Non esistono animali, ad eccezione di un verme che si chiama Krokuplas ed è immangiabile, ma costituisce un'ottima esca per i pesci. Sfortunatamente su Becoda non esistono né acqua né pesci. Beviamo però ottime spremute di Trondquazz.
Sul nostro noioso pianeta l'unico divertimento è corteggiarsi. Gli abitanti di Becoda sono infatti incredibilmente belli. Almeno, così è scritto nel primo articolo della nostra Costituzione. Noi maschi, come vede, siamo formati da due piedi trond, un corpo quazz, e testa lievemente trondoide da cui sporge un tubo (che non è il naso!). Le femmine hanno piccoli piedi quazz, delizioso corpicino trondeggiante e testa alquanto bitrondica. La mia femmina si chiama Lukzenerper Graetzenerper Bikzunkenerper. Che vuole dire Lukz che nacque vicino al vulcano, figlia di Graetz che vive sul vulcano e di Bikz che cadde nel vulcano. Lukzeccetera è molto giovane, ha diciotto anni becodiani, che corrispondono circa a due telenovele terrestri. Io l'amo, e passeggiare con lei grunka nella grunka per i sentieri del pianeta è la mia unica gioia.
Ma avvenne che una notte, mentre eravamo soli nella mia quazzomobile e guardavamo le mille stelle dell'Universo, lei si strinse a me e cominciò a lazigàr. Che è la cosa più terribile che ti possa capitare su Becoda. Lazigàr è come il vostro piangere, ma noi piangiamo olio, prezioso lubrificante, per cui se uno lazìga troppo resta arrugginito, grippa e muore. Così io la consolavo e cercavo di rimetterle nel serbatoio tutto il lazigàto che potevo, ma lei continuava il suo lazighenzeinzein e io non sapevo più cosa fare.
«Lukzettina» le dissi «ti prego, parla. Non lazigare più, mi strazi! Cosa posso fare per te?»

«Oh Kraputnyk» rispose lei «tu sei buono come un trond (non era poi un gran complimento. Noi diciamo anche: carogna come un trond, perché abbiamo così poche cose per fare paragoni)... ma io vorrei una cosa impossibile... vorrei... vorrei...»
Nel vederla così disperata un lazigòne salì al mio ciglio.
«Parla cara, non esitare» dissi «farò qualsiasi cosa per te.»
«Oh Kraputnyk» disse lei «in vita mia non ho mai ricevuto un regalo. E morirò senza che nessuno mi abbia fatto un regalo!»
Ma come, pensai, se le avevo appena regalato una collana di trond! Già, ma che regalo poteva essere un trond su quel pianeta maledetto dove non c'erano che trond e quazz e pietre a forma di trond e pezzi di quazz sempre tra i piedi! Un regalo è qualcosa che non ti aspetti. Cosa c'era su Becoda che potesse sorprendere una fanciulla? Fu in quel momento che guardai il cielo stellato e mi illuminai (dico davvero: quando noi abbiamo una grande idea si accende una luce rossa).
L'universo era abitato da molti mondi trond e grandi strutture quazz. Diceva la televisione (quella l'abbiamo anche noi, è obbligatoria) che questi mondi sono assolutamente uguali al nostro. Su Giove ci sono dei trond più grandi, su Venere ci sono dei quazz particolarmente belli, ma niente di più. Ebbene, pensai, sarà così perché la televisione non mente quasi mai, ma voglio controllare di persona.
Perché se esiste in qualche lontana parte dell'universo un vero regalo, qualcosa che non sia né trond né quazz da portare alla mia amante, ebbene io lo troverò. Ciò deciso, la sera stessa feci una provvista di filetti di trond in scatola e lanciai la mia astroquazzomobile nei corridoi stellari del Serpentone numero otto, quello che porta all'incrocio Zatopek e da lì al vostro sistema solare. Non so perché puntai subito sulla Terra. Forse per il colore, che mi sembrava bello, o per il modo in cui trondava nello spazio. Fatto sta che misi in azione il mio macrocanocchio e lo puntai su di voi.

Ahimè, la prima cosa che vidi mi scoraggiò. C'era un grande spazio di pelo verde e tutto intorno migliaia di persone che urlavano. In mezzo alcuni esseri vestiti di due colori diversi si disputavano con i piedi un piccolo trond. Qua sono messi anche peggio di noi, pensai: noi abbiamo solo i quazz e i trond, loro scarseggiano anche di trond. Infatti intorno a questo trond si scatenavano risse gigantesche, ognuno lo voleva per sé e la gente urlava come impazzita. Puntai il macrocanocchio in un altro punto e vidi una città fatta di quazz uno sopra l'altro. Nessun segno di vita. Forse, pensai, gli aborigeni del luogo non mangiano i quazz, ma sono i quazz che mangiano gli aborigeni. Infatti ne vedevo sparire a migliaia dentro a giganteschi quazz illuminati.

Avvilito e deluso ero già intenzionato a ripartire quando, oh meraviglia! vidi finalmente una cosa che non era né quazz né trond né pietra né lapillo, una meravigliosa nuova cosa. Atterrai e mi avvicinai. Era uno scatolone metallico, simile a un becodiano obeso, ricolmo di oggetti misteriosi fatti con materie, che poi seppi chiamarsi *carta plastica* e *latta*. Avevano diversi colori, e anche se in essi c'erano esempi di quazzismo e trondismo, la varietà era strabiliante. E che odori strani emettevano! Forti, penetranti, così diversi dall'odore becodiano, cenere e quazz lesso. Frugai un po' col mio braccetto e tirai su dallo scatolone un oggetto stupendo: un cilindro rosso rilucente. Era firmato con una scritta trondeggiante che attraverso il mio universibolario decifrai in coco-colo o colo-coco. Pensai che fosse opera di due artisti. Poi vidi un animale splendido, formato da un corpo tutto irsuto di pelo terminante in una luna coda di legno, e delle stoffe preziose e candide con le scritte "supermercato Pam" e "Standa" e ancora oggetti oblunghi e trasparenti, meravigliosi sughi odorosi, bucce a spirale, carte fruscianti piene di geroglifici. Ero lì con il portello spalancato a guardare tutta quella ricchezza, quando vidi la prima creatura terrestre.

Stava frugando beata tra gli oggetti meravigliosi dello scatolone. Subito presi il dizionario turi-

stico interstellare e scandii bene questa frase: «Sku-ssi, lei uammo di terrah, po-tzo io komprarre uno dei kuesti suoi ztu-pehndi ogetti?» La creatura spalancò i bellissimi occhi gialli, mosse la coda e rispose:
«No komp-rarre, tutti pozzono prendherre, ma ora skampare via, poi ke venire uommini di spah-tzaturra.»
Ed ecco la creatura che credevo un uommo balzare via spaventata all'arrivo di un essere rombante grande come venti becodiani, da cui discendono gli uommini, uno dei quali mi guarda e dice:
«Da quando in qua hanno messo questi nuovi bidoni?»
«Boh» dice l'altro, «comunque sembra vuoto». E mi prende per il naso (che non è il naso!) e mi scosta.
«Al lavoro» dice l'altro «buttiamo questa schifezza!» Prendono lo scatolone delle meraviglie e lo ribaltano nella bocca dell'essere grande. Poi ci saltano su e se ne vanno. Lì per lì ci resto male, poi penso: se buttano via questa splendida roba e la disprezzano, figuriamoci che altre cose meravigliose hanno, molto più preziose di queste. Pensando rincuorato alla mia cara Lukzenerper, mi lancio dietro a loro a tutta velocità sui trondopattini, finché arrivo in città e quasi fondo per lo stupore. Che varietà di forme e di colori! Che regali portentosi ovunque, immobili o semoventi, piccoli o grandi! Questo è il paradiso, mi dico, ma devo restare calmo e scegliere bene, non lasciarmi stordire dall'abbondanza. Anzitutto non voglio un regalo qualsiasi. Voglio un regalo che anche le femmine terrestri ritengano pregiato e importante. Gli uommini li so già riconoscere, adesso devo trovare una femmina terrestre. Come sarà fatta? Entro prudentemente in un locale con la scritta «bar tabacchi». Vedo subito una cosa che potrebbe essere una femmina, una cosa con molti nasi e un uommo che li tira su e giù, il che da noi vuole dire *giboláin*, accoppiarsi. Ma poi sento che l'uommo la chiama «macchina del caffè». Non è lei. Eccola là, la vedo, la femmina. E, bellissima, tutta addobbata di luci colorate, lancia urla e gridolini mentre un

uommo la tiene per i fianchi e la scuote tutta. Se non è giboláin questo! Improvvisamente però le luci della femmina si spengono e l'uomo le dà un grande calcio e impreca. Come sono violenti dopo aver gibolainato! L'uomo mi passa davanti e lo sento dire:
«Quel flipper è un cesso, non si vince mai. E questo cos'è, un nuovo distributore automatico?» E mi tocca il naso (che non è il naso).
«Boh» fa l'uomo che maneggia la macchina del caffè «che ne so, l'avrà messo lì il padrone. Ehi, guarda lì fuori che femmina sta passando!»
Ci siamo! Guardo dove guardano i due uomini. Stanno passando due cose: una è una cosa gialla con la scritta taxi. L'altra è un uomo con più trond davanti, dei bei fili colorati in testa e gli occhi più vivaci. Mi metto a seguirla discretamente finché non incontra una simile a lei. Le dice:
«Lo vedi quel coso dietro di noi? Le pensano tutte ormai per fare pubblicità alle lavatrici.»
Che sia io il coso?
Poi la prima femmina si ferma ed esclama:
«Che auto! Cosa darei per averne una così!»
Quella che chiama auto è una quazzomobile che fa molto più fumo e rumore. Un po' ingombrante da regalare, ma se piace tanto...
Le auto stanno tutte ferme in fila. Dentro uommini e femmine suonano una nota picchiando un tasto che sta al centro di un trond. Stanno ore e ore a suonare anche se sembrano stanchissimi. Ho capito: *l'auto* è uno strumento musicale!
Dopo un po' la femmina arriva in un posto con la scritta «parcheggio» e trova la sua auto con un foglietto giallo sul vetro. Sarà lo spartito per suonare, penso, invece la femmina si arrabbia, straccia il foglietto e urla:
«Ingorghi, traffico e adesso anche la multa! Piuttosto che andare ancora in auto la butto in un burrone! Bisognerebbe bruciarle tutte, le auto!» E se ne va, senza neanche suonare.
Ahi, ahi! Non è un gran regalo, allora.
Mi metto a seguire un'altra femmina e la vedo che incontra un uommo. Entrato in un mangiaquazz. Mi infilo dentro anch'io: ho imparato che se sto immobile nessuno dice niente,

tutt'al più cercano di darmi da mangiare delle monete. Aguzzo bene le orkekkys e sento la femmina che dice:
«Caro, questo è il regalo più bello che potevi farmi... è splendido, non ho parole» e lo bacia. Piano piano mi infilo sotto il loro tavolo. Guardo, e sapete che cosa ha in mano la femmina? Un astuccio nero con dentro una collana di quazz, quelle pietrine trasparenti che a Becoda troviamo a migliaia nella cenere. Bel regalo davvero!
Deluso, decido di farmi ispirare dalla televisione, perché anche qui come a Becoda dovrebbe dire quasi la verità. Analizzo tre ore di telegiornali terrestri col mio computer analogico-galattico e il risultato è che il regalo che tutti vogliono, di cui tutti parlano e che tutti ritengono indispensabile e auspicabile è: "*fatti*".
Entro perciò in un negozietto con la scritta: "Abbiamo tutto" e senza esitare dico:
«Mi dia subito due fatti, uno per me e uno per la mia fidanzata. E mi raccomando: fatti, non parole.»
L'uommo mi guarda torvo e dice:
«Guardi, io non so se lei è un robot o un nano pagato da qualche partito politico, ma le dico che ne ho piene le palle di propaganda elettorale.»
«Un momento, ripeta» cerco di dire, ma altri uommini entrano nella discussione e alzano la voce, e poco dopo cominciano a litigare e a tirarsi dei quazz in testa. Mi allontano proprio stufo. Cammina cammina, esco dalla città e arrivo da queste parti.
Penso di caricare sulla astromobile uno di quei tappeti grigi che chiamate strade. Ma è pesante da arrotolare. Oppure potrei prendere una fetta di pelo verde. Ma non ho capito nulla della terra e rischierei di portar via un regalo da poco. Tutti riderebbero di me e della mia Lukz. Che scoraggiamento! In quell'istante sento alcuni piccoli di uommo che parlano tra loro:
«Che sete» dice uno.
«Cosa darei per un chinotto» dice d'altro.
«Pensa» dice il terzo «che regalo se qualcuno ce lo portasse qui...»
Stavolta metto su addirittura la turboelica da

spostamento rapido e volo al primo negozio. Sono pronto a usare anche il cannone fotonico. Al banco c'è una donnina con due quazz di vetro davanti agli occhi.
«Femmina» dico «mi dia tutti i chinotti che ha.»
«Sei strano, bambino» dice, e anche lei mi tocca il naso (che non è il naso). «Me ne sono rimasti quattro, ti bastano?»
«Szyp» dico io.
«Duemilaquattrocento lire.»
Ahi, a questo non avevo pensato! Però ho un'idea: le metto in mano due o tre di quei quazz brilluccicanti che piacevano tanto all'altra femmina. La vedo sbiancare e ammutolire. Fatto! Volo indietro e atterro davanti ai tre piccoli di uommo.
«Ehi, che buffo» dicono «che cosa sei?»
«Sono il robotto del concorso vinci il chinotto» dico «e voi ne avete vinti tre, uno per uno.»
«Uahu!» grida il primo.
«Grande!» ulula il secondo.
«Che felicità» dice il terzo, e si mettono subito a romperli finché non esce l'olio e se lo bevono. Tutti uguali i bambini.
«Ma insomma» chiedo «è un bel regalo o no?»
«È il più bel regalo che potevo aspettarmi oggi» dice il primo.
«È un regalo meraviglioso» conferma il secondo.
«Adesso sto proprio bene» dice il terzo.
Stavolta è fatta. Ci salutiamo: loro sventolano le mani e io sventolo il naso, quello vero, che ce l'ho a destra in basso. Torno alla mia quazzomobile a rimirare il chinotto che ho tenuto per Lukz. Che bello, che trasparenza, con l'olio scuro che si muove dentro, e che odore stupendo. In cima c'è anche un gioiello trondo merlettato e la scritta "Chinotto" in lettere rosso fuoco. Che regalo da portare al collo o in testa, o nelle orkekkys, che regalo per il mio amore!
Accidenti! Ho così fretta di tornare a casa che ingolfo il motore e la quazzomobile si blocca. Ora lei mi ha trovato, signore, e so bene cosa vuole: lei vuole il mio prezioso chinotto. Ma la prego, prenda qualsiasi altra cosa, tutti i miei quazz brillanti, la mia calotta cranica, il pezzo della quazzomobile che le piace di più, il volante

in similtrond o l'astrocane che fa sì sì con la testa, le do tutto quanto ma, la prego, mi lasci il chinotto! Lukzenerper mi aspetta.
«Signor Kraputnyk» gli rispondo io «non solo non voglio portarle via il chinotto, ma a nome del popolo terrestre le consegno in più un mio regalo personale: è un optional del chinotto. Se un giorno lei volesse far sentire l'odore del chinotto agli amici, faccia leva con questo e il contenitore si aprirà...»
«Bellissimo oggetto. E come si chiama?»
«Apribottiglie.»
«A-pree-bok-thiglie» ripete il becodiano, commosso. «Grazie, è troppo per me. Chissà quanto costa!»
Via via, gli dico, non ci pensi e torni a casa che la aspettano. Con la mia cinquecento gli do una bella spinta. La quazzomobile vibra un po' poi si mette in moto e, accidenti che motore! In dieci secondi è scomparsa tra le nuvole.
Mi sono rimesso a pescare e ho preso tre lucci di cinque chili l'uno.

Da: Stefano Benni, *Il bar sotto il mare*, Feltrinelli.

Giorgio Manganelli

SETTANTACINQUE

Giorgio Manganelli, nato a Milano nel 1922, critico letterario attento a ogni sfumatura e apertura di novità, mescola nei suoi libri sapienza e ironia, paradosso nelle vicende e rigore nello stile. Tra i suoi saggi e romanzi: *Hilarotragoedia*, *Letteratura come menzogna*, *Agli Dei ulteriori*, *Lunario dell'orfano sannita*, *Sconclusione*, *Centuria*, *Amore*, *Angosce di stile* e *Pinocchio: un libro parallelo*, secondo la convinzione che ogni opera letteraria sia un "giallo" la cui soluzione è sempre altrove, nella capacità di deduzione del lettore-investigatore. Collabora al *Corriere della Sera*.

Concludiamo questa raccolta che, partendo da premesse realistiche, tenta di addentrarsi sempre più in deformazioni fantastiche, col racconto fulmineo di Manganelli. È il n. 75 dei cento racconti di *Centuria*, presentati come “cento piccoli romanzi fiume”, ognuno di due paginette. Il divertimento dell’autore è stato di condensare in essi intrecci convulsi, saggi filosofici e drammi passionali con piccoli tocchi paradossali di minuzia cinese. Qui a una donna, invece che un bambino, è nata una sfera. Spesso il sentimento che lega mamma a bambino è assoluto: non importa che il bambino sia bello o brutto, biondo o bruno. O che invece di un bambino sia una sfera. Anzi, una sfera è forse più perfetta, di una “perfezione patetica”. E questa, in particolare, possiede molta grazia; si colora di rosa, o la madre crede che così avvenga, perché molte madri trovano nel loro bambino qualità che non esistono. E anche noi dobbiamo saper passare dall’imperfezione della realtà alla perfezione dei sogni.

Una donna ha partorito una sfera; si tratta di un globo del diametro di venti centimetri; il parto è stato facile, senza complicazioni. Si ignora se la donna sia o meno sposata; un marito avrebbe supposto una relazione col demonio, e l’avrebbe cacciata o forse uccisa a martellate. Dunque non ha marito. Si dice che sia vergine. In ogni caso, è una buona madre: è molto affezionata alla sfera. Poiché la sfera non ha bocca, la madre la alimenta immergendola in una minuscola vasca colma del suo latte; la vaschetta decorata di fiori. La sfera è del tutto liscia. Non ha occhi, né organi per muoversi, e tuttavia rotola per la stanza, sale le scale, rimbalzando leggermente, con molta grazia. È fatta di una materia più rigida della carne, ma non completamente anelastica.[1] Nei suoi movimenti rivela una volontà decisa, qualcosa che si potrebbe chiamare chiarezza di idee. La madre la lava ogni giorno, la nutre. In realtà, non è mai sporca. Apparentemente, non dorme, sebbene non disturbi mai la madre: non emette alcun suono. Tuttavia la madre crede di sapere che, in certi momenti, la sfera è ansiosa di essere toccata dalla madre; le pare che in quei momenti la sua superficie sia più morbida. La gente evita la donna che ha partorito la sfera, ma la donna non se ne accorge. Tutto il giorno, tutta la notte, la sua vita ruota

1. **anelastica**: non elastica.

attorno alla perfezione patetica della sfera. Sa che quella sfera, per quanto prodigiosa, è estremamente giovane. Lentamente, la vede crescere. Dopo tre mesi, il suo diametro è cresciuto di quasi cinque centimetri; talora la superficie, di regola grigia, assume un lieve colorito rosato. La madre non insegna nulla alla sfera, ma cerca di imparare da lei: ne segue i movimenti, cerca di capire se "vuol dire" qualcosa. La sua impressione è che la sfera non voglia dire nulla, e che tuttavia le appartenga. La madre sa che la sfera non resterà sempre nella sua casa; ma le interessa questo appunto, di essere stata coinvolta in una vicenda insieme sgomentevole[2] e del tutto tranquilla. Quando le giornate sono calde e assolate, ella prende in braccio la sfera e cammina attorno alla casa; talora si spinge fino ad un giardino, ed ha l'impressione che la gente si stia abituando a lei, alla sua sfera. Le piace farla rotolare sulle aiuole, inseguirla e catturarla, con un gesto di spaventata passione. La madre ama la sfera, e si domanda se mai nessuna donna sia stata madre quanto lei.

2. sgomentevole: che dà paura e disorientamento.

Da: Giorgio Manganelli, *Centuria*, RCS Rizzoli Libri.

[illegible] l'intero [illegible]
degli esercizi per [illegible] chiaro il [illegible] e eventualmente
per [illegible] conclusioni.

Lavoriamo sul testo

NOTA PER GLI INSEGNANTI

Dei trentadue racconti contenuti in questo volume si è scelto di corredare di un ampio apparato didattico solo sei, e precisamente i primi di ogni sezione tematica.
Si è ritenuto infatti che sei racconti costituiscano un numero ragionevole di testi di cui un insegnante può occuparsi in classe durante un anno scolastico, dato che questo libro verrebbe con ogni probabilità ad affiancare quello di testo.
I racconti senza apparato didattico sono destinati dal canto loro a qualunque altro lavoro l'insegnante voglia far intraprendere in classe o a casa, ma soprattutto a soddisfare quel "piacere della lettura" che sempre più chiaramente appare come lo stimolo indispensabile per formare un appassionato lettore, e che è compito della scuola cercare di mediare. Poiché tutti i racconti hanno un apparato di note esplicative, essi sono infatti sempre leggibili dagli studenti anche individualmente.
Gli esercizi posti in fondo ai sei racconti hanno tra loro carattere molto "compatto", poiché si dipanano nella forma di un percorso unitario di intepretazione. Ciò significa che non sempre i singoli esercizi possono venir svolti al di fuori del contesto degli altri. D'altro canto è invece possibile saltarne alcuni; a volte questo comporta tuttavia che l'insegnante ne integri il risultato, per poter proseguire l'analisi senza inspiegabili salti logici. Va da sé che è opportuno che l'insegnante dia preventivamente un'occhiata all'intero percorso degli esercizi, per aver chiaro il taglio interpretativo ed eventualmente per proporre altre conclusioni.

Occorre far presente inoltre che, in linea di massima, la maggior parte degli esercizi è stata pensata per essere svolta in classe, oralmente o per iscritto, con l'aiuto dell'insegnante. Dipenderà dal giudizio di quest'ultimo sul livello di maturità della classe scegliere quali esercizi possano venir affrontati come compiti a casa.
I criteri adottati nel compilare gli esercizi rispecchiano metodi interpretativi vari, a seconda della natura del testo di volta in volta esaminato, e sono ampiamente integrabili dall'insegnante. In particolare si è ritenuto opportuno introdurre alcuni - anche se non molti - dei concetti retorici e narratologici alla portata della comprensione di un pubblico adolescente. Ogni espressione "tecnica" nuova viene sempre ridefinita a margine, così che sia facilmente rinvenibile e non costringa l'insegnante a seguire un ordine fisso nella scelta dei testi da leggere. La stessa difficoltà degli esercizi non segue una gradualità nel passaggio da un testo all'altro.
Si è ritenuto molto importante, a causa dell'ampiezza e a volte dell'analiticità degli esercizi, chiedere agli studenti di ricapitolare in fondo a ogni percorso gli spunti interpretativi principali, così da collegarli tra loro in un quadro unitario.
Sempre in fondo agli esercizi si trovano anche una o più proposte di lavori individuali o di gruppo, che prendono spunto dal testo ma sono indipendenti dall'interpretazione.

Chiara Allegra

1. La memoria di sé

Natalia Ginzburg

LUNA PALLIDASSI

1 La scrittrice Natalia Ginzburg rievoca in questo testo un periodo della sua adolescenza: basandoti sulle allusioni del testo, sapresti indicare qual è, quanto dura e in quale epoca storica si colloca questo periodo?

2 Il racconto della Ginzburg ha un taglio narrativo *autobiografico*: al centro del racconto sta il personaggio che dice «io», che osserva e giudica tutti gli altri. Quali sono le caratteristiche di questo personaggio autobiografico?
Prova a raccogliere i dati che il testo offre, indicando il passo preciso in cui compaiono o da cui si possono dedurre:

età:

aspetto fisico:

tipo di famiglia di provenienza:

classe sociale di provenienza:

interessi:

grado di socializzazione:

grado di autostima:

evoluzione del carattere nel corso del racconto:

3 Questo personaggio autobiografico è descritto con abbondanza di particolari, il suo ritratto, soprattutto interiore, è approfondito e noi lettori potremmo anche immaginare in una certa misura il suo comportamento in situazioni diverse da quelle descritte. Si dice che un personaggio del genere è *a tutto tondo* (una definizione tratta dall'ambito della scultura, per differenziare ad esempio le statue, scolpite da tutti i lati, dai bassorilievi): è un personaggio di cui viene offerta una descrizione completa. Quei personaggi invece di cui si conoscano solo una o poche caratteristiche sono detti *piatti*.

Lavoriamo sul testo

Raccogli la o le caratteristiche di alcuni di questi personaggi *piatti*:

Lucio:

Chirone:

Carena:

il professore:

il padre:

4 Perché, a tuo parere, questo brano ha un unico personaggio *a tutto tondo* circondato da una folla di personaggi *piatti*? Come colleghi questa caratteristica del racconto al genere narrativo a cui appartiene?

5 Suddividi in sequenze piuttosto brevi il primo passo del racconto e dai un titolo a ogni sequenza.

6 Se esamini i titoli delle sequenze, ti accorgerai che nella narrazione non c'è sempre un filo logico e cronologico: gli avvenimenti non sono cioè ordinati esponendo prima la causa e poi l'effetto, o prima l'episodio più lontano nel tempo e poi quello più vicino. La narratrice tende invece a saltare continuamente dal prima al poi, da un personaggio all'altro, da una situazione all'altra, secondo la tecnica delle libere associazioni: non la logica di causa ed effetto né l'ordine temporale, ma l'*analogia* tra due realtà fa proseguire la narrazione.
Proviamo a schematizzare lo sviluppo della narrazione da: «Avevo trovato...» a «leggevo di nascosto.» (p. 19 e 20), sottolineando gli elementi ricorrenti tra i quali scatta l'analogia:

poesia sulla giovinezza
↓
malinconia del presente → *poesia* sui *fratelli*
↓
casa vuota senza *fratelli* → *poesia* sui *fratelli*

poesia sui *fratelli*
↓
non sono affatto malinconici
↓
il *fratello* vende i *libri* di *casa* di romanzi e *poesie*

poesia sui *fratelli* → ci sono pochi *libri* di *poesia* in *casa* → il *fratello* vende i *libri* di *casa* di romanzi e *poesie*

Prova a schematizzare a tua volta il passo successivo (anche solo metà), sottolineando gli elementi ricorrenti tra i quali si istituisce l'analogia.

7 Questo modo così *asistematico* di organizzare il discorso, secondo te, è tipico di:

- ☐ manuali scientifici
- ☐ ricette di cucina
- ☐ manuali di storia
- ☐ sogni
- ☐ istruzioni di montaggio di una macchina
- ☐ chiacchiere confidenziali
- ☐ corrispondenze giornalistiche
- ☐ altro: ....

Motiva la tua risposta.

8 «Il mio amore per Lucio era appassionato e autoritario. Lui con me era remissivo e indifferente. Quando era l'ora che doveva andare a casa, non piangeva. Non batteva ciglio. Pigliava e se ne andava. Io invece piangevo, mi disperavo, mi buttavo per terra, ogni volta che lui se ne andava. Un giorno gli dissi che doveva, se io morivo, o suicidarsi oppure farsi frate. Mi disse che non avrebbe fatto né l'una cosa né l'altra.»

Analizziamo lo stile di questo brano prendendo in considerazione alcuni parametri:

lessico
- ☐ tecnico-specialistico
- ☐ antiquato
- ☐ letterario e difficile
- ☐ colloquiale
- ☐ dialettale

sintassi
- ☐ paratassi (*cioè accostamento di proposizioni principali*) con periodi brevi e proposizioni unite per asindeto (*cioè senza congiunzioni*)
- ☐ paratassi con periodi lunghi
- ☐ ipotassi (*cioè accostamento di proposizioni una subordinata all'altra*)

Lavoriamo sul testo

9 In alcuni passaggi la Ginzburg usa nello scrivere espressioni tipiche del *linguaggio parlato*, al limite della sgrammaticatura. Te ne proponiamo alcune, di cui trovare l'equivalente più corretto nella lingua scritta:

«Non gli piaceva niente scrivere»

«Siccome loro erano anche in ginnastica le più brave, la professoressa gli aveva detto di insegnare...»

«A scuola penso che sembravo un cane frustato»

«Avevo nostalgia del tempo che ci vivevano anche i miei fratelli»

10 «Mi toccava tornare a scuola, e ricominciava il vecchio supplizio: la strada nebbiosa, la classe, l'ansia, i compiti con i segni blu e rossi, la cattedra, la barba caprina.»
Tutte le volte che parla del suo professore, la scrittrice usa l'espressione "barba caprina". Che cosa vuole evocare nella mente del lettore?
Proviamo a scomporre questa espressione in ciò che essa *denota* - cioè nell'oggetto preciso a cui si riferisce - e in ciò che essa invece *connota* - cioè nelle immagini, nei sentimenti, sensazioni che vuole evocare.

	denotazione	connotazione
barba caprina	barba stretta e appuntita come quella delle capre	- una barba da vecchio; - una barba che allunga il viso e gli dà un aspetto severo; - una barba che agli allievi fa sembrare il professore più simile a una capra che a un uomo; - le capre fanno un verso ripetitivo e straziante: si può pensare che anche il professore sia ripetitivo e straziante; - una barba che sembra appuntita come la matita rossa e blu delle correzioni.

Continua tu.

Prova adesso a trovare denotazioni e connotazioni delle espressioni sottolineate:

«Chirone e Carena erano là nella classe come *il sole e la luna*»
«Finito questo, io ricaddi, per Chirone e Carena, nelle *nebbie* dell'indifferenza»
«In seconda ginnasio, avendo io scoperta la tristezza, presi a cullarmi in uno *sciame* di poesie tristi»
«Il far poesie era una cosa *attaccaticcia e contagiosa come la tosse*»

11 Come si può vedere dagli esempi riportati nell'esercizio precedente, la Ginzburg usa frequentemente un linguaggio connotativo: le sue parole non si limitano a descrivere cose, persone e situazioni, ma esprimono anche sentimenti e giudizi della scrittrice, e spesso fanno sorgere a loro volta nel lettore altre immagini e sensazioni.
Per creare questo linguaggio connotativo, la Ginzburg usa frequentemente la figura retorica della *metafora*. La metafora è una sorta di paragone abbreviato, nel quale si lascia sottinteso il motivo per cui due cose si somigliano:

metafora: Natalia è un asino;
paragone: Natalia è ignorante come un asino.

Prova anche tu a trasformare alcune metafore della Ginzburg in paragoni:

«A scuola, penso che sembravo *un cane frustato*»

«I suoi fratelli avevano i capelli *a spazzola*»

«La luna *pallida* si leva a notte»

«Poi la mia vita era precipitata in *un gorgo* di malinconia»

«Mi sentivo *in esilio* dentro a quella casa»

«Tornavano con molti segreti che sussurravano *ai loro satelliti* in mezzo a lunghe risate»

12 Perché la Ginzburg usa in questo tipo di testo un linguaggio parlato, connotativo, metaforico? Ti sembra che lo stile del testo si adegui al suo contenuto?

Lavoriamo sul testo

13 Schematizziamo le caratteristiche e i comportamenti dei due protagonisti del brano riportato all'esercizio 8.

personaggio autobiografico	Lucio
- autoritaria e appassionata	-
-	-
-	- dichiara che non farà niente di tutto ciò.

L'accostamento così brusco di due modi di pensare tanto contrastanti crea un effetto *umoristico*.
In generale, tutto questo testo della Ginzburg, pur raccontando di un'adolescenza infelice, produce un'impressione umoristica. Il motivo si può spiegare analizzando due figure che in questo testo possono sembrare coincidenti, ma che in realtà sono ben distinte: quella del narratore e quella del personaggio.

14 Il primo indizio che chi narra e chi compie le azioni narrate sono due figure distinte, con una personalità e una conoscenza della realtà descritta ben diverse, ce lo fornisce subito l'uso del tempo passato: «A dodici anni, un'estate, scrissi una poesia triste», così inizia il racconto. La narratrice non ha dodici anni come la protagonista, è più vecchia, più esperta, meno ingenua; esiste insomma un *io-narrante* e un *io-narrato*.
Prova a spiegare perché anche i seguenti passaggi del testo contengono un indizio della diversità tra io-narrante e io-narrato.

«Molti anni dopo, si ricordava ancora di "luna pallidassi", quando lo rividi dopo la guerra, in un'altra età»

«Da Mentone, Rosabianca partì per Parigi, e io non la rividi mai»

15 Proviamo a capire ora chi è nel racconto il portatore del *punto di vista*, cioè colui che osserva e giudica i fatti narrati.
Partiamo da un passo in cui si parla dell'amica-rivale Rosabianca:

«Le mie ragioni d'invidia si moltiplicavano e mi straziavano. Quel suo fratello con la mantella impermeabile, che faceva la prima liceo, fu arrestato per antifascismo. Invece i miei fratelli non erano ancora mai stati arrestati.»

Queste tre frasi potrebbe benissimo averle pensate e dette separatamente la protagonista dodicenne. Ma l'accostamento compiuto dalla narratrice è malizioso: suggerisce l'idea che la protagonista speri ardentemente di vedere i suoi fratelli in prigione con l'accusa di antifascismo, per poter somigliare un po' anche lei all'invidiata Rosabianca. L'accostamento delle tre frasi esprime, ancora una volta, quell'umorismo e quell'ironia che abbiamo già riscontrato nel testo. Chi guarda le vicende narrate con umorismo e ironia, narratrice o protagonista? Chi è allora la portatrice del punto di vista?

16 Prova a sintetizzare le osservazioni principali compiute su questo testo:

Si tratta di un testo autobiografico la cui protagonista è un'adolescente insicura e propensa agli accessi di ...., descritta nei suoi rapporti con ....
e con ....
La descrizione procede attraverso ....
...., cioè una tecnica narrativa tipica della conversazione amichevole.
Lo stile prescelto è prevalentemente di tipo ....
.... e connotativo.
La narratrice è portatrice del ....
e adotta nei confronti del personaggio un tono ....
.... e ....

17 Dopo questa analisi, quale risulta, secondo te, il messaggio del testo della Ginzburg? Qual è il suo giudizio nei confronti della propria adolescenza? Quali aspetti ne valorizza e quali ne condanna?

18 Anche nella tua vita di adolescente, malinconia e invidia sono due sentimenti importanti?

Lavoriamo sul testo

2. La memoria degli altri

Antonio Tabucchi

I TRENI CHE VANNO A MADRAS

1 Dividi il testo di Tabucchi in cinque o sei grandi sequenze, a cui dare un titolo.

I) da «I treni che da Bombay...» (p. 92)
a «...grandi edifici e viali alberati» (p. 93)
Titolo:

II) da «L'uomo entrò... (p. 94)
a
Titolo:

III) da
a
Titolo:

IV) da
a
Titolo:

V) da
a
Titolo:

VI) da
a
Titolo:

2 Nell'analizzare questo testo, è utile distinguere due componenti della narrazione: la *fabula*[1] e l'*intreccio*[2].
I titoli delle cinque o sei sequenze che hai individuato ti offrono quindi uno schema dell'intreccio. Riorganizzali nell'ordine naturale

1. *fabula*: è l'insieme degli avvenimenti narrati nell'ordine cronologico in cui si sono svolti.

2. *intreccio*: è l'insieme degli avvenimenti narrati in quell'ordine particolare in cui li pone il narratore, un ordine che spesso non è quello cronologico.

della *fabula*, indicando anche quanto tempo trascorre tra un avvenimento e l'altro.

I) Sequenza n. ...., titolo:

II) Sequenza n. ...., titolo:
sono passati ..... anni/mesi/ giorni/ore (circa)

III) Sequenza n. ...., titolo:
sono passati ...., anni/mesi/ giorni/ore (circa)

IV) Sequenza n. ...., titolo:
sono passati ..... anni/mesi/ giorni/ore (circa)

V) Sequenza n. ...., titolo:
sono passati ..... anni/mesi/ giorni/ore (circa)

IV) Sequenza n. ...., titolo:
sono passati ..... anni/mesi/ giorni/ore (circa)

3 Avrai notato che ci sono due passaggi nel testo in cui l'intreccio fa posto a episodi che nella *fabula*, cioè nell'ordine cronologico, sarebbero anteriori. Uno è un *flash-back* (o *analessi*)[3] e l'altro un'*anacronia*.[4]
Entrambi i passaggi ruotano attorno a un personaggio.
Rispondi alle seguenti domande:
Qual è il *flash-back*?
Qual è l'*anacronia*?
Chi è il personaggio e qual è presumibilmente la sua storia?

4 Le sfasature temporali tra *fabula* e *intreccio* si spiegano se si osserva che questo testo ha per molti aspetti la struttura di un racconto di genere "giallo".
Per creare nel lettore la *suspense*[5] necessaria al giallo, non si

3. *flash-back* (o *analessi*): è la rievocazione di una vicenda precedente al punto in cui è la storia.

4. *anacronia*: è l'inversione dell'ordine di precedenza tra due fatti: quello accaduto dopo viene narrato prima e viceversa.

5. *suspense*: attesa ansiosa creata da una storia di cui non si riesce a immaginare la fine.

Lavoriamo sul testo

narrano subito tutti gli avvenimenti nell'ordine in cui sono accaduti (la *fabula*, per l'appunto), ma in un altro (l'*intreccio*), che lascia più a lungo il lettore all'oscuro di fatti importanti. Per esempio, come hai visto, non si dice subito che Peter Schlemihl è un ebreo che è stato prigioniero dei nazisti, non si dice subito che egli sa dove vive l'ex medico nazista e che vuole vendicarsi ecc.
Tra i seguenti elementi del testo, indica quelli che ti sembrano più tipici del giallo:

- ☐ uso di falsa identità;
- ☐ dialogo tra un giovane e un vecchio;
- ☐ ricerca di un individuo nascosto;
- ☐ riferimento ad altri testi letterari (qui di Chamisso e Thomas Mann);
- ☐ oggetti che diventano simboli di morte (qui la statua di Shiva danzante);
- ☐ riferimento alla filosofia e all'arte indiana.

5 Soffermiamoci su un passo fondamentale del testo, la storia narrata dal compagno di viaggio. Ne trascriviamo l'inizio isolando ogni periodo:

«Molti anni fa, in Germania, conobbi un uomo.
Era un medico, e doveva visitarmi.
Stava seduto dietro una scrivania e io stavo in piedi nudo davanti a lui.
Dietro di me c'era una fila di altri uomini nudi che egli doveva visitare.
Quando ci avevano condotti in quel luogo ci avevano detto che noi servivamo al progresso della scienza tedesca.
Accanto al medico c'erano due guardie armate e un infermiere che riempiva delle schede.» (pp. 97-98)

Osserviamo la tecnica narrativa, anch'essa tipica del genere giallo, con cui è introdotta la storia: noi comprendiamo dove ci troviamo e che cosa sta accadendo a poco a poco, per indizi successivi.
La situazione iniziale è: due uomini si incontrano in Germania.
La situazione finale è: ....
....

Da una situazione generica e neutra passiamo, frase dopo frase e indizio dopo indizio, a una sempre più precisa e drammatica. Sottolinea l'indizio nuovo offerto da ogni periodo.

6 Il personaggio autobiografico di questo racconto - quello che dice «io» - comprende immediatamente che Peter Schlemihl non può essere il vero nome del suo compagno di viaggio, dev'essere un falso nome o "pseudonimo".
«"Lei non può avere questo nome," dissi, "esiste un solo Peter Schlemihl, è un'invenzione di Chamisso, e lei lo sa perfettamente. Una cosa del genere va bene per un poliziotto indiano."»
Tra i due personaggi esiste una serie di affinità, di gusti e di interessi comuni. Prova a elencarli, indicando anche il passo a cui fai riferimento.

	personaggio autobiografico	pseudo Peter Schlemihl
tipo di cultura		
modo di viaggiare		
ragioni di questo modo di viaggiare		
scopo del viaggio		
giudizio nei confronti dell'altro		
altro		

7 Nei testi di molti autori di ogni epoca si ritrova l'immagine del viaggio usata in senso metaforico, per alludere al "viaggio della vita". Questo testo di Tabucchi è ricco di metafore e simboli: tra i più importanti ci sono la statua di Shiva danzante (un simbolo di cui si danno due interpretazioni) e il personaggio di Chamisso, Peter Schlemihl.
Il viaggio a cui si dedica il personaggio di Tabucchi è «vagante e illogico, disponibile all'ozio e all'errore» (p. 92), non adatto a un «viaggiatore predone avido di immagini stereotipe» (ivi). Lo stesso scopo del suo viaggio è vago, «forse un'illusione» (p. 93) soltanto. Non importa tanto dove e quando si arriverà, importa il fatto di mettersi in viaggio in sé, di vedere gente e posti nuovi, di lasciare la vita consueta. Per cercare che cosa?
Per rispondere a questa domanda è opportuno fare attenzione agli ambienti e ai momenti della giornata in cui si svolge il racconto.

Lavoriamo sul testo

Riprendi le cinque o sei sequenze dell'esercizio 1 ed elenca dove e quando si svolgono:

	dove?	quando?
I		
II		
III		
IV		
V		
VI		

8 Puoi osservare in questo modo che le sequenze centrali – centrali anche per il loro significato – si svolgono in un luogo chiuso e di notte. Dell'India in sé il narratore non racconta quasi niente, vi accenna solo fuggevolmente. In che senso anche il titolo si può considerare un indizio significativo?

9 Attraverso questa insistenza sugli interni, Tabucchi vuole evidentemente comunicare qualcosa al lettore sul vero scopo del viaggio in India intrapreso dal suo personaggio. Se egli non viaggia per conoscere posti e cose nuove, che cosa si sforza di conoscere?

10 L'affascinante compagno di viaggio del protagonista ci viene presentato come un personaggio molto ambiguo. Sembra sempre qualcosa di diverso da quello che è realmente. Proviamo a elencare queste ambiguità:

sembra	invece
–	– è israeliano
–	– è un semplice amatore
–	–
–	–

11 Quest'uomo appare diverso da come è realmente persino nel nome, essendosi scelto lo pseudonimo di Peter Schlemihl. Non è un

nome qualsiasi: da un lato esso significa infatti in ebraico "colui che ha la sfortuna addosso". D'altro lato esso allude al personaggio descritto da Chamisso nella *Meravigliosa storia di Peter Schlemihl* (1814): Peter Schlemihl vende la propria ombra al diavolo in cambio di una borsa magica che lo rifornisca di oro a volontà, ma se ne pente poi amaramente perché tutti coloro che lo attorniano hanno orrore di lui, un uomo senza ombra, e lo evitano. Se vorrà riavere la sua ombra, dovrà vendere l'anima al diavolo: ma Peter Schlemihl rifiuta e sceglie una vita di espiazione.
In un racconto così ricco di metafore e simboli come quello di Tabucchi, anche questo elemento deve essere interpretato simbolicamente. Prova a ricostruire gli spunti comuni tra la vita del personaggio di Chamisso e quello di Tabucchi:

vero Peter Schlemihl	pseudo Peter Schlemihl
- ha la sfortuna addosso	-
- è servitore e vittima del diavolo	-
- perde la sua ombra	-
- gli è impossibile vivere con gli altri	-
- deve vendere l'anima ma decide invece di espiare	-

12 Ricostruisci ora i punti principali dell'interpretazione che abbiamo dato di questo testo:

Il racconto di Tabucchi si colloca a metà tra due generi letterari: da un lato utilizza infatti alcuni procedimenti del .... – come la sfasatura tra .... e ...., l'accumulazione di .... e la creazione di un sentimento di .... nel lettore. D'altro lato si può definirlo un racconto di riflessione esistenziale, come dimostra la forte metaforicità della vicenda.

Completa tu la sintesi.

13 Come giudichi il gesto dello pseudo Peter Schlemihl, che decide di farsi giustizia da solo nei confronti del suo antico persecutore?

3. - Un'altra realtà

Primo Levi

PIOMBO

1 Questo racconto di Primo Levi è per vari aspetti accostabile a un genere letterario tipico del mondo antico, non della letteratura moderna: l'epica.
Trattandosi però dell'opera di uno scrittore contemporaneo, *Piombo* presenta una serie di differenze rispetto a testi epici come l'*Iliade*, l'*Odissea*, l'*Eneide*, la *Chanson de Roland* o la *Saga dei Nibelunghi*, per citare alcuni esempi che ti saranno probabilmente noti.
Proviamo a svolgere un confronto tra un'opera epica antica e questa moderna fondandoci su due brani. Il primo è tratto dall'*Iliade*:

Nove giorni sul campo eran corse le frecce divine;
nel decimo Achille chiamava a convegno
l'esercito; e questo gli mise nell'animo
Era, la dea dalle candide braccia, dolente
de' Danai a vederne tanti morire.
S'accolsero quelli e furono insieme riuniti;
in piedi Achille sorgendo tra loro parlò.

e più avanti Achille parla con la madre Teti:

«Madre, poiché generato tu m'hai per vivere poco,
dovrebbe almeno concedermi gloria
Zeus Olimpio che tuona nell'alto.»
(libro I, vv. 53-58 e 352-354, traduzione di Enzio Cetrangolo)

Questo brano invece è tratto da *Piombo*:

Il mio nome è Rodmund e vengo di lontano. (...) Io non sono né pastore né guerriero (...), non sono un contadino.
Mio padre, e tutti noi Rodmund in linea paterna, facciamo da sempre questo mestiere, che consiste nel conoscere una certa pietra pesante (...) e cavarne il piombo nero. (...) Sono gli Dei che fanno crescere sotto terra le vene dei metalli, ma le tengono segrete, nascoste; chi le trova è quasi loro pari e perciò gli Dei non lo amano, e tentano di confonderlo. Non amano noi Rodmund: ma noi non ce ne curiamo. (...) Ma in ogni modo a noi Rodmund

importa poco che la nostra vita sia breve, perché siamo ricchi, rispettati e vediamo il mondo. (pp. 142-143)

Ora completa il seguente schema:

a) *Iliade*: poesia nata per essere ascoltata oralmente e collettivamente.
Piombo:

b) *Iliade*: narrazione in terza persona.
Piombo:

c) *Iliade*: uso di tempi verbali passati.
Piombo:

d) *Iliade*: stile elevato e solenne.
Piombo:

e) *Iliade*: ambientazione in un'epoca passata mitica, non esattamente definibile.
Piombo:

f) *Iliade*: il protagonista è un eroe, diverso e superiore rispetto agli altri.
Piombo:

g) *Iliade*: gli dèi (anche se non tutti) assistono e aiutano l'eroe.
Piombo:

h) *Iliade*: l'eroe è integrato tra il suo popolo, è un capo e un modello.
Piombo:

i) *Iliade*: il prestigio dell'eroe deriva soprattutto dall'appartenere alla nobile casta dei guerrieri.
Piombo:

l) *Iliade*: l'eroe rifiuta una vita lunga e tranquilla, a favore di una breve ed eccezionale.
Piombo:

2 Rileviamo quindi ai punti .... delle differenze nella forma espressiva dei due racconti epici.
Ai punti .... delle differenze rispetto al carattere dei due eroi.
Ai punti .... delle somiglianze tra i due racconti.

Lavoriamo sul testo

3 Nell'*Iliade* la storia è raccontata in terza persona da un narratore che non nasconde l'ammirazione per l'eroismo e le grandi qualità dei protagonisti: essi sono per lui dei modelli esemplari e insuperabili, degli eroi perfetti riconosciuti e stimati come tali da tutto il loro popolo.
Perché il protagonista di *Piombo* racconta invece la propria storia in prima persona? Puoi scegliere anche più di una risposta:

- ☐ è una storia che si è svolta di nascosto a tutti e che solo lui conosce.
- ☐ non è un guerriero né un capo, quindi non troverebbe nessun altro che possa raccontare la sua storia.
- ☐ in un mondo di analfabeti, lui è uno dei pochi che sanno scrivere.
- ☐ ritiene di dover spiegare di persona agli altri la difficoltà e l'importanza della sua professione, che viene da molti sottovalutata.
- ☐ scrive solo per se stesso, non per far leggere ad altri la sua storia.
- ☐ ritiene che una storia in prima persona coinvolga maggiormente l'interesse del pubblico.
- ☐ altro:

4 Rodmund è in questo racconto l'unico vero protagonista. Gli altri personaggi hanno un'importanza molto inferiore. Cerchiamo di classificare le persone di cui parla Rodmund in base al giudizio positivo o negativo che egli dà di loro.

	giudizio +/-	motivazione
i contadini		
la propria famiglia		
gli dèi		
le donne		
i montanari		
l'acquirente della miniera		
il vetraio		
i mercanti		
il capociurma		
la gente di Icnusa		

5 Le basi economiche del mondo descritto da Omero nell'*Iliade* sono rappresentate in primo luogo dalla guerra e dal bottino che se ne ricava. Omero esalta quindi valori come la forza fisica, l'eroismo sul campo di battaglia, la capacità di dominio, l'astuzia nell'ingannare gli avversari.
Le basi economiche del mondo di Rodmund sono invece più varie: il suo è già un mondo "pre-industriale". Anche le qualità e le abilità che egli apprezza negli altri sono pertanto diverse.
Completa il seguente schema:

attività economiche	abilità corrispondenti

6 Ogni volta che parla delle donne, Rodmund si esprime con disinteresse o addirittura con disprezzo nei loro confronti. Le donne sono per lui un ostacolo alla missione della sua vita: la ricerca del piombo. Infatti solo una volta compiuta questa missione e vicino alla morte, egli si sposa.
Il piombo da un lato e le donne dall'altro rappresentano per Rodmund due concezioni opposte della vita, ed egli si identifica senza dubbio nella prima.
Prova a elencare i significati che egli attribuisce all'uno e alle altre:

piombo	donne
impone di viaggiare	
	mondo femminile
	possono trasformare il piombo in sabbia e cenere
	dànno origine alla vita
	sono belle e allegre
	rappresentano il mondo degli affetti
	servono a perpetuare la stirpe in una catena ininterrotta

Lavoriamo sul testo

7 Rodmund si può considerare una sorta di precursore della moderna figura dello scienziato per la sua curiosità nello scoprire, nel capire, nell'inventare cose nuove; inoltre egli rifiuta molte spiegazioni mitiche e fantasiose che non lo convincono.
D'altro canto però Rodmund non è pienamente assimilabile a uno scienziato contemporaneo, come è invece l'autore, Primo Levi: Rodmund infatti accetta numerose superstizioni e miti che oggi sarebbero improponibili.
Prova a elencarli:
- superstizioni e miti accettati da Rodmund:

____

- superstizioni e miti rifiutati da Rodmund:

____

8 Rodmund dichiara di non volersi sottomettere agli dèi celesti, ma di sentirsi «quasi loro pari». Mostra invece timore e rispetto nei confronti dell'altro polo, quello sotterraneo, nei confronti cioè del mondo dei morti, che però - secondo le sue parole - non è abitato da dèi inferi, ma solo dai morti stessi. Spiega le ragioni di questo contrasto facendo riferimento a quanto conosci della personalità di Rodmund.

9 La storia di Rodmund è tutta racchiusa nell'immagine del cammino e delle sue difficoltà. Trascriviamo tre frasi particolarmente significative con cui Rodmund descrive la scoperta del primo giacimento:

Bisogna risalire il torrente, e ad ogni biforcazione cercare se la pietra buona continua a destra o a sinistra.

Poi la valle si restringeva in una gola (...) profonda e ripida; (...) ho finito con l'infilarmi in una valle parallela, (...) lunga stretta e deserta.

Il giacimento era molto fuori mano.

Queste descrizioni si possono intendere anche in forma metaforica, come un'allusione alle difficoltà che si presentano a ogni scopritore e inventore.
Spiega con parole tue il senso delle tre metafore[1].

1. *metafora*: figura retorica consistente in una similitudine nella quale non si esprime il motivo per cui due realtà vengono paragonate. Es.: Luigi è forte come un leone (similitudine). Luigi è un leone (metafora).

10 Il viaggio di Rodmund, a differenza di quello degli eroi dell'*Iliade* e dell'*Odissea*, è un viaggio di continua avanzata, senza ritorno; anche suo figlio, come già è avvenuto con i suoi antenati, avrà lo stesso destino: non tornerà indietro ma proseguirà, sempre avanti. Quale messaggio vuole comunicare, secondo te, Primo Levi con questa immagine del viaggio di continua avanzata, senza ritorno?

11 Anche lo stile espressivo che Levi attribuisce a Rodmund è importante. Rileggi la prima pagina e analizzane lo stile seguendo lo schema:

sintassi

☐ periodi brevi	☐ periodi lunghi
☐ periodi strutturati con l'ordine: sogg.+verbo+complementi	☐ periodi *anastrofici*[2]
☐ abbondanza di proposizioni subordinate	☐ abbondanza di proposizioni coordinate
☐ subordinazione complessa (causali, finali, consecutive)	☐ subordinazione semplice (dichiarative, relative)
☐ elencazioni	☐ variazioni della struttura sintattica
☐ uso di asindeti	☐ uso di congiunzioni

lessico

☐ termini del linguaggio medio	☐ termini inusuali (letterari? tecnici? dialettali? antiquati? familiari? altro?)
☐ prevalenza numerica di aggettivi sui sostantivi	☐ prevalenza numerica di sostantivi sugli aggettivi
☐ termini *denotativi*[2]	☐ termini *connotativi*[4]

2. *anastrofe*: figura retorica consistente nell'inversione del normale ordine sintattico.

3. *denotativo*: che indica un oggetto o una realtà senza commenti soggettivi.

4. *connotativo*: che indica un oggetto o una realtà cercando di suggerire all'interlocutore un giudizio, un sentimento, una similitudine ecc. rispetto a quell'oggetto o a quella realtà.

Lavoriamo sul testo

12 Con quale stile si esprime Rodmund e perché?

13 Definisci ora tre figure che può accadere di confondere tra loro, ma che sono in realtà differenti:

a) l'autore reale, cioè chi ha materialmente scritto il testo;

b) l'autore implicito, cioè il carattere e il modo di pensare dell'autore reale in base a ciò che il lettore può ricostruire da questo testo;

c) il narratore, cioè chi dice «io» nel testo.

Distinguere queste tre figure serve a non confondere l'ideologia, le convinzioni, i gusti, le affermazioni dell'uno e dell'altro, e quindi a capire meglio il senso del testo che si legge.

autore reale

- nome:
- date di nascita e di morte:
- professione:
- data di pubblicazione di questo suo testo:
- altri dati:

autore implicito

- interessi presumibili:
- giudizio nei confronti del progresso scientifico:
- è portato a un modo di pensare razionale o fantastico?

narratore

- nome:
- età storica in cui vive:
- professione:
-
-
-

14 Raccogli ora gli spunti principali dell'interpretazione di *Piombo*:

Questo racconto si ispira a una forma narrativa antica, ...
...., a cui lo avvicinano alcune caratteristiche: ....
D'altro canto si segnalano anche molte differenze: per esempio l'uso della prima persona nella narrazione, con la funzione di ....
Il narratore-protagonista, Rodmund, si mette in viaggio alla ricerca del piombo, proseguendo il mestiere ereditato dai suoi antenati. Egli guarda la realtà in base a una serie di convinzioni e di valori:

Continua tu.

15 Prova a riscrivere la storia *Piombo*, questa volta dal punto di vista di una delle donne incontrate o conosciute da Rodmund.

4. La presenza della realtà

Anna Maria Ortese

UN PAIO DI OCCHIALI

1 Raccogli tutti gli indizi offerti complessivamente dal testo che possano servire a collocare con relativa esattezza la vicenda nel tempo e nel luogo:

tempo	indizi
luogo	indizi

2 La storia narrata dalla Ortese si potrebbe suddividere in quattro fasi: prologo d'ambientazione, premessa alla vicenda, vicenda principale, epilogo.
Prova a individuare queste quattro fasi:

prologo: da «Ce sta 'o sole...» (p. 198)
a

premessa: da
a

vicenda: da
a

epilogo: da
a «Ottomila lire, vive vive!» (p. 216)

3 Il prologo ha una funzione precisa: ci anticipa il tema della vicenda, ci presenta un gruppo di personaggi, ce ne suggerisce la condizione economica e sociale.
Sottolinea tutti i numerosi indizi offerti dalla scrittrice nel prologo per illustrare la condizione economica dei personaggi.

4 Per Eugenia il mondo si divide in due: quello ristretto in cui è nata e vive, e quello "fuori". Nella descrizione della narratrice e nella percezione di Eugenia, questi due mondi presentano caratteristiche contrapposte.
Prova a completare lo schema con degli esempi tratti dal testo:

mondo di Eugenia	mondo esterno
dentro: «la stanza dove viveva, il cortile, il vicolo» (p. 201)	fuori: «il mondo fuori era bello, bello assai» (p. 202)
chiuso: «tanti buchi, tante formiche» (p. 212)	aperto:
piccolo:	grande:
brutto:	bello:
basso:	alto:
sporco:	pulito:
scuro: «il vicolo della Cupa» (p. 214)	colorato:
inquieto:	sereno: «suonò la voce della marchesa, placida, pia» (p. 212)
animalesco: «legata come un topo al fango del suo cortile» (p. 206)	umano:

Prova a trovare altre caratteristiche.

5 Quella che abbiamo chiamato la premessa del racconto costituisce una specie di storia a sé: non solo perché si colloca in un tempo diverso rispetto al prologo e alla vicenda principale, ma soprattutto per la sua conclusione:

«*Fino allora, era stata avvolta in una nebbia: (...) tutto era coperto per lei da un velo sottile: (...) e, in quel momento che si era messa gli occhiali, aveva avuto una vera rivelazione: il mondo,* fuori, *era bello, bello assai.*» (pp. 201-202)

Lavoriamo sul testo

Riportiamo invece alcune frasi conclusive dell'epilogo:

«*Eugenia, sempre tenendosi gli occhiali con le mani, andò fino al portone, per guardare* fuori, *nel vicolo della Cupa. Le gambe le tremavano, le girava la testa, e non provava più nessuna gioia. (...) Le venivano tutti addosso, gridando, nei due cerchietti stregati degli occhiali.*» (pp. 214-215)

Entrambi i brani sono costruiti su un'opposizione tra il mondo di *fuori* e quello di *dentro*, rappresentato da Eugenia stessa. Ma i due poli dell'opposizione cambiano valore: quello che era positivo diventa negativo e viceversa.
Spiega con parole tue in che senso si può dire che sia avvenuto uno scambio di valori tra i due poli fuori-dentro.

6 Prendendo in considerazione solo le prime tre fasi del racconto, raggruppiamo i personaggi in quattro insiemi diversi in base alle loro caratteristiche:

I. Oculista, marchesa, cavalier Amodio.

II. Nunzia.

III. Donna Rosa, don Peppino, Pasqualino, Teresella, Mariuccia, gli altri personaggi del quartiere.

IV. Eugenia.

Attribuisci ora a ciascun gruppo le caratteristiche economiche e di comportamento sotto elencate.

a. ha molti soldi;

b. ha pochi soldi;

c. non ha soldi;

d. è abituato a sgridare e a umiliare gli altri;

e. è disponibile e anche affettuoso con gli altri;

f. ha mani bianche e lisce;

g. ha mani sporche e ruvide;

h. non è integrato tra le persone con cui vive;

i. è ben integrato tra le persone con cui vive;

l. concepisce la religione in funzione consolatoria;

m. concepisce la religione in funzione autoconsolatoria;
n. la frustrazione lo induce all'aggressività;
o. la frustrazione lo induce alla passività e al fatalismo;
p. "vede" e capisce la propria condizione;
q. non "vede" e non capisce la propria condizione;

I -
II -
III -
IV -

7 Ti proponiamo uno schema dei rapporti tra i personaggi; le frecce simboleggiano "ha influenza su".

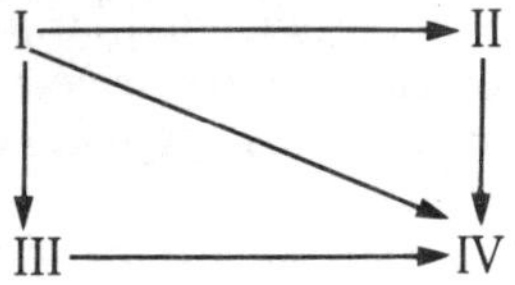

Spiega con parole tue il significato di questo schema, chiarendo soprattutto a quale tipo di influenza alludono le frecce e qual è la particolare situazione di Eugenia.

8 Nell'epilogo lo schema vecchio si distrugge, e se ne crea uno nuovo: gli occhiali cambiano Eugenia, che per la prima volta vede e capisce lo squallore inguaribile del suo mondo. A sua volta, il cambiamento di Eugenia mette d'improvviso in rilievo la natura più vera degli altri personaggi.

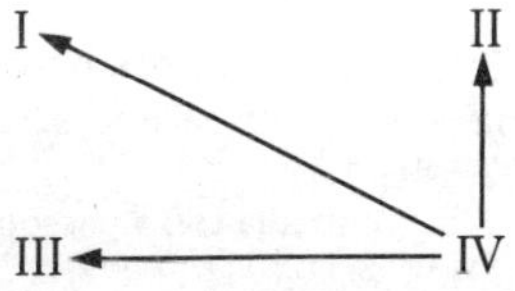

Lavoriamo sul testo

Spiega il il significato del nuovo schema completando le seguenti frasi:

Quando Eugenia mette gli occhiali,
il cavalier Amodio reagisce ....
zia Nunzia reagisce ....
donna Rosa e donna Mariuccia reagiscono ....

9 Eugenia però non è l'unica a cui il mondo di fuori faccia paura: anche le sue sorelle, «persuase che questa vita è un castigo» (p. 198), si sono chiuse in un convento. Parlando della marchesa, la narratrice dice: «Le figlie gliele aveva fatte chiudere lei, e così aveva salvato due anime dai pericoli di questo mondo, che pei poveri sono tanti.» (p. 203) Da chi è concepito questo giudizio, secondo cui il convento salverebbe l'anima dai pericoli di questo mondo, «che pei poveri sono tanti»? Evidentemente non dalla narratrice, ma dalla marchesa.
In questo punto del racconto avviene pertanto uno sfasamento; la *voce narrante*[1] appartiene a una persona (la narratrice Anna Maria Ortese); invece il *punto di vista*[2] appartiene a un'altra (la marchesa). Questo sfasamento non viene però dichiarato esplicitamente, deve essere il lettore a percepirlo: la narratrice non introduce infatti il discorso con le parole «la marchesa pensava o diceva che».
Questo modo di esprimersi si chiama *discorso indiretto libero*[3], indiretto perché non è messo tra virgolette e non riporta le parole testuali pronunciate dal personaggio, libero perché non è introdotto da «disse che» o «pensò che».

Indica quali delle seguenti frasi è in

a. discorso diretto legato (cioè introdotto da verbi che indicano l'azione di "dire" o "pensare");

b. discorso diretto libero;

c. discorso indiretto legato;

d. discorso indiretto libero.

1. *voce narrante*: la voce di chi parla in un racconto.

2. *punto di vista*: definisce la persona che, all'interno o all'esterno di un racconto, vede, pensa e giudica i fatti narrati.

3. *discorso indiretto libero*: resoconto alla terza persona di pensieri o parole di un personaggio, non introdotto dai verbi "dire" o "pensare".

I. «Essa faceva scontare a tutti i dispiaceri della sua vita, primo fra gli altri quello di non essersi maritata e di dover andar soggetta, come raccontava, alla carità della cognata, benché non mancasse di aggiungere che offriva questa umiliazione a Dio.» (pp. 198-199)

II. «La voce della marchesa, placida e indifferente, diceva adesso: "Dovreste farmi un piacere, don Peppino..."» (p. 202)

III. «Là sopra, tremavano delle piume viola. "Sentite, dovreste rifarmi il materasso del bambino..."» (p. 202)

IV. «"Papà" disse Eugenia andando dietro a suo padre che rientrava nel basso, "la marchesa quant'è buona!"» (p. 202)

V. Eugenia pensa agli occhiali «commuovendosi ancora una volta al pensiero del privilegio che le toccava.» (p. 210)

VI. «Era contenta, non le importava se la zia, così buona, si sarebbe arrabbiata.» (p. 207)

VII. «Rientrando nel portone, Eugenia si domandava ora con ansia se i suoi occhiali avrebbero avuto o no il filo dorato.» (p. 208)

VIII. «In caso negativo, che si poteva dire a Luigino per persuaderlo che erano una cosa di valore? Però che bella giornata!» (p. 208)

a -

b -

c -

d -

10 La narratrice usa il discorso indiretto libero soprattutto nei confronti di Eugenia. Perché?

☐ perché è il personaggio principale;

☐ perché ha una vita interiore più ricca degli altri;

☐ perché ha una vita interiore meno ricca degli altri;

☐ casualmente;

☐ per evidenziare l'ingenuità e la mitezza di Eugenia;

☐ per fare dell'ironia su di lei.

Lavoriamo sul testo

11 Un narratore che, come nel caso della Ortese, sia in grado di penetrare nei pensieri più riposti dei personaggi (anche in quelli di cui i personaggi stessi non sono coscienti), e che conosca il loro passato e il loro futuro, si chiama *narratore onnisciente*[11].
Quali sono, a tuo parere, l'atteggiamento e il giudizio della narratrice nei confronti dei personaggi più poveri e oppressi?
Perché la narratrice insiste in più punti sulla descrizione di particolari quasi ripugnanti della loro miseria?

12 Nel testo della Ortese tuttavia non prevale il discorso indiretto, bensì quello diretto, cioè il dialogo tra i personaggi. Nel dialogo essi usano frequentemente espressioni napoletane.
Trascrivi due esempi di napoletanismi nel lessico (cioè nella scelta delle parole), nella sintassi (cioè nella costruzione delle frasi), e nei modi di dire o nelle metafore tipiche:

lessico:
1. ....

2. ....

sintassi:
1. ....

2. ....

modi di dire o metafore tipiche:
1. ....

2. ....

13 L'abbondanza di discorso diretto, oltre alla colloquialità dell'espressione, fanno di questo racconto un testo facilmente trasformabile in un'opera teatrale.
Prova a organizzare, con i tuoi compagni, la messa in scena. Occorrerà naturalmente, prima di iniziare, decidere come trasporre per la scena il discorso indiretto e i commenti: si può, per esempio, eliminarli, lasciandoli intuire attraverso le azioni e la mimica dei personaggi; oppure si può pensare a una voce fuori campo ecc.

4. *narratore onnisciente*: quel narratore che sa e vede anche tutto ciò che i personaggi non sanno e non vedono, e che è in grado di penetrare nelle loro coscienze più profondamente e lucidamente di quanto non sappiano fare loro stessi.

14 Raccogliamo ora i dati principali dell'interpretazione:

Il racconto della scrittrice Anna Maria Ortese è ambientato a .... nel periodo ....
La protagonista, Eugenia, è una bambina molto miope che, per la prima volta in vita sua, mette gli occhiali. In questo modo ella diviene improvvisamente cosciente delle drammatiche condizioni di povertà in cui vive con la sua famiglia, che prima intuiva solo oscuramente.
La cecità fisica ha pertanto, nella novella, soprattutto un significato metaforico: non vedere significava infatti per Eugenia ....
Quando finalmente lo vede, il mondo si presenta a Eugenia più che mai nettamente distinto in due: da un lato ....

Completa tu.

5. Il riflesso della realtà

Tommaso Landolfi

IL RACCONTO DEL LUPO MANNARO

1 Prova a elencare tutte le impressioni che ti ha trasmesso la lettura di questo racconto.

2 In base alle tue impressioni, cerca di classificare il racconto all'interno di un genere letterario:

- avventuroso
- fantastico
- dell'orrore
- fantascientifico
- psicologico
- giallo
- memorialistico
- fiabesco
- comico
- rosa
- storico

altro: ....

3 Passiamo ora ad analizzare più sistematicamente la novella, per renderci consapevoli dei "trucchi" narrativi che hanno suscitato in noi le impressioni sopra elencate.
Occupiamoci in primo luogo dei personaggi: si tratta di tre esseri assai strani, due lupi mannari o licàntropi - cioè uomini che, secondo la leggenda, assumono caratteristiche di lupo nelle notti di luna piena - e la luna stessa.
Per caratterizzare i primi due sottolinea i verbi che indicano le loro azioni. Trascrivi poi quei verbi che, a tuo parere, non vogliono semplicemente *denotare*[1] un'azione, ma anche *connotarla*[2].

1. *denotare*: indicare un oggetto, una persona, un comportamento, una situazione senza commenti soggettivi.
2. *connotare*: indicare un oggetto, una persona, un comportamento, una situazione cercando di suggerire implicitamente all'interlocutore un giudizio, un sentimento, una similitudine ecc., rispetto alle cose indicate.

- verbi che *denotano* l'azione "esprimersi" *connotandola* in qualche modo:

verbo	connotazione
mugolando	esprimersi in modo inarticolato, sgradevole, angoscioso
latrando	

Continua tu.

- verbi che *denotano* l'azione "fare qualcosa" *connotandola* in qualche modo:

verbo	connotazione
rotolarci	

Continua tu.

4 Come si può definire il comportamento di questi personaggi?

equilibrato / impulsivo / scomposto / razionale / meditativo / animalesco / esagitato / calmo.

5 Per descrivere la luna il narratore ricorre a una grande quantità e qualità di sensazioni, visive, tattili e uditive.
Prova a identificarle e a classificarle.

sensazioni visive	sensazioni tattili	sensazioni uditive

Lavoriamo sul testo

6 La descrizione della luna inoltre è condotta attraverso paragoni e *metafore*[3]. Sottolinea nel testo gli uni e le altre e organizzali in base alla sfera di significato a cui alludono:

umana	animale	degli oggetti naturali	degli oggetti artificiali

7 A quali sensazioni e sfere di significato è più frequentemente accostata la luna?
Quali impressioni vuole comunicare l'autore in questo modo?

8 Non solo i due protagonisti umani, ma anche la luna è sottoposta in questo racconto a una serie di "metamorfosi", cioè di cambiamenti della sua natura e del suo stato.
Prova a rappresentare visivamente il procedere di queste metamorfosi, inserendo nello schema i dati mancanti, che ricavi dal racconto.
Le frecce significano: a) "subisce una metamorfosi in", oppure b) "agisce su".
Spiega tu quali frecce hanno il significato a) e quali il b).

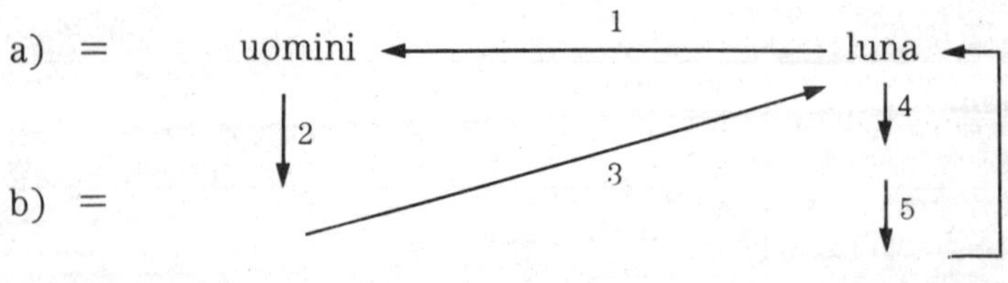

3. *metafora*: figura retorica consistente in un paragone mancante del termine medio, cioè del motivo per cui due cose sono confrontate. Es.: Luca è coraggioso come un leone (paragone); Luca è un leone (metafora).

9 Perché lo schema delle metamorfosi è circolare, non ha mai fine?
C'è un rapporto tra questa circolarità e la frase conclusiva del testo? Quale?
La definiresti una circolarità, cioè una ripetitività, che suscita sicurezza o che suscita angoscia? Perché?

10 Uno degli strumenti più efficaci a disposizione degli scrittori per suggestionare il lettore è il modo in cui essi caratterizzano il tempo e il luogo in cui si svolge la vicenda narrata.
In questo racconto di Landolfi la collocazione nel tempo è volutamente mantenuta imprecisa: il narratore dice solo vagamente «una notte», «per parecchi mesi».
Più precisa è invece la descrizione dei luoghi. Rileggi con cura il testo e trascrivi tutti i luoghi, gli ambienti, i "contenitori", suddividendoli in "aperti" e "chiusi", e definendone la caratteristica dominante.

	luoghi aperti	luoghi chiusi
caratteristica dominante		

11 Per poter apprezzare questa storia (ma il discorso vale per tutte le opere letterarie, dove più, dove meno) è necessaria una "sospensione dell'incredulità". Noi lettori siamo cioè invitati ad accettare una serie di situazioni e di avvenimenti impossibili o inverosimili nella vita vera. La "sospensione dell'incredulità" avviene quasi sempre, in un lettore con un minimo di esperienza, in modo automatico, inconsapevole.
Prova a riflettere e a elencare tutte le impossibilità o le inverosimiglianze che hai riscontrato in questo testo.

Lavoriamo sul testo

12 Qual è il motivo di tutte queste impossibilità e inverosimiglianze?

- ☐ Landolfi è uno scrittore inetto, incapace di rappresentare fedelmente la realtà.
- ☐ Landolfi vuole portarci attraverso impossibilità e inverosimiglianze in un mondo allucinato e inquietante, simile a quello degli incubi.
- ☐ Nulla di quanto è raccontato in questo testo è veramente impossibile e inverosimile.
- ☐ Landolfi intende affermare che anche la realtà che crediamo normale è spesso inverosimile e assurda.

13 Nel raccontare in prima persona la sua storia, il lupo mannaro ha, in vari punti, la tendenza a ripetere anche due o tre volte le stesse espressioni.
Individua queste ripetizioni.

14 Quale significato dai a queste ripetizioni?

- ☐ Landolfi è uno scrittore inetto e ripetitivo.
- ☐ Il lupo mannaro è un individuo di scarsa cultura e si esprime quindi in modo semplice e ripetitivo.
- ☐ Le ripetizioni esprimono l'atteggiamento concitato e stravolto del protagonista.
- ☐ Ogni scrittore si esprime con ripetizioni, e quelle di questo racconto non sono superiori alla norma.

15 In una poesia molto famosa, il *Canto notturno di un pastore errante dell'Asia* (1830 circa), il poeta Giacomo Leopardi (1798-1837), riprendendo una lunga tradizione, si rivolge alla luna chiamandola: «silenziosa luna», «intatta luna», «solinga», «eterna peregrina», «pensosa», «giovinetta immortal», «candida luna». Sicuramente Landolfi conosceva bene questa poesia, e sorge il sospetto che egli si accanisca a ribaltarne il significato, con un effetto parodistico, di presa in giro.

Accosta le caratteristiche della luna di Landolfi a quelle della luna di Leopardi, completando la tabella della pagina a fronte.

Leopardi	Landolfi
silenziosa	
intatta	
solinga	
eterna	
pensosa	
giovinetta	
immortal	
candida	

16 Riassumi i passaggi principali dell'interpretazione.

Questo racconto di Tommaso Landolfi suscita nel lettore sensazioni di ...., così da poterlo collocare all'interno del genere ....
Si possono motivare queste sensazioni, oltre che in base al tema, in base agli artifici narrativi con cui il racconto è costruito: i personaggi, per esempio, sono definiti attraverso un linguaggio prevalentemente
....

Continua tu.

17 La luna candida e immortale dei poeti, quella maligna e repellente dei lupi mannari e quella degli astronomi sono solo alcuni dei modi in cui è possibile "vedere" l'astro notturno. Inventa una storia basata sull'accostamento o l'equivoco di questi tre modi di interpretare la luna.

18 Confronta l'atmosfera di questo racconto con quella del racconto di Giorgio Manganelli, *Settantacinque*, contenuto in questo stesso volume. Rileva somiglianze e differenze.

19 Dipingi, con la tecnica che preferisci, la scena principale del racconto di Landolfi.

6. Il fantasma della realtà

Dino Buzzati

L'UCCISIONE DEL DRAGO

1 Questo racconto è strutturato in modo da accrescere continuamente la tensione e la drammaticità della narrazione, secondo un procedimento retorico che si chiama *climax*.[1]
Suddividi la narrazione in quattro grandi sequenze, o macro-sequenze, e dà loro un titolo in base al sentimento dominante tra i protagonisti.

I sequenza: da: «Nel maggio 1902» (p. 328)
a ....
titolo: ....

II sequenza: da: ....
a...
titolo ....

III sequenza: da: ....
a: ....
titolo: ....

IV sequenza: da: ....
a: ....
titolo: ....

2 Fin dall'inizio l'atmosfera del racconto ha qualcosa di teso e di falso. Anche prima di far giungere i personaggi nella valle del drago, il narratore rivela attraverso alcuni indizi che i rapporti tra loro non sono sinceri e distesi, ma spesso ipocriti, tesi e sotto il segno del malaugurio.
Quali sono questi indizi?

1. *climax*: procedimento retorico consistente nella successione di parole o frasi in ordine crescente di quantità o di intensità.

3 *Strano. Adesso che erano lontani dalla città, chiusi dentro alle montagne, l'idea del drago cominciava a sembrare meno assurda.* (p. 331)

Il drago, sembra dire Buzzati, può esistere solo in un ambiente particolare, la montagna, contrapposto alla città.
Riguarda la descrizione di questa montagna ed elencane le caratteristiche:

a) Caratteristiche rilevabili con la vista:

b) Caratteristiche rilevabili con l'udito:

c) Caratteristiche rilevabili con il tatto:

4 Buzzati non ha certamente scelto questo paesaggio in modo casuale, né esso deve fare semplicemente da sfondo neutro, insignificante, alla vicenda. Deve invece comunicare una serie di impressioni al lettore, così come le comunica ai personaggi.
Quali sono queste impressioni?
Come definiresti questo paesaggio: realistico, esotico, onirico, simbolico, magico o altrimenti?

5 Rileggi il capoverso iniziale del racconto, tenendo presente che sia la valle Secca, sia il paese di Palissano sono un'invenzione dell'autore.
Tutto questo capoverso iniziale è basato su una continua alternanza tra dati precisi e credibili e dati vaghi e variamente interpretabili. Sottolinea con colori diversi gli uni e gli altri.
Perché, secondo te, Buzzati ha creato questa mescolanza?

6 *A Palissano (...) era da secoli leggenda che fra certe aride gole vivesse ancora uno di quei mostri.* (p. 328)

In fondo alla valle si intravedeva una successione caotica di cime (...) nude di boschi o prato. (pp. 330-331)

I cacciatori, scesi dalla carrozza, si accorsero di trovarsi ormai nel cuore di quelle montagne sinistre. (p. 331)

Creste giallastre dove non era stata mai anima viva, vallette che si inoltravano ai lati nascondendo alla vista i loro meandri. (p. 331)

Lavoriamo sul testo

*Anche la valletta che menava al Burel (*budello*) era stretta e tortuosa, (... con) isolati sussurri di ghiaia.* (p. 331)

La valle si apriva improvvisamente in un ampio circo selvaggio. (p. 332)

Sottolinea tutte le espressioni che suggeriscono il paragone tra la valle e un organismo vivente.
A quale percorso sembra alludere questa descrizione?

7 Ti sembra che nelle frasi precedenti Buzzati usi un linguaggio *connotativo*[2] o *denotativo*?[3]
Trasforma tutte le espressioni *connotative* che trovi in espressioni *denotative*.

8 *Il drago! Il drago! gridarono due o tre cacciatori. (...)*
L'essere emerse alla luce con un dondolio tremulo come di biscia.
Eccolo, il mostro delle leggende la cui sola voce faceva tremare un intero paese! (...)
«Sembra un piccolo ceratosaurus*!» disse il prof. Inghirami. (...)*
L'insieme esprimeva una vecchiezza immensa. Se era un drago era un drago decrepito (...).
Uno dei cacciatori (...) lanciò una pietra in direzione della bestiaccia. (...)
«Sembra uno scarafaggio in un catino» disse a bassa voce il governatore Andronico. (p. 336)

La scelta dei termini riferiti al drago è fatta secondo una certa progressione.
Sottolinea questi termini e indica:

a) se essi creano nuovamente un *climax* o il suo opposto, l'*anticlimax* ;

b) quale cambiamento nell'atteggiamento dei protagonisti è indicato da questo *climax* o *anticlimax*.

2. *connotativo*; che indica un oggetto o una realtà cercando di suggerire all'interlocutore un giudizio, un sentimento, una similitudine ecc. rispetto a quell'oggetto o a quella realtà.

3. *denotativo*: che indica un oggetto o una realtà senza commenti soggettivi.

9 Il narratore di questa novella ha alcune caratteristiche di quello che i critici chiamano un "narratore onnisciente".
Indica quali delle seguenti caratteristiche sono proprie anche del narratore del racconto di Buzzati, sottolineando la parola "vero" o "falso". Se l'affermazione è vera, cita un esempio tratto dal testo per suffragarla.

Il narratore in questo testo:

a) non è un personaggio.
vero (es.: ....)
falso

b) sa penetrare nei pensieri e nei sentimenti dei personaggi, al limite anche in quelli di cui essi stessi non sono consapevoli.
vero (es.: ....)
falso

c) si muove liberamente anche in spazi non percorsi dai personaggi.
vero (es.: ....)
falso

d) si muove liberamente nel tempo, spostandosi tra presente, passato e futuro.
vero (es.: ....)
falso

e) commenta le vicende del racconto.
vero (es.: ....)
falso

10 Perché il narratore di questa novella non ha tutti, ma solo alcuni tratti di onniscienza? (puoi dare anche più di una risposta):

- ☐ lo scrittore non è abbastanza abile;
- ☐ lo scrittore si interessa soprattutto all'aspetto psicologico e morale dei suoi personaggi;
- ☐ lo scrittore non vuole fare anticipazioni per non togliere la *suspense*;[4]
- ☐ un narratore pienamente onnisciente fa sentire il lettore in inferiorità, fa sì che il racconto gli piaccia meno, ed è quindi poco consigliabile artisticamente.
- ☐ non può esistere un narratore con tutte le caratteristiche di onniscienza elencate sopra.

4. *suspense*: attesa ansiosa creata da una storia di cui non si riesce a immaginare il finale.

Lavoriamo sul testo

11 I personaggi di questa storia possono venir classificati in due categorie fondamentali:

a) quelli che dubitano inizialmente dell'esistenza del drago, e poi lo vogliono uccidere;

b) quelli che ne hanno un timoroso rispetto.

Elenca le caratteristiche delle due categorie:

	a	b
nomi		
professioni		
luogo di residenza		
classe sociale		
atteggiamento verso il drago		
motivi di questo atteggiamento		

12 Lungo il corso della vicenda tutti i personaggi che partecipano alla spedizione contro il drago cambiano atteggiamento, subiscono un'evoluzione, tranne uno, il conte Gerol.
Scegli una serie di aggettivi che definiscano il carattere di questi personaggi all'inizio e alla fine della storia.

	inizio	fine
Gerol		
Andronico		
Maria		
i due naturalisti		
i cacciatori		

13 Perché, secondo te, proprio Gerol resta vittima delle esalazioni del drago? Discutine in classe.

14 Ognuno dei protagonisti di questa novella ha uno scopo nelle sue azioni. Chi di loro lo raggiunge?

Lo scopo di Gerol è ....
e alla fine ....

Lo scopo di Maria e di Andronico è ....
e alla fine ....

Lo scopo dei naturalisti è ....
e alla fine ....

Lo scopo del drago è ....
e alla fine ....

Lo scopo dei montanari è ....
e alla fine ....

Conclusione:

- ☐ tutti ottengono il loro scopo
- ☐ solo alcuni ottengono il loro scopo
- ☐ nessuno ottiene il proprio scopo

15 Quale dei protagonisti ti sembra che abbia lo scopo più nobile moralmente, e che rappresenti quindi l'eroe della vicenda? Che cosa ha di inusuale questo eroe?

16 Inventa un altro finale della storia, a partire dal punto che ritieni più appropriato.

17 (In alternativa al 16). Racconta nuovamente la storia dal punto di vista del drago.

INDICE

Oggi, il racconto